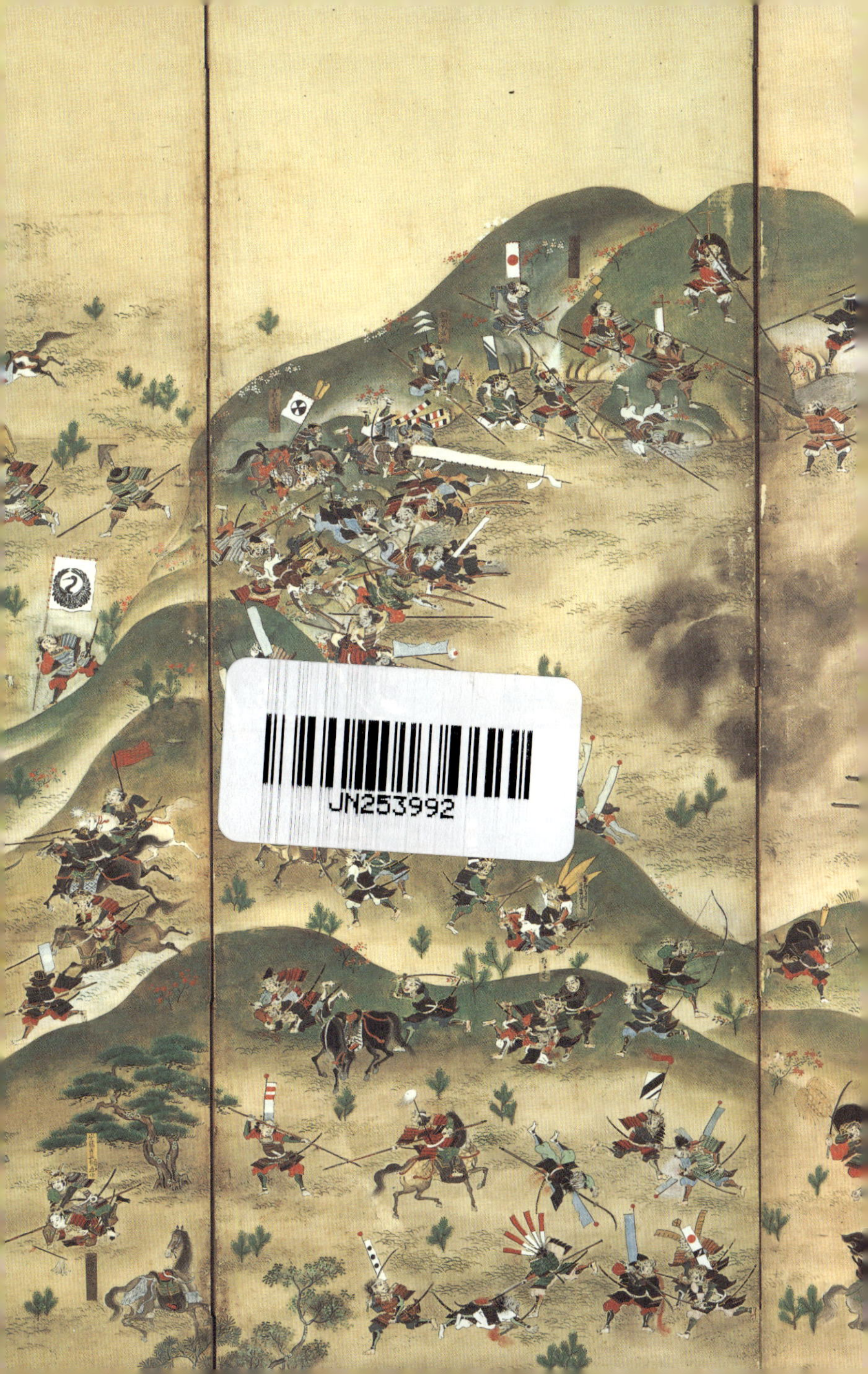

►▼人面《じんめん》土器(右)と樹皮《じゅひ》に包んだ土器(安城《あんじょう》市東町亀塚《かめづか》遺跡出土，弥生時代後期)　人面を線刻《せんこく》した壺型土器と，桜の樹皮で巻かれた土器。人面文は弥生時代後期から古墳時代前期にかけての各種の遺物に広くみられ，本品は全国的にも早い事例である。入墨《いれずみ》や髭《ひげ》など，当時の風習を写実的に描いたものとして知られる。

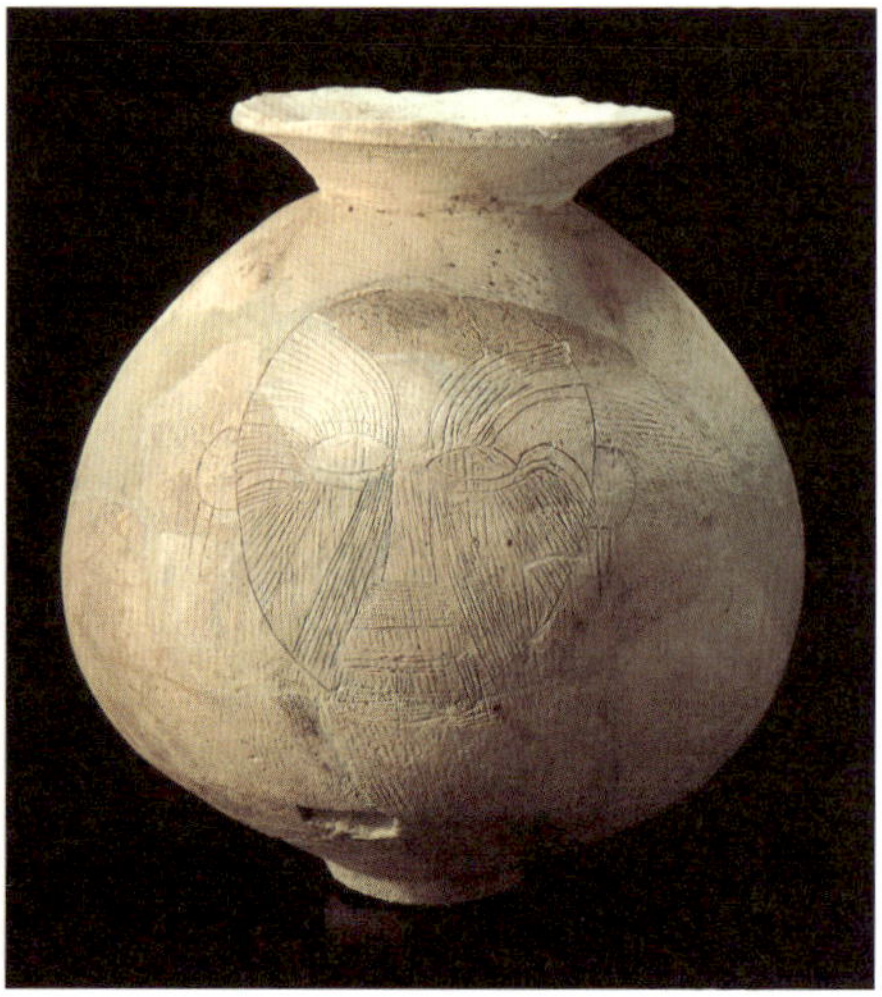

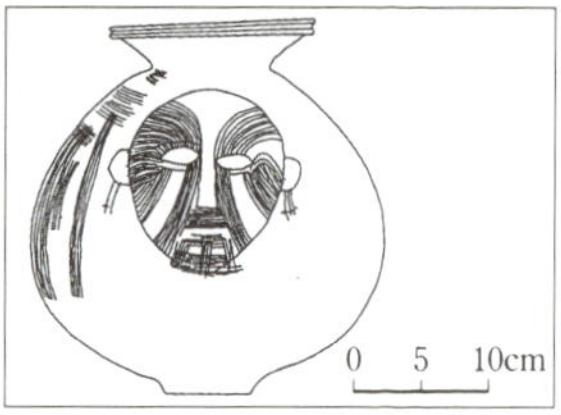

▼欠山《かけやま》式土器(豊川市欠山遺跡出土)　弥生時代後期後葉の東三河を代表する地域性に富んだ土器。近辺の豊《とよ》川流域の河岸段丘上には重要な遺跡が数多く点在する。

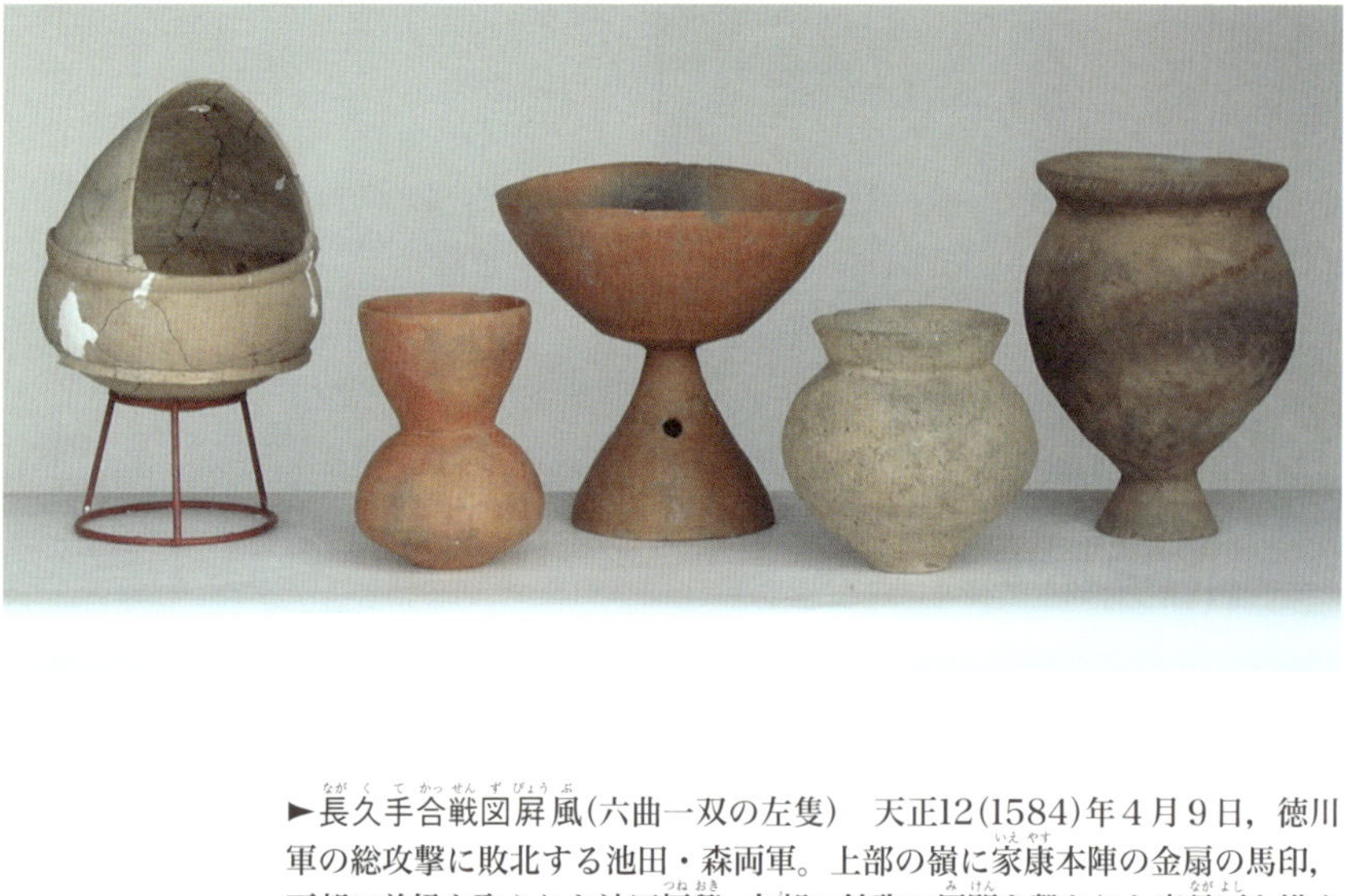

►長久手合戦図屏風《ながくてかっせんずびょうぶ》(六曲一双の左隻)　天正12(1584)年４月９日，徳川軍の総攻撃に敗北する池田・森両軍。上部の嶺に家康《いえやす》本陣の金扇の馬印，下部に首級を取られた池田恒興《つねおき》，左部に鉄砲で眉間《みけん》を撃たれた森長可《ながよし》を描く。

▲高御堂《たかみどう》古墳(墳丘長63m，春日井《かすがい》市)　庄内《しょうない》川北岸の前方後方墳。本古墳のある春日井市から名古屋市北部にかけて数多くの古墳が点在する。前方後方の形は，４世紀後半から５世紀初めの尾張東部から北部にかけて分布し，古墳時代に特徴的な文化圏をなしている。

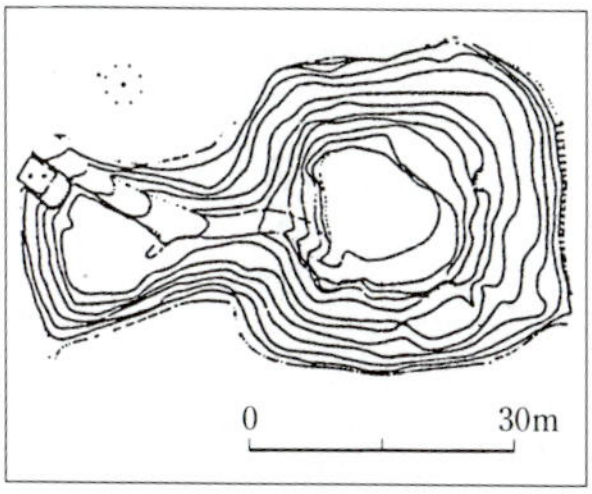

◀大毛《おおけ》池田遺跡(一宮《いちのみや》市)　検出された古墳時代の水田遺構。古《こ》木曽川のつくった沖積《ちゅうせき》平野上の愛知県下最大の水田遺構であり，花粉《かふん》・珪藻《けいそう》・プラントオパール・昆虫《こんちゅう》化石などから古墳時代の環境復元が試みられた。

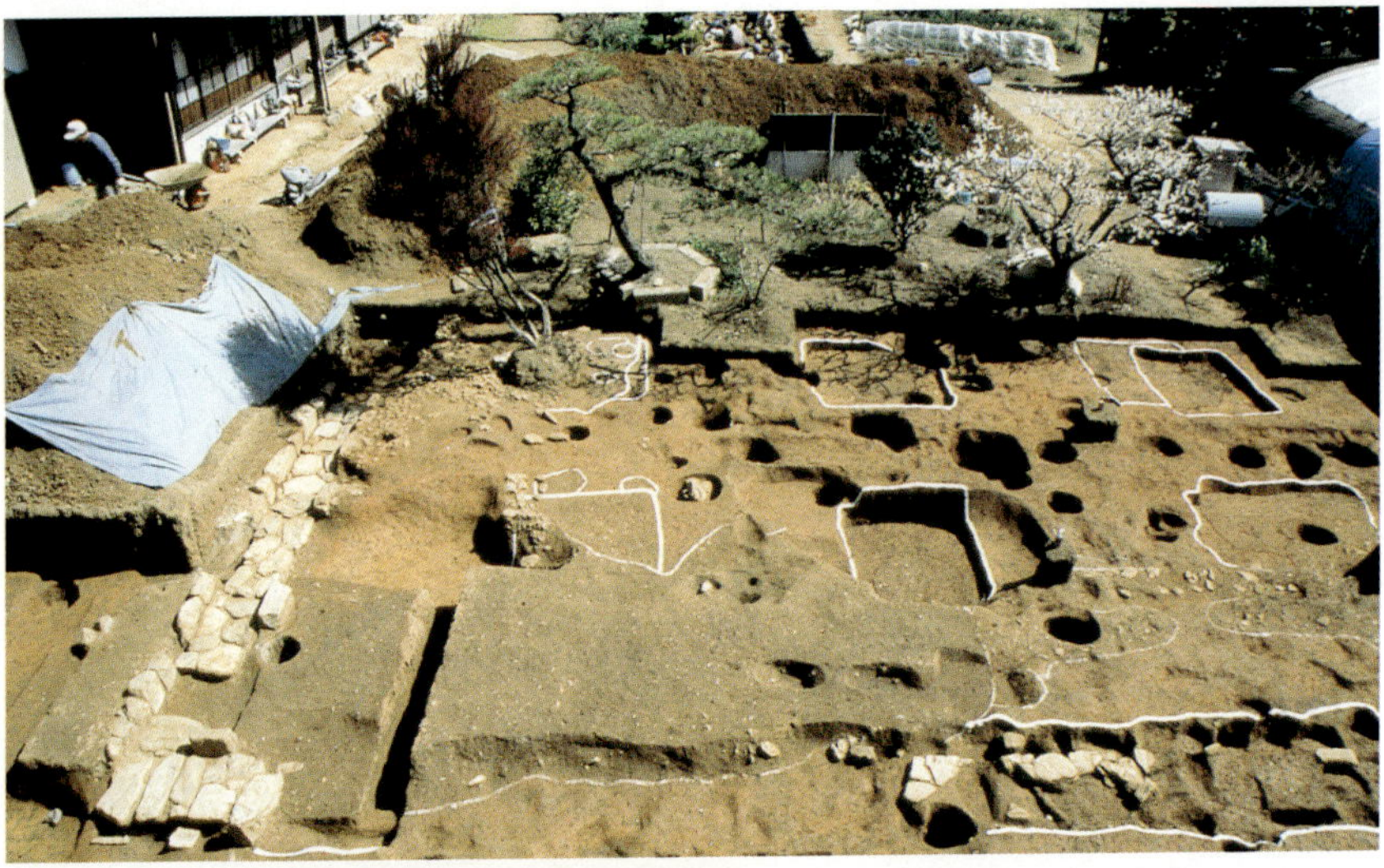

▲三河国府正殿跡《みかわこくふせいでん》と墨書土器《ぼくしょどき》「国厨《くにのみくりや》」(豊川市白鳥町《とよかわしらとり》)　継続調査から，正殿や後殿と推定される大型建物が検出された。9世紀前半や10世紀半ばのものとされる「国厨」の墨書土器も数点発見されて，長らく不明だった三河国府跡が特定できた。東には国分尼寺跡も所在する。

►三河国賀茂郡《かも》の文字瓦《もじがわら》　平城《へいじょう》宮跡から出土した三河の文字瓦。墨書《ぼくしょ》で「延暦《えんりゃく》十二年□□参河《みかわ》国賀茂郡挙母《ころも》郷□□」と記している。第二次内裏《だいり》，大極殿《だいごくでん》の東方基幹排水路から出土した。延暦12(793)年は，都が平城京から長岡京に移っている時代。平安京遷都の前年にあたる。

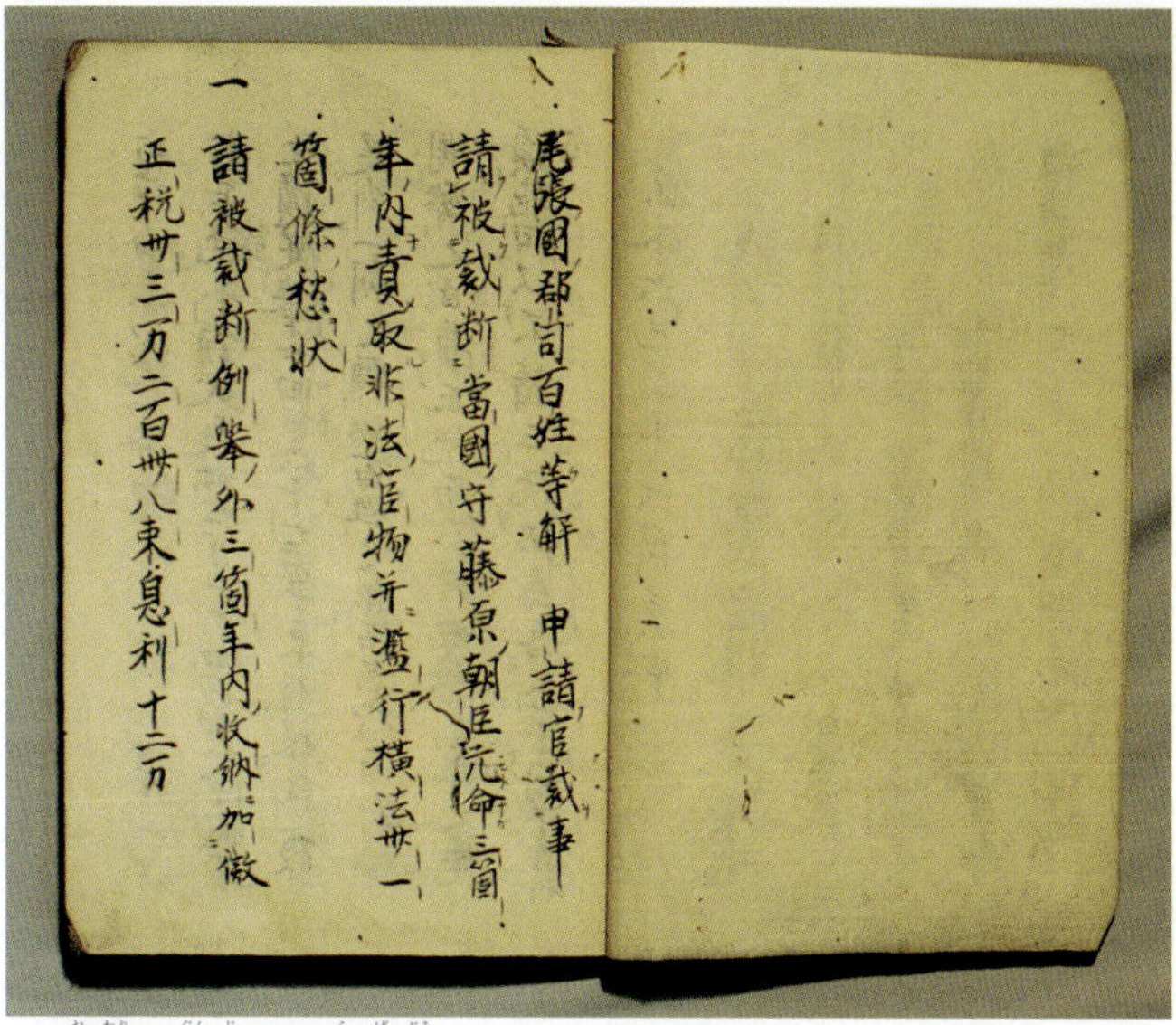
尾張國郡司百姓等解　申請官裁事
請被裁断當國守藤原朝臣元命三箇
年内責取非法官物并濫行横法卅一
箇條愁状
一　請被裁断例挙外三箇年内収納加徴
正税卅三万二百卌八束息利十二万

▲「尾張《おわり》国郡司《ぐんじ》百姓等《ら》解文《げぶみ》」の写本　永延２(988)年，尾張国の郡司・百姓らが国守《こくしゅ》藤原元命《もとなが》の非法を中央に訴えた文書。同文書の写本はいま約20本を数える。津島《つしま》市西方寺《さいほうじ》に蔵されていた，住職照誉《しょうよ》の写本である。
▼猿投古窯《さなげこよう》(名古屋市緑区大高《おおだか》町)　平安時代末期の窖窯《あながま》の一つ。写真の古窯には約1200個の山茶碗《やまぢゃわん》が窯に詰められた状態で残されていた。全国的な需要にこたえて大量生産が行われていた実態をよく伝える。

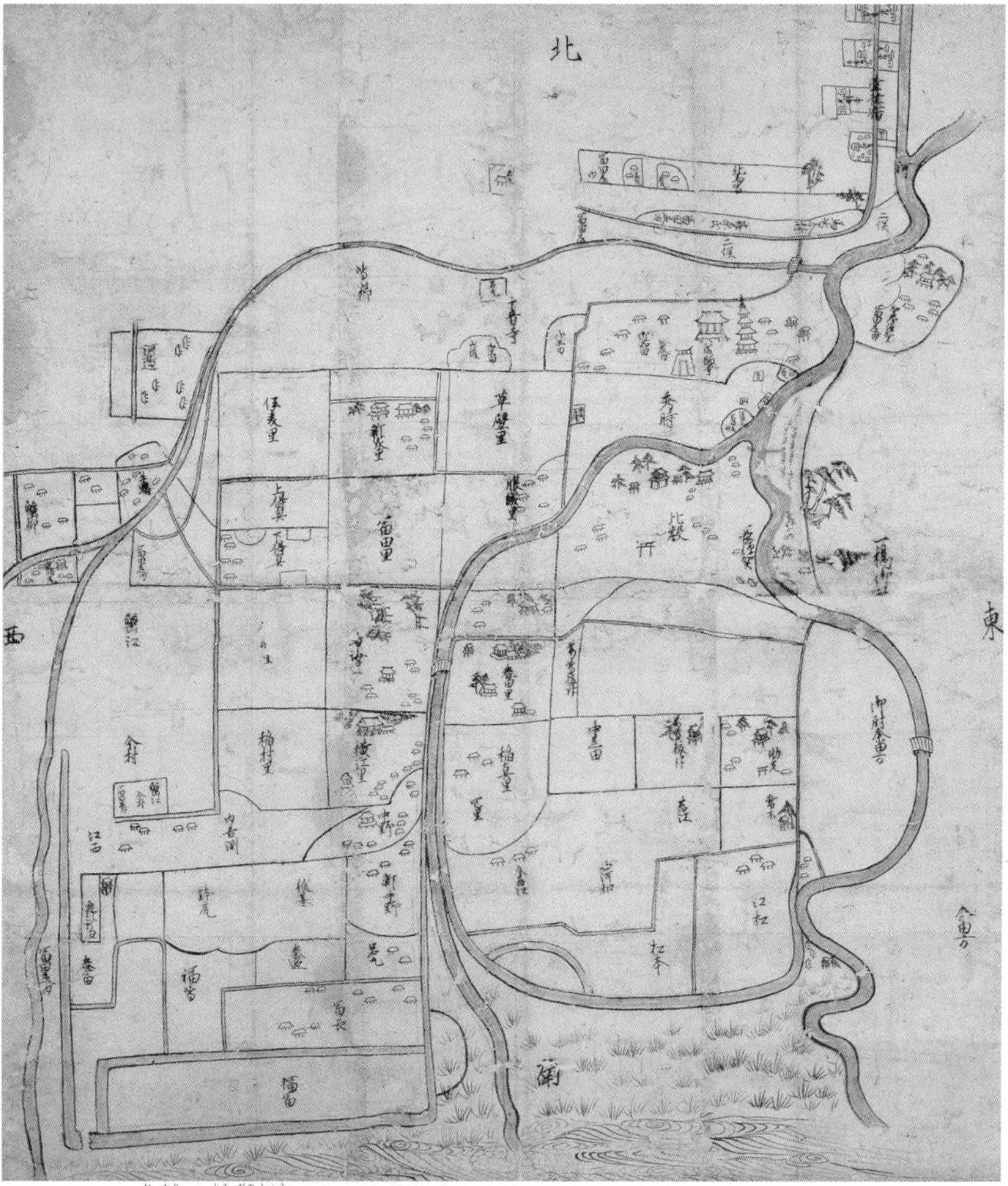

▲尾張《おわり》国富田荘《とみだのしょう》絵図(縦100.5㎝・横89.7㎝)　現在の名古屋市中村区・中川区から海部《あま》郡蟹江《かにえ》町近辺を描く。書き込まれた地名のなかには，現在も残っているものが多い。

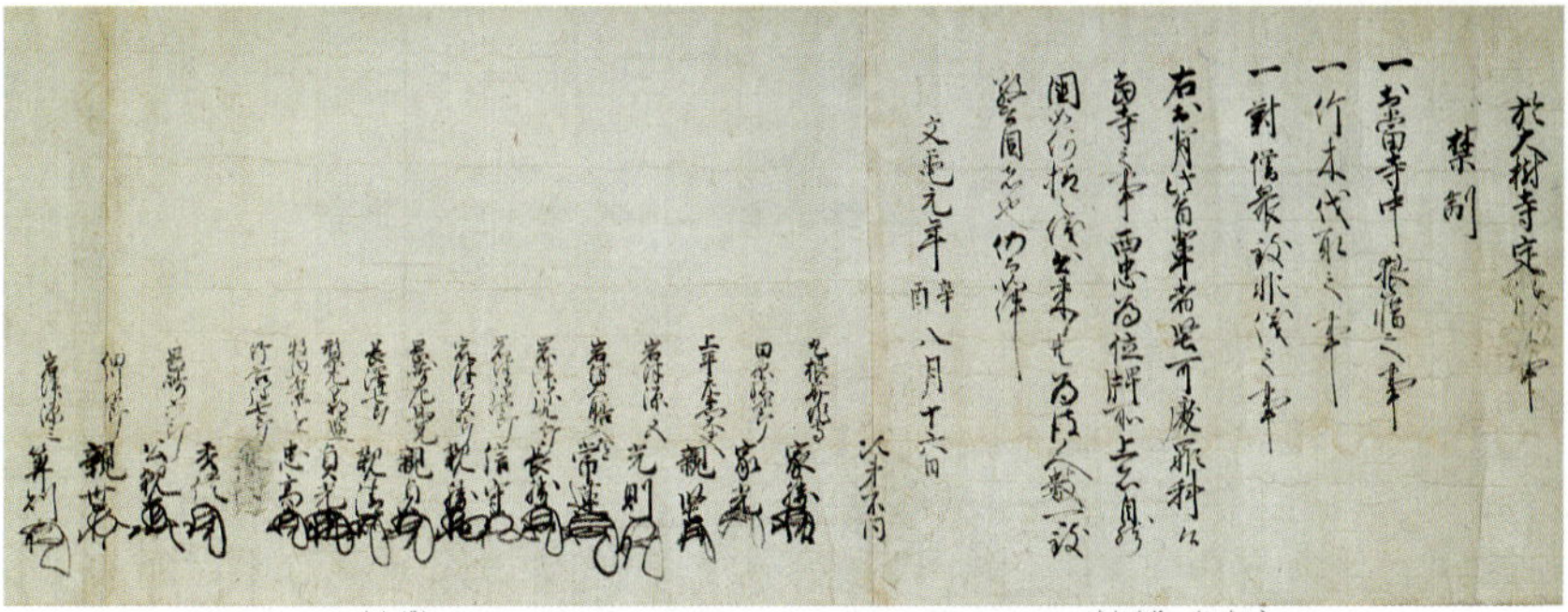

▲松平一門連判《れんぱん》状(文亀元〈1501〉年8月16日付)　松平親忠《ちかただ》(西忠《せいちゅう》)の初七日法要に集まった松平一族が，菩提寺大樹寺《だいじゅじ》を守護していくことを誓っている。安城《あんじょう》松平家が惣領《そうりょう》的地位を占めていたとみなされる。

▼長篠《ながしの》合戦図屏風(六曲一双の右隻)　天正3(1575)年5月21日，連吾《れんご》川を挟んだ設楽原《したらがはら》の決戦。馬防柵《さく》を構え熟練した信長鉄砲隊の攻撃に，歴戦の武田騎馬隊も壊滅《かいめつ》的な敗北を喫《きっ》した。

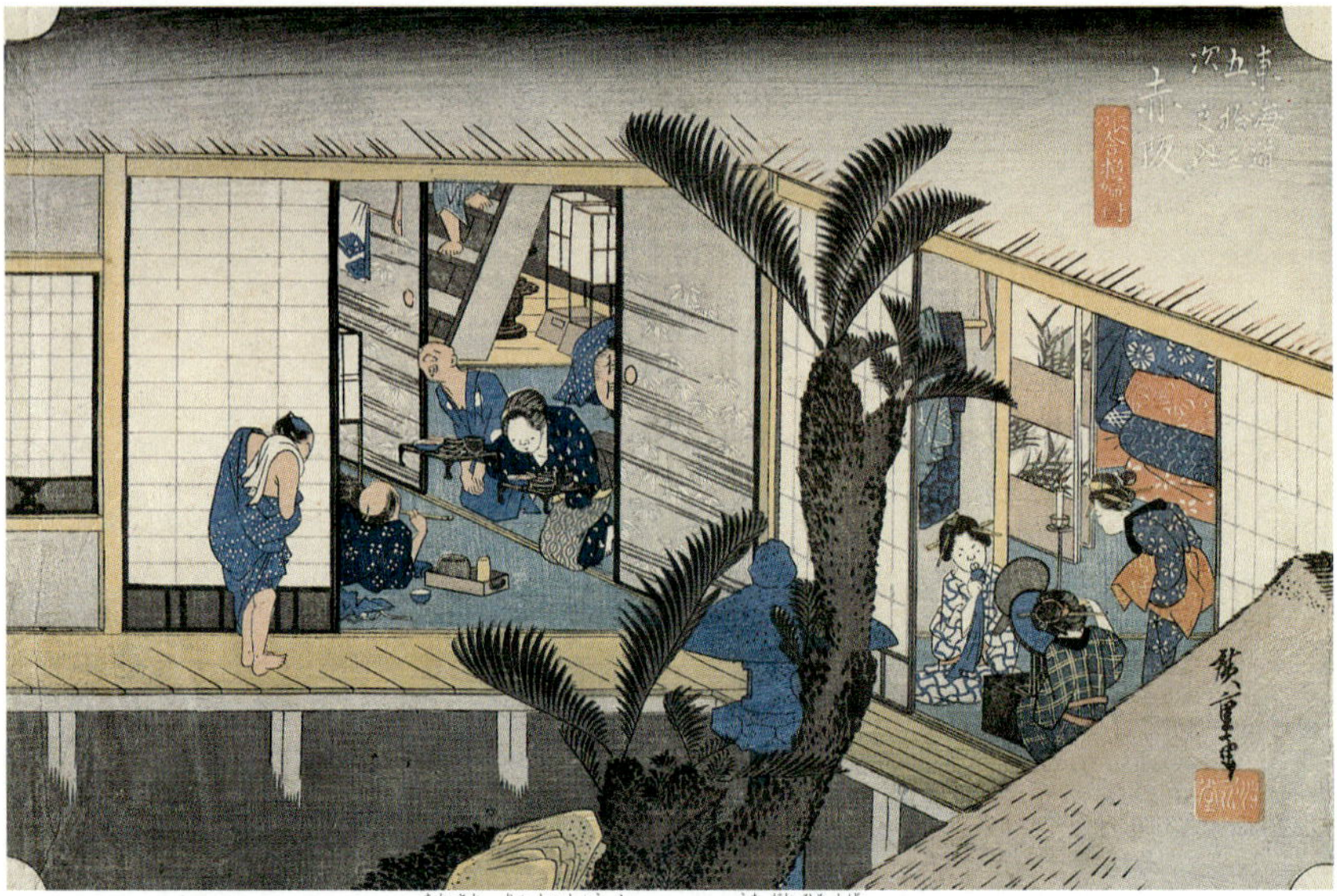

▲東海道五十三次・赤坂《あかさか》「旅舎招婦《りょしゃしょうふ》ノ図」(歌川広重《うたがわひろしげ》筆)　江戸と京都のほぼ中間に位置する赤坂宿での旅人のくつろぐ様子が描かれている。中庭の蘇鉄《そてつ》が印象的である。

▼享元《きょうげん》絵巻　7代藩主徳川宗春《むねはる》の治政，享保《きょうほう》・元文《げんぶん》年間(1716～41)の名古屋城下の賑わいを描いた絵巻。享保の改革により日本中が沈滞したなかで，宗春の消費奨励商業振興政策により，名古屋に三都《さんと》をしのぐ繁栄がもたらされた。

◄渡辺崋山《かざん》画像（椿《つばき》 椿山《ちんざん》筆） 渡辺崋山は田原《たわら》藩士にして文人画家・蘭学者。藩財政の改善に腐心した。「蛮社《ばんしゃ》の獄《ごく》」で田原蟄居《ちっきょ》を命ぜられ，のち自刃《じじん》した。

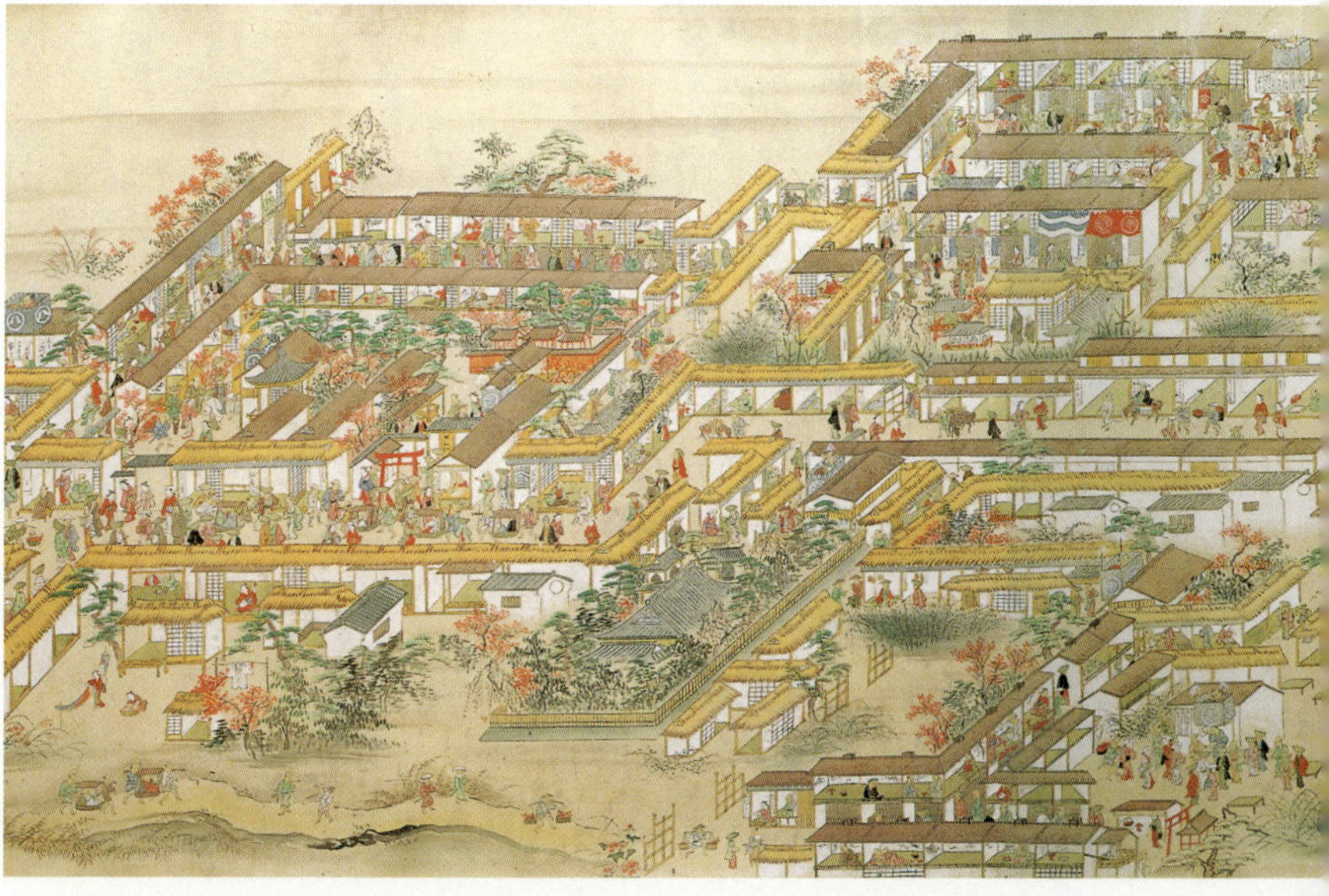

▲軍人像　第二次世界大戦で戦死した将兵(中心は，昭和12〈1937〉年の上海《シャンハイ》上陸作戦に参加した名古屋第三師団陸軍歩兵第六連隊)の遺族が，慰《い》霊《れい》の気持をこめて名古屋市千種《ちくさ》区の墓地に石像やセメント像を安置した。現在は知多《ちた》郡南知多町の中之院《なかのいん》の境内に移されている。

▼伊勢湾《いせわん》の臨海工業地帯　京浜《けいひん》・阪神《はんしん》の二大工業地帯のほぼ中間に位置し，製品出荷額では国内の１割以上を占める。重化学工業が主体であるが，内陸部の自動車関連産業や先端技術産業などと結びついて，独自の発展をみせている。

地方史研究協議会名誉会長
学習院大学名誉教授
児玉幸多　監修

企画委員　熱田公―川添昭二―西垣晴次―渡辺信夫

愛知県の歴史　目次

三鬼清一郎編

愛知県の歴史

風土と人間――海に結ばれた東と西

内湾に広がる地域●

愛知県は日本列島のほぼ中央に位置し、太平洋に面した内湾である伊勢《いせ》湾・三河《みかわ》湾にそって広がっている。総面積は五一四六平方キロで、国土の約一・三六%を占める。平成十一（一九九九）年の統計によれば、人口は約七〇〇万人で漸増傾向にあり、全国第四位である。平均年齢は全国平均をかなり下回っている。県の西南部は伊勢湾に面し、内陸部の濃尾《のうび》平野を木曽《きそ》川・庄内《しょうない》川などが流れている。北部から東部にかけては丘陵や山岳地帯である。南部に突出する知多《ちた》半島と渥美《あつみ》半島に囲まれた三河湾一帯は沖積《ちゅうせき》平野で、渥美半島の東側は外洋の遠州灘《えんしゅうなだ》に面している。気候は概して温暖であるが、山間部では冬期の冷え込みがきびしい。農業はハウス栽培を主体とし、花卉《かき》の生産高は全国一の位置を占める。漁業は養殖が中心であるが、就業者は減少している。

愛知という県名については、『万葉集《まんようしゅう》』の「あゆち」に由来し、それが律令《りつりょう》制下で愛知郡という郡名に採用されたといわれるが、確証をえていない。県の公文書館《こうぶんしょかん》が平成四年に刊行したパンフレット「愛知県誕生のなぞをさぐる」では、次の三説をあげている。

(1)あゆち(年魚市)潟説（奈良時代につくられた『風土記《ふどき》』所収の風俗歌による）

この潟は鳴海《なるみ》浦から熱田《あつた》台地南方の浅海を指し、熱田社に縁の深い尾張《おわり》氏の勢力下にあった。民俗学者の柳田国男は、おなじく『万葉集』にみえる年魚（あゆ）の風は海の彼方から吹く風で、幸（あえ＝ご馳走）をもたらすものと解釈している。

(2)あゆちの水（湧水）説（『尾張誌』、天保《てんぽう》十三〈一八四二〉年に編纂された地誌）『万葉集』にある年魚《あゆち》道の水の「あゆ」を湧水《ゆうすい》と解釈し、当時はあゆち潟に面していた笠寺《かさでら》台地（名古屋市南区）を指すと考えられている。

(3)あゆち村説（『尾張国地名考』、江戸時代後期に津田正生《まさお》が著す）現在の熱田神宮付近を「吾湯市《あゆち》の村」と記した『日本書紀《にほんしょき》』から採っている。

尾張と三河●

現在の愛知県は、明治五（一八七二）年十一月、尾張《おわり》国（名古屋県を改称した愛知県）と三河国（額《ぬか》田《た》県）が合併する形で成立した。面積を比較すれ

高度6500m上空よりのぞむ知多半島　左は伊勢湾，右は知多湾。

ば、三河は尾張の二倍ほどである。両国は境川《さかい》によって区切られており、この川は国境線でもあった。しかし、両国ともに海陸交通の要衝で、自然の障壁が大きかったとはいえない。沿海部は廻船によって結ばれ、河川交通も盛んであった。

県西部の尾張地方は、木曽川をはさんで美濃《みの》国に接している。古代から国境を越えた人びとの交流は盛んだったが、氾濫によって川の流路がしばしば変わり、そのため紛争がおこされることもあった。古代から中央との関係が深く、鎌倉時代は六波羅探題《ろくはらたんだい》の管轄下で西国の扱いをうけていた。室町時代には、守護《しゅご》職をめぐる攻防のすえに斯波《しば》氏が実権をにぎったが、その下で守護代をつとめた織田《おだ》氏は、やがて尾張の覇者に成長する。

県東部の三河地方は、豊《とよ》川流域が穂《ほ》の国、矢作《やはぎ》川流域が三河の国と二つに分かれていたが、七世紀の中ごろに合体して三河国となった。遠江《とおとうみ》国や信濃《しなの》国との関係が深かったが、中央の記録に登場する事例は少ない。鎌倉幕府の成立時には、源頼朝《みなもとのよりとも》の知行国《ちぎょうこく》として東国政権の支配下にはいったが、のちに尾張と同じ六波羅探題の管轄となった。室町時代には、幕府《ばくふ》をささえる経済的基盤としての御料所《ごりょうしょ》がおかれたが、政所執事《まんどころしつじ》伊勢氏の被官《ひかん》である土豪《どごう》の松平《まつだいら》氏が徐々に勢力をのばしていった。

織田・徳川体制から豊臣体制へ●

それぞれに異なった歩みを続けてきた尾張と三河は、戦国の争乱のなかで歴史的な転換期を迎える。それは、この地域にとって大きな意味をもつにとどまらず、わが国全体をゆるがす変動に連なっていく。いいかえるならば、この時期における重要な事件は、尾張・三河地域を舞台として、あるいはその動きと連動しながら展開していったのである。

尾張では、守護の斯波氏が家督をめぐる争いで衰退するにつれ、守護代の織田氏が徐々に勢力をのばしていた。織田信長《のぶなが》は、永禄三（一五六〇）年に駿河《するが》・遠江を領する戦国大名《だいみょう》の雄今川義元《いまがわよしもと》を桶狭間《おけはざま》に破って武名をとどろかせた。三河では、松平（徳川《とくがわ》）氏が一族や庶家をうみだしながら勢力を強め、徳川家康《いえやす》は全域の支配に成功した。

このように、十六世紀の後半には、尾張は織田氏の領国、三河は徳川氏の領国という体制がほぼ成立した。信長と家康は清須《きよす》城と岡崎《おかざき》城を拠点として、それぞれが独自の統治を進めていった。天正十（一五八二）年六月の本能寺《ほんのうじ》の変《へん》で信長が殺されたのちも、尾張は信雄《のぶかつ》（信長の二男）が継承したから、織田氏の領国である点に変わりはなかった。しかし政治の実権は信長の家臣《かしん》である豊臣秀吉《とよとみひでよし》（当時は羽柴《はしば》姓）が掌握し、秀吉は大坂城を本拠として全国統一をはかった。

天正十二年の小牧《こまき》・長久手《ながくて》の戦いは、大坂（秀吉）と尾張・三河（信雄・家康の連合軍）との対決となったが、外交戦略にすぐれた大坂側の勝利におわった。しかし戦後も信雄の領有は認められ、尾張は依然として織田氏の領国であった。三河は家康の領国支配が続いており、基本構図に変化はおこらなかった。

大きな転機は天正十八年に訪れた。すでに関白《かんぱく》に任官して豊臣姓をさずけられた秀吉は、全国統一への締めくくりとして、小田原《おだわら》の後北条《ごほうじょう》氏に大軍を派遣した。この先鋒をつとめたのは家康（三河）と信雄（尾張）であるが、戦後に秀吉は、後北条氏の旧領へ家康を移封し、その跡地に信雄を配置するという命令をくだした。家康はこれにしたがって江戸城にはいり、関八州《かんはっしゅう》をあらたな領国としたが、信雄は、織田家に由緒の深い尾張から離れることを拒否したために改易《かいえき》され、下野《しもつけ》国（現在の栃木県）に流された。

尾張の地は秀吉の甥にあたる豊臣秀次《ひでつぐ》にあたえられ、秀次は清須に入城した。三河には、岡崎に田中吉《よし》政《まさ》、吉田（豊橋《とよはし》）に池田輝政《てるまさ》といった秀次の家臣が配置された。この時点で尾張と三河は、織田・徳川氏の支配をはなれ、豊臣氏の領国となったのである。のちに秀次は、尾張の領主のまま関白に任官し、やがて秀吉によって切腹させられるが、このような体制は慶長五（一六〇〇）年の関《せき》ケ原《がはら》の戦いまで続いた。

「天下人」をうみだした土壌●

尾張・三河の地域的な性格については、この土地が信長、秀吉、家康といった天下人をうんだという事実を抜きにしては考えられないであろう。両国ともに東西文化の結節点として、全国の動きや情報を把握しやすい立場にあった点では共通している。

江戸時代の尾張は、御三家《ごさんけ》の筆頭格で将軍家にもっとも近い位置にある尾張藩の領地となった。尾張出身の武将は、加藤清正《きよまさ》・福島正則《まさのり》のように大名に成長するものもいたが、そのまま尾張の地にとどまり、藩の家臣団におさまる事例も多かった。城下町《じょうかまち》の名古屋は繁栄をほこったが、尾張から将軍が擁立されることはなかったのである。

名古屋城

岡崎城

これに対して三河は、徳川家の発祥地として多くの譜代《ふだい》大名を輩出し、また譜代大名や旗本《はたもと》の所領となった。彼らは藩屏《はんぺい》として全国に配置されて幕藩体制をささえる一翼となり、幕閣へも人材が送りこまれていった。尾張・三河ともに外様《とざま》がはいりこむ余地は存在しなかったといえよう。

江戸時代末期において、尾張は木綿《もめん》をはじめとする高い生産力水準をほこっていた。三河ではすでに十六世紀に木綿栽培がはじまっている。しかし、幕末の開港後にこのような在来産業が発展をとげる条件は失われていた。今日では、京浜・阪神という二大工業地帯のあいだにあって、中京《ちゅうきょう》工業地帯として独自の産業基盤を確保する方向を模索している。この、東京と西京《さいきょう》(京都)との中間に存在することを意味する中京という名称には、さまざまな意味がこめられているようにも思われる。

新しい時代にむかって●

尾張・三河という呼び名は、現在でも地域行政の区分に用いられており、県民気質について対比的にのべられることもある。旧藩時代から続いてきた意識が微妙な影をおとしていることは否定できないが、多様で複雑な人間の性格を安易に類型化すること自体、たとえば血液型や星座などで判断をくだすように根拠があるとは思えない。断片的な事象をとらえて対立感情をあおるようなことはさけるべきであろう。

豊かな自然にめぐまれたこの地域も、昨今では開発の波にもまれ、貴重な動植物が姿を消していった。道路網の整備などは日常生活に便利さをあたえる反面、公害問題を深刻化させている。このような事態に、県民のなかから環境の保全を考える機運が高まっている。

たとえば、名古屋市がゴミの埋立てに利用しようとした藤前《ふじまえ》干潟は渡り鳥の飛来地であり、愛知万博の会場予定地とされた海上《かいしょ》の森(瀬戸市)はオオタカなどの生息地であるが、それにもかかわらず事業は強行されようとしていた。しかし、これ以上の自然破壊が進むことをあやぶむ人びとの努力により計画は見直され、一定度ではあるが保全に成功したことは大きな意味をもっている。このような生活環境をまもろうとする動きは、いま県下の各地で進められている。

昭和十九（一九四四）年の東南海地震、翌二十年の三河地震など、県下はこれまでに多くの災害に見舞われてきた。とくに昭和三十四年の伊勢湾台風によって深刻な被害をうけたことは記憶に新しい。そのうえ、二十世紀の最後の年の九月には、一〇〇年に一度という豪雨におそわれ、濁流が広い地域を水浸しにした。自然の猛威を改めて認識させられた次第であるが、都市化の進行が社会基盤を弱体化させている面も否定できないであろう。この不幸な事実は、いかに大規模な土木工事でも災害を完全にふせぐことが困難な以上、たとえば山野に樹木を植え、田畑や緑地をこれ以上つぶさずに植生の体系をまもり、大地が水を吸収しやすくすることの重要性を、われわれに教えているのではないだろうか。

1章

あゆちのはじまり

青塚茶臼山古墳　かつては周囲に多数の古墳群があったという。

1　原始の愛知

原始の生活●

日本列島のほぼ中央、太平洋をのぞむ東海の地の一角に位置する愛知県は、黒潮《くろしお》が洗う温暖な気候と海上交通や漁業に便利な良港を多くもち、内陸深く達する河川によって南北に分かたれ、古くから地域性に富む文化を発展させてきた。

この地を〝東西文化の回廊〟と評することもあるが、むしろ住み心地のよさを求めて東西や北方から人びとが来住して定着するなかで、地域文化の発展をみたと考えるほうが正しいであろう。県内からは原始の昔から生活を送った人びとの痕跡が多数発見されていて、豊かな歴史を彷彿《ほうふつ》とさせ、私たちにつきせぬ興味をかきたててくれる。

原始時代、人びとは自然に強く依存しながら生きており、自然のあたえる条件にさまざまな工夫を加えて便利なものへと変換しつつ不断に生活の改善と革新をはかっていった。

県内で発見される最古の遺跡は、まだ土器《どき》を伴わない先土器《せんどき》時代（旧石器時代《きゅうせっきじだい》）のものであり、すでにその数は百数十カ所にものぼっている。茶臼山《ちゃうすやま》遺跡（北設楽《きたしたら》郡豊根《とよね》村）、日吉原《ひよしばら》遺跡（豊川市）、萩平《はぎひら》・荒井《あらい》・加生沢《かせいざわ》の諸遺跡（新城《しんしろ》市）、五本松《ごほんまつ》遺跡（岡崎《おかざき》市）、酒呑《しゃちのみ》ジュリンナ遺跡（豊田市）、入鹿池《いるかいけ》遺跡（犬山《いぬやま》市）、上品野《かみしなの》遺跡（瀬戸《せと》市）などの遺跡が知られているが、全国的な事例からみて、数万年にもおよぶこの時代には、今後も遺跡の発見が予想される。

そのなかで、昭和三十二（一九五七）年と三十四年、豊橋《とよはし》市の北、牛川《うしかわ》町の石灰採取地からあいついで更新世《こうしんせい》（約二〇〇万年〜前一万年）の人骨（左上腕骨《じょうわんこつ》と左大腿骨《だいたいこつ》）が出土し、いずれも成人男女の骨の一部であると鑑定されて一躍注目を集めた。今この牛川人骨は、三ケ日《みっかび》人、浜北《はまきた》人（静岡県）、聖岳《ひじりだけ》人（大分県）、港《みなと》川《がわ》人（沖縄県）などとならび、旧石器人そのものの存在を示す資料として知られるが長期にわたる更新世のいつごろのものか、なお慎重な科学的研究を必要とする。

上記のうち、新城市の萩平遺跡では、多数の各種石器とともに、製作時に生じた剥片《はくへん》や石屑《いしくず》、また生活痕跡の炉《ろ》の跡も検出されて旧石器時代から縄文《じょうもん》時代にかけての工房《こうぼう》跡と考えられている。また、

先土器・縄文・弥生時代のおもな遺跡の分布

旧石器時代後期とされる瀬戸市の上品野遺跡からは石器集中地が検出されて、尾張《おわり》地域で最古期の事例にあてられている。

更新世の末期、約二万年前には海面は八〇メートル以上も低かったといわれ、愛知の海岸線も伊勢《いせ》湾から三河《みかわ》湾のなかに遠くしりぞいていたと思われる。今海岸に近い場所にある旧石器遺跡は当時はそうとう高所に位置していて、山のものの採取や狩猟を主たる生業としていた人びとの生活のあとであった可能性が高い。また、逆に海や川に近かったいくつかの旧石器遺跡が海底のなかに埋没していることも十分予想される。

昭和五十三（一九七八）年、名鉄知多《ちた》新線の内海《うつみ》駅の工事に伴って発見された南知多町の先苅《まずかり》遺跡は地下約一五メートルから出土した縄文早期の遺跡であり、自然地理学の方面からも一躍大きな注目を集めた。縄文時代の前期、約六〇〇〇年前の海面は現在より、そうとう上昇していたと考えられている（縄文海進）。ところが、その正確な証拠は海生の貝化石などを除くととぼしかった。

約八三〇〇年前とされる先苅遺跡が地下深くからあらわれたことで、海進現象により本遺跡が海底に取り残され、当時の生活残滓《ざんし》の貝塚がそのまま埋没し、今に希少な遺物を伝え、稀有《けう》の事例として海外からも注目を集めた。

縄文時代の海進は知多半島や三河湾海岸地帯に内海を形成し、谷の奥にまで海水が進入したため、あたたかい海流とともに豊富な魚介類が陸地のかたわらまで生息して、縄文人の住居は海岸線にそって展開することとなった。今県内に残る縄文遺跡の分布をたどると、当時の海岸や河谷のようすが浮かびあがってくるのはこうした事情による。

伊川津《いかわつ》遺跡(田原市)の犬埋納の状況　ていねいに埋められており，犬が大切にあつかわれていたことがわかる。

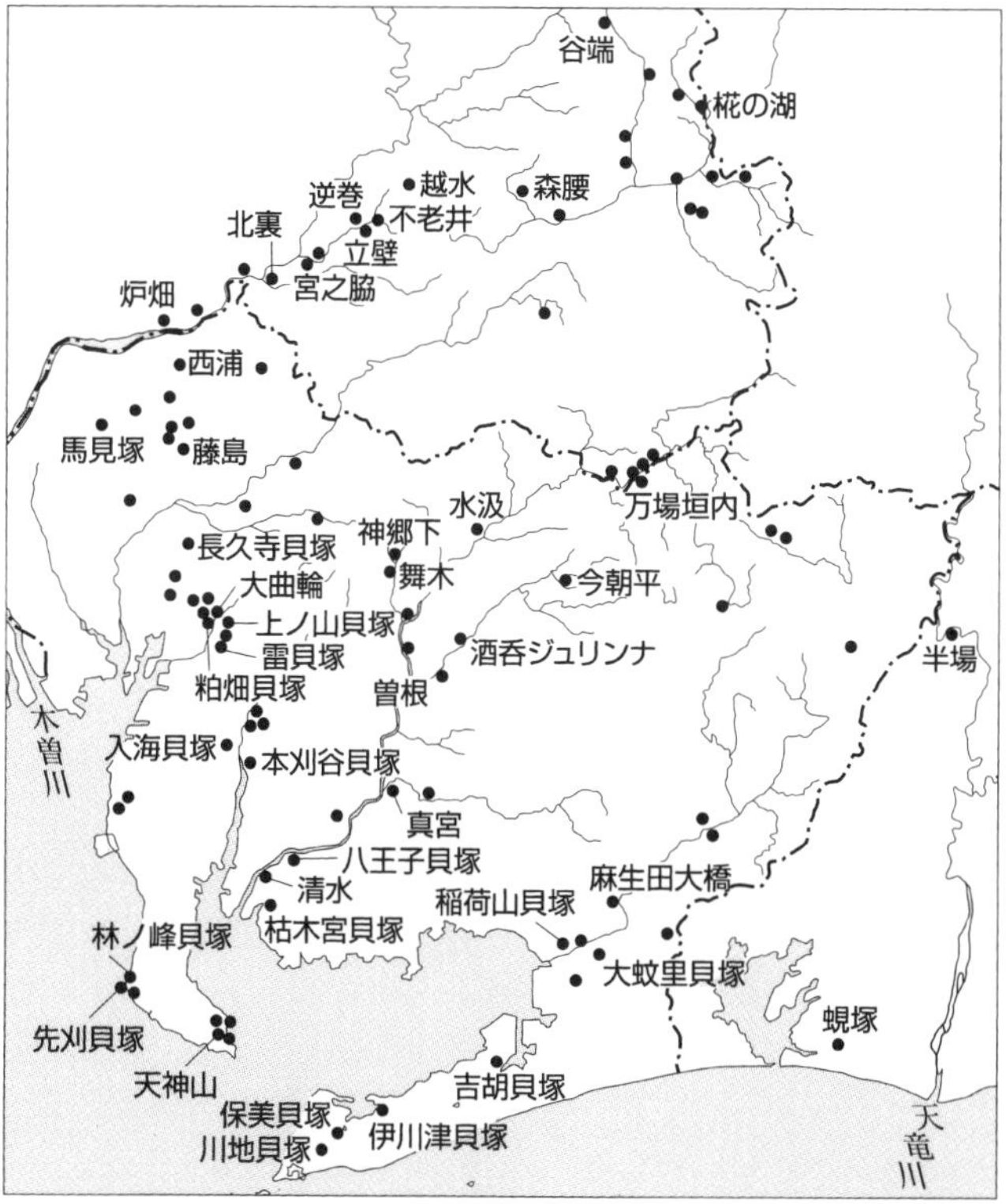

縄文貝塚の分布　とくに名古屋市から尾張西北部の貝塚まで。当時，海が今の内陸にはいりこんでいたことがわかる。

ただ、自然の変動は必ずしも縄文人にとってよいことばかりではなかった。圧倒的な自然の脅威《きょうい》のなかにさらされていた人びとにとって変化する自然にむきあって生きていくことはけっして楽なことではなかった。盛んに「原始や古代のロマン」が強調される昨今、心しておかねばならないことであろう。

戦後の考古学上で著名な吉胡貝塚《よしごかいづか》（田原市《たはら》）は、渥美《あつみ》半島の付け根に位置する縄文晩期の遺跡である。すでに昭和二十六年当時に、三四〇体の縄文の埋葬人骨の出土をみていて、今でもこの記録は突出している。多量の人骨資料は縄文人への認識を飛躍的に深め、また、屈葬《くっそう》、伸展葬《しんてんそう》、甕棺葬《かめかんそう》、改葬《かいそう》など当時の埋葬方法や葬送儀礼の多様さ、男女を問わない抜歯《ばっし》習俗の普遍的な社会慣行、イルカ・マグロなどの外洋性の魚類まで捕獲していた漁業技術の存在など、縄文時代の常識を書きかえたといわれる。今後も科学的精査が期待されている。

製塩遺跡

知多《ちた》半島の海岸部には、古墳《こふん》時代から平安《へいあん》時代まで、約五〇〇年にわたる土器《どき》製塩の跡がみられ、五〇カ所を超える地点から製塩土器の出土がみられる。

そのなかには、長さ五〇〇メートル、幅四〇メートルの範囲に断続的に続く奥田《おくだ》製塩遺跡（知多郡美浜町《みはま》）のような大規模なものも含まれていて、古代の知多では至るところで製塩が行われていたと推定されている（『新修 半田市誌』上巻）。

製塩土器の研究は近年長足の進歩をみており、その発達の過程や地域的な発達過程の差異についてもかなり詳細な分析が進められている。それらによると、当初、製塩土器は、海外端の砂堆上で

❖コラム

煮沸するという条件にあわせて工夫され、瀬戸内海東部から紀伊《きい》水道にかけて分布する小型の甕型《かめがた》土器に底部をつけたような形式のものから、六世紀ごろにはしだいに口径十数センチの器に筒状の脚をつけた形となり、尖《とが》った脚部をもち砂地に埋め込んで使用するものに変化したとみられている。全体としてしだいに小型化し熱伝導のよいよう薄手のものがつくられていった。

塩の付着したままの土器が名古屋《なごや》市や海部《あま》郡、尾張《おわり》北部、東濃地域などから発見されていることから、土器で煮詰めた状態のまま交易されたことが予想されている。多数の縄文《じょうもん》遺跡が分布する信《しな》濃《の》や美濃《みの》の山間まで、この地の塩が遙々と運ばれていったのであろう。

製塩土器(東海市松崎遺跡出土)

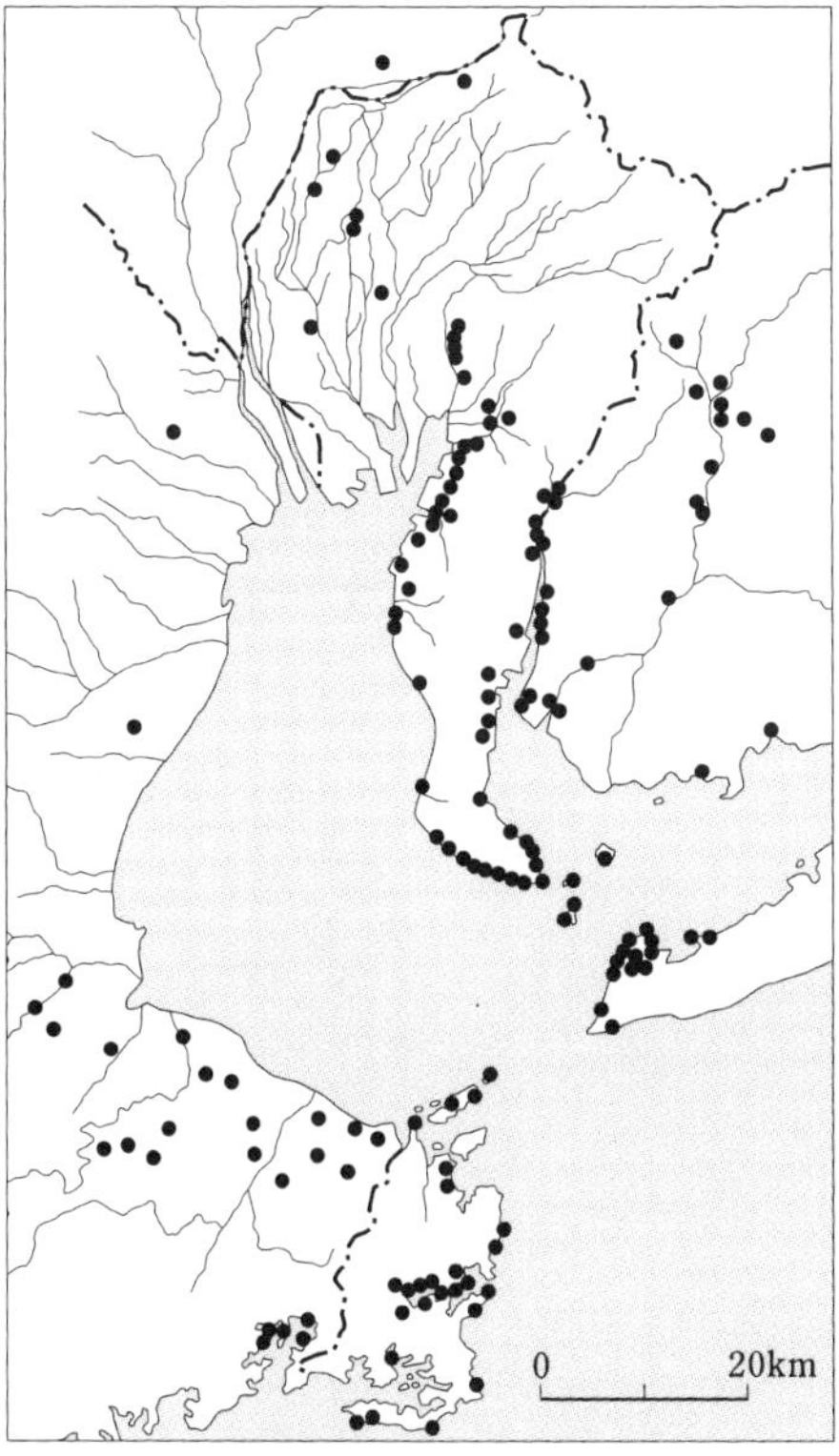

製塩土器出土の遺跡分布　名古屋市博物館編『あゆち潟の古代』による。

塩の生産●

人が生命を維持してゆくうえで必要不可欠な物資の一つが塩であった。

愛知県の遺跡分布からみると採集経済の時代には多くの人びとが山間のなかで暮らしをいとなんでいた。日本ではもっぱら塩は海水を煮詰めることで入手するしかない。それだけに海岸端で生産される塩を交易をとおして確保することは絶対必要なことであった。そのため、塩の生産は原始時代もそうとう早い時期にはじめられ、異物の交換によって遠く内陸にまで運ばれたと想像される。逆に考えると、塩の交易を介して他地域の人びととの交流が活発となり、文化や技術の情報伝達がはやめられたという見方もできる。とくに三河湾はおだやかな内海であり、矢作《やはぎ》川や豊《とよ》川、そのほかの中小河川の沿岸にそって人びとが行き来して塩漬けや干物にした魚介類を内陸山地に送ったと思われる。多数の遺跡がこれらの河川や支流にそって分布しているのは、人びとが主要交易路としての経済ルートに生活拠点をつくらざるをえなかったことを示している。

土器《どき》時代の塩の製法は海水をただ土器に満たして煮沸を繰り返すという素朴なものであったが、しだいに効率を高めるため、古墳《こふん》時代には濃縮する方法を考案し、のちに「藻塩《もしお》焼く煙」などと歌にもうたわれるように、海藻に大量の海水をかけてこれを容器にためて濃い塩水とし、これを製塩土器で煮詰めていくという方法や、塩分を付着させた海藻を焼いて灰を煮ることで塩を獲得したと考えられている。

したがって、海岸の製塩土器が出土した場所では、製塩が実際に行われたと考えられるところから、特異な形をした製塩土器を検出して塩生産の場所をさぐることが行われている。

今、知多半島や三河湾沿岸はとくに多量の製塩土器を出土する地域として知られている。

また、製塩土器が内陸深い場所から出土することから土器のまま塩が交易されたことが考えられ、後世、律令《りつりょう》制度のもとで都への貢納品《こうのうひん》として塩が送られるようになった淵源《えんげん》がきわめて古い時代にさかのぼることが推測されている。

他方、知多半島の縄文遺跡では、網やヤスを使う漁を行い、内海のクロダイやスズキなどとともに、マグロ・カツオ・マダイ・ハタ・サメなどの骨も発見されている。事実、篠島《しのじま》の神明社《しんめいしゃ》貝塚からは銛《もり》や太い鹿角や猪牙を用いた釣り針も発見されており、海を生業とした海人《あま》の原型が縄文の昔にさかのぼることは確実視されている。とくに、出土銛の観察から「回転式離頭銛」という、獲物に刺さると抜きにくく、銛につながった索《さく》で引きあげるという高度な技法の漁具もあらわれ、その技術が遠く仙台《せんだい》湾周辺の縄文漁民から伝えられたことが指摘されるなど、改めて、海域交流の広さを示すものとして注目されている。

自然採集の生活●

県内の旧石器遺跡から当時の人びとの生活の細部をときあかすことはなお資料不足であるが、同類の生活をおくった縄文時代の遺跡・遺物から類推すると、山間部や平地に小規模の集落をいとなみ、中小の河川や渓流にのぞむ丘陵の中腹やわずかな平坦地を選び一時の住まいとして自然採集に動き回っていたと思われる。したがって、定まった住居というものはなく、キャンプサイトやビバーク地といったものであろう。そのためか遺跡の規模も小さく、遺物もごく少ない。東三河の山間にはこうした縄文遺跡の濃密な分布がみられる。また西三河にも、東加茂《ひがしかも》郡足助《あすけ》町（現豊田市）の足助川の河岸段丘上に遺跡が点在しており、仁王《におう》川にそう馬場《ばば》遺跡の住居址や、隣接する豊田市の巴《ともえ》川に面する酒呑ジュリンナ遺跡など、旧石器から縄文早期にかけての文化層が検出されて注目を集めている。

一方、尾張《おわり》の先土器《せんどき》遺跡として、犬山市の入鹿池遺跡では、人工池にのびる台地や池の底から一〇カ所におよぶ遺跡が発見されている。旧石器のナイフ型石器や有舌尖頭器《ゆうぜつせんとうき》、また、縄文時代の石鏃《せきぞく》、石匙《いしさじ》、石斧《せきふ》などが出土し、県下最大の先土器時代の遺跡となる可能性も指摘されている。

名古屋市の西北を扼《やく》するように流れる庄内《しょうない》川の河岸段丘上にそって近年の開発に伴い、いくつかの遺跡が姿をあらわしてきており、春日井《かすがい》市の梅ヶ坪《うめがつぼ》遺跡（旧石器）、同松河戸《まつかわど》遺跡（縄文中〜後期）などがあって、広い範囲に土器の散布地もみいだされている。

一方、貝塚を伴う縄文遺跡も多く、古伊勢湾の沿岸部にそって今の名古屋市の南部や知多半島に多数の遺跡が検出されていて、海を生業の場としていた人びとの生活をうかがわせる。

三河各地の縄文遺跡からは、石器として遠く長野の和田《わだ》峠の黒曜石《こくようせき》、奈良の二上山《ふたかみやま》のサヌカイト、岐阜の湯ヶ峰《ゆがみね》産の下呂石《げろいし》などの石材を用いた例が多くみられる。なかでもサヌカイトの発見される比率は渥美半島の遺跡で比較的高く、まず伊勢から海上をつうじて渥美にはいり、三河に広がったと考えられ、海による交通が古くにさかのぼることが確かめられている。

縄文の人びとは自然に依存する生活をいとなんでいただけに、生活に使用する道具の素材に強いこだわりをもち、交易によって遠方の地からそれらを入手しており、また、こちらからもほかでは得がたい生活必需品や生活資料が交換に用いられたと思われる。農耕など生産経済が開始される以前の社会は、広領域の物資の流れと深くかかわっており、純粋な自給自足の生活はむずかしかったと考えられる。

土地の開削と河川●

ここでは西三河を北東から南西へ貫流する矢作川の遺跡を中心に考えてみよう。

愛知県は北東高、西南低の地形をなしていて、山の大半は一〇〇〇メートルに満たない中低山地帯である。そのため、人びとは古くから河谷にそい生活の拠点を求めていった。今、矢作川をはじめ、東三河の豊川、尾張の庄内川、矢田《やだ》川などの沿岸には原始の顕著な遺跡が点在しているのをみることができる。

矢作川は中央アルプスの大川入山《おおかわいりやま》（一九〇八メートル）に源を発して三河湾に流入するまで、根羽《ねば》川・巴《ともえ》川・乙《おと》川・広田《こうた》川の支流を集め谷底の低地や河岸段丘に定住の場所を提供してきた。人びとは川をつうじて地域共同体の意識を醸成《じょうせい》し、上・下流域にまたがる結びつきを深めていった。

矢作川流域には、後期旧石器時代からの生活痕跡が多くみられ、各種の類似した生活遺物、約三〇カ所におよぶ遺跡から発見されたナイフ型石器、二〇カ所から木葉型尖頭器、二〇カ所から細石器、三〇カ所から有舌尖頭器などが出土した。これらから石器の形式で時代を区分できるほどである。ただ全体としては遺物の量も少なく、石器製作の方法や単位集団の実態などを復元できる資料としてはまだ不足しているのが実情である。

ほかの調査事例などとも考えあわせると、当時の集団はせいぜい十数人の単位で、今の丘陵から平地全体をおおう深い森林のなかを山の物を採取しつつ、まれに狩猟で捕獲した獣肉を捕食して生活を維持するといったごく素朴な生活を続け、より豊富な自然の産物を求めて一定の範囲の土地を周回していたと推測される。

当時の人びとは一カ所に定着することはなく、一生のあいだに頻繁に移動を繰り返し、生活域をかえていった。そのため、住居もごく簡素で手で運搬できる程度の道具類しかもたず、自然のなかを採集・狩猟の適地を求めて移動していた。そのなかで、他の集団との接触が発生し、技術の学びあいや生活情報の交換なども行われたと思われる。おそらく今想像する以上に交流は活発でおたがいの採集地域の住み分けも進んだのであろう。

とくに川の流域では水系にそった自然堤防上で必要物資の交易も行われたのではなかろうか。

縄文早期の押型文土器に続いて貝殻条痕《じょうこん》文土器が広がる時代になると、のちに縄文貝塚とよばれる遺跡が伊勢湾から三河湾の沿岸部に広がり、食住環境の適した土地を選ぶようになり、しだいに立地による生活の格差を集団のあいだにうんでいった。

紀元前一万一〇〇〇年に比定されている、酒呑ジュリンナ遺跡は、縄文時代草創期の代表的遺跡である。微隆《びりゅう》文土器とともに有舌先頭器など各種の土器を出土した場所として名高く、信州《しんしゅう》や美濃との交流も想定されるなど、徐々であるにしろ人びとが仮の家をつくりながら、三河の北方から移動してきて、小さな集団を形成していたことを推測させる。

三河の山間には縄文時代の多数の遺跡が分布し、濃密な生活の痕跡がみられるが、それらから推測すると、渓流にのぞむ丘陵の中腹や山の麓の小平地を選び仮小屋をつくり、定着の時間がのびるにしたがって、しだいに住みやすいように工夫を加えて初源的なムラを形成したのであろう。

また、縄文後期を代表する祭祀遺跡として今朝平《けさだいら》遺跡（豊田市）があり、環状列石遺構とともにビーナス様土偶《どぐう》が多数出土し、自然の恵みと豊穣を象徴する原始信仰の祭場として探求の手かがりをあたえている。足助町は、「縄文の宝庫」とよばれ町内九〇カ所におよぶ縄文遺跡の集中地として知られる。

東三河では、縄文の複合遺跡として有名な大名倉《おおなくら》遺跡がある。豊川水系に属する寒狭《かんさ》川の右岸、段戸山《だんとやま》（一一五二メートル）に連なる急峻な峡谷に所在していて、川にそって移動していく人びとが比較的平坦なこの地にしばし足を止め、短期間生活をいとなむことを繰り返した。その結果、縄文早期から晩期に至る長期の生活遺物を残したと考えられている。出土遺物には縄文土器とともに磨製《ませい》石斧、石刃《せきじん》、石錘《せきすい》、石皿など、各種の石器も出土しており、多彩である。北設楽郡では珍しい古墳の集中地も北側にあり、詳細な調査と報告が待たれる遺跡の一つである。

さて、縄文晩期となると、岡崎の真宮《しんぐう》遺跡（国史跡）のように、採集生活をしつつ明確に定着のあとを

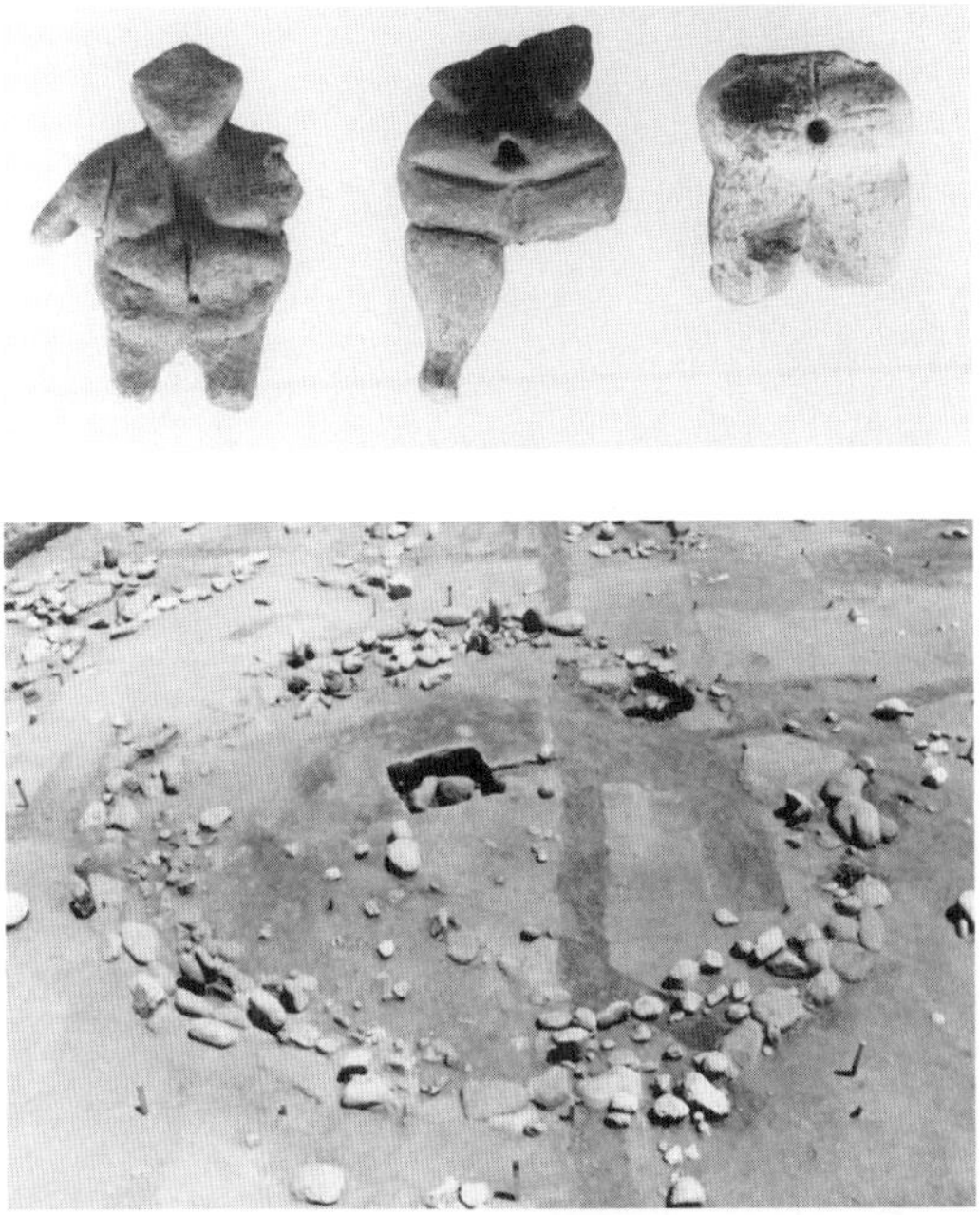

今朝平遺跡出土の土偶(上)と環状列石遺構(下)　縄文後期に属する。土偶の出土は22点にのぼり，大きな乳房と臨月を思わせる体型を特徴とし，縄文人の信仰を考えるうえで注目される。

とどめる集落もあらわれるようになり、呪術具などの精神生活を象徴する遺物もではじめる。また、一方、条痕文様を特徴とする水神平式土器《すいじんびらしき》があらわれて、同時期に形成する住居は数軒程度と規模も前代とかわらないものの、生活域は高地から低地へと移り、湿地に隣接した遺跡から出土することが報告されている。一部の土器片には籾痕が検出されるなど、明確に農耕生産への準備にはいったことをうかがわせるようになる。自然に支配されていた長い採集生活を脱却し、この地にも雑穀と稲を混合した農耕社会への準備が進むのである。

弥生のムラ●

縄文社会はその均質性を特徴としており、自然のなかでアニミズム（精霊）信仰をもち、人びとは強い血縁共同体を形成して協力しあって生きていた。これに対して、弥生《やよい》時代には、農業への依存を高めることによって定住の志向が強まり、生活の様相は大きく変貌することになった。遺跡も山間から流域の中下流

梅坪遺跡

梅坪《うめつぼ》遺跡は、三河《みかわ》西部を代表する弥生遺跡である。豊田《とよた》市東梅坪にある矢作《やはぎ》川中流域の段丘上に位置し、支流の籠《かご》川右岸に所在している。当遺跡のおもな遺構は標高四〇メートル辺りにいとなまれ、ちょうど、奥三河から流れでてきた矢作川が平野部にでてゆるやかな流れとなった場所である。ここから三河湾まで弥生から古代にかけて集落遺跡が点在しているが、そのなかでも交通の要衝《ようしょう》の地にあたる。

一〇年間にわたる二万一〇〇〇平方メートルにおよんだ発掘の結果、本遺跡は弥生後期から平安

❖コラム

時代までの複合遺跡であることが判明した。竪穴《たてあな》住居三二七基、掘立柱建物五〇棟、土壙《どこう》約五〇〇、溝五五条、井戸二基、敷石《しきいし》遺構など、累計一〇〇〇にもおよぶ多様な遺跡が発見された。

古墳《こふん》時代後期には大型建物が多数あらわれ、豪族《ごうぞく》居館や高床《たかゆか》倉庫も検出される一方、河漁を示すヤスや、四五〇〇点もの土錘《どすい》、二五〇点の製塩土器の出土など、文字どおり地域の歴史を凝縮した遺構であることがあきらかとなった。河漁で使用したヤスや土錘、河口部から運ばれた多量の製塩土器などは、この地の繁栄が河川利用との関わりからでたものであることを示している。西三河における矢作川のもつ位置の大きさを示す遺跡としても重要な意味をもっている。

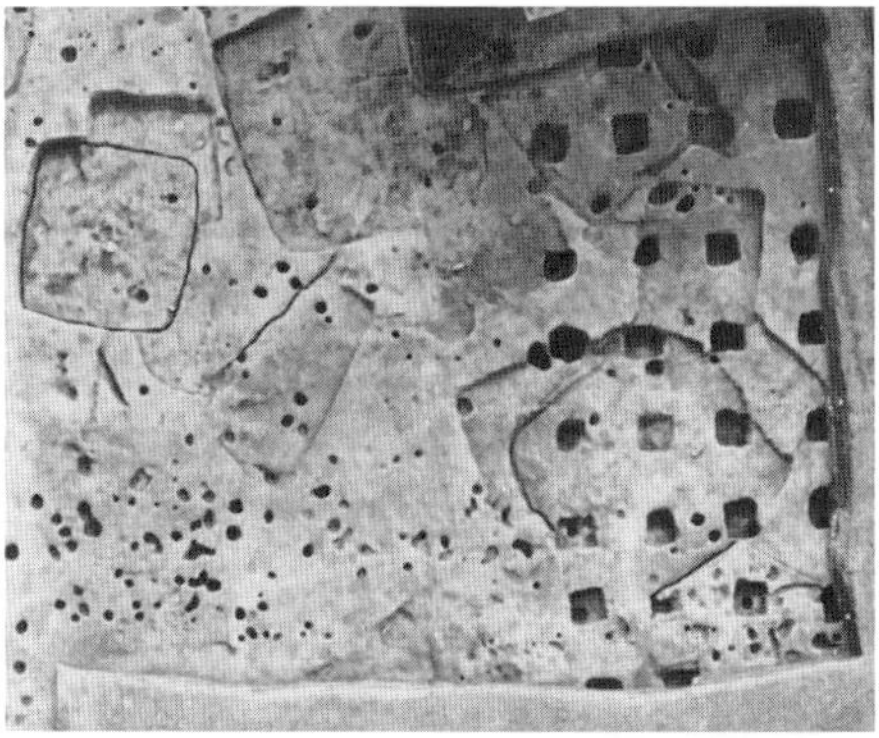

梅坪遺跡の高床倉庫跡(上)と環濠(下)　高床倉庫跡は古墳時代後期のもの。環濠は110m以上におよび，濠内から弥生後期から古墳時代前期の土器が多量に出土した。

部へと広がってくる。

　西三河には、矢作川とその支流にそって、しっかりとしたムラ遺構があらわれ、梅坪《うめつぼ》遺跡など注目される遺跡も少なくない。

　三河の東部を代表する弥生時代の集落跡としては、瓜郷《うりごう》遺跡（国史跡、豊橋市瓜郷町）をはずすわけにはいかない。瓜郷遺跡は、早く昭和二十二（一九四七）年に第一回の調査が行われたのをはじまりとして、静岡の登呂《とろ》遺跡や奈良の唐古《からこ》遺跡などとならぶ価値をもつ豊川水系を代表する集落遺跡である。水田の発見には至らなかったが、収穫具の石包丁《いしぼうちょう》などの水稲栽培を示す遺物の発見があり、土器・石器・木製具・骨角器など、多彩な遺物が発見されてきた。とくに六形式に分類された土器は弥生時代中期の標識となる瓜郷式土器として重要な位置を占めている。

　名古屋市内の繁華な場所にありながら関係者の努力でよく保存され、長期の調査が継続している弥生遺跡に見晴台《みはらしだい》遺跡がある。名古屋市は北部と西部

瓜郷遺跡出土の土器片（右上）**と石器**（左・右下）　大型蛤刃石斧（左）を含む遺跡として注目される。

を庄内川に囲まれ、東高西低の地形をつくっている。名古屋は、最高所でも守山《もりやま》区の東谷山《とうこくさん》の一九八メートルにすぎず、市の東側に一〇〇メートル程度の丘陵が南北に連なる地形となっている。本遺跡は名古屋城を最北端とする熱田《あつた》台地の南端、笠寺《かさでら》台地に立地していて、南方に眺望が開き地名の由来ともなっている。この台地西側の低湿地帯が「愛知」の語源ともいわれる「あゆち潟」である。

見晴台遺跡の本格調査は一九六〇年代にはいって計画的な発掘がはじめられて多くの事実が明らかになった。ここには弥生中期から古墳時代前期にかけて一七〇棟を数える住居が建ち、舌状台地の下には天白《てんぱく》川にのぞんだ水田が開拓されて、この集落を囲むように二重の濠がめぐっていた。多重の濠はつぎにのべる清須《きよす》市朝日《あさひ》遺跡、近接した瑞穂《みずほ》遺跡、緑区の三王山《さんのうやま》遺跡・城《しろ》遺跡、額田郡幸田《こうた》町東光寺《とうこうじ》遺跡などでもみつかり、弥生時代村落の防御機能を物語る事例として注目されている。

朝日遺跡は、旧清洲《きよす》町（現清須市）の東西約一・四キロメートル、南北約八〇〇メートルに位置する東海地方屈指の弥生集落遺構である。調査の歴史は昭和初年にまでさかのぼるが、名

見晴台遺跡　名古屋市内，熱田台地の南部東縁に立地している。水田低面から13〜14mの比高差がある。写真は昭和30(1955)年ごろのもの。

古屋環状二号線建設に伴う発掘を契機として全容があきらかになってきた。
隣接の貝殻山《かいがらやま》貝塚（弥生前期）の出土物は内海漁業の特徴を示していて、遠浅の干潟《ひがた》に面して大量の魚介類を採集していた縄文後期の人びとの痕跡を残し、標高二〜三メートルの砂地の微高地に、弥生中期には多数の住居がならんでいたらしい。

ことに目を引くのは、北側に四重の濠がめぐり、逆茂木《さかもぎ》が外にむけ濠内に構築されており、外敵からムラ全体を防衛するという強い共同意志の存在が認められることである。

また、住居群の東西には一辺三〇メートルを超す、この種のものとしては最大級の方形周溝墓《ほうけいしゅうこうぼ》や、小児用の土器棺《どきかん》も発見されて、葬送方法が複雑化する様相がわかる一方で、溝内から関東地方や中国地方で製作された土器が発見されるなど、当時の人びとの交流範囲が飛躍的に拡大したことも判明した。そのほ

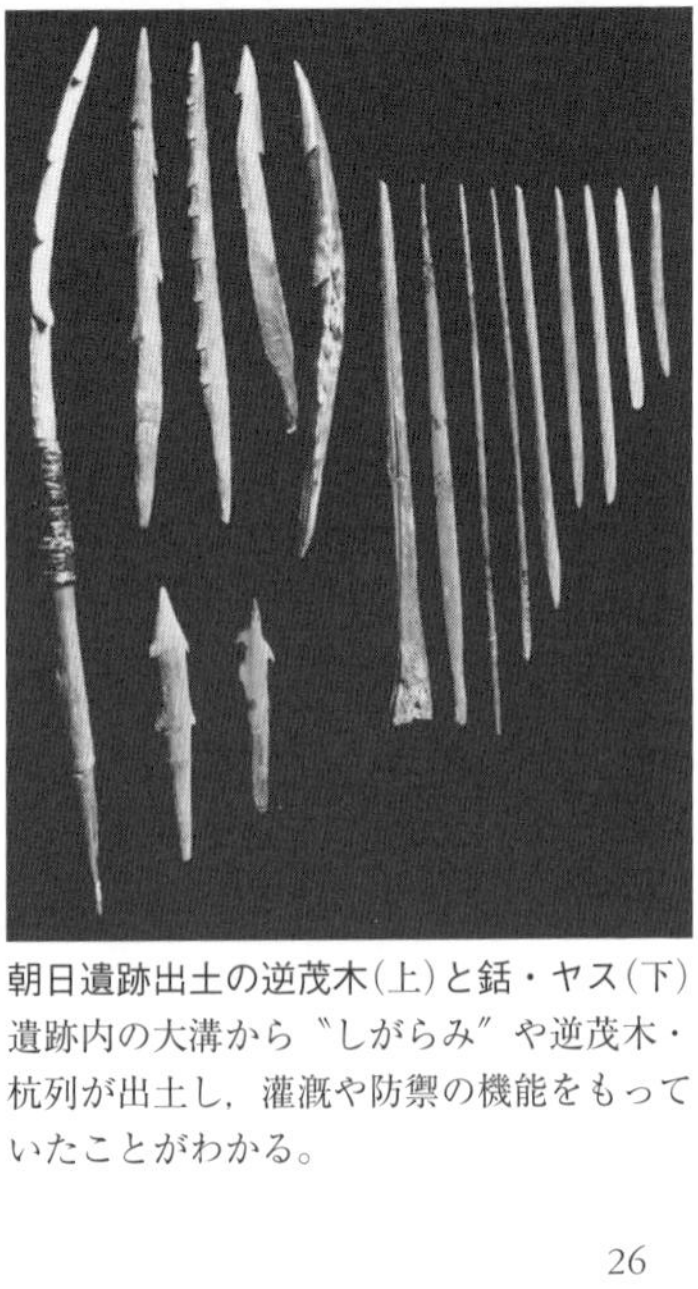

朝日遺跡出土の逆茂木（上）と銛・ヤス（下）
遺跡内の大溝から〝しがらみ〟や逆茂木・杭列が出土し，灌漑や防禦の機能をもっていたことがわかる。

か、木製品や骨製品の大量出土、銅鐸《どうたく》や青銅製の鋳型《いがた》の発見や〝パレス式〟と称される優美な弥生土器など、弥生人の予想以上に豊かな物質文化の実態があきらかにされたのである。ただ、広大な遺跡であるだけに調査研究の進展が待たれるところである。

朝日遺跡の西南部には、弥生遺跡が点在しており、なかでもあま市の大渕《おおぶち》遺跡からは、多数の魚網用の土錘《どすい》が出土し、河口の原始漁業の存在を裏づけている。

弥生の遺跡をたどってみると、前時代との大きな違いは、全体として地域が個性化してきたということであろう。縄文時代における生活は自然条件に左右されきわめて簡素なものであり、自然への畏敬にいろどられていても、均質性が一つの特徴となっていた。しかし、弥生時代は、人間の創意を大きく解放した時代という印象が強い。自然に支配されていた時代から自然物を加工しさまざまな工夫を加える時代、〝ものづくりの時代〟へと大きく変化したのである。

2　ウジの時代

農耕と信仰●

雑穀や稲の栽培によって人びとの生活はしだいに変貌していく。農業の適地を求めて人びとは移動を繰り返し、おもだった遺跡の場所も山間部から低湿地やその近辺へと移る。農耕のすぐれた生産性に気づいた人びとは定まった場所で世代を重ねるようになり、山野を開き土地の改良を進め、しだいに生産手段を集積して、今までとは比較にならないほどの生活力の向上をはたした。

水稲耕作は多量の集約労働を必要としたから、力をもつものはきそって労働力の獲得をはかった。その結果として、全体の富が蓄積される一方で、時代とともに村落や村人ごとの社会経済的な格差は広がり、社会内部に対立的な状況がうまれていった。そのため、人をつなぎ止める精神的な結びつきが必要とされ、根強く残る自然崇拝を基礎としながら人びとの居住する低地からあおぎみる独立峰への信仰（山岳信仰）が各所におこった。

後世、三河一宮となる砥鹿《とが》神社の奥宮が鎮座する本宮山《ほんぐうさん》（七八九メートル）は、古くから豊橋平野に秀麗な姿をきわだたせる神奈備《かんなび》の山（神体山）である。祭神は大己貴命《おおなむちのみこと》と称するが、おそらく後世の神話による付会で、今も山頂に残る磐《いわ》座《くら》から見て自然物を神とする原始信仰に由来したものであろう。作物に恵みを運ぶ豊川への感謝が山岳信仰となり、本宮山をのぞむ豊橋平野一円の集落に広がったと思われる。

三河は古くは、矢作川流域の「参河《みかわ》の国」と豊川流域の「穂《ほ》の国」に分かれていた。とくに東部の豊川北岸は文化の発達した地域で、豊橋平野の西辺部には後世、国府・国津が

矢作川中流域からあおぐ猿投山　西三河の信仰を集めた。西南麓に多数の古窯址が密集し,「猿投古窯」として全国に知られる。

おかれるようになる。その背景を考えるうえにも、そびえる峰を意味する「穂」を象徴したという本宮山を中心とする人びととの精神的結束を無視することはできない。

また、尾張と三河の境、瀬戸市・豊田市にまたがる猿投《さなげ》山（六三八メートル）は、南麓の猿投町に猿投神社があって大碓命《おおうすのみこと》をまつる西三河一の大社として知られる。神社から南には古墳も多く、麓に続く亀首《かめくび》の地には弥生から古墳時代にかけての集落跡も検出できる。この山も矢作川右岸の集落を定着させていった人びとが水源の土地として農耕作民を束ねる象徴としての山岳の役割を強く意識して崇《あが》められていたのであろう。

事実、今豊田市内の高所からながめるとき、猿投山塊の連なりは農耕をする人びとの信仰の対象としてよく納得できる。山岳のもつ精神的な紐帯《ちゅうたい》としての意味は、今、私たちが想像する以上に大きかったと思われる。

地域首長の登場●

原始時代には、家族が独立の世帯をいとなむことは困難で、家族全体が集落共同体のなかに包摂されて存在しており、分業を請け負いながら、全体で生活を維持していた。

そのなかで、生産が進み富が偏在するようになると、一部有力家父長が全体を束ね、血縁原理を模した地域共同体をつくるようになる。それらをウジとよぶ。

伊川津《いかわつ》遺跡（田原市）では、昭和五十九（一九八四）年までに一八四体にのぼる人骨が出土したが、そのなかに、耳飾り、腕輪、足輪の副葬品《ふくそうひん》を伴う三体の合葬墓が出土して、集団の指導層である可能性が指摘された。また、頭頂に打撃を加えられたり、石鏃を打ち込まれた人骨も一緒に発見され、すでに採集経済の段階にも社会のなかで深刻な対立が存在していたことが推定されている。

しかし、こうした状況が常態化するのは、農耕に伴う富の蓄積のなかでしだいに階層分化が進み、社会的格差が拡大し固定化が行われてからであろう。

濃尾平野のほぼ中央に位置する木曽《きそ》川扇状地の先端、今の一宮《いちのみや》市南西の萩原《はぎわら》町一帯は県下でも顕著な遺跡が連なる地域として知られており、五条《ごじょう》川・三宅《みやけ》川・日光《にっこう》川などの旧河道にそって弥生時代から古墳時代の集落が発達した場所であった。それぞれの後背湿地に水田を有する自然堤防上の村落という形が尾張北部の遺跡に共通した景観である。

なかでも、山中《やまなか》遺跡（一宮市）では弥生時代前期の集落遺跡として住居址・溝・方形周溝墓が検出できた。方形周溝墓は四隅に陸橋をもつ東日本に発達した形式とも指摘されている。

元来、方形周溝墓は弥生前期に畿内《きない》に成立し、全国に普及していったといわれ、一般に集落内の特定集団の墓制という解釈が一般的である。したがって、本遺跡の方形周溝墓が西方の影響をもつとともに、東方にも伝播していったことは、尾張北部がはやくから東西交流の接点に位置していたことを示すものであり、後世、この地域に、政治の中枢たる国府が設けられていく理由を考える場合にも注意しておく必要がある。

なお、先述の朝日遺跡は五条川の下流にあたっており、そこからも弥生中期にこのような方形周溝墓が出土しており、この地からしだいに南へと広がったようすを示している。

『新編一宮市史』本文編上では、尾張北部に勢力を保った諸氏族を検討し、尾張氏（尾張宿禰《すくね》、尾張連《むらじ》）、葉栗臣《はぐりのおみ》氏、小塞《おぜき》連氏、裳咋《もくい》臣氏、中嶋《なかしま》連氏（以上、のちの中嶋郡）、甚目《じもく》連氏（海部郡）などをあげている。一宮の所在する土地は、のちの東山道《とうさんどう》と東海道《とうかいどう》に属する、美濃と三河を結ぶ中継地にあたり、濃尾平野の中心地として多数の遺跡が検出され、ヤマトの政権が五世紀から六世紀にかけて東方へと勢力を拡大する過程で協力関係を結ぶ豪族がまずこの地にあらわれ、尾張氏が濃尾平野の南部を制覇するなかで、諸氏と擬制的同族関係を形成したのであろう。

最古の大前方後円墳《ぜんぽうこうえんふん》といわれる箸墓《はしはか》古墳に隣接する纏向《まきむく》遺跡からは、弥生時代後期の尾張系の土師器《はじき》の出土をみたことが知られていて、相当はやい時期から、尾張北部と西部王権との交流があったことを示している。

こうして、七世紀まで二〇〇年ほどのあいだに地域社会のなかで、優位性をもつ氏族が定まり、ヤマトとの交流のなかでより優越した立場を獲得することもおこったと考えられている。

古代の愛知では、各地の水系にそって古墳を形成した氏族が次代の郡司《ぐんじ》に登用され、地域社会で権威

山中遺跡の方形周溝墓　弥生前期の集落遺構に伴って出現した。東日本に影響をあたえたことが考えられる。写真は弥生後期から古墳時代初頭にあてられる周溝墓。

を確立することになった。

古墳と地域統合●

尾張地域でもっともはやい古墳は海部郡佐織《さおり》町の奥津社《おくつしゃ》古墳（円墳、径二五メートル）とされる。墳頂には奥津神社があって全面的な発掘が困難な状況にあるが、神社所蔵の三面の三角縁神獣鏡《さんかくぶちしんじゅうきょう》が初期大前方後円墳として著名な京都椿井大塚山《つばいおおつかやま》古墳出土の銅鏡と同じ鋳型《いがた》からつくられた同笵《どうはん》関係にあり、古墳の年代推定の決め手ともなっている。

本古墳の近辺には墳丘長八〇メートルの二ツ寺神明社《ふたつでらしんめいしゃ》古墳があり、これも古い時期の特徴をとどめている。おそらく、いずれも四世紀前期に築造された、海部郡を支配する有力首長《しゅちょう》の墓であった可能性は高い。

尾張北部の古墳では、犬山市の前方後方墳《ぜんぽうこうほうふん》、東之宮《ひがしのみや》古墳（国史跡）が重要である。犬山の扇状地をみおろす白山平《はくさんびら》の頂上（標高一四二メートル）にきずかれ、墳丘長七八メートル、主体には竪穴《たてあな》式の凝灰岩製の石郭《せきかく》が残存していて、内側はベンガラで塗られていた。副葬品には一一面の銅鏡があり、鉄刀・鉄剣などの武器も伴出した。眼下にある妙感寺《みょうかんじ》古墳（墳長九二メートル）とともに、その規模や内容からして山麓一帯に発達した集落を束ねる強力な地域首長の墓であることはまちがいない。

同じ犬山市内には一二〇メートルの墳長をもつ青塚茶臼山《あおつかちゃうすやま》古墳（国史跡。九頁写真参照）が所在し、見事な周濠《しゅうごう》を残し、やはり四世紀の古墳と考えられている。古社、大県《おおあがた》神社に隣接しており、当地の古名の「邇波《には》県」から推定して丹羽《にわ》氏の氏族墓の可能性が指摘されている。

また、名古屋を囲む庄内川の沿岸では、守山区の庄内川と矢田川にそって古墳密集地があって、中流域

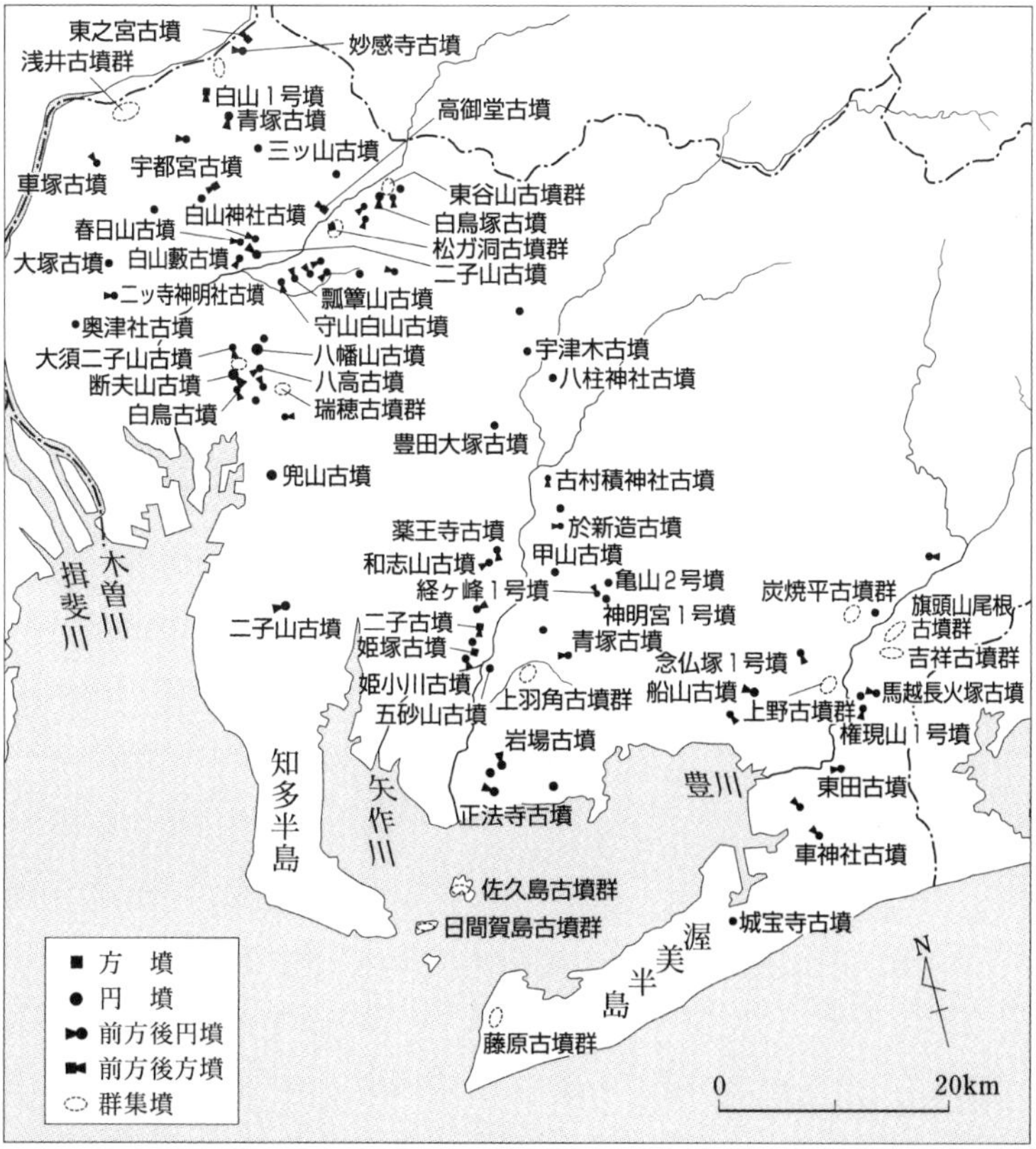

愛知県のおもな古墳の分布　ほぼ3地域に分布することがわかる。林英夫編『図説愛知県の歴史』による。

に広がる春日井市域とともに注目されている。急速な市街地化のなかで相当部分が湮滅《いんめつ》したのがくやまれるが、なお一〇〇基以上を数えている。庄内川の北岸の開析谷沿いに点在する味美《あじよし》古墳群は五世紀から六世紀なかばの古墳がまとまっており、五世紀前半の白山藪《はくさんやぶ》古墳をはじめ、二子山《ふたごやま》古墳（九五メートル）、白《はく》山《さん》神社古墳（八五メートル）、春日山《かすがやま》古墳（七四メートル、以上、前方後円墳）、御旅所《おたびしょ》古墳（三五メートル、円墳）など約一世紀にわたって造営が進められた地域となっている。瀬戸市から発する矢田川や水野《みずの》川など上流域に小首長が分立するなかで、庄内川や後背地の水利を制御した、諸集落の上に立つ代々の政治首長がこの地を統合した結果とみてよいであろう。今、市民も含む検討が進められて、着実な成果をあげている。

当地の氏族の由来については、二子山古墳とつぎの断夫山《だんぷさん》古墳との外形的類似から尾張氏との関連でとらえる見方もあるが、濃尾地域の全体をみとおす古墳研究の進展を待ちたい。

名古屋市熱田区の熱田神社に隣接する断夫山古墳は墳丘長一五〇メートル、後円部径八〇メートル、高さ一六メートルをはかる東海地方で最大の前方後円墳である。周濠は埋め立てられているが、墳形は当時の姿をとどめており、葺石《ふきいし》や埴輪《はにわ》の存在も確認されている。また北西のくびれ部分に造出《つくりだ》しを付帯していて、六世紀前期のものと考えられている。立地は名古屋台地が伊勢湾に突きだした先端部にあって、海をみおろす場所を意図して選んだものと思われる。

出土した円筒《えんとう》埴輪には、須恵《すえ》質のものが含まれ、後述する東山《ひがしやま》古窯で焼かれたことが以前から指摘されており、埋葬者を尾張氏の首長とすると、尾張氏の成り立ちを考えるうえにも重要な問題を含んでいる。

一〇〇メートルほど南には白鳥《しらとり》古墳も所在し、かつて多数あったと伝える南部《なんぶ》古墳群の威容の一端を示している。やや北に位置する高蔵《たかくら》古墳群の一部からは漁業に使った石錘や釣針も出土するなど、あゆち潟を生業の場とする海民的な要素を考える必要も強調されていて、政治的統合の過程を説明できる積極的な学説の登場を待ちたい。

三河の古墳に目を移すと、矢作川河口部の丘陵上に正法寺《しょうぼうじ》古墳（西尾《にしお》市吉良町）がある。墳丘長八六メートルで当地域最大の規模をもち、円筒埴輪の特徴から四世紀末期に比定されている。本古墳の特徴は三

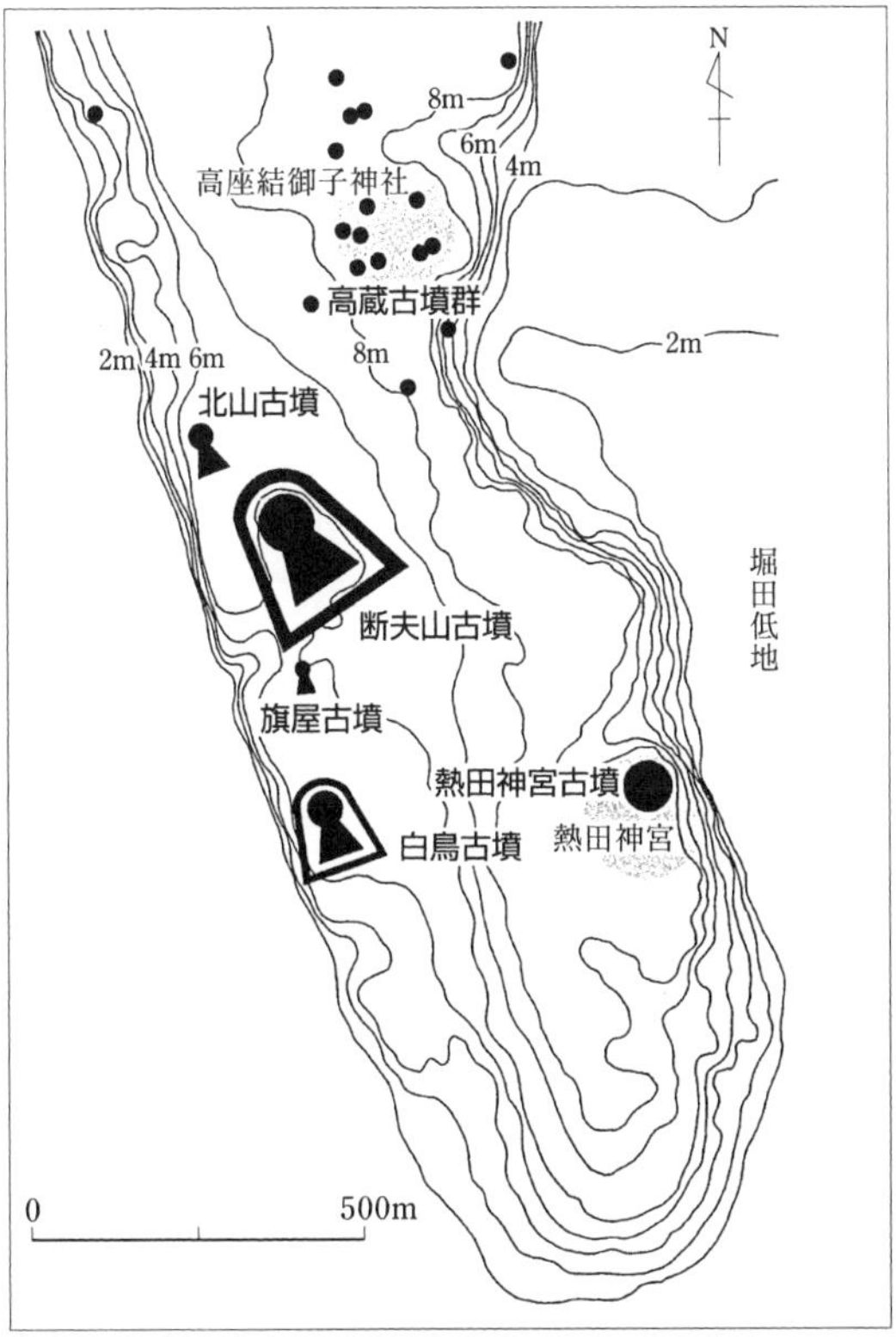

熱田岬の古墳(赤塚次郎氏作成)　県下最大の断夫山古墳は隣接する白鳥古墳などと伊勢湾に突きだした熱田岬に築造されており，海人との交流を背景に考える見方も強い。

河湾に突出した岬の先端に築造されていることであり、近辺の古墳とあわせて、湾岸に生業をいとなむ海人集団を率いた首長墓と考えられる。

　矢作川流域には、宇《う》津《つ》木《き》古墳（豊田市）、八柱《やはしら》神社古墳（同）など、時代を異にする古墳が点在しており、流域を制御した首長について多面的な比較研究が必要とされている。

　三《さん》ケ《が》根《ね》山《さん》を境として東は、豊川流域を主たる領域とする東三河となる。古来、後世まで文化的独立性を保ち、「穂の国」とよばれていた。古墳も多く、約一二〇〇基を数える。そのなかで最大のものは、豊川市の船山（一号）古墳で、

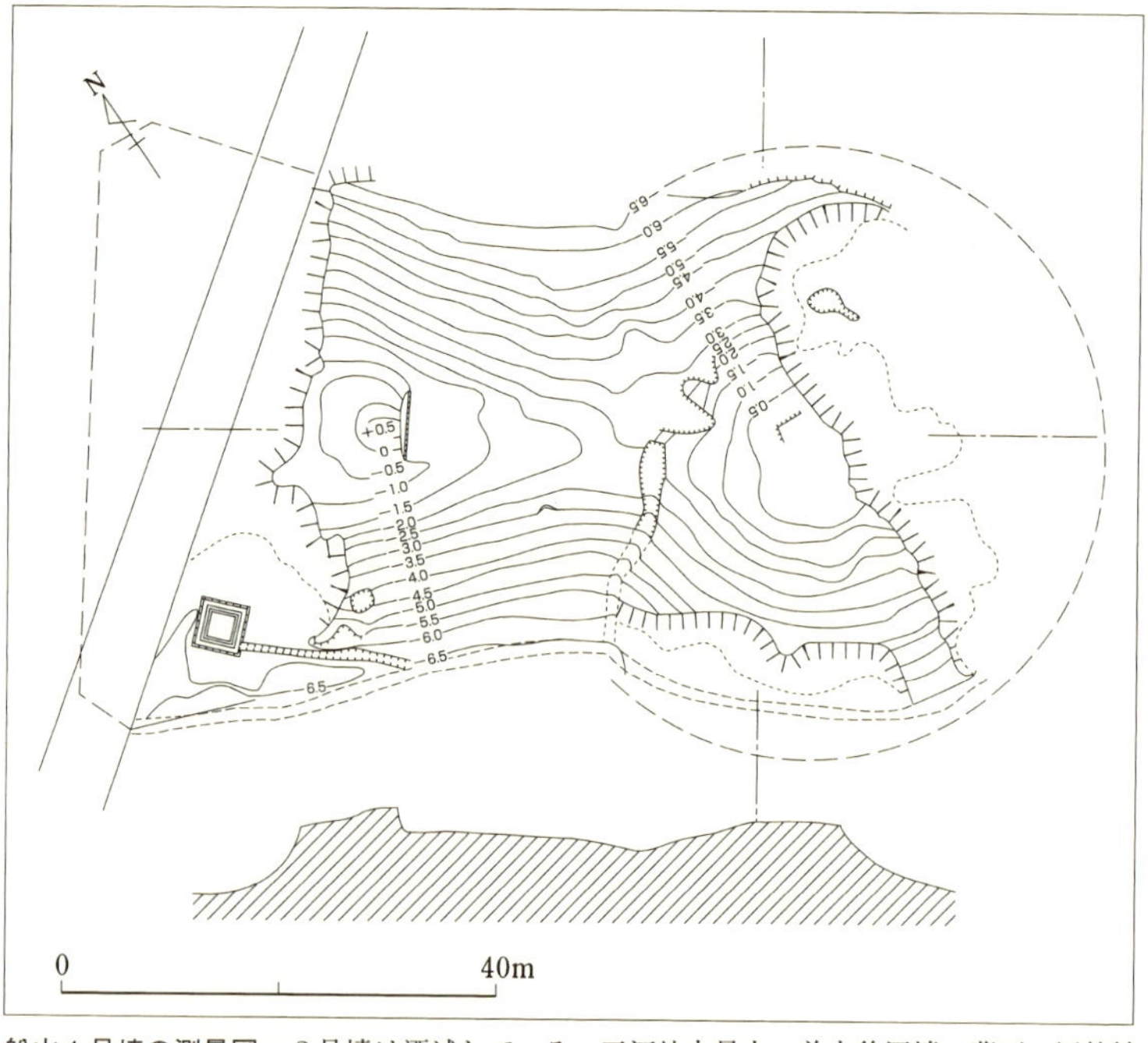

船山１号墳の測量図　２号墳は湮滅している。三河地方最大の前方後円墳。葺石・円筒埴輪が認められ，鉄鏃が出土している。豊川市教育委員会編『豊川の遺跡』による。

墳丘長九六メートルの前方後円墳として陪冢《ばいちょう》を伴い、五世紀のなかばにさかのぼるとされている。比較的小規模な古墳の多い当地域では群を抜いた大きさで、成立の背景については、豊川流域、とくに北岸の開発や古代集落の所在調査など、さらに議論を深める余地が残されている。

そのほか、周辺には個性的な古墳があり、県下最大の石室をもつ、馬越《まこし》川流域の馬越長火塚《ながひづか》古墳（豊橋市）をはじめ、豊橋市の炭焼平《すみやきひら》古墳群や旗頭山《はたがしらやま》古墳群にはそれぞれ径一〇メートル程度の積石塚《つみいしづか》古墳も伴い、六〜七世紀の古墳時代末期に家父長墓が盛んにつくられたようすを示している。

氏族の時代●

古墳時代はすでに弥生時代からはじまった集落や地域相互の統合化の過程が進み、墓制という目にみえる形で政治社会の存在が示された時代でもあった。

また、古墳はヤマトの墓制がモデルとなった点で、明確に中央集権力の地方への波及という政治過程があらわになったはじめての時代でもあり、奥津社古墳や東之宮古墳から出土した三角縁神獣鏡は、ヤマトでつくられ地方に分与された威信財として、政治関係を象徴した遺物であった。しかし、注意しておく必要があるのは、当地がヤマトの政治勢力でおおわれたわけではなく、地方の勢力の力を借りてヤマトの勢力がおよんできたという点である。

そのなかで、一部の氏が国造《くにのみやつこ》を名乗るようになる。物部《もののべ》氏が編纂に深くかかわったという『先代旧事本紀《せんだいくじほんぎ》』の「国造本紀《こくぞうほんぎ》」に掲載されている「尾張国造・三河国造・穂国造」は、史料批判を要するものの、この地にヤマトと深く結んだ地方氏族があったことの一端を物語っている。

尾張国造

志賀高穴穂朝、以天別天火明命十世孫小止与命、定賜国造。
参河国造
志賀高穴穂朝、以物部連出雲色大臣命五世孫知波夜命、定賜国造。
穂国造
泊瀬朝倉朝、以生江臣祖葛城襲津彦命四世孫菟上足尼、定賜国造。

これらの記事はヤマトが五世紀以降、東方へ勢威をのばすに伴って、地方の首長のなかにこれに応え、協力の姿勢をとるもののいたことを示すものである。また、「国造本紀」に尾張国造の小止与《おとよ》命、参河国造の知波夜《ちはや》命、穂国造の菟上足尼《うなかみのすくね》などと記すのは彼らが地域全体を掌握していたという意味ではなく、たとえば、尾張国造の小止与命は尾張氏系図の初代に位置していたのが、物部氏の系譜にかかわる天火《あまのほの》明《あかり》命に付会されて、物部に近い関係へと擬制されたもので、ほかの二国も類似したつくり方をしたものであろう。

ただ、そののちに一つになる三河国が、ここでは矢作川流域の三河と豊川流域の穂の二つに分かれていることは重要で、五世紀あるいは六世紀には、畿内からみてそれぞれが独自の地域と認識されていたことを示している。

古墳の分布などを素材として考えると、少なくとも四世紀には、ヤマト勢力の東海への進出が行われ、伊勢国南部から伊勢湾を横断して渥美半島や知多半島、名古屋南部、さらに三河湾最奥部の、豊橋の地域まで進むルートがひらかれ、街道沿いに地域首長との関係を強めつつ、東進していったと考えられる。また、同時に、琵琶湖《びわこ》畔をめぐり、近江《おうみ》から西濃地域にでて、尾張北部から自然堤防上の集落をとおって矢作川下流域に至り、三河湾沿いのルートを進む道も使われていたと思われる。

目を知多半島に転じてみると、付け根の東海《とうかい》市名和《なわ》に半島最古の古墳、兜山《かぶとやま》古墳（墳径五〇メートル、円墳）がかつて所在し、四面の銅鏡《どうきょう》など多量の副葬品を伴出した。被葬者があゆち潟に勢力をもった氏族の長であった可能性が指摘されている。

知多半島では、諸地域を統合のきっかけとなる河川を欠いていることから、上位の勢力が登場するのは知多郡阿久比《あぐい》町にある、五世紀の二子塚《ふたこづか》古墳（墳長三六メートル）の人物まで待たなくてはならない。この被葬者に知多臣をあてる考え方もある。

知多半島の古墳文化は時代とともに南にくだり、後期には日間賀《ひまが》島の三五基におよぶ古墳となる。島内のせまい地に集中する古墳の存在は、生業を漁業や塩の生産に依存する生活からも資産の蓄積と社会の差別化がうまれることを示している。おそらく交易活動の活発化が背景にあったのだろう。

一方、渥美半島では、古くから海人が住み魚介類による採集生活がいとなまれていたと考えられる。ここへ古墳文化がおよぶのもヤマト勢力の伸長が予想される。

海民を語るとき、しばしば引用される記事だが、『日本書紀《にほんしょき》』応神二年十一月紀に、所々の海部《あま》が朝廷の命令にしたがわず騒ぎを続けたため、阿曇《あずみ》連の祖、大浜《おおはま》連を派遣してしずめ、海人の宰《つかさ》に任ぜられたという。一種の神話であるが、海部と阿曇の結びつきは注目される。

のちに、畿内氏族の系譜を列記した『新撰姓氏録《しんせんしょうじろく》』に、二二氏の始祖としてでる安曇（阿曇）氏の氏祖伝承としている。これらは史実ではないが、古く海を生業とする人びとが海辺の各地に定住していたことを示すもので、渥美の地名が安曇氏に由来するとの説を裏づける。

渥美から浜名湖西岸は、弥生時代の銅鐸《どうたく》を豊富に出土する場所として有名で、「三遠式《さんえんしき》銅鐸」という個性的特徴をもつ銅鐸の存在が知られている。銅鐸は畿内を中心とする金属器祭祀を象徴する遺物であるが、畿内文化の影響をうけながら発達させた独特の地域文化が背景にあったことが知られる。

伊勢湾を囲む志摩の地と渥美・知多の両半島は同じ海人集団の拠点であって独特の仕方で各地から流入する文化を取りいれ、その一部には、近畿のヤマトの勢力と結合関係を強める集団もあらわれたのである。

2章

民衆世界とまつりごと

伊保郷印（右上・印面，右下・印影）

1 ヤマトの政治と地方

郡郷による行政●

七世紀になると、ヤマトの勢力は隋《ずい》・唐《とう》との積極的な文化交流にのりだし摂取した大陸文化の地方への影響がはっきりしてくる。

なかでも、地方社会につよい影響をあたえたのは、律令《りつりょう》制度を基礎とする国郡《こくぐん》制度と、仏教文化の拡大である。

七世紀なかばには、すでに国と評《こおり》による行政区分が実行されていたことが、飛鳥《あすか》や藤原《ふじわら》宮から出土した荷札木簡《もっかん》などにより確認され、「三川国波豆評篠嶋里□□(大塩カ)一斗五升」や「辛卯年十月尾治国知多評」などと読める木簡がでている。

しかし、本格的な地方制度は、八世紀初頭、地域を国・郡・里《り》(のち郷《ごう》)の三段階に区分し、この地にいちばん勢威をもつ尾張《おわり》氏にちなむ「尾張国」と、矢作《やはぎ》川と豊《とよ》川の流域をあわせた「三河《みかわ》国」をおいて、それぞれに郡を配したときにはじまる。この国域が基本的に近代まで存続したことは、国の策定が比較的自然の地形にもとづいた社会経済圏を根拠とした結果であった。反面、西三河と東三河が三河一国にまとめられたことは律令国家による上からの強い統合作用の現れであった。また、三河国府が矢作川地域の西三河ではなく、豊川の東三河におかれたことは、やはり伊勢《いせ》湾から三河湾をとおって東国の入口にいたる海路が重視された結果であったと思われる。

郡は各地に蟠踞《ばんきょ》する豪族の支配領域が踏襲されて、四世紀から七世紀までに古墳《こふん》時代をつうじてヤマトとの強い関係を有した国造から、優先的に郡司《ぐんじ》を任じた。その意味で、律令的地方支配の準備はすでに七世紀以前からととのえられていたという見方もできる。

里（郷）は、五〇戸を一里とする建て前ではあったが、自然集落の戸数と一致するはずはなく、多分に人為的な編成となり、事実上形骸化していた。郷戸主のなかには、奴《ど》隷《れい》身分の私奴婢《しぬひ》や、他の戸に由来する寄口《きこう》をかかえるものも存在していて、奈良時代からすでに集落内部に身分の格差は歴然としていた。また、有力郷戸主のなかからは里長（郷長）が選任されて集落を統率し、律令行政の末端をになった。

地方制度において、影響をおよぼしたもっとも重要なものが郡司制度の施行である。

十世紀に編まれた律令の施行細則、『延喜式《えんぎしき》』の民部式《みんぶしき》によると、尾張は、海部《あま》、中嶋《なかしま》、葉栗《はぐり》、丹羽《にわ》、春部《かすがべ》、山田《やまだ》、愛智《あいち》、知多《ちた》の八郡。三河は、碧海《あおみ》、賀茂《かも》、額田《ぬかた》、幡豆《はず》、宝《ほ》

平瓦にヘラ書きされた文字（「五十長」〈左〉と「多楽里張戸連」） 注文に応じて焼いた瓦の一部である。篠岡66号窯出土。ほかにも「鹿田里穂憩」の里名もみられる。

飫《い》、八《や》名《な》、渥美《あつみ》の七郡であった（のちに設楽《したら》郡が宝飫郡から分立して八郡となった）。

国郡制度により、畿内《きない》政権の支配は地方社会に深く浸透し、数百年間にわたって朝廷―天皇を核とする中央政権の支配がおよぶことになった。

郷の名前や数は、のちの十世紀前期に源　順《みなもとのしたごう》が編纂した『和名類聚抄《わみょうるいじゅうしょう》』（以下、『和名抄』と略）という辞書にのる記載からしか追えないが、古代の地名を知る手がかりとなる。

愛知でも最古期に属する尾張北部の窯《かま》址のうち、小牧《こまき》市の篠岡《しのおか》六六号窯から、「五十長」「多楽里張戸

木簡と『和名抄』の郡郷地名を比較する

木簡《もっかん》から判明した国郡郷里名《こくぐんごうり》（『愛知県史』資料編6古代1をもとに補訂を加えて作成。傍線は『和名《わみょう》類聚抄《るいじゅうしょう》』〈以下、『和名抄』と略〉にみえないもの）

評《ひょう》 里制（六四六～七〇一年）

尾張《おわり》国　海評□□五□□（十戸カ）
（※五十戸はのちの里の意味）
春部評
知田評阿具比里
知多評入海里

三河《みかわ》国　波豆評篠嶋里

郡里制（七〇一～七一六年）

尾張国　海郡嶋里

三河国　波豆郡矢田里

丹羽郡□□（壁カ）里
春部郡石田里
愛知郡物部里
愛知郡油口里
愛知郡荒大里
愛知郡余戸里
知多郡御宅里
知多郡大御野里
知多郡贄代里
知多郡□里

郡郷里制（七一六～七四〇年）

尾張国　中嶋郡牧沼郷新居里
葉栗郡若栗郷□□（月カ）里
知多郡冨具郷野間里
智多郡番賀郷花井里
智多郡贄代郷朝倉里
知多郡□□郷須佐里
智多郡但馬郷区豆里

八名郡片山里
八名郡神里
八名郡多米里
飽海郡村松里
飽海郡大□（壁カ）里・大鹿部里

三河国　農多郡鴨田郷厚石里
（八名郡）八名郷大刀里
渥美郡大壁郷松間里
大壁郷□□里
（宝飫郡）美養郷三宅里

❖コラム

（知多郡）英比郷上村里

郡郷制（七四〇〜）（※この時期は郡郷制か、郷里制の里をはぶいたか判定困難のため、年紀付きの木簡で天平十二〈七四〇〉年以降のものにかぎった）

三河国　播豆郡熊来郷　神護景雲元（七六七）年

播豆郡析嶋　天平十八（七四六）年

宝飫郡篠束郷　天平十八（七四六）年

賀茂郡挙母郷　延暦十二（七九三）年　平城京跡出土「延暦十二年」文字瓦

（額田郡）麻津郷　延暦十（七九一）年　長岡京出土

国郡制度が実施された、大化二（六四六）年の大化改新《たいかのかいしん》以降、国の下の行政区分は、大化二〜大宝元（七〇一）年の評里制、大宝元年の大宝律令《たいほうりつりょう》による郡里制、霊亀三（七一七）年式による郡郷里制、そして、天平十二（七四〇）年ごろの郡郷制へと、四転したと考えられている。木簡はそれらの転換を裏づける好個の資料といえる。それらを十世紀前期ごろ編纂の『和名抄』の郡郷（里）と比較すると、木簡にあって『和名抄』にみえない郷里名は天平十二年の郡郷制実施以前の里名にかぎられ、それ以後の郷名は『和名抄』のものに一致する。つまり、木簡から判明する郡郷里などの行政地名では七四〇年以前の里において知られなかった地名が多い。とくに養老元年の郡郷里制下の里名が『和名抄』に続くものは少ない。郡より下部の地名がほかの古代史料に残ることはまれであるだけに、木簡のもつ価値はいっそう高いといえる。尾張《おわり》・三河《みかわ》関係木簡は比較的多数残存しているだけにいろいろな利用方法をさぐる試みが求められる。

連」ときざまれた陶器片が発見されている（四三頁写真参照）。前者は、里長を示す「五十戸の長」を示し、後者は、後世にでる「田楽里」と「尾張部連」の省略である可能性が高いといわれる。

田楽里は『和名抄』にはないが、時代による郷制の変遷を示すものである。また、平城京《へいじょうきょう》をはじめ全国の古代遺跡から出土する木簡は、奈良時代の郡郷名を知る手がかりとして注目されている。愛知県関係では、平成二十六（二〇一四）年までに出土した木簡をみると、木簡にはあってほかの史料にはない郷の存在もあり、時代により郷名に変遷があったことがわかる。今、木簡をとおして古代の地方社会に関するあらたな局面があきらかにされている。

駅制の実施と古代の街道●

律令制下の地方行政のもう一つの特徴は、公的な交通制度、駅伝制を伴っていたことである。

駅伝制度は官使や国使など、公的な使者に便宜を供するため、主要道にそって約一六キロごとに駅家《うまや》を設け駅馬《えきば》を配置し、郡に伝馬《てんま》を設けた（のち伝馬をおく郡はかぎられた）。それぞれ、駅長のもとに駅戸《えきこ》をおいて維持にあたった。

六年ごとに口分田《くぶんでん》班給のための班田使《はんでんし》、行政を督察する巡察使《じゅんさつし》、各国の行政報告や貢納にあたる四度使《しどし》など、頻繁に恒常・臨時の使者が東海道《とうかいどう》を往来し、加えて、東国から防人《さきもり》が難波津《なにわつ》へと集団で通過したり、またヤマト政権の東北侵出とともに俘囚《ふしゅう》と称された捕虜のエミシを内地に送ることもあった。これらをささえる地方民の負担はたいへんなものであった。

しかし、それらに伴って官道は整備され、都と地方の文化の急速な融合や、仏教に象徴される先進文化の伝播も進んでいった。

古代の東海道が県内のどこをとおっていたかは細部は判明しないが、『愛知県歴史の道調査報告書・東海道』（愛知県教育委員会編）などによって、東から西へ道をたどると、まず、浜名《はまな》湖の西岸の湖西《こさい》市から豊橋《とよはし》市に連なる小高い丘陵部が古来、高師《たかし》山と称されていて、三河の入り口にあたり、その山麓か南の高《たか》師浜《しのはま》の道をとり、西の飽海《あくみ》川（豊川）の「しかすがの渡し」を渡河した。古代の豊川は川幅も広く、橋もなく、旅人の難渋する場所であった。河道もかわり、渡し場に近かった渡津《とづ》駅家の正確な場所は定められないが、宝飯《ほい》郡小坂井《こざかい》町の平井《ひらい》または篠束《しのつか》といわれたり、あるいは飽海川の河口部を船で国府の港、御津《みと》にわたった可能性も指摘される。伊勢湾の〝海の道〟を重視する立場からは、豊川河口部の交通上の位置は大きい。

豊川《とよかわ》市白鳥《しらとり》町の三河国府跡推定地から、「国厨」の墨書《ぼくしょ》土器（口絵参照）が出土し、国府の可能性がいっそう増した。また、平成十一（一九九九）年三月、付近の豊川市八幡《やはた》町で、長さ一〇〇メートル以上、幅員一二メートルの小石舗装の大道が発見され、「持統《じとう》上皇の行幸《ぎょうこう》のための造成か」と話題となった。国府と国分寺とをつなぐ道路遺構ともみられている。

「妹《いも》もあれも一つなれかも三河なる二見の道ゆ別れなれつる」とうたわれた、浜名湖北岸から至る姫《ひめ》街道と東海道の合流点を経て、国府をすぎ、三河高原の南端部を西北へたどった、三十六歌仙《かせん》の一人、凡《おお》河内躬恒《こうちのみつね》が「名にしおへばとをからぬとも宮ち山こえん手向のぬさにせよ君」と知り合いの三河守の旅立ちをうたった、宮地《みやじ》山のふもとを赤坂《あかさか》（豊川市）から、山綱《やまづな》駅家（岡崎《おかざき》市山綱町付近）をすぎ、用意された船で矢作川をわたった。矢作川の渡河地点も正確な場所は不明だが、遺跡の分布状況からみて、現岡崎市北部の大門から北野廃寺のある北野《きたの》へ道をとったとする見方が有力である。

矢作川をわたってやや南下し、岡崎市宇頭《うとう》町付近にあてられる鳥取《とっとり》駅から、歌枕として名高い八橋《やつはし》（知《ち》立《りゅう》市の東北方）、そして、三河と尾張の国境の境《さかい》川をわたる。

ここから尾張にはいり、山田郡の両村《ふたむら》駅（豊明《とよあけ》市沓掛《くつかけ》か）、当時、海がせまっていた鳴海《なるみ》潟をとおり、新《にい》溝《みぞ》駅に至った。新溝の位置も諸説があってわからないが、続く馬津《うまづ》駅が伊勢の榎撫《ねなつ》駅（三重県桑名《くわな》市）の対岸で、海部郡の津島《つしま》市か佐屋《さや》町（海部《あま》郡）付近に比定されていることから、両村と馬津の直線上の中間点に位置したと考えて、年魚市《あゆち》潟をのぞむ、名古屋市南部の熱田辺りに想定するのが自然ではなかろうか。年魚市潟は、「あゆちがた潮干にけらし知多の浦に朝漕ぐ舟も沖に寄る見ゆ」などと万葉歌人によまれ、東海を行き来する旅人に強い印象をあたえた景勝の地であった。

新溝から庄内《しょうない》川の草津《くさつ》渡（萱津《かやつ》渡、現古渡か）を渡河し、馬津に至ったのであろう。渡船が配置された馬津から、本来の官道では、当時広大な一つの川であった木曽《きそ》・長良《ながら》・揖斐《いび》川の下流域をわたって、伊勢国を経由して西行したか、小船で三宅《みやけ》川をさかのぼるか、また陸路、自然堤防上を北上して、尾張国府（稲沢《いなざわ》市）に至る道もあったらしい。かつて浜松《はままつ》市近郊の伊場《いば》遺跡から古代の通行手形様の木簡が出土していて、表に「美濃関向京」とあり、裏に「□駅家　宮地駅家　山豆奈《やまづな》駅家　鳥取駅家」と、三河の四駅を東から西に列記していることから、三河から直接、美濃《みの》にむかうルートの存在も推定されている。この木簡裏面の最初の「駅家」を渡津駅家とすると、駅家の検証に使われる『延喜式』の三河の三駅（渡津・山綱・鳥取）に所見のない宮地駅がほかに存在していたことになり、ここでも駅制や駅路が時期によって変化していたことになる。なお、宮地駅家は、音羽町赤坂に想定されている（『新編岡崎市史』原始・古代1）。

伊勢道も険しい鈴鹿《すずか》の山道をさけ、養老《ようろう》山系の東麓を北上して美濃にむかい養老郡を現垂井《たるい》町（岐阜県不破《ふわ》郡）にでて、不破の山道を近江《おうみ》にでるルートや、伊勢にわたらず木曽川の中流域から西濃への道をとるルートも存在していたと思われる。いずれにしても、官道自体も固定的なものではなく、便宜に応じて、駅家の再配置も行われ、時代によりコースをかえていた可能性は高い。

官道が都鄙《とひ》交通や文化の伝播にはたした役割は軽視できないが、その前提に、前代以来、集落のあいだや生業の場を結んで張りめぐらされた生活道路の存在のあったことを忘れてはならない。これら国郡制の実施と駅伝制の施行を背景としながら、掘立《ほったて》式や竪穴《たてあな》式を主とする庶民の住居とは比較にならない、中央官衙《かんが》に準じた壮麗な建物があらわれる。

古代官衙と仏寺●

東三河では、豊川の下流域の豊橋市牟呂《むろ》町の市道《いちみち》遺跡が注目される。牟呂の地は南北を豊川と柳生《やぎゅう》川ではさまれた三河湾に突きだす台地にあたり、前述の「しかすがの渡し」の有力候補地の一つにもなっている。この地には縄文《じょうもん》時代から十三世紀まで継続して遺跡が確認され、区画整理事業による発掘調査で方一町（九九平方メートル）の金堂《こんどう》、講堂、僧房群や南門からなる寺院跡と、その北東の一三九棟の住居跡が検出されている。相互は別の企画でつくられ関係はないとみられている。とくに後者は、八世紀から十三世紀まで続く倉庫と判断される三二棟の総柱建物、五棟の六角形建物、側柱をもつ建物などをもち、うち、一〇〇棟以上が古代の建物とされていて、全体として倉庫群を中心とした遺構である可能性が高い。豪族の建築とするには斉一的で企画性が強いため、今のところ渥美郡衙か、「しかすがの渡し」に隣接した渡津駅家の関連施設の見方があり、今後の究明が待たれるところである。

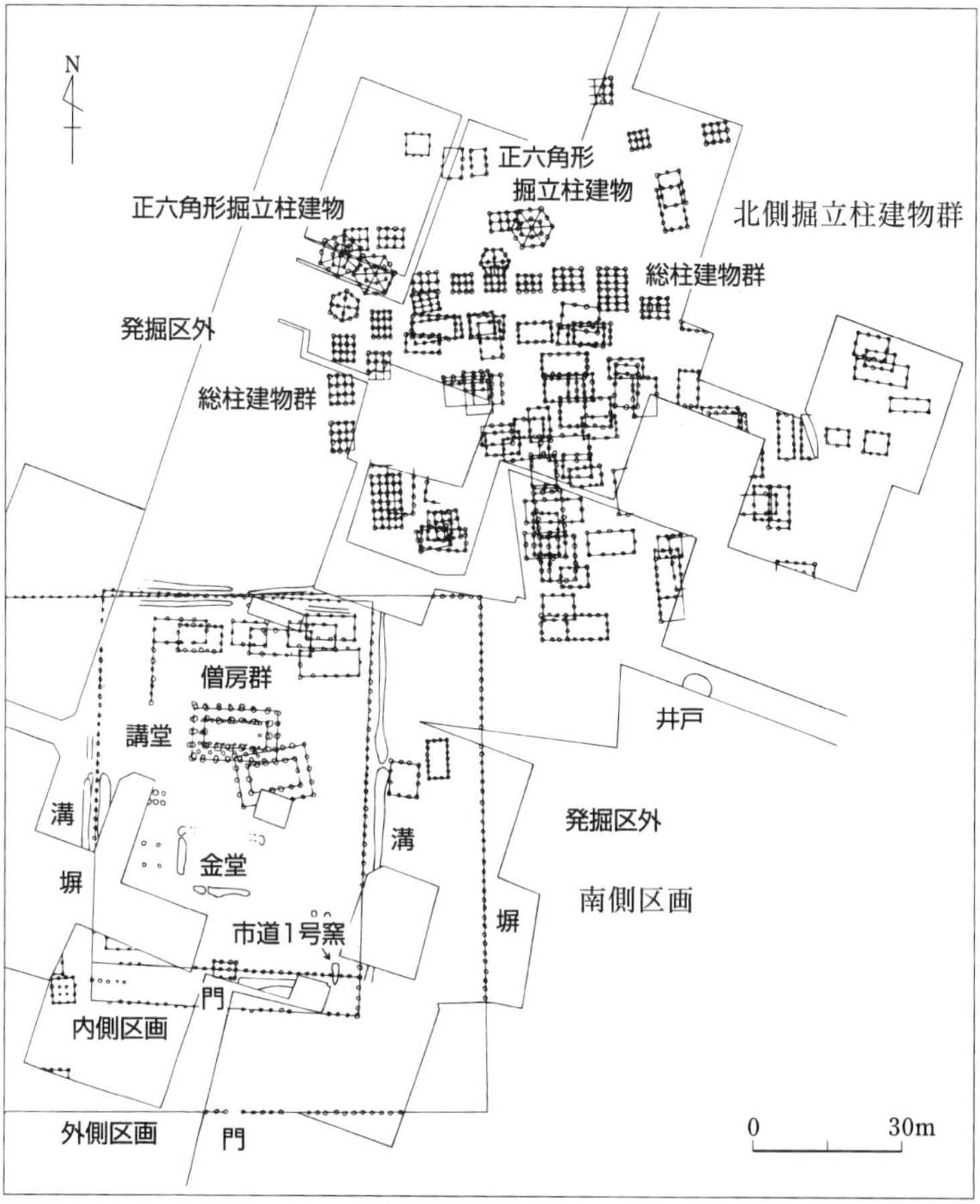

市道遺跡　南側区画の古代寺院と北側の120棟にのぼる掘立柱建物群に分かれる。豊橋市教育委員会編『市道遺跡(Ⅰ)』による。

矢作川流域では、豊田《とよた》市の舞木《まいき》廃寺と岡崎市の北野《きたの》廃寺が注目される。

舞木廃寺は、すでに昭和四（一九二九）年に国史跡に指定されている。今は一五六センチ×一八〇センチの塔心礎を残すのみで、塔以外の伽藍《がらん》は不明であるが、奈良時代にかかる古瓦や瓦塔《がとう》、須恵器《すえき》片が出土している。当地の北二キロには猿投神社があり、一・五キロに市内最大の後期古墳・池田《いけだ》一号墳があり、また、南西には伊保《いほ》の白鳳《はくほう》寺跡も隣接していて、西に条里《じょうり》制度の施行を物語る地名も残すなど、古代には矢作川中流域の中心地であった。

なお、賀茂《かも》郡伊保は全国でも珍しい「伊保郷印」（四一頁写真参照）の場所として有名で、地方行政が実施された明証を今に伝えている。

北野廃寺（岡崎市北野町）は、矢作川右岸の標高一五メートルの碧海台地上に位置している。六〜七世紀ごろの古墳地帯とも連続している。中門、塔、金堂、講堂が直線にならぶ、いわゆる四天王寺《してんのうじ》式の伽藍配置で、参道も検出されている。地上遺構として西と北側に土塁《どるい》を残し、かつては、東西一二四メートル、南北一四七メートルの範囲を囲んでいたらしい。明治末年からすでに大寺の存在が知られていて、石田茂作氏の『飛鳥時代寺院址の研究』にも調査結果が記されている。古瓦から飛鳥時代末年から白鳳時代の創建とみられ、矢作川上・下流域の寺院にも影響をあたえた、七世紀なかばにさかのぼる西三河最古寺院との評価がくだされている。

付近には、矢作川河床遺跡（岡崎市矢作町・渡町《わたり》）があり、古代から中世にかけての祭祀《さいし》用品、墨書土器や緑釉《りょくゆう》陶器、陶硯《とうけん》を含む多量の遺物が採集され、複雑であるが興味深い遺跡である。

先述したように、ここは、東海道の矢作川渡河地点の西岸にあたり、川を上下する船の中継地拠点でも

① 音楽寺院址
② 黒岩廃寺
③ 神宮寺跡
④ 長福寺址
⑤ 大山廃寺
⑥ 薬師堂址
⑦ 妙興寺址
⑧ 中島廃寺
⑨ 東畑廃寺
⑩ 国分尼寺址
⑪ 正楽寺跡
⑫ 国分寺址
⑬ 三宅廃寺
⑭ 淵高廃寺
⑮ 寺野廃寺
⑯ 七ッ寺跡
⑰ 法性寺址
⑱ 甚目寺跡
⑲ 篠田廃寺
⑳ 伝法寺廃寺
㉑ 川井廃寺
㉒ 弥勒寺廃寺
㉓ 伝昌寺跡
㉔ 堂前廃寺
㉕ 作石遺跡
㉖ 勝川廃寺
㉗ 小幡廃寺
㉘ 極楽寺跡
㉙ 元興寺跡
㉚ 古観音廃寺
㉛ 八事小堂址
㉜ 舞木廃寺
㉝ 鳴海廃寺
㉞ 西大高畑廃寺
㉟ 真福寺遺跡
㊱ 北野廃寺
㊲ 別郷廃寺（薬王寺址）
㊳ 能光廃寺
㊴ 高隆寺跡
㊵ 丸山廃寺
㊶ 寺領廃寺
㊷ 国分尼寺跡
㊸ 国分寺跡
㊹ 弥勒寺跡
㊺ 医王寺跡
㊻ 奥田廃寺

廃寺の分布と北野廃寺址出土品(右上)　尾張で約30カ寺，三河で10カ寺程度の寺院址が確認されている。

あったと思われ、七世紀の国造級豪族の建てた寺院との推定は否定できないであろう。

一方、尾張の最古の寺とされているのは、一宮《いちのみや》市千秋《ちあき》町の長福寺《ちょうふくじ》廃寺である。犬山《いぬやま》扇状地の先端、旧五条《ごじょう》川の河道沿いに位置しており、伽藍配置は不明であるが、付近の寺に心礎が残り、出土する素弁蓮《そべんれん》華文軒丸瓦《げもんのきまるがわら》の文様から創建年代は七世紀なかばにあてられている。一方に慎重な意見もあるが、七世紀なかばの尾張元興寺《がんごうじ》遺跡（名古屋《なごや》市中《なか》区正木《まさき》町）や、大量の塼仏《せんぶつ》の出土をみた東畑《ひがしはた》廃寺（稲沢市稲島《いなじま》町）とならぶ初期寺院の一つであるとみてよいのではないか。

その他の事例からも、当地の仏教施設は七世紀なかば以降、畿内から建設指導者や技術者の到来とともに建築がはじまり、僧侶や経典、荘厳具《そうごんぐ》の将来も行われたと考えられる。そして、その前段階に、首長《しゅちょう》層たちの大陸系新文化への強い要求があったのであろう。

先祖霊をうやまうことで一族の結束を確認する宗教観念の存在（祖霊＝守護霊信仰）がすでに普及し、また、権威を象徴する古墳を築造した体験をもっていたことが大きな意味をもったと思われる。こうした豪族主導の寺院が建設される一方で、奈良時代に国家の手により国府に隣接し、国分寺・国分尼寺の建設が推進され、本格的な国家仏教がこの地にもおよんだ。

天平勝宝元（七四九）年、尾張国山田郡人、生江安久多《いくえのあくた》なる人物が尾張国分寺に献物をして叙位された旨の記事があり、地方の有勢者が仏教普及のささえとなっていた一面を物語っている。

八世紀なかばには、尾張や三河の出家者があいついで得度《とくど》申請を提出したことが、「正倉院《しょうそういん》文書」の「優婆塞貢進解《うばそくこうしんげ》」という文書からあきらかになっている。僧尼の大量需要にこたえるとともに、すでにそのころ、地方でも僧尼の養成を行う体制ができていたことを意味している。

また、のちの元慶八（八八四）年には、尾張の「本金光明寺《ほんこんこうみょうじ》」（国分寺《こくぶんじ》のこと）が火災焼損したため、愛《え》智《ち》郡の定額願興寺《じょうがくがんこうじ》（元興寺）をかわって国分寺とした旨の記事をのせる。定額寺とは、官寺に準ずる地位をあたえられた地方の豪族の建てた寺を意味している。

元興寺推定地からは、鴟尾《しび》の部分、大阪府羽曳野《はびきの》市の野中寺《やちゅうじ》と同類の軒丸瓦、須恵器、灰釉《かいゆう》陶器などがでていて、創建は七世紀なかばにまでさかのぼることが予想されている。ただ土壇や礎石は残っておらず、平安時代前期に国分寺のかわりをはたしたという寺院の規模を知る手がかりはない。しかし、すでに、七世紀なかばにおいて、当地に有力な豪族層が担い手となる仏寺が定着していたことを示している。

近年あきらかになった仏寺跡は多く、分布図によって概観をうかがうにとどめたい。

地方仏教が地方有力者を事実上の支持者として拡大していったことは確かであり、国家仏教という視点だけでは古代仏教の急速な広がりはとらえきれない。仏教を受容した地方民からみる歴史の視座が大切である。

猿投窯の発展●

土器は人類が化学変化を利用してつくったはじめての道具といわれるように、食物の煮沸や調理、体を清潔に保つことを容易にするなど、土器の発明は人びとの生活にはかりしれない革新をもたらした。愛知は、一万二〇〇〇年前の、もっとも古い土器を出土した酒呑《しゃちのみ》ジュリンナ遺跡をはじめ、土器発達の歴史をたどるのにもっとも豊富な資料をもつ地域の一つである。

縄文から弥生《やよい》時代へと改良されてきた土器が飛躍的に発展するのは、古墳時代の五世紀以降、窯による生産がはじまり、工人の集団があらわれて、上質で耐久性にとむ須恵器の生産にあたる専業者があらわれてからである。

一九五〇年代以降、愛知用水の建設に伴う事前調査で、愛知の歴史をたどるうえに重要な事実がわかった。それが、今に名高い猿投窯の発見である。その後の発掘調査と研究によって、つぎのようなことが解明された。

まず名古屋市の東山地区（山崎川水系）に須恵器生産の窯がつくられ、愛知郡から三好町《みよし》（西加茂郡）、豊田市、刈谷市《かりや》、豊明市にと、順次、東南方へ拡大していった。それらは、全体で猿投山の西南麓に、二〇平方キロにおよぶ一大古窯址群を形成し、須恵器、灰釉陶器、緑釉陶器の生産地として日本有数の規模と出荷量をもつに至った。今発見された古窯の数は一〇〇〇カ所にもおよび、これら東山《ひがしやま》、岩崎《いわさき》、折戸《おりと》、黒笹《くろざさ》などの古窯址群をまとめて「猿投古窯」（口絵参照）の通称でよんでいる。

猿投窯は、五世紀から室町《むろまち》時代の十五世紀まで、実に約九〇〇年間にわたって続く。その背景には、古墳時代以来、多量の須恵器を焼いてきた大阪南部の河内《かわち》・和泉《いずみ》の陶窯が、奈良時代に資源の枯渇をきたして消滅し、あらたな供給地が求められたという事情もあった。

この地に窯業が発展した理由として、花崗岩《かこうがん》を原材料とする良質の粘土包含層が大量にあったこと、水に恵まれ、樹木が豊富で、伐採地を移しながら薪《まき》などの燃焼材を調達しやすかったこと、また、なだらかな低丘陵が多く、登り窯を築造するのが容易だったことなどがあげられる。

窯は山の斜面を利用して、地下または半地下式の細長いトンネル状の窖窯《あな》をきずき、内部を焚口、燃焼室、焼成室、煙道に分け、十世紀には分焔柱をつくり、下から燃やすことで、火が効率よく均等にまわるよう工夫を加え、重ね焼きもできるようになり、大量生産にたえる仕組みを完成し、地元の消費だけでな

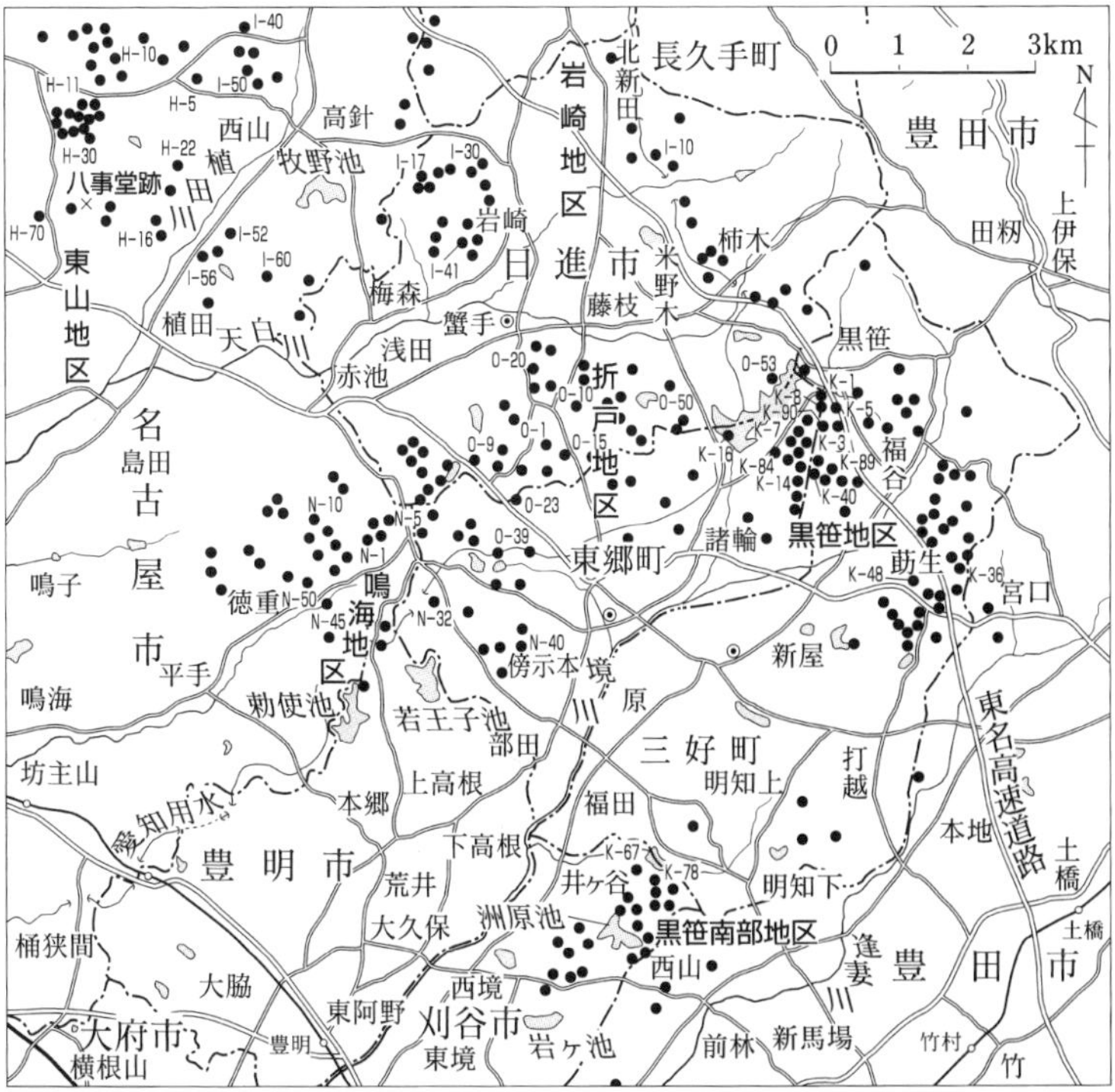

猿投古窯址群の分布　東山，岩崎，折戸，鳴海，黒笹などの地域に区分する。アルファベットはそれぞれの地名の頭文字を示す。楢崎彰一編『日本陶磁大系５』による。

く全国的な需要にこたえるに至る。

猿投の古窯址は開発に伴う破壊で多くが湮滅《いんめつ》したが、なお残る古窯を研究することで、「全国唯一の施釉陶器の生産地」と評される窯業がこの地で発展した過程をたどることができる。近年では、初期古窯の調査も進み、まず名古屋東南部の熱田《あつた》・瑞穂《みずほ》古墳群の円筒埴輪《えんとうはにわ》の生産、有力首長の儀器《ぎき》類をつくっていたものが、しだいに規模を大きくし、一般向けの需要にもこたえるものになっていったとの想定もなされている。

畿内政権は、はやくからこの地のすぐれた製品に目をつけ、貢納物として都《みやこ》におさめさせたため、今、平城京などからは多量の猿投窯製品の出土をみている。

また、平安時代には、輸入磁器につぐ高級品とみなされるに至り、官司や貴族からの要求にも応じた。各地の窯址からは、「内竪所《ないじゅどころ》」(みよし市)、「工務所」(日進市《にっしん》)、「淳和院《じゅんないん》」(豊明市)などの銘のきざまれた陶片が発見されており、都の受注生産が行われていたことをうかがわせる。

猿投窯の製品は、中世にかけて青森から九州まで、全国各地の遺跡から出土しているため、その編年は遺跡・遺物の年代判定の決め手ともなっている。

猿投窯の進んだ製作技法は、工人の移動とともに各地に伝えられ、瀬戸《せと》や尾北、知多や渥美、さらには東濃や近江の窯へと引きつがれ、中世に至って、地域性にとんだ陶器の発達を促したのである。

2 古代集落と領主

古代集落の展開

古代の人びとは、弥生時代以前にはじまる農耕文化を育む一方で、縄文時代に源流をもつ採集生活を組みあわせて、農民・山民・海民という三つの類型をもつ日本人の民俗生活の祖型をつくりあげていった。住民自身がいとなんだ古代のムラを復元するには発掘の精粗もあり、全体をおしはかることはむずかしいが、比較的検討の進んだ遺跡を選んで、当時の人びとの生活を考えてみたい。

七世紀以降になると、集落は、可耕地をみおろす、沖積低地の丘陵上にいとなまれ、河川からの洪水被害をさけることができる地点を選ぶのが普通であった。

県内では、近年、集落址の発見があいついでおり、先述した、郡や郷村の、内実を知らせるものとして貴重な知見を今に伝えてくれる。

西三河の右岸、鳥取駅家の候補地の宇頭町のやや北の地から、五万平方メートルを超える面積に広がる小針《こばり》遺跡が発見された。平成五（一九九三）年から区画整理事業に伴う調査がはじめられ、縄文時代後期から奈良時代にかけての竪穴住居一五六軒、掘立柱住居一四棟が発掘された。うち、奈良時代のものは約三五軒とされている。官人が使った円面硯《えんめんけん》や帯金具《おびかなぐ》、墨書土器、緑釉陶器片、製塩土器が多数出土し、矢作川中流域の流通センターとの指摘もなされている。また、前述の梅坪《うめつぼ》遺跡（二二頁コラム参照）では、奈良時代住居址としても顕著な遺物を出土しており、小型の竪穴住居や掘立柱建物、総柱の建物などがあらわれており、官衙遺構の可能性も指摘されている。もしそうならば、三河国賀茂《かも》郡挙母《ころも》郷の関連施設ということにもなる。今後の調査に注目したい。なお、同郷については、平城宮の第二次内《だい》裏《り》・大極殿《だいごくでん》の外郭東方官衙から、「延暦十二年□□参河国賀茂郡挙母郷」（口絵参照）と墨書された平瓦片が出土しており、木簡以外の出土文字資料として貴重な事例となっている。なお、延暦十二（七九三）年は平安遷都の前年にあたっており、平城京の存続問題にもつながる興味深い問題を投げかけている。

そのほか、矢作川中流域には、賀茂郡高橋《たかはし》郷に比定される高橋遺跡（豊田市）、同郡伊保《いぼ》郷に江《え》古川《ごがわ》遺跡（同）、碧海郡小河《おがわ》郷に加美《かみ》遺跡（安城《あんじょう》市）、幡豆《はず》郡熊来《くまき》郷に八ツ面《やおもて》山北部遺跡・志貴野《しきの》遺跡・古新田遺跡の集落群（西尾《にしお》市）などが各郷の有力集落候補にあてられ、郷戸の規模や集落構成を知る手がかりとして注目を集めている。生産

室遺跡の導水施設　西尾市の東部，広田川の自然堤防上にある古代から近世までの複合遺跡。古代の灌漑施設と考えられる木樋と杭列群が出土した。

関係の遺跡としては室《むろ》遺跡があり、西尾市の室町から駒場《こまば》町にかかる、矢作川の支流、広田《ひろた》川と須美《すみ》川にはさまれた後背湿地から、多数の杭列と小枝を利用した水路を塞《せ》きとめる「しがらみ」、大型の木樋《もくひ》が出土した。一緒にでた陶片から十一世紀前半のものと推定されている。時代はくだるが、河水を利用する古代の用水技術の一端を示す遺跡として注意される。こうした事例が集積されれば、古代の農業技術の解明への展望もひらけるものと思われる。

以上、矢作川を中心にのべたが、県内では、「美濃」の刻印をもつ須恵器片が出土した大毛《おおけ》池田遺跡(一宮市大毛・木曽川町黒田《くろだ》)、八世紀後期の円面硯を出土した大木之本《おおきのもと》遺跡(東海《とうかい》市養父《やぶ》町)のような遺跡もある。

歴史時代には、都鄙《とひ》の交通も盛んとなり、文字や進んだ技術を習得する機会もふえ、郷の基礎となる戸ごとの経営が発達したものと思われる。ただ、古代の百姓の生活は概して経営規模も小さく、生産性も低位であり、つぎにのべるような災害やきびしい国家の収奪のなかで深刻な被害をうけることもあり、相互扶助の役割をになう村共同体の維持は不可欠であった。

条里制の実施●

国郡制の土地支配をもっともよく伝える遺跡が条里制《じょうりせい》である。

条里制度は、方格地割を特徴とする古代特有の土地制度である。郡ごとを単位として、六町(約六五四メートル)四方を基礎に、原則として東西、南北の方向にそれぞれ条と里に区切り、里の一辺を六等分して三六の坪に分割し、さらに、一坪＝一町を一〇段として長地《ながち》型や半折《はおり》型に細分し、一段を三六〇歩とした。条里制の全国的施行によって、土地所在の表示方法は格段に容易となり、口分田を班給するなど、国家的な土地支配の条件がととのえられたのである。

条里のような方格地割は、律令国家の模範となった中国や朝鮮でも今のところ実施例を確認できず、水田の国家管理を重視した日本古代に独自のものと考えられている。その意味で、条里制は古代国家の土地制度を象徴していた。したがって、地方での条里の施行時期は国郡制度がととのう七世紀末期以降とみられる。また他面からみると、一方的な地割を許すほどに古代では土地に対する住民の権利がきわめて微弱であったことを示している。

今、愛知県内で確認された条里制のあとを、三河と尾張で二例紹介してみよう。

一つは、東三河の豊川市西部の国府《こう》町から八幡町、白鳥《しらとり》町、小田渕《おだぶち》町、為当《ためとう》町、御津町などの音羽川下

豊川市為当町に残る条里遺構(建設省国土地理院の撮影による空中写真)　音羽川流域には顕著な条里遺構の残る地域として知られていた。

流、沖積地に広がる条里痕跡である。愛知大学などの調査ではやくからその存在があきらかになっていたが、為当地区の圃場《ほじょう》整備事業に伴い、埋没条里の確認を目的とした発掘が行われ、坪の境界、水路や畦《けい》畔《はん》の検出に成功した。地域内には、弥生・古墳時代の遺跡も散在し、前代からの連続した水田の存在も確かめられている。また、地層や遺物の対比から、条里施行が平安時代中期にくだることも指摘され、条里制度が相当な幅をもって実施されたことを推測させている（豊川市教育委員会編『為当条里跡発掘調査報告』）。東三河には、豊橋市や蒲郡《がまごおり》市、田原《たはら》市などにも条里痕跡が認められており、実際の確認調査が期待されている。

他の一つは、尾張東部の尾張旭《おわりあさひ》市内の矢田《やだ》川北岸に残された印場《いんば》、稲葉《いなば》、三郷《さんごう》に分布し、西にのびて、

尾張旭市内に残る条里遺構（建設省国土地理院の撮影による空中写真）

名古屋市守山区《もりやま》に広がり、東には瀬戸市内にもおよぶ範囲に条里痕跡をみることができた地域である。塚《つか》坪《つぼ》、八反田《はったんだ》、一《いち》の坪《つぼ》などの条里地名も残存している。付近には、中期古墳の印場大塚古墳や、五世紀成立という長坂《ながさか》古墳群、古墳時代の住居址、向畑《むかえばた》遺跡なども存在しているほかに、須恵器を古墳の副葬品《ふくそうひん》として焼成したという窯跡（五世紀中葉の城山《しろやま》古窯、六世紀前半の卓ヶ洞《しゃくがほら》古窯）もあり、中央勢力との深い関係も推測されている（『尾張旭市誌』）。区画整理事業に伴う事前調査で、痕跡をよくとどめていた印場地区が調査されたが、残念ながら埋没条里の発見には結びつかなかったものの、条里の地割が継続して行われて現代にまで至った地域として知られ、一旦、施行された条里が容易には消滅しないことを示している。

尾張北部地域では、丹羽《にわ》郡から中嶋郡にかけての条里が、木曽川扇状地や同じ自然堤防地帯に顕著に残存し、三条《さんじょう》（犬山市）、一ノ坪（岩倉《いわくら》市）、七ノ坪（一宮市）などの条里地名が存在している。

平安時代の天長二（八二五）年「尾張国検川原寺田帳」や、鎌倉《かまくら》時代の弘安五（一二八二）年「尾張国千代氏庄坪付注文」には、丹羽・中嶋郡などの条里坪付が表示されており、県内条里として、文書上で条里を確認できる数少ない地域の一つとなっている。

しばしば、古代史のうえで問題とされてきた、各地条里制の施行の時期は、おそらく全国に斉一的に行われたと考えるよりも、相当の地域差や時間差をみたほうが自然であると思われるので、埋没条里の年代から究明するのがもっとも科学的な方法ということになろう。

尾張の場合、稲沢市松下《まつした》に所在したと思われる推定国府域の方位と中嶋郡の近隣条里の方位にはかなりのずれがあり、国府が三宅川の自然堤防にあわせてつくっていて、ほぼ真北の方位をとっている条里の造成よりさきんじたと考えられるところから、国府の建設時期と考えられる八世紀前期より遅れて、この地に施行されたと推定される。同じく、三河の場合も、先述した近隣の為当条里が、三七度北西にふれていて、六度程度の振れにとどまる国府域とのずれは大きく、これも奈良時代後半以降に条里施行の時期を想定している。いずれにしても、条里制は一度に造成されたのではなく、中世に至るあいだ、土地開発や水田の造成のつど、旧来のものを延長しつつ漸次広げられていき、後世の土地制度にも大きな影響を残したのである。

中央支配の浸透●

地方豪族を官人体制の末端機構に組織した古代国家が成立すると、その影響は民衆生活の細部にまでおよぶこととなった。

そのもっとも大きなものは、個別の課税を基本とした税の負担であった。戸ごとに賦課した地方の生産物を京へ納入させたうえ、雑徭《ぞうよう》や兵士役も加えられたため、一般の百姓の労苦はたいへんなものであった。加えて、古代には、農業水準はまだ低位であり、数年ごとに繰り返した自然災害による打撃も大きいものがあった（林英夫編『図説愛知県の歴史』）。

愛知の古代を説明する、まとまった史料は必ずしも多くはないが、そのなかで、「正倉院文書」にある、天平二（七三〇）年と同六年の二つの「尾張国正税帳《しょうぜいちょう》」は、奈良時代の盛期における地方財政の実態を伝える第一級の史料といえる。

元来、百姓からおさめられた稲は、籾（穀）のまま倉におさめられ、たくわえられたものと、穂のついたままで穎稲《えいとう》として出納《すいとう》したものとの二種類があり、それぞれ用途を異にしていた。それらの一年間の会計報告が正税帳である。

尾張のものは、いずれも長大な文書のうちの断片を伝えるのみであるが、含まれる歴史情報は豊富かつ多彩である。

たとえば、天平二年の正税帳には、当年輸租穀として、「志摩国伯姓口分田輸租穀弐拾参斛壱斗」とあって、志摩《しま》国の百姓が、口分田からの田租を尾張の地でだしていたことをのべたものがある。以前にも引用した、『延喜式（民部式）』によると、田地の僅少な志摩国の班田が伊勢・尾張で行われることが規定されているので、百姓の本籍が志摩国であっても、口分田の所在する尾張で田租が納入されていたことがはやく奈良時代にも行われていたのである。

天平六年の正税帳には、錦《にしき》や綾《あや》を織った工人への食料稲の支給が報告されている。これによれば、都の用途にこたえて高級絹織物が、国衙の工房で織られていたことが判明し、貴族たちの衣服の調達方法の一端が知られる。そのほか、鹿皮・匏《ひさご》・紫糸《しし》・鮨《すし》・苧《お》など、実にさまざまな物資が正税によって交易進納されている実情がわかり、当時、地方でも国衙を中心に交易活動が活発になされていたことが判明する。

また、のちの弘仁六（八一五）年の国史記事には、尾張や三河の役夫《えきふ》一万数千人が宮城《きゅうじょう》の朝堂院《ちょうどういん》を造営するのに動員され、財源として正税があてられたとの記事がみえ、正税の多様な使いかたがわかる。

こうした編纂史料とならぶ価値をもちはじめているのが、前述した出土文字史料、すなわち木簡である。

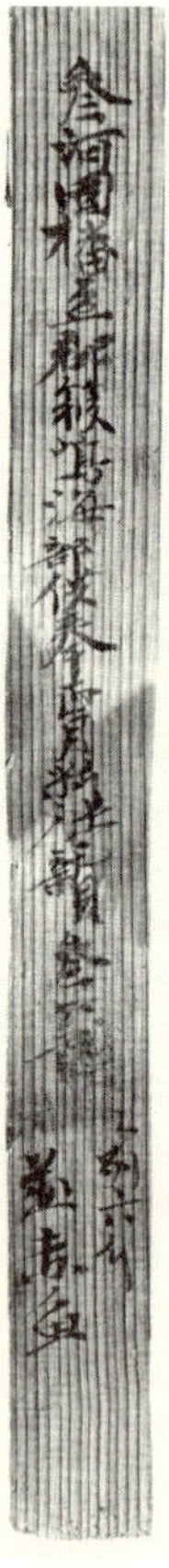

参河国播豆郡篠嶋海部供奉正月料御贄参籠 〻別六斤並赤魚

三河国播豆郡が送った海人の贄
海を生業の場とする人びとの存在が裏づけられた。

〔尾張国〕
凡人部大足年十九尾張国丹羽郡上春郷戸主少初位上凡人部安麻呂戸口
伊河原人足年十八尾張国海部郡海部郷戸主伊河原馬養戸口
尾張連牛養年廿七尾張国春部郡山村郷戸主大初位下尾張連孫戸口
物部豊国年十四尾張国海部郡御宅郷戸主物部百瀬戸口
生嶋勝建嶋年卌尾張国葉栗郡大沼郷戸主生嶋勝人足戸口
甚目連乎佐美年廿二尾張国海部郡津積郷戸主甚目連久良為戸口
磯部大国年卌九尾張国海部郡三宅郷戸主石部人足戸口
西部難男高年十七尾張国中嶋郡川崎郷戸主南部馬仙文戸口
久例連足月年廿八尾張国愛智郡荒大郷戸主久例連首麻呂戸口
郡造族足嶋年廿八尾張国山田郡山田郷戸主郡造族石勝戸口
伊河原人足年十八尾張国海部郡海部郷戸主伊河原馬甘戸口
参河国二人
尾津君荒鷹年十九参河国額田郡麻津郷戸主尾津君阿久多戸口
呉部清虫年廿二参河国碧海郡呰見郷戸主呉部呰麻呂戸口

「丹裏《につつみ》文書」第34号(内包表)　正倉院宝物の丹(赤土の染料や顔料)をつつんでいた文書の反故紙を丹裏文書という。一部に都で使役された仕丁を貢進した報告書が使われており，そのなかに尾張や三河の百姓たちの名前が戸主の名前とともに列挙されていた。当時の地方の支配のようすをうかがうことができる貴重な史料である。本文は読みやすいよう，もとの「正倉院文書」を多少あらためている。

今、木簡の全体を通覧すると、とくに三河国幡豆郡木簡の多さが目を引く。これは、学界でも出土した当時から注目された、佐久島《さくしま》、日間賀島《ひまがしま》、篠島《しのじま》の三島から都に貢納された「贄《にえ》」につけられた多量の荷札の出土によるものである。贄は「大贄」「御贄」とあらわされて天皇への貢納物であることを示した。つまり、三島の貢納物が幡豆郡で取りまとめられ、干物などの魚介類の荷物に付け札して送ったものが、都で荷解きされたさいに廃棄されたものである。その貢納は個人名はなく、もっぱら海人集団の貢納物であったとされ、三河湾を生業の場とする海民の存在がここでも裏づけられた。海産の適地は多くあるなかで、なぜ三河の湾口の三島が贄貢納地として選ばれたかは、中央と地方のありかたを考えるうえで重要な問題を含んでいる。

以上のことは、木簡があきらかにしたごく一部の事実でしかない。愛知県にかかわる木簡の出土は年を追って増加しており、今後も目がはなせない史料である。

律令体制の成立によって、国司による支配は、確実に地方社会へと浸透し、以降、朝廷の統制は強く各国におよび、幼子までもとらえる戸籍の徹底によって、民衆にはきびしい面もあらわれるようになった。その端的なあらわれが、天災や飢饉《ききん》記事の増加である。

たとえば、天平宝字六（七六二）年三月に、三河・尾張など九カ国に旱魃《かんばつ》があり、四月には尾張に飢饉が発生して、正税から稲の支給が行われ、翌年の七月には、尾張など六カ国に中央から使者が派遣され、不作の現況の調査が行われている。

また、弘仁六年の朝堂院の修理負担など、平安京《へいあんきょう》の造営にかかる役夫徴発や、蝦夷《えみし》征討を名目とする軍事動員には過大なものがあった。

文字どおり、地方民の力が中央へと集中するなかで、華麗な都の文化がつくりあげられたのである。その後も、飢饉や凶作、疫病の流行などの記事は多数みられ、記録にあらわれない事例はもっと多かったと思われる。これらはけっして一時期だけの現象ではなく、古代社会自体の本質に根ざす問題でもあった。

権門・寺社所領の広がり●

国衙が管理していた領地には、中央の官司領や、百姓に班田される口分田だけではなく、中央・地方の有勢家や寺社などの所領も含まれていた。

平安時代前期には、三河・尾張に伊勢神宮の神戸《かんべ》が広く散在していたらしく、人夫が「荷前《のさき》＝初物」を進上することが行われていたようすが、神宮が太政官に提出した報告書「止由気《とゆけ》神宮儀式帳」にみられ、絹・糸・麻・塩・鮑《あわび》・海藻などが徴進されている。神戸はのちに神宮の荘園《しょうえん》となる御厨《みくりや》へとつながっていったもので、伊勢湾を介して古代から中世の愛知は伊勢神宮を経済的にささえる役割をおっていた。

奈良時代後期の宝亀十（七七九）年、大神宮の正殿をはじめ、主要な殿舎が焼失したため、伊賀《いが》・伊勢・美濃・尾張・三河の五カ国に造営が命ぜられ、正税官物を用いて修理が行われた。そのさい、国司が神宮に赴き、役夫を督励することが指示されているので、労働力の徴発も各国から行われたと思われる。他の史料をみても、三河・尾張が神宮の経済を恒常的にささえる体制をとっていたことがわかる。

また、天長二（八二五）年の史料から、大和国《やまと》弘福寺《ぐふくじ》領二〇余町が、中嶋・丹羽の両郡に存在していて、尾張国衙があやまって収公してしまったことがわかる。また、他の私墾田《しこんでん》とされていた地の回復を求めて申請し、国衙がこれを認可するという史料も残されている。

「東寺《とうじ》文書」に残された内容をみると、尾張の国庁に保管された国図（班田条里図）によって申請寺田の突き合あせ（坪付の勘注）を行い、坪ごとに図帳で照合したようすがわかる。

　このように、平安時代の前期には、地方に所在する有力寺社などの土地はもっぱら、国司が管理するのが普通で、直接、荘領主が土地を支配するということはなく、のちの荘園経営の実態とは相当相違があった。ただ、一旦、寺田としての認定を得ていることは、後世、土地をめぐる紛争や混乱がおきたさいに、これらの認可文書は「公験《くげん》」といわれ、有利な条件として働き、公的な賦課をまぬがれるためには大きな

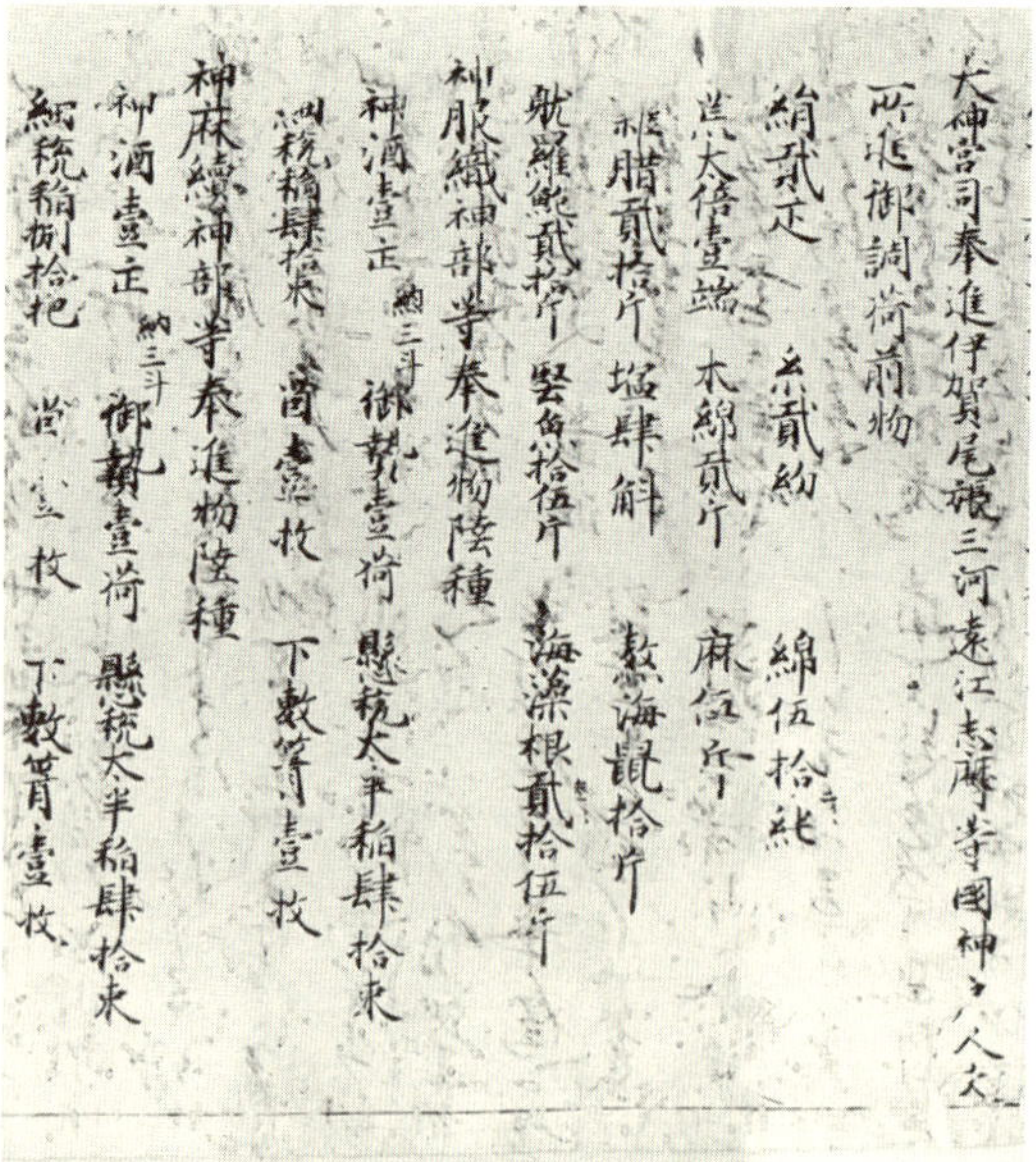

「止由気神宮儀式帳」

❖コラム

国司を訴える百姓

永延二(九八八)年、尾張《おわり》国の郡司《ぐんじ》と百姓は、当時の国守《こくしゅ》藤原元命《もとなが》を告発して朝廷に解任と良吏への改替をせまった。十世紀になると全国各地で、国司《こくし》への襲撃や告訴事件があいつぎ、しばしば国守(受領《ずりょう》)の交替が行われた。国司の解任要求は、十一世紀まで、とくに尾張のように都と地方の中間地帯で頻発しており、日本史のうえでも特異な時代となっている。

訴状は「尾張国郡司百姓等解文《げぶみ》」として知られ、三一カ条の全文が判明していて、平安時代の地方政治の実情をよく伝えている。三年間の国政の内容は多岐にわたるが、受領が貴族たちの競望《けいぼう》の的だったとの伝えも彷彿《ほうふつ》とさせる事実がつぎつぎとあきらかにされている。

ただ注意したいのは、尾張の例は、けっして特殊な事例ではなく、当代に百姓が国司を愁訴《しゅうそ》した事件は二十数例ほど検出されていて、記録に残らなかったものも含めて多数の類似の事件があったと思われる。一方、この時期には、摂関《せっかん》政治のもとで女房《にょうぼう》文学が最盛期を迎えた時代であり、紫式部《むらさきしきぶ》や清少納言《せいしょうなごん》がすぐれた文学作品をあらわした時代でもあった。『源氏《げんじ》物語』が写実的に描きだした宮廷世界をささえていたものが何であったのかという関心で、本史料を対比してみることも興味深い。

本史料が、いま平安時代研究のうえにはたしている役割は大きなものがあって、これなくして、平安時代の主要学説が成り立たないといってもよいほどである。

なお、「尾張国郡司百姓等解文」の写本は、江戸時代から知られていた大須真福寺《おおすしんぷくじ》の所蔵本をはじめとして、いま二二本を数えるにいたり、新しい写本の発見も報告されている。それぞれ微妙に本文が異なっていて、はやく信頼できる定本が完成されるのを期待したい。

意味をもったため、領主は過去の公験でも手元に保持するのを常としていた。現在伝わる多くの古代・中世文書はこうして今に残されたものが多い。

『新編岡崎市史』原始・古代1によると、十一世紀前期になると、三河国では荘園の成立がみられるようになり、三河守《かみ》藤原保相《やすすけ》が立券した志貴荘《しきのしょう》（安城市、碧南《へきなん》市など）をはじめとして、同じく、藤原経相《つねすけ》の私領として長山《ながやま》荘（豊川市）もあらわれ、三河の荘園が国司《こくし》の私領としてまず成立したとされていることは興味深い。地方領主は、当初、国司の権威に依存しつつ所領の安全をはかったと考えられ、また、国司は在職中にあらたな経済源を獲得するのに彼ら領主層を最大限に利用したものと思われる。

昭和二十五（一九五〇）年、田原町で三河守藤原顕長《あきなが》の銘をきざんだ陶片が発見されたのをきっかけに、大アラコ古窯址が調査され、多数の文字入り陶片が出土した。これらは、守の指示で三河国府から役人が

「遠清《とおきよ》」銘短頸壺(大アラコ窯出土)

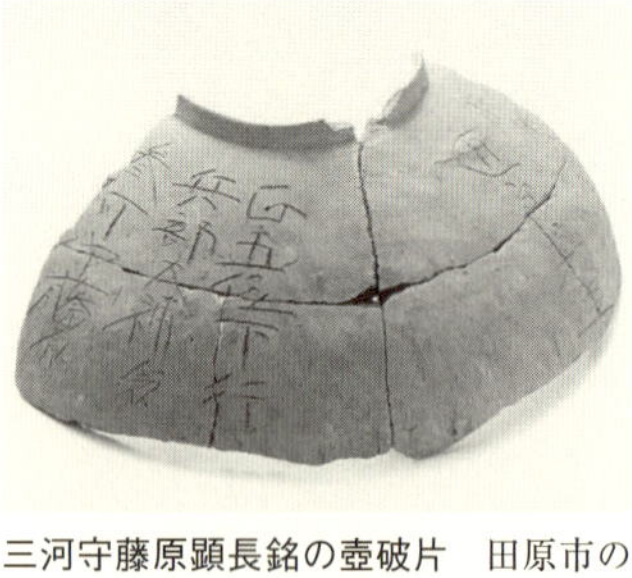

三河守藤原顕長銘の壺破片　田原市の大アラコ窯は渥美窯の編年基準資料ともなっている。同銘の壺は遠江などほかの遺跡からも出土している。

派遣され直接記名したと推測されている。顕長の三河国守在任は十二世紀前半からなかばであるが、国衙の手工業生産への関与やその勢威を示す重要な事例となっている。

しかし、一方には、「国内騒動し、万人、各敵を見るが如し、合戦、毎日のことなり」とされるように、各所に地方の勢力が権勢家と結びつく傾向が顕著となり、地域の共同体がくずれて深刻な対立を生ずるような状況がうまれてきていた。

ただ、尾張や三河は、中間地帯としての特性をもっていて、大領主たる権門寺社の地元にあたる畿内や、中央の権限がおよびにくい東国などと比較すると、相対的に国衙の力が強かったため、大きな領主があまり育つことがなく、結果として顕著な荘園の発達をみなかった地域ともいえる。

荘園と国衙、そして武士の時代へ●

十一世紀から十二世紀になると、つぎの時代へとかわるさまざまなきざしがあらわれてくる。永久四（一一一六）年、二所《にしょ》大神宮（伊勢神宮）神主は、昔からの先例にならって免除を申請するなかで、尾張国に神戸が約七〇〇町余り所在していることをのべていて、当時の神宮の経済力の大きさや伊勢信仰の広がりをうかがうことができる。

畿内やその近くでは、地方の領主が都の権勢家に依存して荘領の擁護を企てたのに対して、伊勢湾周辺では、神宮の御厨や神戸が多数所在し、伊勢神宮という古代的権威が大きな位置を占めていた。

ここでは、寛弘年間（一〇〇四～一〇）に国司が神戸田に入勘《にゅうかん》（国の使者をいれて田畑の勘検《かんけん》を実施すること）しようとしたとき、官符《かんぷ》・宣旨《せんじ》をくだされたとあるので、実際は十世紀にもさかのぼる所領であったと思われる。

ただ、それらの勢威は、「本開新開は、ただ開墾の前後により其の名を立つ」と記しているように、開発の中小領主が国衙の収公をまぬがれるために、「神戸」の称を借りて便宜的に神宮によせているというのが実態で、神宮自身が努力して開発したというものは少なく、その権威が低下すれば急速にはなれてしまうものであった。

康治二（一一四三）年の太政官牒《だいじょうかんちょう》によると、安楽寿院《あんらくじゅいん》の所領一四カ所のうち、尾張に狩野荘《かの》（山田郡）、野間内海荘《のまうつみ》（知多郡《ちた》）が所在していたことが確かめられる。安楽寿院は、鳥羽上皇《じょうこう》の離宮《りきゅう》につくられた持仏堂《じぶつどう》が、没後に菩提《ぼだい》をとむらう名目で各地から荘領寄進をうけて膨大な荘園群を形成したもので、いわゆる典型的な皇室領として、寄進地系荘園の時代の風潮をよく示している。

荘領、それぞれの成り立ちは、安楽寿院の奏状に、「各、由緒を注す」とあるだけで、省略されているが、官牒では、「造内裏役・大嘗会初斎院召物・斎宮帰京役・大小国役臨時雑役」などの国役を列挙して、一括免除を認めているところをみると、院の権威をたより、各地から寄進された中小の地方所領の集積とみるべきであろう。

この時代、朝廷や国司が各種の賦課、とくに一国規模の国役をかければ、これをさけてより高い権威を求めて所領の移動がしばしばおこったのである。

類似した事例は、醍醐寺《だいごじ》領の安食荘《あじき》（春日井郡《かすがい》）などでもみられ、平安時代後期には、地方領主の開発所領は文字どおりなだれをうって権勢家のもとへとむかった。これにより、旧来の国郡郷の行政単位では国内を十分統治できなくなり、経営の実情におうじて荘・保・郷・院・条など各種の行政単位があらわれることになった。

そして、時代の趨勢は、しだいに朝廷などの古代的な権威に依存せず、各所で武力によって自力で所領をまもろうとする傾向を強めていった。

嘉承元（一一〇六）年、伊勢国多度神宮領の大成荘《おおなりのしょう》（愛西市《あいさいし》）が延暦寺《えんりゃくじ》と語らった軍兵の刈り取り、押し取りの暴力行為をうけている。十二世紀初頭のこの事件は、この地ですでに「武威の時代」の幕があがったことを示していた。

永久二（一一一四）年、藤原宗忠《むねただ》のあらわした『中右記《ちゅうゆうき》』には、熊野先達《くまのせんだつ》と称するものたちが、遠江《とおとうみ》・三河・尾張からの供祭物を奪うという海賊の記事をのせている。同様な事態は各地に広がっており、海運の活発化とあわせ、治安の悪化をうかがわせるものとなっている。

旧来の在京の朝廷・太政官・貴族・寺社・院などの古代的権威に依存しているだけでは、みずからの所領をまもることとすらむずかしい時代が到来したのである。実力によって所領をまもるため、各地で武士が興起し、同族同士の結束を固めて、より強力な武士団をめざそうと武力権門との結合を深めていく。

全国をまきこんだ、源氏《げんじ》と平氏《へいし》という武力権門同士の闘争、治承《じしょう》・寿永《じゅえい》の乱《らん》は、歴史上で最大の内乱へと発展し、旧来の古代的秩序の急速な解体を促すこととなる。愛知の古代史もここで終焉を迎えることとなる。

3章

中世の尾張・三河

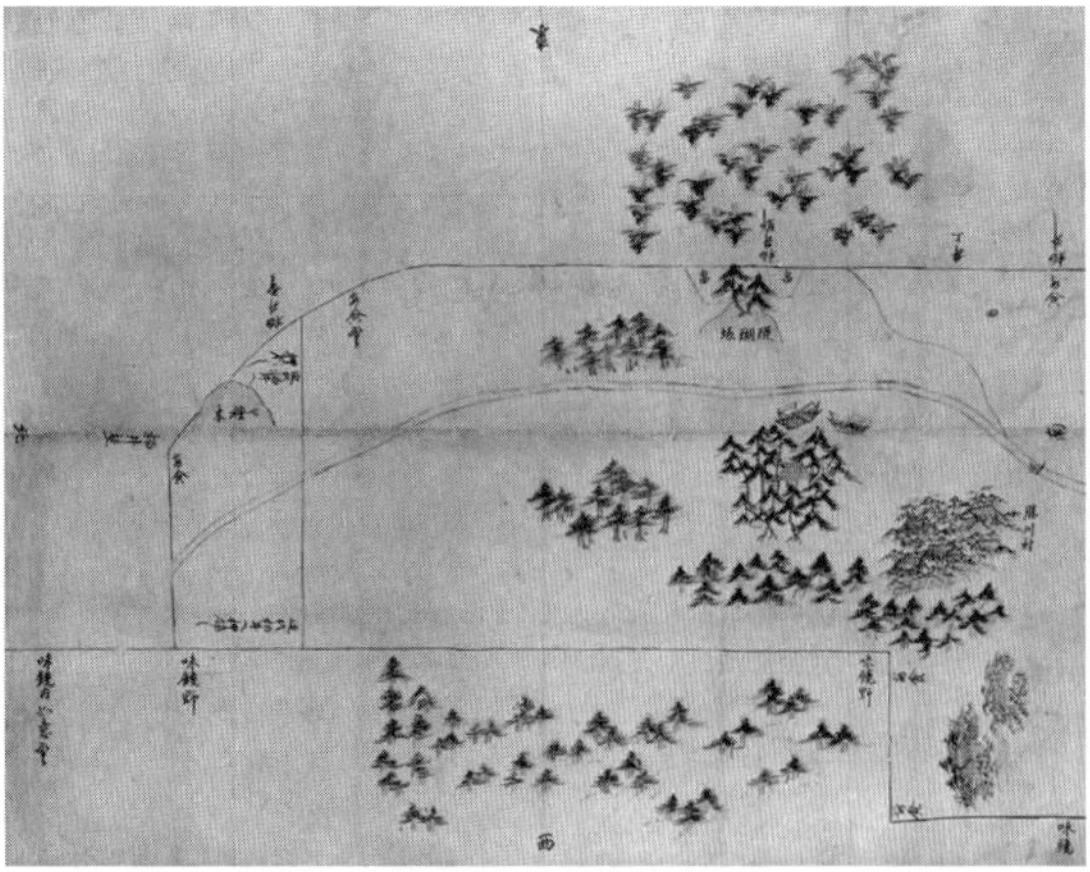

「尾張国安食荘絵図」

1　東と西のはざま

中世のはじまり●

中世の代表的な歴史書『愚管抄《ぐかんしょう》』の著者慈円《じえん》によって「武者の世《むしゃのよ》」の始めとされた保元《ほうげん》の乱（保元元〈一一五六〉年）から、平治《へいじ》の乱（平治元〈一一五九〉年）、治承《じしょう》・寿永《じゅえい》の内乱（治承四～文治元〈一一八〇～八五〉年）を経て、承久《じょうきゅう》の乱（承久三〈一二二一〉年）に至る一連の内乱は、鎌倉幕府《かまくらばくふ》を確立させ、中世の枠組みをつくりだした。とくに、治承・寿永の内乱と承久の乱は、東と西との戦いという側面をもったため、東と西のはざまに位置する尾張《おわり》・三河《みかわ》は、時に戦場にもなり、人びとは直接内乱に関与することとなった。そして、その背景および結果として、国外からの諸勢力の進出・流入という現象が存在した。

十二世紀初めごろ、尾張氏が代々つとめた熱田大宮司《あつただいぐうじ》の職を、藤原南家貞嗣《ふじわらなんけさだつぐ》流の季兼《すえかね》の息子季範《すえのり》が継承し、以後、季範の子孫がこれをうけついでいくこととなった。この大宮司職の藤原氏への移動がどのような事情をもって行われたにせよ、これ以降、豪族《ごうぞく》尾張氏が古代に有した権威・権力を喪失したことは間違いない。

藤原季兼は、父・兄弟が共に文章博士《もんじょうはかせ》・大学頭《だいがくのかみ》に任じているように、学者を輩出する中央の下級貴族の家にうまれた。しかし、十一世紀後半、一族のものが三河守《かみ》になったのをきっかけとして、京都をはなれて三河に移住し、「参河四郎大夫《みかわしろうだいぶ》」と号した。息子の季範が「額田冠者《ぬかたのかじゃ》」と号したことから、三河国額田郡を根拠地としたと考えられる。その後、季兼は尾張国目代《もくだい》となり、在任中の康和三（一一〇一）年に没する。この間に熱田大宮司尾張員職《かずもと》の娘と結婚し、うまれたのが季範であった。

季兼の兄弟季綱《すえつな》の娘悦子《よしこ》は、白河《しらかわ》・鳥羽《とば》両院の第一の寵臣《ちょうしん》といわれた権中納言《ごんちゅうなごん》藤原顕隆《あきたか》の妻で、鳥羽院の乳母《めのと》でもあった。この血縁を利用して、季範は院政《いんせい》との強固な結びつきを求め、おもに京都にあって活動し、蔵人所雑色《くろうどどころぞうしき》などをつとめた。その結果、季範の息子のうち範忠《のりただ》と範雅《のりまさ》は北面《ほくめん》として後白河院《ごしらかわいん》につかえ、娘のうち二人は待賢門院《たいけんもんいん》（鳥羽院后）・上西門院《じょうさいもんいん》（鳥羽院娘）の女房となった。

しかし、一方で武門《ぶもん》の棟梁《とうりょう》である清和源氏《せいわげんじ》にも接近し、季範の娘は源義朝《みなもとのよしとも》の妻となって頼朝《よりとも》をうみ、息子範忠の娘は足利義康《あしかがよしやす》の妻となった。保元・平治の乱でも、時の大宮司範忠が義朝側に家子《いえのこ》・郎等《ろうとう》を送った。義朝敗北後には、待賢門院・上西門院・後白河院との関係をとおして、遺児頼朝を保護し、範忠の兄弟である祐範《すけのり》は、伊豆《いず》へ流される頼朝に郎従《ろうじゅう》一人をしたがわせたという。

藤原姓熱田大宮司家が、武士化の傾向をみせながら、中央貴族的性格を残すのに対して、より純粋な在地武士団を形成したのが尾張源氏であった。十一世紀後半ごろ、清和源氏満政《みつまさ》流の重宗《しげむね》が美濃《みの》国方県《かたがた》郡（岐阜市西北部）に土着した。重宗の息子重時《しげとき》は鳥羽院の北面で、大和《やまと》・信濃《しなの》・相模《さがみ》の国司《こくし》を歴任したいわゆる中央の「軍事貴族」であった。しかし、重宗の孫重遠《しげとお》は都をはなれて尾張国浦野《うらの》に移住した。系図に記された名字から、美濃源氏との一体性を維持しながらも、彼の子孫は県北部の尾張国山田郡から三河国加茂《かも》郡足助《あすけ》へ勢力を広げたと考えられる。その後、彼らは京都の記録から姿を消し、もっぱら在地で活動したと思われる。このため、戦闘が京都にかぎられた保元・平治の乱ではめだった活動はみられなかった。

平治の乱後には、平清盛《たいらのきよもり》の異母弟頼盛《よりもり》が尾張・三河の国司、知行国主《ちぎょうこくしゅ》となった。頼盛は在任中に尾張国真清田荘《ますみだのしょう》・稲木《いなぎ》荘・海東《かいとう》三カ荘など多くの荘園《しょうえん》を家領とし、在庁官人の大半を平家《へいけ》に従属させた。また、愛智《あいち》郡御器所《ごきその》保《ほ》・高畠《たかばた》荘などが平家一門の手中に帰した。しかし、治承・寿永の内乱で平家が敗北すると、多くの平家没官領《もっかんりょう》が発生し、源氏一門などがその跡の所職に補任された。

尾張源氏は美濃源氏とともに反平家の立場ではあったが、頼朝の指揮下にははいらず、源行家《ゆきいえ》・木曽義仲《きそよしなか》とともに独自の行動をとった。しかし、行家のもとでたたかった墨俣《すのまた》合戦に敗北し、一族の和泉重満《いずみしげみつ》らが討ちとられた。また、寿永二（一一八三）年七月、木曽義仲とともに上洛し、山田重忠《しげただ》・葦敷重隆《あじきしげたか》は京中警固の分担者としてあらわれるが、まもなく義仲と決裂。結局頼朝にしたがったものの、乱後の建久元（一一九〇）年には、頼朝による源氏粛正の一環としてか、山田重隆らが公領押妨《おうぼう》の罪などで処罰された。

熱田大宮司家は頼朝の外戚として優遇され、御家人のなかでも特殊な位置を占めた。とくに範忠の兄弟範信《のりのぶ》の息子信綱《のぶつな》は、頼朝の推挙によって駿河《するが》守に任ぜられた。しかし、頼朝との個人的な結びつきによったため、源氏三代ののちにはかえって反北条《ほうじょう》氏的傾向をもつようになった。

鎌倉時代の尾張・三河●

承久の乱では、尾張国守護《しゅご》小野盛綱《おののもりつな》は後鳥羽院の西面《さいめん》、知行国主坊門忠信《ぼうもんただのぶ》は院の有力な近臣であったため、共に後鳥羽院に味方した（京方）。そのほかにも尾張・三河には京方として参戦するものが多かった。尾張源氏も京方として行動し、とくに山田重忠は、敗北退却を続ける京方のなかで、一人奮戦する英雄として、『承久記』に描かれている。熱田大宮司家も一族のなかから京方につくものがでた。このため、京方敗北ののち、多くの在地勢力が没落し、大量の承久京方没収地が発生した。その跡には、新補地頭《しんぽじとう》として、あらたに東国の御家人が補任された。

乱後の尾張では、小野盛綱のあとの守護職が、三河国加茂郡高橋荘とともに、中条家長《ちゅうじょういえなが》にあたえられた。中条氏は武蔵《むさし》国中条を本拠とし、盛綱の同族であった。このほかにも、愛智郡鳴海《なるみ》荘（名古屋市）には甲斐《かい》源氏小笠原清時《おがさわらきよとき》が、海東郡海東荘には小山《おやま》氏が、西門真《にしかどま》荘には二階堂基行《にかいどうもとゆき》が、長岡《ながおか》荘には佐々木氏が、山田重忠から没収された山田郡のうち菱野《ひしの》村（瀬戸《せと》市）には三浦義村《みうらよしむら》がそれぞれ入部した。

この時期、東国御家人の西遷に伴って、新補地頭と西国現地住人とのあいだには、さまざまな対立が発生したが、尾張ではめだった事例がみあたらない。むしろ、在庁官人大屋《おおや》氏と和田氏、原氏と上総介広常《かずさのすけひろつね》、尾張源氏山田氏と小笠原氏、熱田大宮司家と足利氏など、はやい時期から両者のあいだで婚姻関係を結ぶ例がみられる。これは、東と西とのはざまに位置する尾張の特色を示す現象といえよう。

その後、鎌倉時代後期には、尾張国守護職は中条氏から北条氏一門の名越《なごえ》氏に移る。また、愛智郡御器所保、春日部《かすかべ》郡篠木《しのぎ》荘・石丸《いしまる》保・野口・野田、中島《なかしま》郡玉江《たまえ》荘、海東郡富田《とみだ》荘・富吉加納《とみよしかのう》・杜《もり》荘、智多《ちた》郡枳《き》豆志《ずし》荘などが北条氏所領となった。さらに、愛智郡千竈《ちかま》郷を名字の地とする千竈氏など、尾張国御家人のなかには得宗《とくそう》（北条氏家督《かとく》）の被官《ひかん》となるものもあった。これは「得宗専制《せんせい》」とよばれる中央集権的政治体制の一環で、尾張はその基盤の一つとなった。

一方、承久の乱勃発時に三河国守護が誰であったかはあきらかでないが、乱後には足利義氏《よしうじ》が任じられ、以後、鎌倉時代をとおして足利氏に継承された。足利氏は清和源氏義家《よしいえ》の息子義国《よしくに》を祖とし、下野《しもつけ》国足利荘を本貫地とする。源氏嫡流が実朝《さねとも》で途絶えたのち、もっとも嫡流に近い家柄の一つで、幕府のなかでも北条氏とならぶ格式をもつ有力御家人であった。

足利氏と三河との関係は義氏の祖父義康にはじまる。前述のように、彼は熱田大宮司範忠の娘を妻としていた。この血縁関係によって、義氏は、三河国守護職のみならず、一族から承久京方をだした大宮司家

足利氏略系図『尊卑分脈』などによる。国名・郡名の注記は守護を示す。

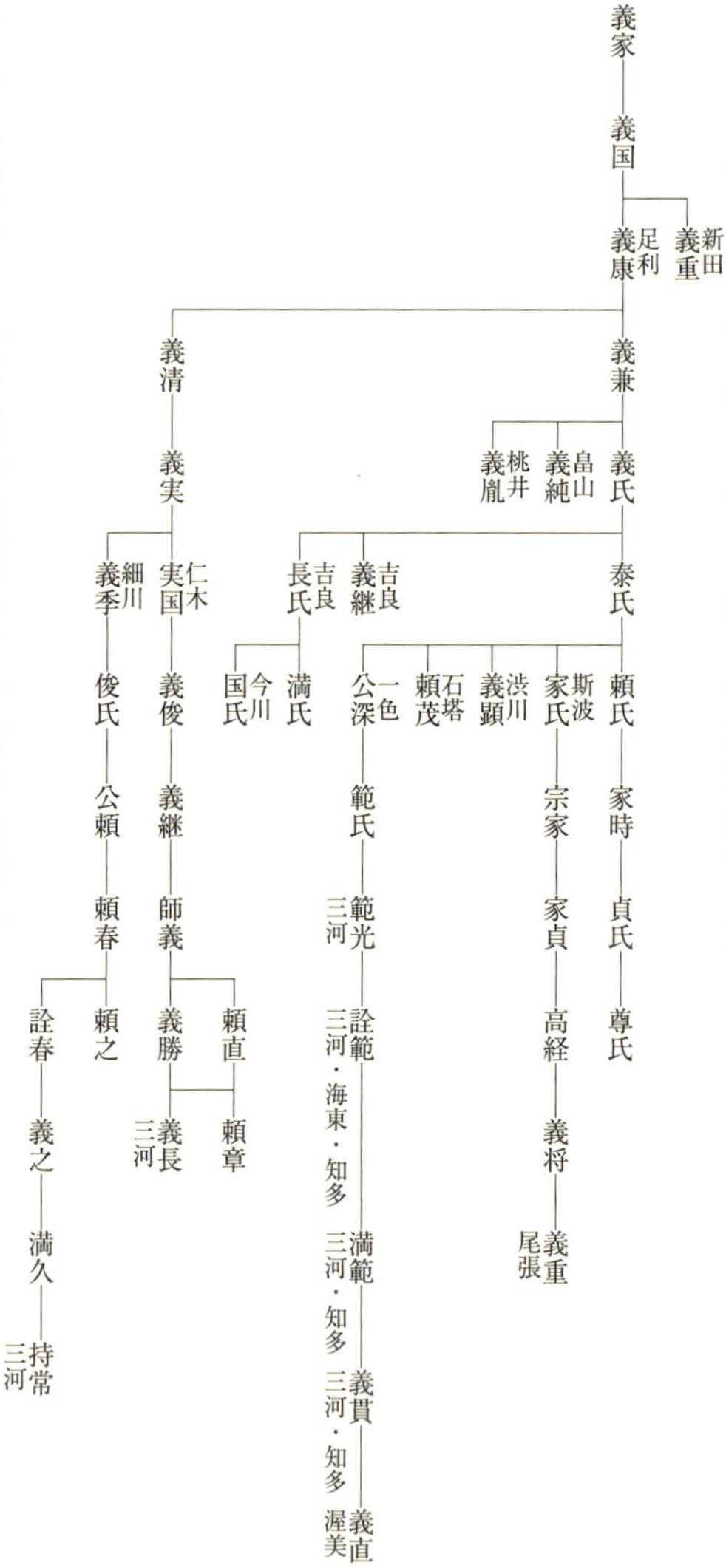

の根拠地である額田郡の地頭職にも任ぜられた。また、設楽《したら》郡地頭職は、幡豆郡司《はずぐんじ》・設楽郡司を継承した伴《とも》氏の跡への補任であろう。そのほかにも、吉良《きら》荘・碧海《あおみ》荘地頭職にも任ぜられた。これらはいずれも承久京方跡であると思われる。

義氏は、碧海郡碧海荘内矢作《やはぎ》近辺に守護所を設置し、守護代を派遣して国内の軍事・警察権を行使した。額田郡には公文所《くもんじょ》を設置し、被官を寄人《よりうど》として、年貢徴収、検断などを行わせた。また、額田郡内・三河国内各地へは足利一族が配置された。仁木《にき》・細川は額田郡内の矢作川沿いの隣接した地域である。ここには、義氏の父義兼の兄弟である義清《よしきよ》の孫実国《さねくに》と義季《よしすえ》が所領をあたえられた。実国を祖とするのが仁木氏、義季を祖とするのが細川氏である。義氏の庶子長氏《なかうじ》は、幡豆郡吉良荘地頭職をゆずられた。彼を祖とするのが足利氏一門中の名族吉良氏である。また、長氏次男国氏《くにうじ》を祖とする吉良氏の庶流が今川《いまがわ》氏である。今川は、吉良荘西条《さいじょう》の地名である。長氏の弟泰氏《やすうじ》の子公深《こうしん》は今川氏との婚姻関係から吉良荘一色《いっしき》をゆずられ、一色氏の祖となった。このほか、額田郡内には、足利氏の根本被官とよばれるものたちも所領をあたえられた。伊勢《いせ》氏・高《こう》氏・上杉《うえすぎ》氏・倉持《くらもち》氏などがこれにあたる。

以上のようにして、三河は足利氏にとって、本貫地である下野国足利に次ぐ拠点となった。

常滑窯・渥美窯・瀬戸窯●

古代唯一の灰釉陶器《かいゆうとうき》生産地として全国にその製品を送りだした猿投《さなげ》窯は、十一世紀末から十二世紀初めごろになって釉薬《ゆうやく》を使用する技法を放棄した。その背景としては、日宋《にっそう》貿易が盛んになり、中国の陶磁器《とうじき》が輸入されるようになったため、中央貴族の国内産高級陶器に対する需要が減少したことが考えられている。灰釉陶器にかわって生産されるようになったのが、碗《わん》・皿・鉢《はち》・壺《つぼ》・甕《かめ》など釉薬をほどこさない日常容器であり、庶民の陶器需要にこたえるものであった。そして、あらたな需要の増大は、猿投窯の周囲にあらたな陶器生産地をうみだすことになった。常滑《とこなめ》窯・渥美《あつみ》窯と瀬戸窯である。

常滑窯は、常滑市域を中心として知多《ちた》半島全域に形成された中世最大の窯業《ようぎょう》地帯で、窯の総数は二〇〇〇基を超えるといわれている。窯の型式は猿投窯と同じ地下式の窖《あな》窯で、分焔柱《ぶんえんちゅう》を伴う。最古の常滑窯製品といわれる京都市今宮《いまみや》神社境内発掘の壺は、天治二（一一二五）年の銘をもつ仏石とともに発見されており、常滑窯は十二世紀初頭ごろに生産を開始したと考えられる。製品は無釉の碗・皿・鉢・壺・甕類が中心をなすが、十二世紀初頭から十三世紀前半には、宗教的意味合いの強い特殊な容器が生産された。胴部に三本の線が描かれた三筋壺《さんきんこ》などがそれで、経筒《きょうづつ》（経文《きょうもん》をいれるための筒）や骨を地中に埋めるさいの容器として使用された。今宮神社発掘の壺もこの型式である。また、この時期には瓦の生産も行われ、鳥羽離宮《りきゅう》・仁和寺《にんなじ》南院など中央の諸建築や熱田神宮など地元寺社で使用された。

渥美窯は、渥美半島の付け根辺りと、半島中央部、現在の田原《たはら》市を中心に五〇〇基ほどの窯跡が知られている。窯の型式は分焔柱をもつ地下式窖窯、製品は無釉の碗・皿・鉢・壺・甕類で、十二世紀初頭ごろに生産を開始した。常滑窯と同じく、十三世紀までは宗教的特殊容器を生産し、三筋壺に対応するものとして、袈裟襷文《けさだすきもん》・蓮弁《れんべん》文の壺がみられる。大アラコ窯出土の壺には「正五位下行《しょうごいげぎょう》兵《ひょう》部大輔《ぶのたいふ》兼三河守藤原顕長」の文字がきざまれており、この地域の陶器生産と三河国衙《こくが》との関係が推測される。また、伊良湖《いらご》窯では、重《ちょう》源《げん》による東大寺《とうだいじ》大仏殿再建のための瓦が作成された。

十三世紀後半になると、常滑窯・渥美窯における宗教的特殊容器

黄釉四耳壺（13 世紀）

袈裟襷文壺（12 世紀）

三筋壺（12 世紀後半）

の生産は、瀬戸窯の施釉陶器にとってかわられ、生産の中心は日常的な容器となった。常滑窯では、大型の壺・甕を量産し、これらの製品は北海道・沖縄と日本海側の一部の県をのぞく全国に運ばれた。しかし、渥美窯は粘土が大型容器の製作に適さなかったため、急速に衰退することとなった。

ただし、瀬戸窯も含めて、十三世紀後半に至るまで、もっとも大量に生産されたのは山茶碗《やまぢゃわん》である。山茶碗とは山にごろごろおちている粗末な茶碗という意味で、直径一四～一八センチ、高さ五～八センチの無釉の陶器碗をさし、同様の小皿とセットになっている場合が多い。東海地方のみで生産され、伊勢を含めた東海地方以外ではほとんど出土しない、東海地方特有の中世陶器であった。

瀬戸窯は現在の瀬戸市域を中心に約五〇〇基の窯跡が知られている。窯の型式はやはり分焔柱をもつ地下式窖窯であるが、特徴は一時期衰退していた施釉技法を復活した点にある。十二世紀末から十三世紀初頭ごろ、肩に四つの取っ手があることからそうよばれる四耳壺《しじこ》や瓶子《へいじ》・水瓶《すいびょう》など、中国製陶磁器を模倣した灰釉陶器を量産し、やがて他の灰釉陶器を駆逐して中世唯一の生産地となった。その後も、十四世紀には、中国の青磁《せいじ》をモデルとした広口壺・花瓶《けびょう》・香炉《こうろ》などを加えると同時に、あらたに鉄釉の使用に成功し、天目《てんもく》茶碗や茶入など茶陶の生産も開始した。

瀬戸窯が中国陶磁器を模倣した高級施釉陶器を生産し続けた背景として、瀬戸市域の国衙領が、鎌倉時代後期尾張国守護となった北条氏によって守護領として引きつがれて得宗領化し、さらに室町幕府直轄領ないし准直轄領となったと考えられることから、得宗および室町《むろまち》幕府の関与が推定されている。実際、鎌倉からは良質な瀬戸窯製品が多く出土し、室町時代の茶陶は京都・畿内《きない》の需要にこたえるものであったといえる。

交通と流通●

鎌倉幕府が成立し、東西二つの政治的・文化的中心が併存するようになると、両者を結ぶ東海道《とうかいどう》の交通は大きく発展した。幕府みずからも、情報の迅速な伝達という政治的必要から、使節のための乗馬を各宿に用意させたり、必要な地点に宿を新設したりするなど、交通制度の整備につとめた。

この時期の街道整備について河川を例にとると、『十六夜日記《いざよいにっき》』で知られる阿仏尼《あぶつに》は、若き日の紀行文「うたたね」では、美濃・尾張国境の墨俣川を渡し舟でわたり、そのときは、舟が休まずに往復しても往来の人をさばききれず、争って水のなかにおちるものもいるほどであったという。しかし、弘安二（一二七九）年の『十六夜日記』では、舟をならべた浮き橋がかけられていたという。河川は架橋技術の低い中世において交通の大きな障害であったが、その克服にむけた努力もなされていたのである。

当時の宿の繁栄を伝えるものとして有名なのが、仁治三（一二四二）年の紀行文『東関紀行《とうかんきこう》』にみえる尾張国萱津東宿《かやつひがし》（名古屋市中村区）の記述である。そこには、売り買いするものたちの大きな声、手に手に土産《みやげ》をもった人びとのいきかう姿など、市《いち》のにぎわいが描かれている。『一遍上人絵伝《いっぺんしょうにんえでん》』には萱津宿の二人の「徳人《とくにん》」（富裕な人）が登場する。宿は地域の経済の中心であった。また、嘉禎四（一二三八）年、鎌倉幕府将軍《しょうぐん》藤原頼経《よりつね》は、上洛《じょうらく》の行き帰り共に、三河国矢作宿付近にある守護足利義氏の邸宅に宿泊した。この邸宅は三河国の守護所と考えられている。宿は地域の政治的中心でもあった。

ただし、繁栄する宿がある一方、自然条件の変化や街道の変遷によって衰微する宿もあった。渡津《わたむつ》（豊川市）をとおる「今道」に旅人が移ったために、豊川宿《とよかわ》はすっかりさびれて、住人すら他へ住まいを移してしまった、と『東関紀行』は伝えている。

陸上の街道と同様に海上の交通も大きく発展した。とくに、年貢米などの重い物の運送にはもっぱら海路が利用された。古代以来、尾張・三河の御厨《みくりや》から伊勢神宮へ、伊勢湾をわたって贄《にえ》が運ばれたことが知られている。『古今著聞集《ここんちょもんじゅう》』には、三河の荘園から紀伊国《きいのくに》熊野《くまの》へ年貢米を輸送する舟が海賊にあう説話がおさめられている。さらに、鎌倉時代末の永仁三（一二九五）年には、上総の熊野山領荘園から紀伊の新宮津《しんぐうづ》へ、海路年貢が運ばれていたことが知られる。そのさい、輸送の実務をになったのは、熊野山から費用の支給をうけた三河国碧海荘一八郷であった。三河は上総と紀伊という遠隔地間海運の一翼をになっていたと考えられる。

海上交通は単に年貢輸送のためだけのものではなかった。近年の考古学的調査によって、常滑・渥美や瀬戸の窯で生産された陶器が平泉《ひらいずみ》や鎌倉から大量に発見された。これら陶器の流通は、年貢の上納ではなく、より商業的な性格のものと考えられる。また、陶器と

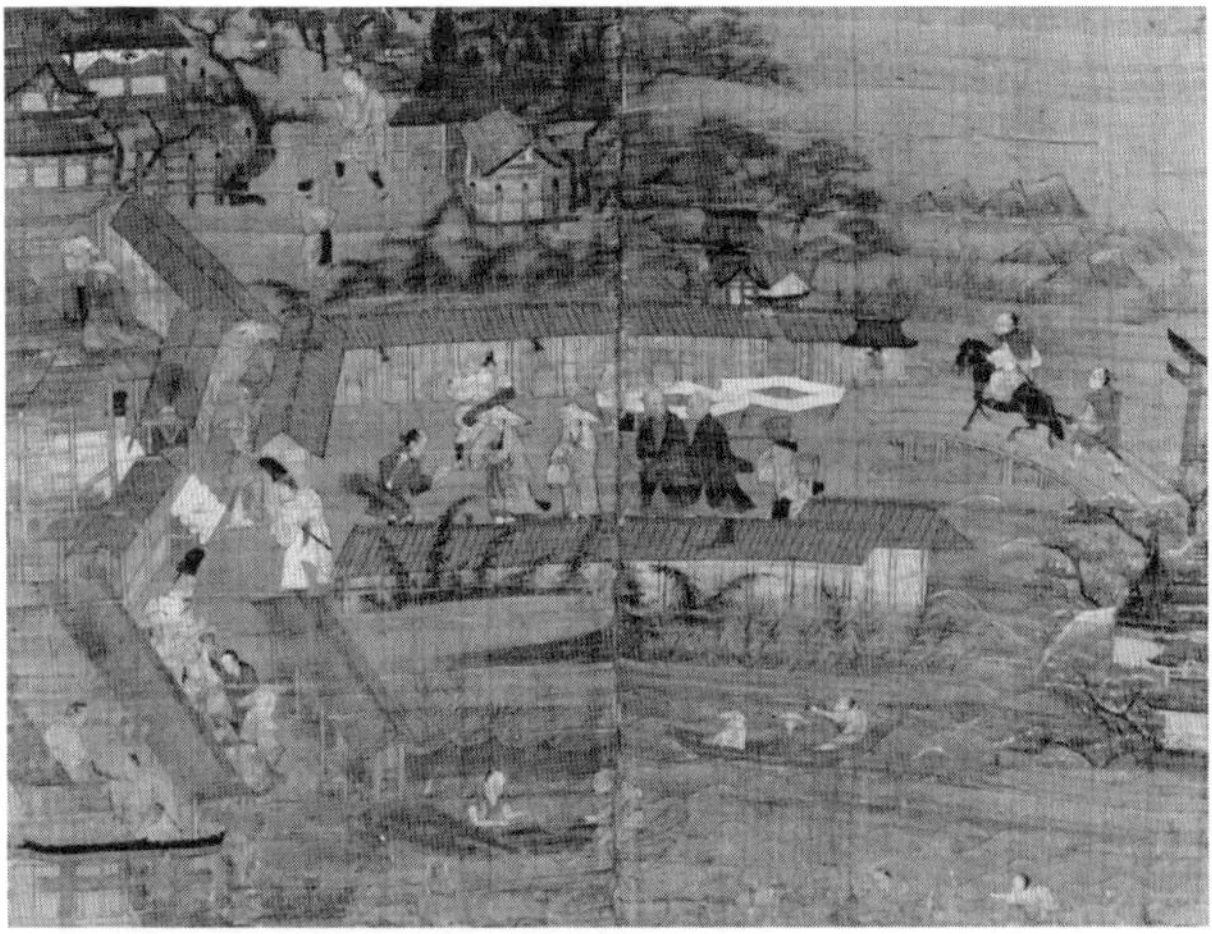

熱田のにぎわい（「熱田社参詣曼荼羅図」）

いう重量物の遠隔地間大量運送には伊勢湾内の海運のみでなく、これと接続する太平洋海運を想定しなければならない。具体的には、陶器を生産する窯の散在する知多半島各所から、「小廻船《しょうかいせん》」（湾内を航行する小型の舟）によって伊勢の大湊《おおみなと》などの拠点となる湊に陶器を集め、そこから「大《だい》廻船」（外洋を航海する大型の舟）に積みかえて、遠隔地へと輸送したのであろう。

むろん、伊勢湾内の航路は物資の輸送のみではなく、人の移動にも利用された。大永二（一五二二）年、連歌師《れんがし》の宗長《そうちょう》は、駿河から京へむかうさい、戦乱のために矢作・八橋《やつはし》をさけて、海路刈谷《かりや》にはいり、常滑を経て野間《のま》から大湊へわたった。翌大永三年には、逆に伊勢亀山《かめやま》を越えたのち、舟で知多の大野にわたった。伊勢湾沿岸には多くの港津が存在し、相互に連絡されていたのである。

仏教と信仰

鎌倉時代の仏教というと、鎌倉新仏教とよばれる新しい宗派が注目されがちである。しかし、少なくとも鎌倉時代の前半までは、天台《てんだい》宗・真言《しんごん》宗や南都六宗《なんとろくしゅう》を中心とする既成仏教が正統としてゆるぎない地位を占めていた。新仏教の活動が盛んになるのは鎌倉時代後期からである。

尾張・三河では、既成仏教のうち、とくに天台宗寺院が新仏教へ改宗する事例がめだつ。のちに三河一向一揆《いっこういっき》の拠点となる三つの寺院、岡崎《おかざき》市の上宮《じょうぐう》寺・勝鬘《しょうまん》寺、安城《あんじょう》市の本證《ほんしょう》寺は、いずれももと天台宗寺院であったのが、親鸞《しんらん》の教化によって浄土真《じょうどしん》宗に改宗したという縁起《えんぎ》を伝えている。無住《むじゅう》が『沙石集《しゃせきしゅう》』を執筆したことで知られる長母《ちょうぼ》寺（名古屋市東区）は、現在は臨済《りんざい》宗であるが、もとは天台宗寺院であった。

上宮寺所蔵の「三河念仏相承《ねんぶつそうしょう》日記」によれば、康元元（一二五六）年十月十三日、専修《せんじゅ》寺の真仏《しんぶつ》・顕《けん》智《ち》・専信房専海《せんしんぼうせんかい》・随念《ずいねん》が、関東から上洛の途中、矢作の薬師寺《やくしじ》で念仏勧進《かんじん》を行ったのが、三河における浄土真宗のはじまりであった。その後も、真仏の命をうけた顕智は三河にとどまり、布教活動を続けた。これによって、上宮寺・勝鬘寺・本證寺・妙源寺《みょうげんじ》(岡崎市)・満性寺《まんしょうじ》(同)を中心として、真宗はおもに在地武士層に浸透した。また、顕智の弟子円善《えんぜん》の門下である和田門徒は、三河のみならず、遠く北陸にまでおよび、越前門徒形成の端緒となった。

親鸞の死後、真宗は専修寺派と本願寺派《ほんがんじは》に分裂する。三河では、専修寺住職にもなった顕智の布教活動によって、専修寺派が中心であった。しかし、十五世紀後半、本願寺八世蓮如《れんにょ》の布教によって、状況は大きくかわる。上宮寺の如光《にょこう》は、蓮如の弟子となって本願寺派へ転派し、蓮如の布教活動をささえた。有力寺院である勝鬘寺・本證寺も本願寺派となり、上宮寺とともに本願寺派三河三カ寺とよばれた。また、蓮如の子息や近親者が住持となって地域の教団を統率する「一家衆《いっかしゅう》」の寺院として、あらたに本宗寺(岡崎市)が創建された。専修寺派が武士層に広まったのに対して、本願寺派は農民層を中心に普及し、そこから武士層へと拡大した。妙源寺・満性寺は専修寺の真恵《しんえ》に帰属して専修寺派にとどまったが、三河における真宗の勢力分布は本願寺派中心となった。この傾向は尾張にもおよび、本願寺覚如《かくにょ》による布教以後停滞していた本願寺派の尾張への浸透は、この時期に大きく進展した。

時宗の始祖一遍が遊行《ゆぎょう》の途上、尾張を訪れたのは、弘安六(一二八三)年であった。このとき甚目寺《じもくじ》(あま市)において行った行法《ぎょうほう》のようすが『一遍上人絵伝』巻六に描かれている。行法の途中で食料がつきようとしたとき、萱津宿の二人の徳人の夢に甚目寺の毘沙門天《びしゃもんてん》があらわれ、客人をもてなすように告げた。翌日、二人が甚目寺に参詣し、食料を運んで一遍らをもてなしているとき、御帳《みちょう》が風にふきあげられて、毘沙門天が座から立ちあがっているのがみえた、という。また、巻七によれば、美濃・尾張をとおるときには、「悪党《あくとう》」が「一遍らに危害を加えるべからず」という札を立てたという。円覚《えんがく》寺所蔵「尾張国富田荘絵図」(口絵参照)に描かれた萱津宿の光明寺は、弘安五年、一遍の弟子他阿《たあ》真教《しんきょう》の開創と伝えられるが、甚目寺での行法の結果であろう。このように、尾張における時宗の活動はよく知られているが、寺院の分布などからみると、その普及は一部地域にとどまったようである。

　長母寺は、治承三(一一七九)年、山田重忠が母の菩提《ぼだい》をとむらうために建立した寺院で、天台宗に属した。その後、廃寺同然となっていたものが、弘長三(一二六三)年、無住によって再興された。このときが尾張における臨済宗の始めとされている。一宮《いちのみや》市の妙興《みょうこう》寺は、貞和四(一三四八)年、尾張国在庁官人の系譜をひく中島氏出身の滅宗宗興《めつじゅうそうこう》によって、大応国《だいおうこく》師《し》南《なん》浦紹明《ぽじょうみん》を勧請開山《かいさん》として創建された。貞治三(一三六四)年には足利義詮《よしあきら》によって諸山に列せられた。このほかにも、稲沢《いなざわ》市の円光《えんこう》寺、瀬戸市の定光《じょうこう》寺などが開創され、三河でも、西尾《にしお》市の実相《じっそう》寺が、文永八(一二七一)年、吉良満氏《みつうじ》によって、

一遍の甚目寺参詣(『一遍上人絵伝』巻6)

❖コラム

無住

子どものころに家が没落して、親戚を転々としなければならなかった。出家してからは流行の思想につぎつぎと飛びついた。ところがどれもうまくいかない。中途半端でおわってしまう。戒律《かいりつ》を一生懸命勉強しても、戒律の集団にはとけこめない。坐禅《ざぜん》にあこがれたのに、脚気《かっけ》になってしまって、坐っていることすらできない。三八歳になって荒れ寺に住むことになると、その復興のために苦労する。日々の食事もままならない。八〇すぎでなくなるまで、彼の生涯は挫折の連続だった。法然《ほうねん》・親鸞《しんらん》・日蓮《にちれん》・道元《どうげん》など、鎌倉《かまくら》新仏教をつくりだした同時代の偉人たちにくらべると、彼の姿はずいぶんちがっている。けれど、どんな教えでも勉強してみるという考え方は、中世の仏教ではむしろ普通のことだったし、今の日本人の宗教に対する考え方にも共通するだろう。挫折のなかでつちかわれた弱いものの視点は、普通の人びとの視点に近いもので、共感を得られるものだった。だから、五四歳から四年間で書きあげ、その後も死ぬまで添削し続けた彼の著作は、はやくから人びとに親しまれ、鎌倉新仏教の偉人たちの著作におとらない読者を獲得してきた。

修行をおろそかにしていた近江《おうみ》の僧は、久しぶりに訪れた三河《みかわ》の師匠の寺で牛になってしまい、「尊勝陀羅尼《そんしょうだらに》」ととなえて元に戻ることができるまで、三日間、馬屋のなかで「ソン、ソン」とささやき続けた。尾張《おわり》・美濃《みの》が飢饉《ききん》の年、母を餓死させないためにわが身を売り、東国へつれていかれる男は、「生きていればまたあえるとなぐさめたけれど、二度と母にあうことなく、見知らぬ土地で死んでしまうだろう」と矢作《やはぎ》の宿で声をあげて泣いた。そんな話も彼の著作『沙石集《しゃせきしゅう》』のなかにはおさめられている。彼が死ぬまで住んだ荒れ寺というのは、名古屋市東区の長母寺《ちょうぼ》である。

東福寺《とうふく》開山円爾弁円《えんにべんねん》を招いて開創された。その後も、臨済宗五山派《ござんは》は室町幕府のもとで大きく発展した。これに対して、曹洞宗《そうとう》は、やや遅れて、南北朝《なんぼくちょう》・室町時代になってから普及した。応永元（一三九四）年、中島郡下津《おりづ》の伝法寺《でんぽう》跡に、通幻寂霊《つうげんじゃくれい》を勧請開山として開創された正眼寺《しょうげん》（小牧市《こまき》）は、近世には尾張国僧録《そうろく》として尾張国内の曹洞宗を統率した。

2 守護支配下の人びと

鎌倉幕府の崩壊と建武政権の成立●後醍醐《ごだいご》天皇の倒幕活動には美濃源氏・尾張源氏が参加した。正中《しょうちゅう》の変（正中元＝一三二四年）のいわゆる「無礼講《ぶれいこう》」には、土岐頼員《ときよりかず》・多治見国長《たじみくになが》ら美濃の土岐一族とともに重宗流源氏足助重成《あすけしげなり》の名前がみえる。また、元弘《げんこう》の乱（元弘元〈元徳三〉＝一三三一年）の笠置山《かさぎやま》攻防戦では、後醍醐方として奮戦する足助重範《しげのり》がみえる。ただし、この時点では、尾張・三河の御家人一般は幕府方として六波羅《ろくはら》軍に参加したと考えられる。『太平記《たいへいき》』には、笠置山攻めの「東の手」の軍勢に尾張・三河両国がみえ、さらに、足助重範と対峙する尾張国御家人荒尾九郎《あらおくろう》・弥五郎《やごろう》の姿が描かれている。

足助氏は、本領である三河国足助郷のほかに尾張国那古野《なごや》荘にも所職をもつ有力御家人であった。しかし、弘安八（一二八五）年の霜月《しもつき》騒動のとき、安達泰盛《あだちやすもり》に味方して得宗御内人《みうちびと》勢力にやぶれ、那古野荘は没収され、足助郷も得宗領とされた。得宗専制体制のもとで逼塞《ひっそく》を余儀なくされた足助氏にとって、反得宗・反幕府活動に参加する理由は十分にあったのである。このことは、北条氏一門の守護から大きな圧力をうけていた美濃国の土岐一族にもつうじるものであり、足利氏もまた同様であった。

さきにもふれたように、足利氏は源氏嫡流にもっとも近い、御家人中随一の名門であり、その自覚ももっていた。しかし、三河国守護に任ぜられた義氏ののちは、徐々に家運《かうん》にかげりがみえはじめ、弘安七年には惣領《そうりょう》家時《いえとき》が突然自殺し、翌年の霜月騒動では一族から犠牲者をだした。このころから、得宗勢力から敵対視され、圧迫をうけるようになる。元弘の乱に際して、高氏《たかうじ》が幕府軍の一方の大将として出兵を命じられたのは、父貞氏《さだうじ》の死の直後であり、また、妻子を人質としてとられた。このように、鎌倉幕府の崩壊、建武《けんむ》政権の成立の背景には、得宗専制体制のもとで抑圧された源氏諸流の勢力があったといえよう。

建武政権において、足利高氏は第一の功労者であり、鎮守府《ちんじゅふ》将軍、従四位下《じゅしいげ》左兵衛督《さひょうえのかみ》となり、弟直義《ただよし》も左馬頭《さまのかみ》に任じられた。名前も後醍醐の諱《いみな》尊治《たかはる》の一字をあたえられて尊氏と改めた。このほかにもいくつかの守護職や北条氏から没収した所領をあたえられた。また、所領にかかわる訴訟を管轄するために新設された雑訴決断所《ざっそけつだんしょ》の職員には、尊氏の有力な家人である上杉道勲《どうくん》（憲房《のりふさ》）と高師泰《こうのもろやす》が任じられた。

一方、北条氏得宗の勢力下にあった尾張では、在地勢力に一定の変動があったと推測される。元弘三年に近江《おうみ》国番場《ばんば》宿で六波羅探題《たんだい》北条仲時《なかとき》とともに自害したもののなかに御器所安東《あんどう》七郎経倫がみえるように、尾張の北条氏および得宗被官は、鎌倉幕府・得宗政権とともに没落し、その所領も没収された。尾張国中島郡玉江荘・三河国重原《しげはら》荘は、大仏貞直《おさらぎさだなお》跡として尊氏にあたえられ、中島郡杜荘は得宗被官合田左《さ》衛門尉《えもんのじょう》跡として臨済宗の高僧夢窓疎石《むそうそせき》にあたえられた。

しかし、この変動はより地域に根ざした勢力側からの主体的な動きではなく、彼らの急激な台頭にただちにつながるものでもなかった。この時期に史料上にあらわれる尾張国内の小地名を名乗るものたちについては、すでに鎌倉時代後期（早いものは十三世紀後半）からその活動が知られる。中島郡の地名である毛受《めんじょ》を名字とする能真《よしざね》は、安食《あじき》荘内五郎丸《ごろうまる》・光弘名《みつひろみょう》の開発相伝領主と称し、荘園領主醍醐寺にかわってみずから六波羅探題に対して地頭の押領《おうりょう》を訴えた。弘安四年には、醍醐寺から預《あずかり》所職《どころしき》に任じられ、安食荘の経営を請け負うに至った。また、春日部郡の地名を名字とする味鏡《あじま》太郎左衛門尉は、朝日孫太郎とともに、正安三（一三〇一）年・乾元二（一三〇三）年の二回にわたって、毛受能真の訴えどおりに地頭代の押領を排除するよう六波羅探題から命じられた。朝日氏は承久の乱以前から知られる武士であり、味鏡氏もこれとならぶ勢力をもっていたと考えられる。

　彼らのような在地勢力の活動が、この時期の変動の背景に存在したことは否定できないが、少なくとも彼らが主体的に戦争に参加したことを伝える史料も、彼らの在地における所領所職をめぐる争いが内乱に直結したという史料も、尾張国内ではみいだせない。また、さきにみたように、北条氏・得宗被官の所領所職が彼らにあたえられたわけでも、

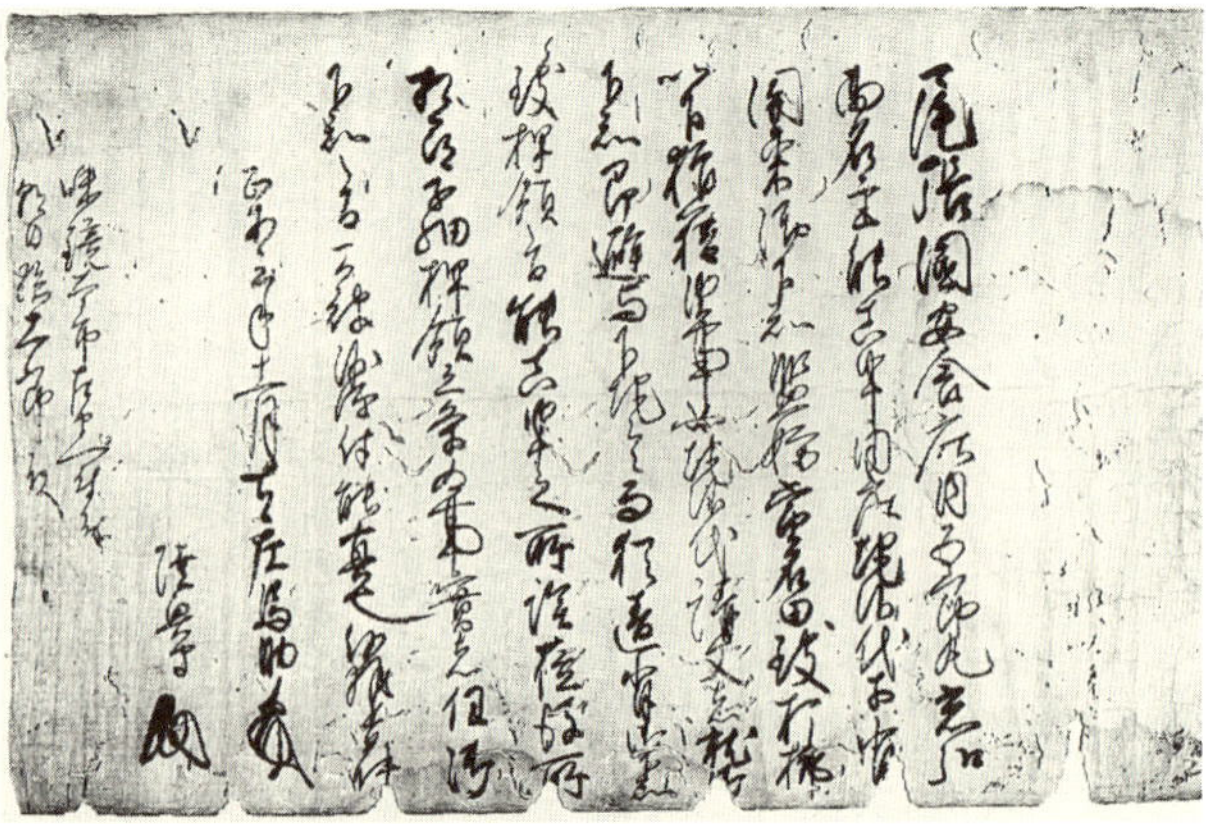

六波羅御教書（「醍醐寺文書」正安３〈1301〉年 11 月 7 日付）

彼らによって獲得されたわけでもない。尾張では、彼らのような在地勢力も、地頭御家人も、鎌倉時代後期にもっていた勢力を維持したまま建武政権の成立を迎えたと思われる。彼らの台頭にはさらなる内乱を経る必要があった。

室町幕府の成立から南北朝の内乱へ●

十三世紀初めごろ守護に任じられて以来、足利氏にとって三河は、本領である下野国足利につぐ第二の本領ともよぶべき存在であった。このことは、鎌倉幕府崩壊、建武政権成立、そして、足利尊氏の建武政権離脱から室町幕府の成立に至るまで変わらなかった。

『難《なん》太平記』によれば、元弘三（正慶二＝一三三三）年三月、反鎌倉幕府軍討伐の命をうけて上洛する途中、尊氏が後醍醐に味方することをはじめて家来《けらい》たちにあかしたのは、三河国八橋であったという。また、建武二（一三三五）年八月二日、中先代《なかせんだい》の乱で北条時行《ときゆき》（高時《たかとき》の遺児）の軍にやぶれて鎌倉を脱出した足利直義が、軍をとどめ、主《あるじ》といただいていた成良親王《しげよししんのう》（後醍醐皇子）を京都にかえしたのは三河国矢作宿であった。同日には、尊氏も惣追捕使《そうついぶし》・征夷大将軍《せいいたいしょうぐん》への補任を許されないまま京都を発ち、八月七日、二人は同所で合流した。ここに、尊氏・直義の後醍醐に対する離反の意志があきらかにされた。足利氏にとってきわめて重要な意思表明がともに三河でなされたのは注目してよい。

中先代の乱後鎌倉にとどまった尊氏討伐のため、後醍醐は新田義貞《にったよしさだ》をさしむけた。これを迎え撃つために尊氏は高師泰を派遣した。同年十一月二十五日、両者は矢作川で合戦におよんだ。これが、建武政権に対する尊氏の最初の戦いである（矢作川合戦）。『梅松論《ばいしょうろん》』によれば、師泰の派遣にあたって、尊氏は「先三河国に下て矢作川を前にあて、御分国たる間、駈催《かけもよお》して当国の軍勢を相待へし、努々《ゆめゆめ》河より西へ馬を越へからす」と命じたという。この言葉には尊氏の三河に対する意識が端的にあらわれている。

同様に、成立当初の室町幕府にとって、三河国内に土着した足利氏勢力は政権の基盤であり、その多くが要職に登用された。三河国額田郡内の地名を名字とする吉良氏嫡流の満義《みつよし》は引付頭人《ひきつけとうにん》に、仁木・細川・今川・一色などの足利氏一門やその他の被官も各国の守護に補任され、なかには数カ国の守護をかねるものもあった。このような一門・被官の幕府要職および守護への補任は、北条氏得宗が専制的支配を実現するためにとった政策と共通するものである。

しかし、貞和五（正平四＝一三四九）年、尊氏の執事《しつじ》である高師直《こうのもろなお》と直義との対立が表面化して以後、足利氏の勢力は尊氏・直義の両派に分裂し、南朝勢力を加えて離合集散を繰り返すこととなる。これに伴って、三河国内の勢力も分裂し、単純に足利氏の拠点とはよべない状況になった。観応元（一三五〇）年十二月十日、三河国額田郡の国人《こくじん》二一人が直義に味方して一揆を結んだ。この行動は、当時の三河国守護高《こう》氏、ひいては尊氏に敵対するものである。一揆に参加した国人のなかには足利氏根本被官の粟生《あわう》氏、額田郡の地名を名字とする高宮《たかみや》・樫山《かしやま》氏などもみえる。また、観応二年十一月、尊氏は南朝と和平を結び（正平一統）、鎌倉にとどまる直義を討伐するために京都を発った。東海道をくだる尊氏が最初に抵抗をうけたのは、三河国吉良荘の吉良満義・満貞《みつさだ》であった。直義敗北の結果、吉良氏は大きく勢力を後退させていくことになる。

さらに、幕府中枢の分裂は、足利氏一門・被官の幕府要職・守護補任による権力維持を困難にした。この方法が有効に作用するためには、将軍家の一門に対する族的結合、被官に対する主従的結合による支配が貫徹していなければならない。結合が失われたとき、彼らの地位・権力は逆に将軍家を苦しめるものとなった。その結果、一門・被官配置の方針は後退し、やがて仁木氏なども政争のなかで衰退への道をたどった。

尾張では、在地勢力が同族内で分裂し、それぞれが南朝・尊氏・直義などの勢力と結びついて争った。『太平記』には、後醍醐方・南朝方として活動する熱田大宮司昌能《まさよし》の姿がみえる。彼の活動の背景には、藤原季範のあとの大宮司職をめぐる範忠流と範雅流との対立、すなわち持明院《じみょういん》統・北朝に大宮司職を認められた範忠流忠氏・季氏らと範雅流昌能との対立があった。また、尾張平氏水野氏は山田郡水野を本拠とする平安末以来の武士であるが、彼らも惣領致国《むねくに》は尊氏方に、致秋《むねあき》は直義方にと分かれて争った。ただし、これらの争いは、鎌倉時代以来維持してきた所領所職をめぐる既存勢力内部の争いであって、あらたな在地勢力台頭のための争いではなかった。

以上のような内乱の時代は、すべてが武力によって決まる無秩序な状態であったのかといえばそうではない。尾張国富田荘と一楊《いちやなぎ》御厨余田《よでん》とのあいだでは、鎌倉時代末以降境界をめぐる訴訟が続けられてきた。暦応元（延元三＝

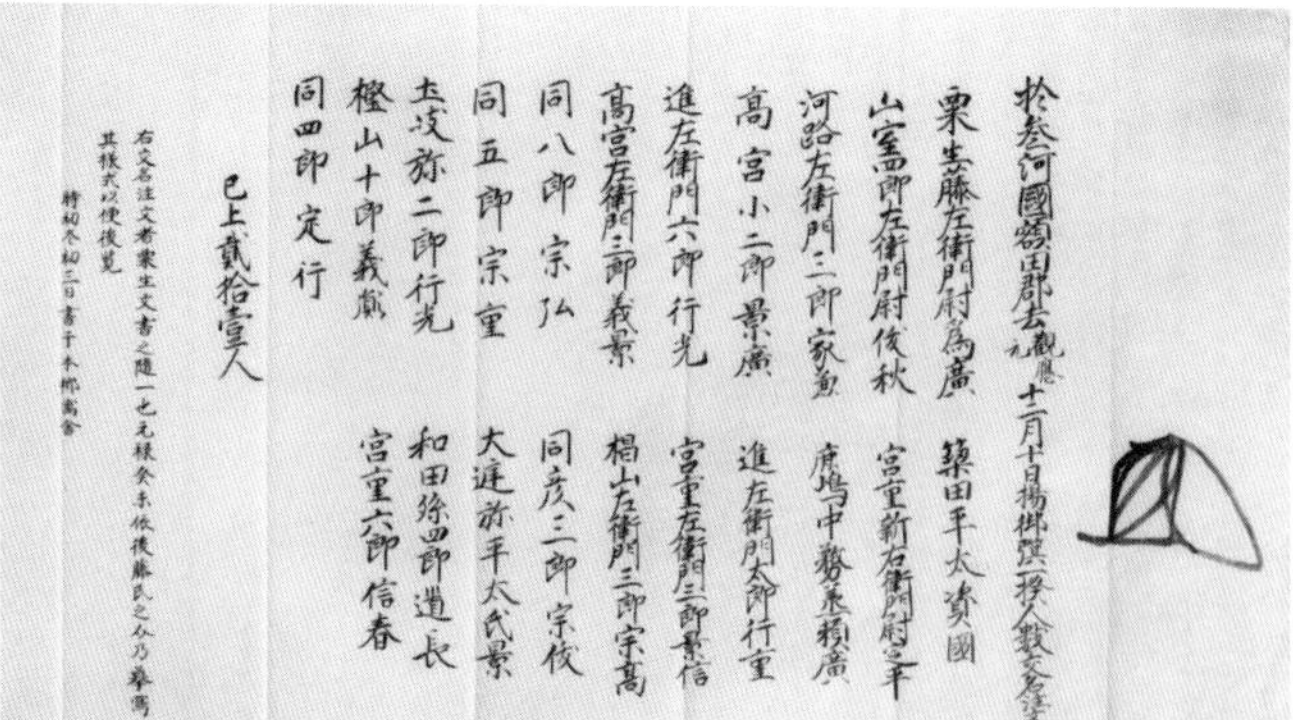
於参河國額田郡去観応元十二月十日揚御旗一揆人數交名注文事
粟生藤左衛門尉為廣　額田平太資國
山室四郎左衛門尉俊秋　宮重新右衛門尉之平
河路左衛門三郎家為　鹿嶋中務丞頼廣
高宮小二郎景廣　進左衛門太郎行重
進左衛門六郎行光　宮重左衛門三郎景信
高宮左衛門三郎義景　椙山左衛門三郎宗高
同八郎宗弘　同彦三郎宗俊
同五郎宗重　大庭弥平太氏景
土岐弥二郎行光　和田孫四郎道長
樫山十郎義献　宮重六郎信春
同四郎定行
已上貳拾壹人

額田郡一揆交名注文写

一三三八）年から四年ごろにも、この争いは室町幕府の法廷であつかわれ、当事者である両方雑掌の主張を聞き、幕府の使節が実地を検分し、絵図を提出するなど、所定の訴訟手続がとられた。尾張では、所領所職をめぐる争いすべてがつねに内乱・戦争に結びついたのではなく、押領などの実力行使を伴いながらも一定の秩序が保たれ、その範囲内での解決を志向する側面もあったといわねばならない。

守護と奉公衆●

室町幕府成立直後のごく短い期間の中条氏をのぞいて、尾張国守護には尾張国外のものが補任された。三河でも、仁木・一色・細川氏は、三河国内の地名を名字とする、三河出身のものたちであるが、少なくとも守護に補任された時点で、国内に独自の基盤をもってはいなかった。そのため、守護の国内支配は、守護であることを背景として、既存の国内在地勢力を守護側に取りこむか、守護自身の勢力を国内に浸透させるか、のいずれかによってなされた。

守護が国内に対してもつ権限はいくつかあった。もっとも基本的なものは合戦時の軍事指揮権で、これに伴う恩賞《おんしょう》認定、闕所地《けっしょち》の給与、半済《はんぜい》（軍事費用として荘園・国衙領の年貢または下地《したじ》の半分を指揮下のものにあずけること）も守護によって行われた。平和時には、国内の検断、幕府の命令の遵行《じゅんぎょう》、幕府・朝廷から臨時に賦課される段銭《たんせん》の徴収（のちには、守護独自の段銭賦課も行われた）などが行われた。これらは本来、幕府の権限を国において守護がかわって行うものであったが、現実には、守護と在地勢力とを直接結びつけることとなった。

在地勢力にとっても、守護勢力と結びつくことは、みずからの勢力拡大行為を正当化するための選択肢の一つとして有効だった。尾張国大成《おおなり》荘は、十四世紀初めごろには、地頭方と領家方とに中分され、領家方はさらに東寺供僧《ぐそう》方と同執行《しぎょう》方とに分けられていた。同荘の地頭と思われる大成康経《やすつね》は、年貢を用いて堤防工事を行うなど、地頭方の範囲を越えて荘園の経営に関与していた。康暦二（建徳六＝一三八〇）年ごろ、康経は、あらたに補任された供僧方領家職代官と対立し、供僧から領家職を押領していると訴えられた。そのさい、康経が正当性を主張した根拠の一つは、守護から代官職をあずけおかれたことであった。また、供僧の訴えをうけて、幕府は数度にわたって守護土岐氏に押領排除を命じたが、効果はなく、押領はやまなかった。この間の関連史料のなかで、康経は「守護之家人」「被官輩《ともがら》」とよばれており、土岐氏の被官になっていたと思われる。

守護の被官となることに対して、在地勢力にとっていま一つの選択肢は、幕府と直接結びつくことであった。さきにもふれた荒尾氏は、国衙領を中心に尾張国内に多数の地頭職をもつ有力御家人であった。室町幕府成立当初には、国内における所領相論《そうろん》のさい、幕府から直接使節に任命され、現地調査や下地遵行を行った。貞和四（正平三＝一三四八）年ごろから、荒尾氏はみずからの有する所領の多くを臨済宗寺院妙興寺に寄進・売却した。妙興寺は、諸山に列せられる、幕府と結びつきの強い寺院であり、妙興寺への接近は幕府への接近という側面をもつ。この寄進・売却の内容は、年貢などの得分を妙興寺に移しながら、在地の土豪《どごう》層・中小領主層からの年貢・公事《くじ》徴収権などを荒尾氏に留保し、逆に幕府・朝廷などからの臨時課役や守護の半済を回避できるというものであった。これによって荒尾氏はみずからの権益を維持することが可能となった。さらに、十五世紀なかば以降には、将軍の直轄軍事力とされる奉公衆《ほうこうしゅう》の一員であったことが知られる。

奉公衆とは室町幕府の御目見《おめみえ》得以上の直勤御家人である。彼らは将軍の直轄軍事力であると同時に、直

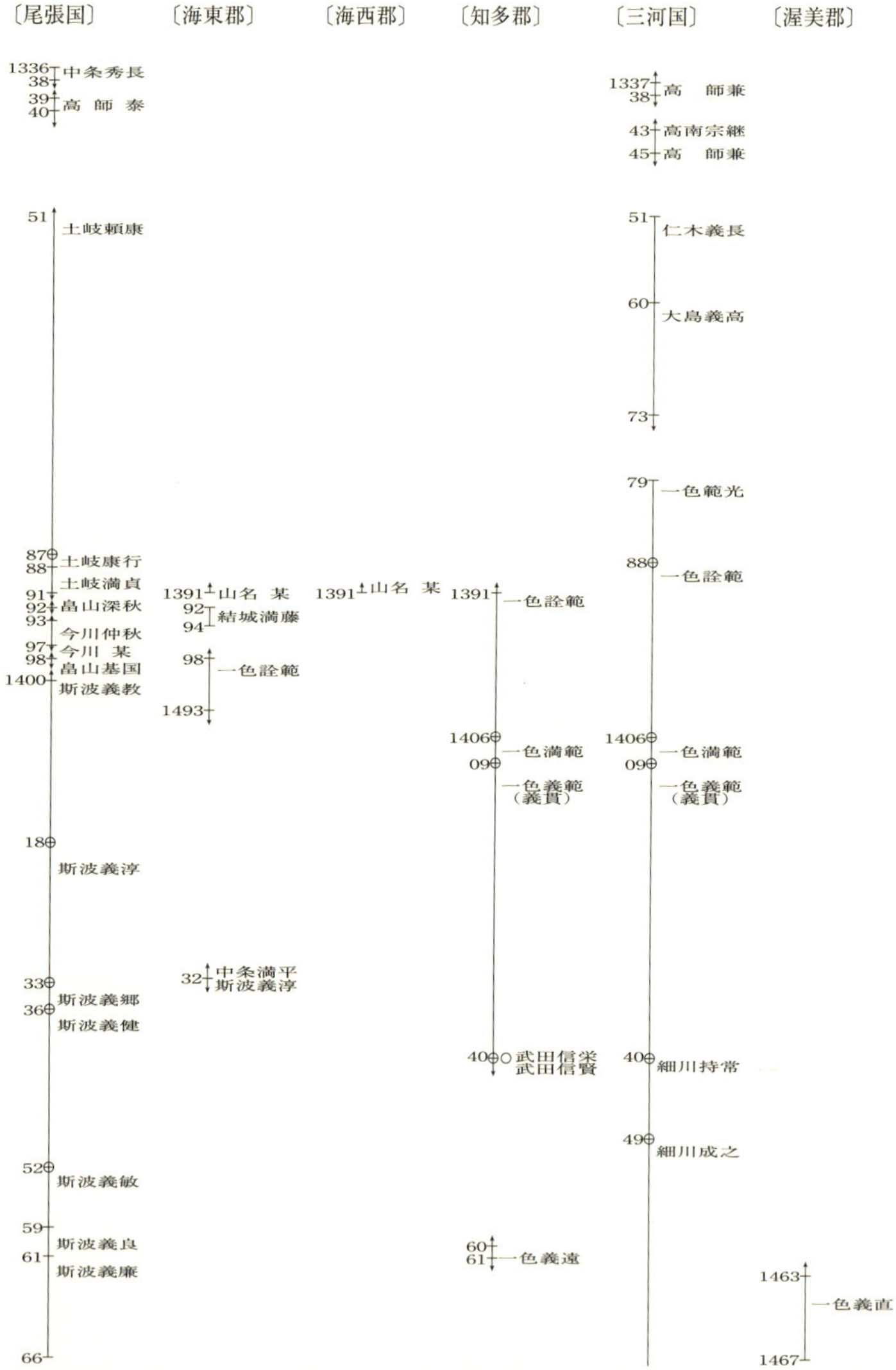

室町時代の尾張国・三河国守護一覧　「室町幕府将軍諸職表(守護)」(『岩波日本史辞典』岩波書店，1999年)により作成。○は死没による交替。

轄領である御料所《ごりょうしょ》をあずかって経済的基盤をなし、国にあっては守護を牽制して地域における将軍権力の拠点になった。尾張・三河は、近江・美濃とならんで奉公衆がもっとも多く分布する国である。ただし、尾張の奉公衆が荒尾氏や熱田大宮司家千秋氏などの有力御家人であるのに対し、三河の奉公衆は足利氏一門や根本被官が多く、その実態は一様ではない。これは、尾張・三河の室町幕府成立時における位置の違い、三河が足利氏の拠点であったことによると思われる。

荒尾氏が、守護とではなく幕府と結びつくことを選んだ背景は、彼らの所領支配の形態にあった。荒尾氏は、富田氏などの土豪層・中小領主層に対して、みずからの所領内に給分をあたえて関係を取り結ぶことによって、所領支配を実現していた。しかし、斯波《しば》氏守護時代になると、土豪層・中小領主層は守護被官となって、荒尾氏の支配をはなれ、独自に勢力拡大をはかるようになり、支配の基盤を失った荒尾氏は急速に衰退する。このように、荒尾氏にとって、在地勢力の被官化を進める守護は、みずからの権益を拡大するために利用できる存在ではなく、みずからの権益を侵食する存在であった。

逆にいえば、荒尾氏の支配下にあった土豪層・中小領主層にとって、ある時点では、守護はみずからの勢力拡大に利用できる存在であった。しかし、いったん被官となった彼らは、旧来の所領とは別の土地をあたえられ、その後も配置がえされたり、斯波氏の拠点である越前から移ってきた織田《おだ》氏などの進出をうけたりするなど、結果的には勢力拡大どころか没落するものもあった。この現象は、荒尾氏配下のみに限定されるものではなかったと思われる。

荘園の様相●

尾張の荘園の年貢は、米ではなく、絹や糸（生糸）・綿（真綿）が中心であった。絹年貢は三河でもみられる。紀行文『海道記《かいどうき》』は、貞応二（一二二三）年の京都から鎌倉への旅の途上、津島《つしま》から萱津辺りの風景として、桑畑に囲まれた家、養蚕《ようさん》にいそしむ女の姿などを記している。濃尾《のうび》平野では、木曽川・揖斐《いび》川などの大河川の氾濫《はんらん》によって発達した自然堤防の上に桑畑が形成され、養蚕業が盛んであった。とくに絹は尾張の特産品とされた。

米以外の各地域の特産品が年貢とされるのは珍しいことではない。たとえば、伯耆《ほうき》・出雲《いずも》の鉄、丹波《たんば》・但馬《たじま》の紙、瀬戸内海の島々の塩など、さまざまな品物が年貢とされている。絹や糸が年貢とされるのは越《えっ》中《ちゅう》・美濃・尾張以東の国々が多く、米年貢を凌駕《りょうが》している場合も多い。年貢品目の点からいえば、尾張は東国的な特徴を示すといえる。

このような絹や糸の年貢は、初めは現物でおさめられていたが、この地域では、十三世紀後半ごろを画期として、相当する額の銭でおさめられるようになっていく（代銭納《だいせんのう》）。しかし、代銭納の実現は容易なことではなかった。さきにもふれた尾張国富田荘（名古屋市中川区富田町）では、絹年貢の現物納を求める領家と、代銭納を求める地頭代・百姓らとのあいだで相論となり、正応三（一二九〇）年、六波羅探題によって判決がくだされた。領家が提出した証拠文書によれば、文永年間（一二六四〜七五）まで、年貢は絹現物でおさめられていた。一方、地頭代が提出した文永八（一二七一）年の鎌倉幕府の判決文書は、すでに代銭納を認めていた。六波羅は地頭代・百姓らの主張を認め、代銭納が確認された。代銭納の実現は、地頭代・百姓ら在地側の要求が、いくたびかの裁判を経て、領家の主張を押し切る形で実現したのである。

百姓らの代銭納要求の背景には、商品流通の発達と百姓みずからの流通への参加要求があった。すでに

❖コラム

荘園絵図から

口絵のカラー図版「尾張《おわり》国富田荘《とみだのしょう》絵図」をみていただきたい。一頁を使ってできる限り大きくしてあるが、細かく描きこまれた建物や樹木、文字などのすべてを読みとることはとうていできないであろう。ほぼ一メートル四方の大きさのなかにもりこまれた豊富な情報は、中世荘園《しょうえん》のようすを、古文書などとはちがった率直さで伝えてくれる。

この絵図は鎌倉《かまくら》市の円覚《えんがく》寺に伝えられたもので、国の重要文化財に指定されている。現在の地名でいうと、東は名古屋市中村区・中川区の庄内《しょうない》川辺りから、西は海部《あま》郡蟹江《かにえ》町辺りまでを描いたと考えられる。その豊かな情報量ゆえに、荘園研究のみならず、技術史や歴史地理などさまざまな視点からとりあげられ、数ある荘園絵図のなかでも研究の蓄積は群を抜いている。ところが、実はこの絵図がいつ何のために描かれたかすら、いくつかの考え方があって、いまだ決着していない。まだまだ読みとらなければならない課題、考える余地は多いのである。

絵図のなかには、今の地図にも残る親しい地名をみつけることができる。口絵でみえなければ、最近刊行された『新修名古屋市史』第二巻の付図や、名古屋市博物館の常設展示などがある。さらに進んで、絵図を読みこみ、考えてみたくなったなら、『市史』の本文や参考文献一覧があり、関連する古文書も『鎌倉市史』史料編第二に活字化されている。なによりも、描かれた場所そのものがすぐそばにある。

ふれたように、『東関紀行』は、富田荘に近接する萱津宿における市のにぎわいを伝えている。また、十三世紀後半、この地域において、絹の値段が異常に高くなっていたことが、美濃の史料から知られる。百姓らは、絹をいったん市場で売って、高額の銭を手にいれ、そのうちから年貢を支払うことによって、利益を得ることを求めたのであろう。『東関紀行』の市の描写が「そこらの人あつまりて、里もひゞく計《ばかり》にの、しりあへり」という「そこらの人」には、百姓らも含まれていたに違いない。

また、百姓らの要求実現の背景には、百姓みずからが訴訟の場で自律的な主体となりうる状況が存在した。訴訟主体としての百姓らは、初めは「荘住人・百姓等」という表現で史料上にあらわれた。しかし、尾張では、荘園や公領の土地把握の枠組みである荘・郷・保・名などとは異なる、「村」という表現が、十二世紀後半からあらわれ、十三世紀以降、急速に増加した。この「村」は、百姓ら現地住民の開発・農耕・信仰などによる独自の地域的まとまりであり、彼らが一定の自律性をもって形成したものである。それが史料上にあらわれるということは、領主らにも有効なものとして認められるほどに、「村」というまとまりが成長したことを意味する。

南北朝内乱を経て室町時代になると、百姓らの自律的まとまりは、荘園という枠組みを越えて拡大する。永享三（一四三一）年七月、室町幕府は、直轄領である尾張国山田荘へ荘務のために蜷川親吉《になかわちかよし》を派遣するにあたって、守護代に協力を命じた。同時に、もし百姓が親吉入部に反対して逃散《ちょうさん》した場合、これを領内にうけいれないよう、富田荘・八事《やごと》・味鏡・鳴海・犬山《いぬやま》・則武《のりたけ》など十数カ所の領主に命じている。ここにあげられた所領は、山田荘百姓の逃散先と想定された地域であろう。その背景には血縁や婚姻、信仰、経済活動などを媒介とした何らかの日常的関係による荘園や村の連携が存在したと考えられる。

現地百姓らの自律性の獲得は、荘園領主と荘園現地との遊離にも関係があった。さきにふれたように、醍醐寺領尾張国安食荘（七七頁写真参照）では、弘安四（一二八一）年、現地有力者と思われる毛受能真が預所職に任じられ、安食荘の経営を請け負うに至った（代官請負）。荘園領主は、代官から定額の年貢収入を確保し、代官を任命する権限や、中央での政治的交渉による現地住人の要求実現という役割は留保した。しかし、種子の下行《げぎょう》や井水の整備など、勧農とよばれる現地における農業生産維持の責務を放棄してしまった。

その結果、協力にせよ反発にせよ、百姓らが直接関係をもつのは現地の代官となった。尾張国六師荘《むつしのしょう》（北名古屋市）では、万里小路《までのこうじ》家から守護代織田常松《じょうしょう》が代官職を請け負い、さらに常松の被官御厩野《みうまやの》が代官として荘の経営にあたっていた。永享三年三月、百姓らが万里小路家に起請文《きしょうもん》を提出し、逃散をしてまで訴えたのは、代官御厩野の不法であり、その解任であった。ここに至って、荘園における問題は、荘園領主の問題ではなく、百姓らと代官との問題として意識されるようになった。

応仁の乱●

実質はどうであったにせよ、少なくともたてまえ上、守護などの人事は幕府が行った。だから、守護職を確保するために、各守護家は幕府に結集し、幕府の政治勢力と結びつかねばならなかった。逆にいえば、守護職をめぐる争いは、幕府の政治的争いと結びつくことになる。応仁《おうにん》の乱の直接の原因は、三管《かんれい》領家の一つである畠山《はたけやま》氏の義就《よしなり》と政長《まさなが》との家督《かとく》争いであったが、それはただちに、足利義政《よしまさ》の跡継ぎをめぐる義政の弟義視《よしみ》と息子義尚《よしひさ》との争い、幕府の主導権をめぐる細川勝元《かつもと》と山名持豊《やまなもちとよ》との争いに結びつき、さらに各地での守護職をめぐる争いに波及した。

尾張における応仁の乱は、守護斯波氏・守護代織田氏の家督および守護・守護代職をめぐる一族内部の争いであった。応永七（一四〇〇）年ごろ、越前《えちぜん》国守護斯波義重《よししげ》が任じられて以来、尾張の守護は斯波氏が継承した。斯波氏は、越前・尾張以外に遠江《とおとうみ》の守護を兼任し、管領にも任じられる、足利氏一門守護家の名門であった。室町時代の守護は、通常は京都にいて、国の経営は守護代にまかされたが、尾張でも、応永九年以来、守護代には織田氏が任じられた。織田氏は、越前国丹生《にゅう》郡の地名を名字とし、越前国守護である斯波氏の被官となっていた。

守護代職をめぐる争いは、宝徳三（一四五一）年ころ、前守護代織田郷広《さとひろ》が、将軍足利義政をたよって再任をもくろんだことで表面化した。しかし、時の守護斯波義健《よしたけ》らの反対にあって、いったんはことなきを得た。守護職をめぐる争いは、享徳元（一四五二）年、斯波義健が跡継ぎのないまま没したことによっておこった。まず、一族のなかから義敏《よしとし》が選ばれたが、義敏は重臣甲斐常治《かいじょうじ》と対立し、大内《おおうち》氏をたよって周防《すおう》にのがれた。あとは息子松王丸《まつおうまる》（義良《よしすけ》）がついだが、常治らは、寛正二（一四六一）年、渋川《しぶかわ》氏から義廉《よしかど》を迎えて、松王丸を廃した。その後、将軍義政のもとで政所《まんどころ》執事をつとめた伊勢貞親《さだちか》によって、文正元（一四六六）年、義敏が復帰するが、貞親の失脚によって、ふたたび越前にのがれた。翌二（＝応仁元）年、義廉は山名持豊に接近して管領に就任した。この年、応仁の乱がはじまると、義廉は西軍（山名持豊）に、義敏・義良は東軍（細川勝元）に属して争うこととなった。京都での争いは、尾張にも波及し、国内諸勢力も両派に分かれて争った。

一方、三河国守護は、永享十二（一四四〇）年から、細川氏の庶流阿波守護家《あわしゅごけ》が継承した。応仁の乱までは、細川氏は一族内部の争いもなく、同族連合として安定しており、乱においても、守護細川成之《しげゆき》は東軍の中心として活動した。また、三河は、西軍斯波義廉の領国尾張と遠江とにはさまれていたので、国内でも両国勢との戦いが行われたようである。ただし、三河における応仁の乱の中心は、守護細川氏と前守護一色氏との守護職をめぐる争いであった。細川氏の三河国守護就任は、それまで守護であった一色義貫《よしつら》を将軍義教《よしのり》が謀殺したさいの戦功によるものであった。その後、渥美郡地頭職を得た一色義《よし》直《なお》は、これを基盤として三河国守護復帰を企てていた。応仁元（一四六七）年十月、三河国守護代東条国氏《とうじょうくにうじ》が、乱中最大の激戦といわれる京都の相国寺《しょうこくじ》合戦で一色義直勢を討ったのは、この争いを背景とするものであった。

『応仁記』によれば、乱がはじまる直前の文正二年正月、将軍義政は「政長と義就との事は、諸家各《おのおの》是を合力《ごうりき》すべからず、唯逢《ただあい》手向《てむかい》の執逢《とりあい》にして、勝負を決すべし」と命じたという。これは、畠山氏の家督争いについては、当事者政長と義就との合戦によって決着をつけよ、ということで、将軍みずからがこの争いの解決を放棄したことを意味する。応仁の乱の発端となったこの出来事が象徴的に示すように、

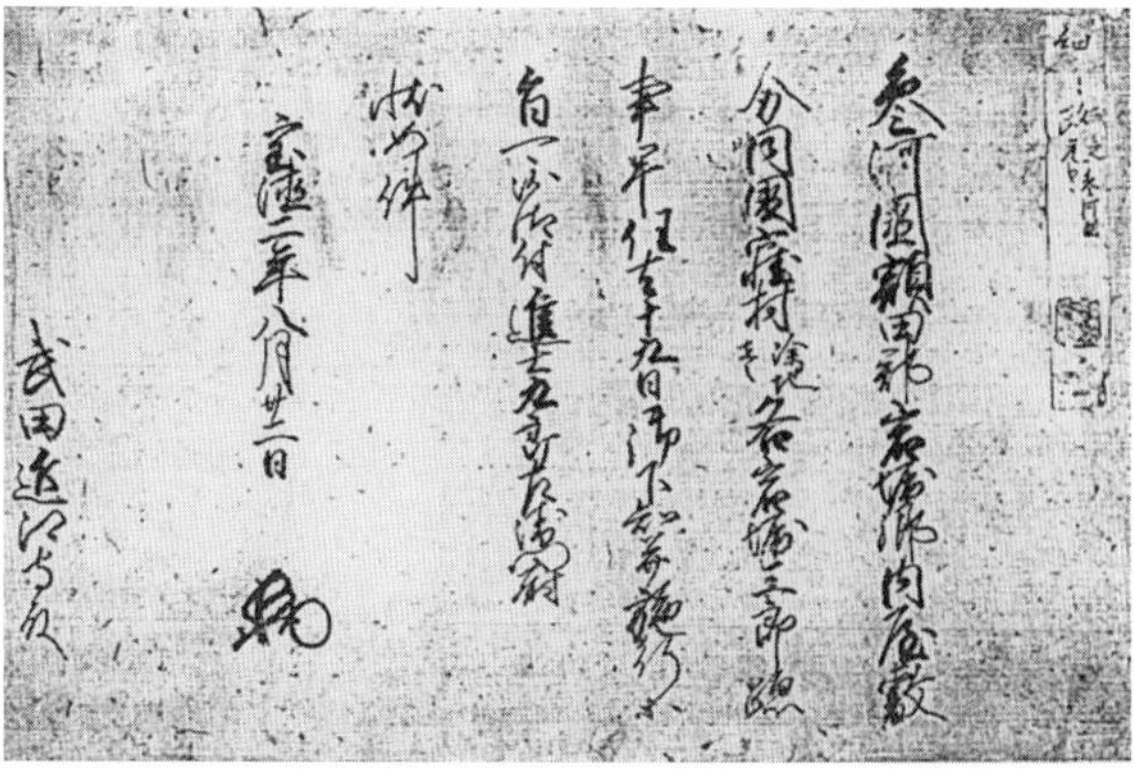

三河国守護細川成之遵行状（「進士文書」宝徳2〈1450〉年8月22日付）
付箋《ふせん》は後のもので，まちがっている。

この乱によって、これまで維持されてきた、幕府による人事の決定というたてまえまでが失われ、守護職をめぐる争いと幕府内部の政治的争いとの関係は希薄となった。守護としての権限を行使できるか否かは、おのおのの国の守護代や国人などの諸勢力を掌握できるか否かによって決定されることとなった。

その結果、京都に住んでいた守護のほとんどがそれぞれの領国に常住するようになり、争いの舞台も京都ではなく、それぞれの領国《りょうごく》へと移った。守護代朝倉孝景《あさくらたかかげ》の裏切りや山名持豊の死によって不利となった斯波義廉が、守護所下津を維持してきた守護代織田敏広《としひろ》をたよって尾張にむかったのは、文明七（一四七五）年のことである。翌八年には、京都から三河に戻った三河国守護代東条国氏が、一色方との戦いにやぶれて切腹した。これ以後、三河国内では、東条・松平《まつだいら》・戸田《とだ》・波多野《はたの》氏らが細川方に、一色七郎・同時家《ときいえ》、水野氏らが一色方に属して争うこととなった。

4章

戦国争乱から天下統一へ

織田信長画像

1　織田氏と松平氏の台頭

弾正忠家の成長と尾張●

応仁《おうにん》の乱《らん》をはさんで尾張《おわり》を舞台にたたかわれた、守護《しゅご》斯波《しば》家・守護代織田《おだ》家をそれぞれ二分する争乱は、二〇年間におよんだ。その間に、守護代家の織田敏広《としひろ》は、守護所下津《おりづ》を焼かれて岩倉《いわくら》を本拠とするようになり、清須《きよす》を本拠に守護斯波義寛《よしとお》（義良《よしすけ》）を擁する織田敏定《としさだ》の系統が、以後あらたな守護代家となった。岩倉の敏広の死後、その子千代夜叉丸《ちよやしゃまる》（寛広《とおひろ》）も斯波義寛のもとに帰順して、尾張は形のうえで統合された。長享元（一四八七）年の将軍足利義尚《しょうぐんあしかがよしひさ》および延徳三（一四九一）年の将軍同義材《よしき》による両度の近江六《おうみろっ》角《かく》氏攻めには、守護義寛が清須・岩倉両織田氏の軍勢を率いて参陣している。

しかし、明応四（一四九五）年に美濃《みの》守護代家で斎藤利国《としくに》（妙純《みょうじゅん》）とその家臣《かしん》石丸利光《としみつ》の内紛（船田合戦）がおこると、岩倉の寛広は斎藤氏と結び、清須の敏定は石丸氏と結んで、両織田氏の抗争が再燃した。その結果、清須方では敏定が陣没し、嫡子寛定《とおさだ》も戦死するなど大きな痛手を受け、その跡は寛定の弟寛村《とおむら》がついだ。また、斯波義寛をついだ子の義達《よしみち》は、今川氏親《いまがわうじちか》によって攻略された分国遠江《とおとうみ》の回復をめざして、永正八（一五一一）年以降遠征して今川氏とたたかうが、もはや父の代のように両織田氏を組織する力はなく、降伏して尾張に送還された。守護斯波氏の権威はいよいよ失墜し、以後清須の守護代織田氏に養われる傀儡《かいらい》となっていく。

代々の通称名から岩倉織田氏を伊勢守《いせのかみ》家、清須織田氏を大和守《やまとのかみ》家とよぶが、戦国期の尾張は北部（上《かみの》郡《こおり》）をおさえる岩倉方と南部（下郡《しものこおり》）をおさえる清須方によって、実力に基づく分割支配が行われた。戦国期もくだると、岩倉系から分出した小口《おぐち》（丹羽《にわ》郡大口《おおぐち》町）・楽田《がくでん》（犬山《いぬやま》市）の両織田氏、清須の三奉行《ぶぎょう》家《け》といわれる因幡守《いなばのかみ》・藤左衛門・弾正忠《だんじょうのちゅう》の三家など、各地の織田支族が独自の勢力をきずきはじめ、尾張の分裂状態はさらに進んだ。やがて清須方の織田弾正忠家に、信長《のぶなが》の父信秀《のぶひで》が登場するにおよんで、他家を圧して勢力をのばし、尾張にようやく統一のきざしがみえはじめる。

信長の家系は良信《よしのぶ》・信定《のぶさだ》・信秀と続く織田支族で、清須守護代家の政務を司り、代々弾正忠から備後守《びんごのかみ》を称した。清須・岩倉両勢力の境界領域にあり、岩倉方の支配下にあった妙興寺《みょうこうじ》（一宮《いちのみや》市）は、良信から信秀に至る三代にわたって中島《なかしま》郡北部の多くの寺領を侵略され続け、信秀の代には二反・三反の小処さえ拾い集めて没収しようとしているとなげいている（「妙興寺文書」）。このように弾正忠家は清須方の重臣として、周辺の中島郡に所領の拡大をはかっているが、一方で信秀の父信定の代から勝幡《しょばた》（愛西市）を本

織田敏定画像

拠とし、津島《つしま》を領するなど尾張南西部を基盤として独自の勢力をきずきはじめる。

津島神社の門前町であり、伊勢と尾張を結ぶ水陸の要衝で有数の商業都市でもある津島を、親子二代にわたって支配したことは、信秀の財力形成につながった。天文二（一五三三）年、尾張に下向した公家《くげ》山《やま》科言継《しなときつぐ》は、信秀の招きで勝幡に滞在したが、城内に新築された館《やかた》の豪華さや老臣平手政秀《ひらてまさひで》の屋敷の風流ぶりにおどろいている（『言継卿記《ときつぐきょうき》』）。同行の飛鳥井雅綱《あすかいまさつな》がもよおした蹴鞠《けまり》には、那古野《なごや》の今川竹王丸《たけおうまる》（氏《うじ》豊《とよ》）や美濃の成田左京亮《なりたさきょうのすけ》なども参加しており、清須からは守護代家の織田達勝《みちかつ》も訪れて、信秀の権勢ぶりを物語る。

当時の信秀は、前年に守護代達勝と和睦したばかりであり、争いの原因には三奉行家の一人で小田井《おたい》城の織田藤左衛門との確執があった。すでに信秀は、守護代家や同僚の奉行家を敵にまわして対抗しうるほど、旧来の枠組みを越えてその勢力を伸張させていたのである。

松平一族の進出と三河

応仁の乱中の三河《みかわ》の争乱をとおして、文明八（一四七六）年の守護代東条国氏《とうじょうくにうじ》の戦死以降、阿波《あわ》細川家の守護としての活動はみられなくなり、一方、東三河を基盤とした一色《いっしき》方も、戸田宗光《とだむねみつ》の侵攻に田原《たはら》を逐《お》われるなど衰退していった。こうして乱後の三河ははやくから守護の手をはなれ、在地勢力による群雄割拠の戦国状態がはじまった。そのなかで加茂《かも》郡松平《まつだいら》郷を出自とし岩津《いわづ》（岡崎《おかざき》市）に進出した松平氏が、一族を各地に分出しながら西三河に勢力を拡げていった。ただ戦国期の松平一族・譜代《ふだい》の系譜や事績については、子孫の徳川《とくがわ》時代の考証で顕彰のための潤色が加えられた場合も多く、かえって史実がみえにくくなっており、同時代の確実な史料に基づいた検証が必要である。

岩津松平氏の活動があきらかになるのは、三代とされる信光《のぶみつ》から応仁の乱前後に活躍し、松平氏発展の基礎をきずいた。信光は幕府政所執事《まんどころしつじ》の伊勢氏被官《ひかん》として、幕府御料所《ごりょうしょ》の山中《やまなか》郷（岡崎市）などの代官をつとめ、額田《ぬかた》郡内に地歩を固めた。信光弟の益親《ますちか》は、伊勢氏被官として十五世紀なかば京都を拠点にして北近江の日野《ひの》家領大浦荘《おおうらのしょう》の代官をつとめ（「菅浦《すがうら》文書」）、金融活動も行っていた。信光惣領で岩津家をついだ親長《ちかなが》も、引き続き京都で金融活動を行っている。このように京都と直接強いつながりをもつ信光は、応仁の乱では伊勢貞親《さだちか》との関係から東軍の守護細川方としてたたかったが、守護の被官ではないため独自に勢力を拡大しえた。同じく西三河の伊勢氏被官であった戸田氏が、田原を攻略して渥美《あつみ》郡に進出しえたのも、そうした背景があった。

信光は矢作《やはぎ》川を越えて碧海《へきかい》郡に進出して安城《あんじょう》（安祥《あんしょう》）城をおとし、西郷《さいごう》氏をくだして岡崎城を手にいれた。安城・岡崎に実子をいれ庶家としたほか、信光の子を始祖と伝える松平庶家には、宝飯《ほい》郡の竹谷《たけのや》（蒲郡《がまごおり》市）・形原《かたのはら》（同）・五井《ごい》（同）・長沢《ながさわ》（豊川市）、額田郡能見《のみ》（岡崎市）・碧海郡牧内《まきうち》（同）がある。そのなかには姻戚関係や擬制関係も含むとも考えられるが、信光は応仁の乱前後の争乱を利用して、額田郡に隣接する碧海郡東部・宝飯郡西部にまで勢力をのばし、庶家を分出していったといえよう。とりわけ東三河平野部へつうずる東海道《とうかいどう》山間部の要衝である山中・長沢や、三河湾へつうずる臨海部を押さえたことは、流通支配のうえでも大きな意味をもった。

信光の子の代では、三男親忠《ちかただ》がはいった安城家の台頭が著しく、親忠代に大給《おぎゅう》（豊田《とよた》市）・滝脇《たきわき》（同）・矢田（西尾《にしお》市）、つぎの長親《ながちか》代に福釜《ふかま》（安城市）・桜井（同）・藤井（同）・青野（岡崎市）の庶家を分出して、北は加茂郡の故地松平郷周辺から南は矢作川に沿って碧海郡南部まで勢力を拡げ、三河湾の大浜《おおはま》港（碧南《へきなん》

松平諸家系図

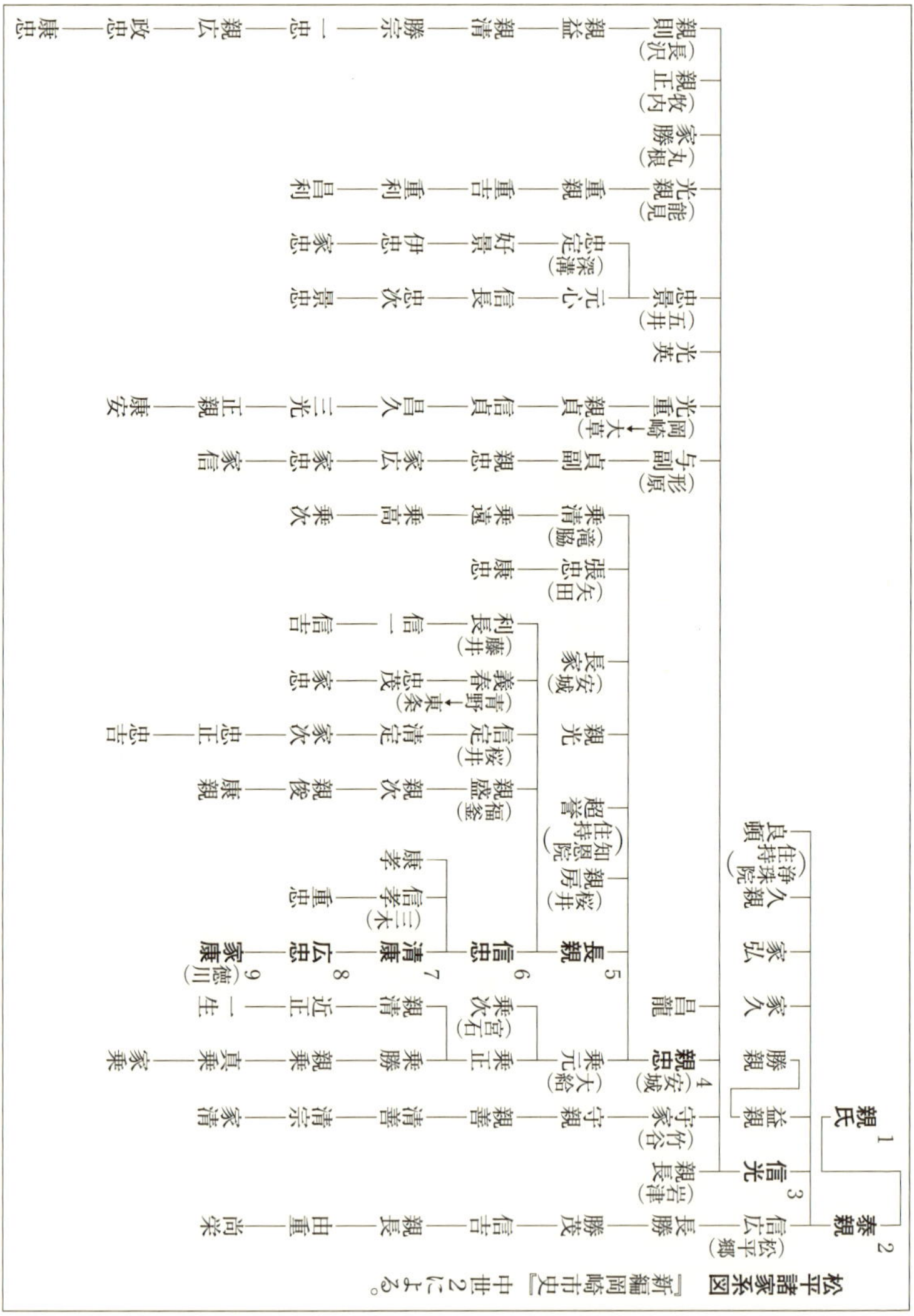

『新編岡崎市史』中世2による。

三河国衆および松平一族の分布　中村孝也『家康伝』による。

市）まで確保した。すでに親忠の代には、京都で活動する岩津宗家の親長にかわって、安城家が松平一族の惣領《そうりょう》的地位を占めていたとみなされ、親忠（西忠《せいちゅう》）が没した文亀元（一五〇一）年の法要では、一族が結束して連判状を作成し、安城家の菩提寺である大樹寺《だいじゅじ》（岡崎市）を守護していくことをちかっている（口絵参照）。

この連署には、岩津（六人）・岡崎（二人）・長沢・形原・牧内・竹谷など松平一族と田原戸田氏など姻戚の一六人が参加しており、後世の松平系譜からはうかがえない当時の松平一族の実態をあらわしている。署判に際し、参加者の自律性・対等性を示す「次第不同」（順不同）という字句からうかがえるように、松平一族の同族一揆的結合のうえに安城家の惣領的地位が成り立っていた。当時の十六世紀初頭には、遠江の守護権をめぐる駿河《するが》今川氏と尾張斯波氏の攻防が三河におよんでおり、松平一族は結束する必要にせまられていた。遠江を制圧した今川氏親は、永正三（一五〇六）年、客将伊勢宗瑞《そうずい》（北条早雲《ほうじょうそううん》）とともに三河に侵攻して牧野《まきの》氏の今橋《いまはし》城（のち吉田《よしだ》城・豊橋《とよはし》市）を陥落させ、西三河に攻めいって松平一族とたたかった。この戦乱は数年におよび、岩津宗家が滅ぶなど松平一族は多くの犠牲をはらった。

こうした外部の侵入に対抗するためには、自律的な庶家を束ねる盟主の出現が必要であったが、名実共に松平惣領家となった安城家でさえ、親忠に続く長親・信忠の代に家督をめぐる内訌《ないこう》が続いた。信忠代には、桜井庶家の弟信定を擁立する動きがあるなど家中《かちゅう》の支持が得られず、大永三（一五二三）年、一三歳の嫡子清康《きよやす》に家督《かとく》をゆずった。そうした安城家の分裂の隙《すき》をついて、岡崎家の信貞《のぶさだ》が松平惣領の地位をうかがい敵対した。この危機に安城家中は新当主清康のもとに結束し、大永四年、一挙に岡崎方の拠点山中城を奪取して信貞にせまり、岡崎城を明けわたさせ大草《おおくさ》（額田郡幸田町《こうたちょう》）に退去させた。

岡崎領を吸収した清康は、安城から岡崎に本拠を移して、本城をそれまでの明大寺《みょうだいじ》から竜頭山《りゅうとうざん》の現在地に移し城下町《じょうかまち》を建設した。東海道と矢作川が交差する水陸交通の要衝である岡崎を拠点としたことは、流通支配・軍事支配のうえで三河全体を視野にいれることができた。また岡崎家中を吸収して軍事力を強化したことは、松平庶家に対する惣領家の地位を高めた。後世の『三河物語』では、このとき服属した岡崎家旧臣を山中譜代とよび、安城譜代につぐ由緒をもつ譜代として、岡崎城時代に服属した岡崎譜代と区別している。こうした清康の登場により、分裂状態が続いていた三河にようやく統一の機運が芽生えはじめた。

織田信秀と松平清康・広忠●

清康は三河統一にむけて、活発に軍事行動を開始した。まさに東奔西走の活躍であるが、通説にしたがい統一活動の足跡をたどってみたい。岡崎入城の翌大永五（一五二五）年には加茂郡の山間部に攻めいり、足助《あすけ》城をくだして鈴木一族を服属させた。享禄二（一五二九）年には東三河に侵入し牧野氏の吉田城を攻めとると、田原の戸田氏や山家三《やまがさん》方衆《ほうしゅう》の菅沼《すがぬま》氏・奥平《おくだいら》氏を始め東三河の国衆《くにしゅう》はあいついで帰服した。同年には幡豆《はず》郡に攻めいって小島《おじま》城（西尾市）をくだし、東条（同）

松平清康画像

の吉良氏と姻戚関係を結んでいる。

また加茂郡から国境を越えて、尾張側の品野《しなの》城（瀬戸《せと》市）・岩崎城（日進《にっしん》市）も攻めとっている。さらに享禄三年には八名《やな》郡宇利《うり》城（新城《しんしろ》市）の熊谷《くまがい》氏を、翌年には加茂郡伊保《いほ》城（豊田市）の三宅《みやけ》氏を攻め陥落させている。こうして清康は、短期間にほぼ三河一国を制圧した。

さらに清康は、岡崎の新城下建設に伴って菩提寺大樹寺の本堂・多宝塔などの造営を行い、完成をみた天文初年には京都に申請して勅願所《ちょくがんしょ》にしている。また三河平定にめどが立つと、新田源氏庶流の世良田《せらだ》姓を称しはじめる。そうした行為は、尾張斯波氏や駿河今川氏に対抗して、一国支配者にふさわしい権威を求めたものといえよう。

一方、清康の父信忠と家督を争った桜井家の叔父信定《のぶさだ》は、刈谷《かりや》の水野氏や尾張勝幡の織田氏と姻戚関係をもち、尾張側にも守山《もりやま》（名古屋市）や清康からあたえられた品野などの所領をもち、有力庶家として尾張との国境域に独自の勢力を有していた。天文四（一五三五）年十二月、清康は、三河平定の余勢をかって尾張東部に侵攻し、守山に在陣した。守山城の守将は、織田信秀の弟で桜井家の信定の婿でもある織田信光《のぶみつ》であったが、信定は病気と称して参陣しなかった。信定謀叛《むほん》の噂《うわさ》が流れるなか、動揺した陣内で近臣阿部弥七郎が誤解から清康を殺害する事件がおこった。二五歳の若さで清康が不慮の死をとげることにより、当主を失った松平軍は総崩れとなり、三河統一の実績は一挙に瓦解した（守山崩れ）。

清康の嫡子広忠は、まだ元服前の一〇歳であったので、桜井家の信定に惣領の地位を奪われ、岡崎城を追われた。一旦伊勢にのがれたのち、駿河の今川氏をたよった。そして今川義元《よしもと》の支援により、天文六年、広忠は岡崎城に復帰して家督をついだが、以後、今川氏への従属を強める結果になった。また今川氏も、松平惣領家を保護することにより、三河を統制下におこうとしたのである。

尾張の織田信秀は、天文四年の守山崩れを奇貨《きか》として、それまで三河とのつながりの強かった尾張南東部へ進出した。天文七年には今川支族で奉公衆であった今川那古野氏の氏豊を逐って、那古野城に本拠を移した。さらにそこを嫡子吉法師《きちほうし》（信長）にゆずって、門前町《もんぜんまち》であり伊勢湾にのぞむ水陸の要衝として栄える熱田《あつた》の経済力を押さえるため古渡《ふるわたり》（名古屋市）に築城して居を移した。

そして天文九年には西三河に侵攻して安城城を攻略し、同十一年には今川氏の援軍を小豆坂《あずきざか》（岡崎市）に破っている。こうした信秀の攻勢に松平家中は分裂し、清康弟で三木《みつぎ》（岡崎市）の信孝《のぶたか》や上野《うえの》（豊田市）の酒井忠尚《さかいただなお》など信秀方につうずるものも多くでた。また刈谷の水野氏は松平氏と姻戚関係で強く結ばれていたが、天文十二年忠政《ただまさ》の死後、信元《のぶもと》は松平氏と絶って信秀側に属した。そのため広忠は信元妹の正室於《お》大《だい》を離縁し、於大は三歳の竹千代（家康《いえやす》）を残して岡崎を去らねばならなかった。

天文十三年、信秀は反転して美濃土岐《とき》氏の内紛に介入して、実権をにぎる斎藤道三《どうさん》（利政《としまさ》）の稲葉山《いなばやま》城（岐阜市）を攻撃した。このとき信秀が率いた軍勢には、清須三奉行の一人織田因幡守、岩倉方の小口城主織田寛近《とおちか》、熱田大宮司家の千秋季光《せんしゅうすえみつ》らが含まれており、対立関係を越えて尾張の諸勢力を広範囲に組織していた。しかしこの作戦は、斎藤氏の反撃にあって、撤退中に弟の犬山城主織田信康《のぶやす》を始め織田因幡守・千秋季光らの多くの戦死者をだし失敗におわった。三河松平氏・美濃斎藤氏の台頭に対抗して対外進出をはかることにより尾張の軍事指揮権を掌握してきた信秀にとって、この敗戦は大きな痛手であり、清須織田氏が敵対行動にでるなど、その権勢に陰りがみえはじめた。天文十七年、信秀は、斎藤道三の娘を嫡子信長の妻に迎えることで盟約を結び、古渡から末盛《すえもり》（名古屋市）に居城を移して、三河に進出してきた今川氏とふたたび対決することになった。

矢作川以西の信秀方に圧迫された岡崎の広忠は、天文十六年、今川氏の援軍を要請するため、嫡子竹千代を人質として駿府《すんぷ》に送った。しかし、途中で信秀と結んだ田原の戸田氏のためにとらえられ、海路尾張へ送られ信秀の人質となった。この事態に今川義元は、田原城を囲んで戸田氏を滅ぼし、翌十七年、太原崇孚《たいげんすうふ》（雪斎《せっさい》）を将とする援軍を岡崎に派遣した。信秀も応じて軍勢をだし、同年三月、両軍はふたたび小豆坂で対戦したが、信秀方の敗北に帰した。

しかし、天文十八年三月、岡崎城内で広忠が二四歳にして近臣岩松八弥《はちや》に殺されるという不幸が、松平家をおそう。二代にわたる当主の若年の死とその間の家督争いにより、もはや松平惣領家の嫡流は竹千代以外にいなかった。当主が不在となった岡崎城は今川軍に占拠され、以後、松平家中は今川氏の指揮下に組み入れられた。今川・松平勢は信秀方に攻勢をかけ、同年十一月安城城を攻めおとして守将で信秀の子信広《のぶひろ》（信長庶兄）を捕虜とし、人質交換により竹千代を奪回した。八歳の竹千代は岡崎に帰るやいなや駿府に送られ、今川氏の三河支配をになう今川部将として育成するため義元の手元におかれた。

今川氏との戦いにもやぶれ三河からの撤退を余儀なくされた信秀は、尾張国内での威信を回復しえないまま天文二十一年に病没した。信長の初見文書とされる熱田八カ村への制札は、安城落城の天文十八年十一月にだされており、家中の動揺をふせぐため後継体制を固めたものといえよう。清須織田氏との不和のほかにも、犬山・楽田両織田氏が春日井郡内の信秀領をおそうなど、晩年の軍事的失敗や信秀の死を迎えると、尾張は地域的利害を優先し、同族間で相争う割拠状態にふたたび戻った。

一方、三河では、岡崎城を始め、東三河の吉田・田原、西三河の西条《さいじょう》（西尾市）の各拠点には、今川

❖コラム

『信長公記』首巻

太田牛一《ぎゅういち》があらわした信長《のぶなが》の軍記《ぐんき》には、永禄十一（一五六八）年の上洛《じょうらく》から天正十（一五八二）年の死に至る一五年間を、各年一巻で編年で追った自筆の池田家本を含む『原本信長記《げんぽんしんちょうき》』系の本記一五巻本と、以上の本記に上洛以前の尾張《おわり》での信秀《のぶひで》・信長二代の動向を記す首巻《しゅかん》を加えた『信長公記《しんちょうこうき》』系の一六巻本とがある。

春日井《かすがい》郡安食《あじき》を出自とし、信長より七歳年長の牛一は、はやくから信長の馬廻《うままわり》（弓衆《ゆみしゅう》）として近侍し、文筆も巧みな吏僚《りりょう》としても活動し、「日記」のついでに信長の動向を覚書《おぼえがき》として記録してきた。すでに慶長三（一五九八）年には信長以来の記録作家・語り部として知られており、八〇歳を超えた慶長十五年までには本記一五巻を完成させている。同時代に信長のかたわらで見聞した事実に基づき、その後の検証を経て「私作私語に非《あら》ず」という実直な姿勢で書かれた本記は、良質な編年史書として信長研究に欠かせない史料となっている。

それに対し戦国期の尾張研究に不可欠な首巻では、月日は記すが年付を欠いている。ほぼ年代を追って配列されているが、年代が前後したり、内容が重複する部分もみられ、牛一も本記にくらべ、とくに年代にこだわる姿勢もみられない。一部に記されている年代も誤りが多く、これは写本の過程で後人の注記が取りこまれたものとみなされる。若年または物心つく前の出来事を記述するには、自身の見聞より伝聞によらざるをえなかったのであり、晩年の牛一は、あえて年代を特定しない覚書風の形態をとったのであろう。それだけに後世の歴史家にとっては、史料批判の力量が問われるところとなった。

氏の城代がおかれ直接支配が行われた。天文二十二年、今川義元が制定した「仮名目録追加《かなもくろくついか》」に伴う訴訟条目「定《さだめ》」では、月六日の評定日《ひょうじょうび》のうち後半の三日を三河の訴訟にあてるとし、半年は三河に在国するからその間は現地で直接裁許を行うとしている。在国の事実はないが、義元の三河領国化の強い意志の現れといえる。今川氏の三河支配は一〇年におよび、天文十八・十九年と弘治二（一五五六）・三年の二度の三河検地《けんち》を実施し、領国化を押し進めている。

織田信秀と松平清康は、地域統一が進行する戦国後期に、対外的危機をばねにして一代にして国内諸勢力をまとめあげ、国外に進出するまでに成長した。しかし、それは旧勢力の自律性を温存したまま進められたため、対外進出の失敗やその死とともに一旦後退した。二人のきずいた実績と統一への機運は、次世代の信長と家康に受けつがれる。

2　信長と家康

桶狭間の戦い●

天文二十一（一五五二）年、父信秀の死により、信長は一九歳で家督をついだ。三河では天文十八年、松平広忠《ひろただ》の死後、今川氏が同国を属国化《ぞっこくか》して尾張にも進出しようとした。美濃でも弘治二（一五五六）年、舅《しゅうと》の斎藤道三が子の義龍《よしたつ》と対立して敗死し、信長との関係が悪化した。

信長にとって尾張統一が急がれたが、逆に鳴海《なるみ》城の山口教継《のりつぐ》が離反して今川氏につうじたり、弟の末盛城主信勝《のぶかつ》（信行《のぶゆき》）を擁立する動きがあるなど、家中でさえ統一を欠いていた。その隙をついて、清須の織田信友《のぶとも》も攻勢にでて信長に敵対した。天文二十三年、信友が、信長につうずることを恐れて斯波義統《よしむね》を殺すと、翌弘治元年、信長は清須城を攻めて信友を滅ぼし、本拠を那古野から清須に移した。また弘治三年には、岩倉織田氏とつうじた弟信勝を誘殺《ゆうさつ》して家中の統一をはかった。

引きつづき永禄元（一五五八）年には、犬山の織田信清《のぶきよ》と結んで岩倉の織田信賢《のぶかた》を攻め、浮野原《うきのはら》（一宮市）にさそいだして挟撃し壊滅的な打撃をあたえた。こうして尾張平定にめどが立つと、永禄二年二月、信長は上洛《じょうらく》して将軍足利義輝《あしかがよしてる》に謁見《えっけん》している。これは、斯波氏にかわって尾張の支配者となる正当性を求める行為であった。帰国すると、三月には岩倉城を攻めおとし信賢を追放した。

この間、武田《たけだ》・北条両氏と三国《さんごく》同盟を結び嫡子氏真《うじざね》に家督をゆずって背後をかためた今川義元は、永禄三年五月、みずから二万五〇〇〇人の大軍を率いて尾張に侵攻した。一九歳となった松平元康《もとやす》（家康《いえやす》）も、今川軍の先陣として大高《おおだか》城（名古屋市緑区）に兵粮《ひょうろう》をいれ、織田方の鷲津《わしづ》・丸根《まるね》両砦《とりで》を攻めおとした。対する信長は、すばやく南下して二〇〇〇人の主力を結集し、大高城にむけ桶狭間《おけはざま》に待機中の今川軍の本陣を側面から急襲して義元を討ちとった。信長の勝因の一つに、前年に尾張の大半を統一し、結束して今川氏の侵入に対処しえたことがあげられよう。

総崩れとなった今川勢が西三河から撤退したのち、一〇年ぶりに岡崎に帰城した元康にとっても、自立のときを迎えた。元康は積極的に攻勢にでて、松平一族や譜代の再結集につとめた。永禄四年には刈谷の水野信元《のぶもと》の仲介により信長と和睦《わぼく》し、幡豆郡に侵攻して西条（西尾市）城代《じょうだい》の牧野氏を逐い、東条（幡豆郡吉良町）の吉良氏を降伏させた。同年中には、織田氏勢力下の加茂郡西部と碧海郡の水野領をのぞく西三河一帯を制圧した。こうして永禄五年正月には、今川氏と断交して信長と盟約を結び、東西を分担するこの同盟関係は信長の死まで続いた。以後、今川勢力の残る東三河への侵攻を開始し、永禄六年には義元の一字をうけた元康を家康に改名している。

しかし永禄六年秋には、西三河で一向一揆《いっこういっき》がおこり、家臣のなかにも一揆に加わるものが多く、反家康勢力も再起した。家康は妥協することなくたたかい抜いて、翌年二月、一揆勢を鎮圧し、逆に家臣団の自律性を削《そ》ぎ統制の強化につなげた。この間、東三河や西遠江でも反今川の動きが活発化しており、今川氏真も西三河の一向一揆に乗じる余裕はなかった。ふたたび東三河への侵攻を開始した家康は、永禄八年三月、今川方拠点の吉田（豊橋市）・田原を陥落し、三河全土を統一した。吉田城には酒井忠次《ただつぐ》をいれ東三河衆の旗頭《はたがしら》（寄親《よりおや》）とし、岡崎城代の石川家成《いえなり》（のち数正《かずまさ》）を西三河衆の旗頭とする両組と旗本備《はたもとぞなえ》をあわせて三備《みつぞなえ》の軍事組織を確立して、戦国大名《だいみょう》の道を歩みはじめる。永禄九年末には朝廷に申請して、祖父清康が称した世良田氏の庶流徳川に改姓し、三河守に任ぜられた。

家康との盟約以降の信長は、永禄四年、斎藤義龍が没して若年の龍興《たつおき》がついだ美濃攻略に専念した。そのため小牧《こまき》に本拠を移し、永禄八年には美濃と結んで敵対する犬山城の織田信清を攻め滅ぼして、東濃にも進入した。この年から信長は、平和な世にしか姿をみせないという中国の想像上の動物麒麟《きりん》の「麟」の字を形象化した花押《かおう》に変えている。同年、京都では信長も謁見し

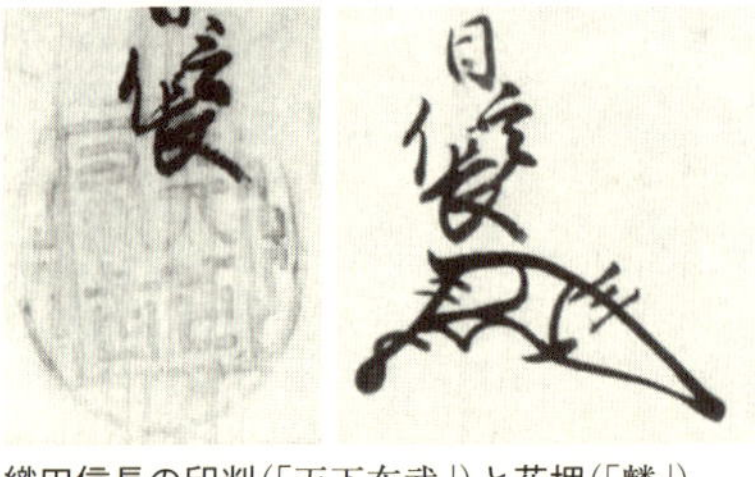

織田信長の印判(「天下布武」)と花押(「麟」)

た将軍義輝が弑逆《しいぎゃく》されており、そこには天下を統一して平和を実現するという政治理念がこめられていた。

西美濃三人衆稲葉《いなば》・氏家《うじいえ》・安藤《あんどう》三氏の内応を契機として、永禄十年九月、信長は稲葉山城を急襲して攻めおとし、斎藤龍興を追放した。同時に城下町井口《いのくち》を岐阜と改称し、以後、岐阜を本拠として畿内《きない》進出の拠点とした。同年十一月には「天下布武《てんかふぶ》」の印判《いんばん》を使用しはじめ、麒麟の花押にこめた意志を明確な形で表明したのである。翌永禄十一年には、前将軍義輝の弟義昭《よしあき》を擁して入京し、以後、信長は天下統一の実現をめざす。

一向一揆との戦い●

父信秀以来津島・熱田の支配をとおして、東海道・伊勢湾の交易にもかかわってきた信長は、はやくから都市政策を重視して流通支配に注目した。那古野・清須・小牧・岐阜やがて安土《あづち》へと、領国《りょうごく》拡大に伴って積極的に本拠を移しているのも、たえず領国全体を視野にいれた広域的支配をめざしたからといえよう。

美濃を征服した永禄十（一五六七）年、信長は岐阜城下に接する加納《かのう》の「楽市場《らくいちば》」を安堵《あんど》し、分国内の自由通行権・諸役の免除・役人不介入の不入権などを保証した。これは一向《いっこう》宗（浄土真宗《じょうどしんしゅう》）円福寺《えんぷくじ》の寺内《じない》町《ちょう》として、楽市場が保持してきた自由な交易の場としての特権を容認したものである。そして翌年、楽市令として保証しなおすことにより、楽市場の機能を信長の都市政策のなかに取りこんだ。さらに天正五（一五七七）年の安土楽市令のように、新設の城下町の市場法に適用していった。

永禄十一年入京した信長は、新将軍足利義昭の恩賞《おんしょう》を断るかわりに、堺《さかい》と大津《おおつ》・草津《くさつ》の直轄支配をのぞんだ。翌年、北畠《きたばたけ》氏をくだして伊勢を平定すると、同国内の関銭《せきせん》徴収を禁じ、以後、関所《せきしょ》撤廃は拡大する分国内の一貫した方針となった。このように畿内においても、信長は当初から重要な商業都市の直轄化と広域的な流通支配をめざした。自律的な堺・京都の町衆や延暦寺《えんりゃくじ》など寺社組織の抵抗には、焼打ちなど高圧的な姿勢で屈服させた。

　こうした信長の姿勢は、石山本願寺《いしやまほんがんじ》を総本山として、畿内・近国に広がる末寺の寺内町を足場に地域の流通に深くかかわってきた一向宗（浄土真宗）の利害と対立した。一向宗は、十五世紀後半の本願寺八世蓮如《れんにょ》の布教活動によって北陸・東海に教線をのばし、畿内・近国の自律的な惣村《そうそん》結合を背景に、信者の一向宗門徒を組織していった。晩年の蓮如が淀《よど》川河口の石山（大坂）を本拠としたように、権力のおよびにくい「河内《かわうち》」とよばれる大河川河口の輪中《わじゅう》地帯に拠点をきずき、また一向宗寺院の寺内には自由な交易の場として寺内町が形成され、地域の経済活動の中心となっていた。信長にとって、石山本願寺を中心とする一向一揆との対決抜きに畿内の流通支配はありえず、元亀元（一五七〇）年から天正八年までの一〇年間におよぶ一向一揆との石山戦争をたたかい抜いた。

　濃尾《のうび》三川河口の長島《ながしま》（三重県桑名《くわな》市）の一向一揆は、蓮如の子蓮淳《れんじゅん》にはじまる一家衆《いっけしゅう》寺院願証寺《がんしょうじ》を中心に、天然の要害にまもられた自律勢力として、伊勢湾や濃尾三川の水運による流通にもかかわっていた。信長入京後も、分国内にありながら長島一揆は支配に服さず、石山戦争がはじまると背後から信長をおびやかした。元亀元年には長島への付城小木江《こきえ》城（愛西《あいさい》市）にいた信長の弟の信興《のぶおき》を攻め殺し、翌年には信長による総攻撃を撃退して氏家卜全《ぼくぜん》を討死させている。天正二年に至って、信長は全軍を動員して水陸から包囲し、「根切《ねぎり》・撫切《なでぎり》」といわれる徹底した殲滅《せんめつ》戦を展開して、やっと長島一揆を鎮圧した。信長は同年末から尾張国中の道路・橋の修築を命じ交通網の整備をはかっているが、尾張・美濃・伊勢国境の要衝を占拠していた長島一揆は、広域的領国支配の大きな障害となっていたのである。

三河でも蓮如の布教以降、本願寺派の一向宗が盛んになり、北陸とならんで教団をささえる勢力のもっとも強い地域となった。とりわけ三河三カ寺とよばれる佐々木（岡崎市）上宮寺《じょうぐうじ》・針崎《はりさき》（同）勝鬘寺《しょうまんじ》・野《の》

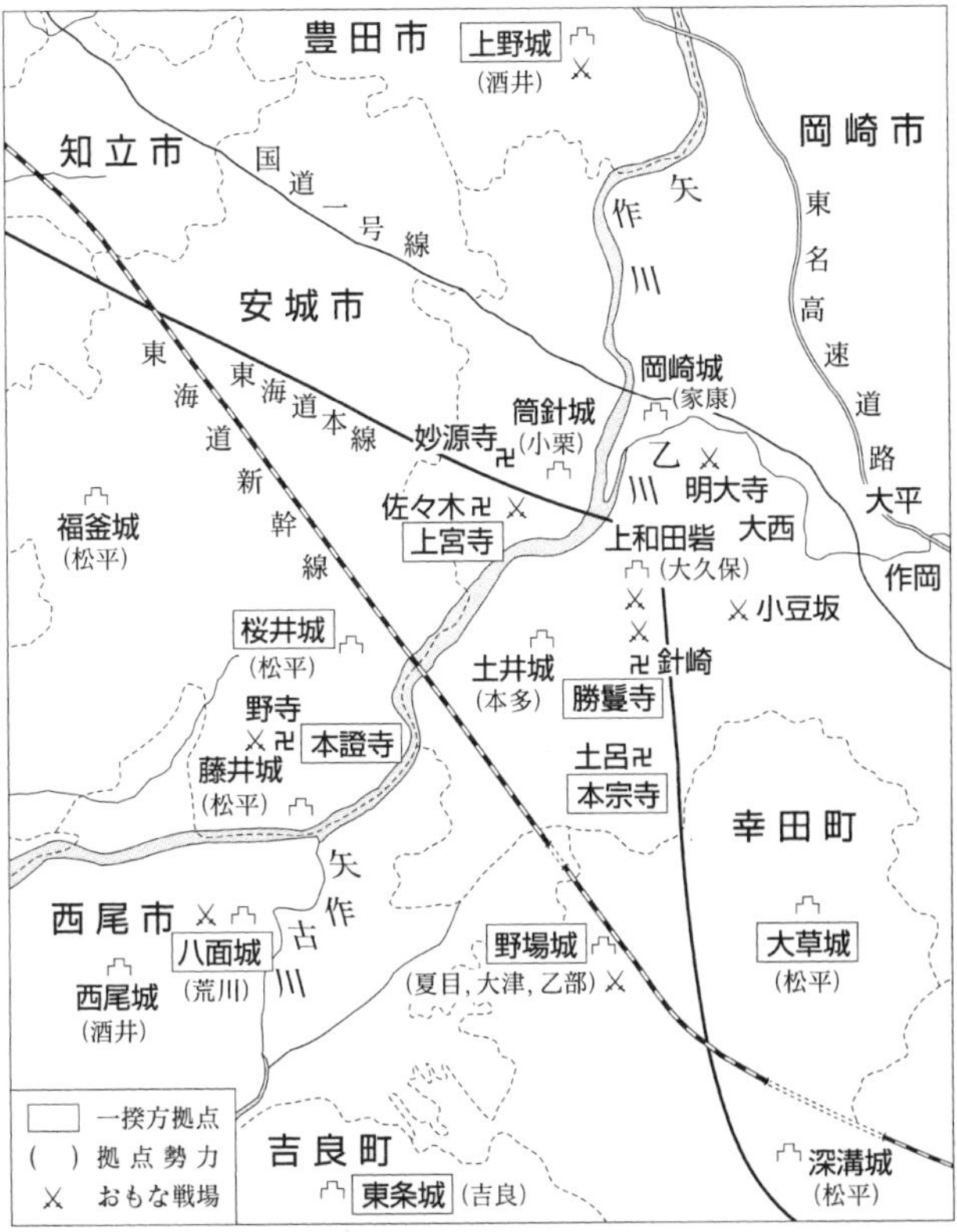

三河一向一揆関係図　『新編岡崎市史』中世２による。

寺《でら》（安城市）本證寺《ほんしょうじ》および一家衆寺院の土呂《とろ》（岡崎市）本宗寺《ほんしゅうじ》を中心に、西三河の矢作川流域に教線を拡大した。こうした素地を背景として、先述のように家康の三河統一過程の永禄六年秋、一向一揆がいっせいに蜂起した。直接の契機は、家康側が一向宗寺院の寺内不入権を侵害したことにはじまる。

譜代家臣のなかには一向宗門徒が多く、上層家臣は改宗して家康をささえたが、在地とのつながりの強い譜代庶家層などは一揆側に参加し、家臣団を二分する争いとなった。また非門徒《もんと》のなかからも、桜井・大草の松平一族、譜代上層の酒井忠尚《ただなお》、いったんは服属した幡豆郡の東条吉良・荒川《あらかわ》両氏が、一揆に呼応して家康に叛旗《はんき》を翻した。このように一揆蜂起が拡大したのも、三河統一にむけて大名権力の強化をはかる家康に対し、権力の介入をこばむ一向宗勢力のみならず、自律性を維持しようとする広汎な在地勢力の反発があった。

家康は統一に不可欠なこの戦いを妥協せずたたかい抜き、一方、数的には優位な一揆側も組織的な結束力を欠いて内部から崩壊し、半年間の戦いの末、翌年二月に降伏した。その結果、一揆側の首謀者は追放され、帰参を許されたものも改宗した。また三河三カ寺と本宗寺は破却させられ、天正十一年末に小牧・長久手《ながくて》の戦いを前にして赦免《しゃめん》するまで、以後二〇年間一向宗を禁制した。若き家康は三河統一にのりだした初期において、膝下《ひざもと》の一向一揆を克服することにより、地域の経済・流通をにぎる寺内町を解体して掌握しただけでなく、根強い自律性を残す一族や譜代層を屈服させて、家康のもとに結集する三河家臣団を創出し、以後、戦国大名として外征に専念できる体制をととのえたのである。

長篠の戦い●

信長が入京した永禄十一（一五六八）年末、武田信玄《しんげん》の駿河侵攻に歩調をあわせて、家康は遠江に侵入を開始した。信玄は、義元の敗死以降衰退の著しい今川氏をみかぎって信長に接近し、義元女婿の嫡子義信《よしのぶ》を自殺させてまで甲・駿・相の三国同盟を破棄したのである。武田氏に駿府を逐われた今川氏真は、朝比《あさひ》奈《な》氏の遠江掛川《かけがわ》城にはいった。掛川城を囲んだ家康は、今川部将として育った由縁《ゆえん》から遠江支配をまかされれば駿河を回復して氏真を迎えるとして講和を結び、永禄十二年五月、氏真を北条氏のもとに退去させ遠江を制圧した。その直後から家康は、「福徳《ふくとく》」の印判を使用しはじめるが、遠江一国の支配にあたり今川氏の守護公権継承者としての意識のあらわれであろう。翌元亀元（一五七〇）年には、岡崎城を嫡子信《のぶ》康《やす》にゆずり、浜松《はままつ》城に本拠を移して遠江経営に専念しはじめる。

信玄と信長・家康の友好関係は、武田氏が駿河侵攻をつうじて今川・北条両氏と戦闘に専念するあいだの戦略的なものであったから、駿河で北条氏と境界を固めると、信玄は中央にむけて西進を開始し信長・家康と敵対した。一方、信長は、元亀元年、越前《えちぜん》に朝倉義景《あさくらよしかげ》を攻めたが、北近江の浅井長政《あざいながまさ》の離反によっ

徳川家康三方ケ原戦役画像

て失敗し、家康の協力を得て姉川《あねがわ》の戦いに朝倉・浅井両軍を一旦破ったが、阿波から三好《みよし》三人衆が再起して侵入し、石山本願寺が反信長軍に加わって挙兵したため、畿内において南北から敵の攻撃にさらされた。この信長包囲網を陰であやつったのが入京以来不和の続いた将軍義昭であり、東から信長・家康領国をはさむ形で包囲に加わったのが信玄である（元亀《げんき》の争乱）。

　元亀二年、武田軍は駿河から遠江に侵入し、さらに信濃《しなの》から遠江・三河の山間部を侵略した。奥三河では足助の鈴木氏を逐い、作手《つくで》の奥平氏、田峯《だみね》・長篠《ながしの》の両菅沼氏の山家三方衆を服属させて、平野部の吉田にまで来襲した。翌元亀三年、北条氏とふたたび盟約を結び背後を固めた信玄は、大軍を率いて西上の途につき、十二月、二股《ふたまた》城をおとして浜松城にせまった。信玄別動隊の秋山信友《のぶとも》は東美濃に侵入し岩村《いわむら》城をおとしたから、畿内にも敵をかかえる信長は動けず、佐久間信盛《さくまのぶもり》以下三〇〇〇の援兵を浜松に送った。家康は城をでて信玄軍に決戦をいどんだが、三方ケ原《みかたがはら》（静岡県浜松市）で大敗をきっした。信玄はそのまま三河にはいり野田《のだ》城（新城市）を陥落させたが、その間、信玄の肺疾が悪化し、翌年四月、帰国途上の信濃伊那《いな》郡駒場《こまば》で没した。

　信玄の死により、信長・家康側は最大の危機を脱した。家康は三河山間部の回復につとめて長篠城を陥落し、また作手の奥平氏を誘降して奥平信昌《のぶまさ》を長女亀姫《かめひめ》の女婿とし長篠城をまもらせた。信長も、信玄をたのんで敵対行動をとる将軍義昭を、元亀四年七月、京都から追放し天正と改元した。続く八月には越前の朝倉氏と北近江の浅井氏を攻め滅ぼし、翌天正二（一五七四）年には長島一向一揆を平定して、元亀の争乱で苦しめられた敵対勢力を一掃している。

　一方、信玄の跡をついだ武田勝頼《かつより》も攻勢にでて、天正二年、遠江の要衝高天神《たかてんじん》城をくだして拠点とし、東三河の要衝長篠城（新城市）を取り戻すべく、天正三年五月、一万五〇〇〇の主力を率いて同城を囲んだ。信玄西上時と異なり、すでに中央の状況を好転させていた信長は、家康の要請にこたえ嫡子信忠《のぶただ》とともに三万の軍勢を率いて来援した。設楽原《したらがはら》（同）で信長・家康軍と対峙した勝頼は、一気に決着をつけるべく歴戦をほこる騎馬隊を突撃させたが、三〇〇〇挺ともいう信長の鉄砲隊の前に、壊滅的な敗北をきっし信玄以来の勇将の多くを失った（口絵参照）。

信長は入京以来、堺《さかい》や近江国友《くにとも》など鉄砲の産地を押さえ、大量の鉄砲を実戦に取りいれる環境にあった。長篠への出陣にあたり、畿内に残した部将からもその鉄砲隊を動員している。数だけでなく鉄砲隊による集団戦法という質の面でも、信長はすでに元亀の争乱、とりわけ一向一揆との戦いをつうじてきたえられていた。石山本願寺の要害には紀伊雑賀衆《きいさいかしゅう》を始め多くの鉄砲衆が籠城《ろうじょう》しており、石山攻撃で鉄砲の一斉使用は実践に移されていた。前年の長島一向一揆の鎮圧にも、鉄砲隊は威力を発揮している。鉄砲は戦国大名のあいだにも普及していたが、武田の騎馬隊の一斉突撃に対し、練達した鉄砲衆が数人一組で間断なく撃ち続ける集団戦法を実戦で成功させたところに、その後の戦法に影響をあたえた信長の新しさがあった。

本能寺の変●

武田氏を破り東からの脅威をのぞいた天正三（一五七五）年末、信長は嫡子信忠に家督をゆずって岐阜城と尾張・美濃支配をまかせ、翌年から近江安土に築城して本拠を移した。すでに信忠は、天正元年から後継者として尾張・美濃支配権の一部を代行しており、長篠にも独自の軍団を率いて参加し、その後も東濃の岩村城を自力で奪回した。そうした信忠を尾・濃両国の分国大名として自立させ、東海道の家康と協力して東山道《とうさんどう》への軍事的役割をになわせたのである。同年には柴田勝家《しばたかついえ》に越前をあたえて北陸道《ほくりくどう》を担当させ、南伊勢北畠氏の養子にいれていた二男信雄《のぶかつ》にも家督をつがせて、翌年北畠一族を粛清した。こうして信長は安土へ移るのを機に、一族や重臣《じゅうしん》を分国大名として地域支配をまかせ、より上位の立場である織田政権の首長《しゅちょう》として天下人《てんかびと》の政治をめざすようになる。

同時期の三河では、信秀以来織田家に属し、家康の伯父でもあった刈谷・小河《おがわ》の水野信元が、天正三年末に岡崎で誅殺されている。信元は佐久間信盛の与力として三方ケ原の戦いのおりにも援将に赴いている が、信盛の讒訴《ざんそ》により武田側への内応を信長に疑われてのことであった。水野氏の遺領は信盛にあたえられたが、天正八年、信長の佐久間氏追放後に信元末弟忠重《ただしげ》が回復している。天正七年には家康嫡子の信康が、信長の意をうけて家康の手で生母築山殿《つきやまどの》（関口氏）とともに誅殺されている。信康は尾・三同盟以後、信長の長女の五徳《ごとく》を正室《せいしつ》としており、築山殿は家康の駿府時代に正室として迎えた今川義元の姪であった。信康は義兄信忠より二歳下の当時二一歳で、岡崎城主として長篠の戦いにも参陣した。今川家の血を引き織田家とも縁戚にある成年の嫡子を廃するには、信康・築山殿の側に相当な不祥事があったと思われるが、同時代の史料は多くを語らず事件の背景は不明である。

天正八年、信長は、長く苦しめられた一向一揆の拠点石山本願寺を降伏させる。この年より一国単位の検地、よぶんな城郭の破却、織田大名の国替えなど統一的政策を実施して畿内・近国を安定させ、一挙に全国統一にむかう段階にはいった。武田勝頼との攻防が続いていた家康も、天正九年、高天神城を陥落し、遠江から武田勢を一掃した。天正十年二月信忠を将とし、滝川一益《たきがわかずます》の補佐する尾張・美濃の軍勢が信濃から、家康軍が駿河から一挙に武田領国に侵入し、翌月には甲府《こうふ》を制圧して武田氏を滅ぼした。戦後の武田

❖コラム

『家忠日記』

深溝《ふこうず》（額田《ぬかた》郡幸田《こうた》町）の松平家忠《まつだいらいえただ》が、日常の出来事を簡潔に記した『家忠日記』は、長篠《ながしの》の鳶巣山《とびがすやま》で戦死した父伊忠《これただ》より家督《かとく》をついだ二年後の天正五（一五七七）年から、のちに守将としてみずからの死場所となる伏見《ふしみ》城普請《ふしん》で在京中の文禄三（一五九四）年までの一八年間分が伝わる。天下統一の時代を生きた三河《みかわ》武士の主観を排した体験に基づく忠実な記録は、徳川《とくがわ》関東移転までの織豊期《しょくほうき》三河の研究に欠かせない史料である。

父祖以来の三河国衆として家忠は、東条《とうじょう》・藤井・竹谷《たけのや》の松平一族や水野・鵜殿《うどの》・戸田《とだ》の各氏と広く姻戚関係を結び、また食事の供応や連歌《れんが》の会の交流などをつうじて、地縁・血縁に基づいた国衆《くにしゅう》間の幅広い人間関係をきずいている。また小牧《こまき》・長久手《ながくて》や小田原《おだわら》の陣などの全軍あげての戦争や得意とする城普請（土木工事）に動員される以外は、本拠の深溝ですごす日も多く、山野や河川で狩猟したり、来訪する連歌師や幸若舞《こうわかまい》の芸を楽しんだり、領内の堤工事を監督したりの日常生活がつづられている。

こうした国衆としての地位も、家康《いえやす》が豊臣《とよとみ》政権に服した天正十四年ごろから変化しはじめる。日記での表記「家康」が「家康様」に移り変わり、検地《けんち》などの支配強化の波が押しよせてくる。関東移転後、家忠は一万石を保証されるが、城地を三回も転じている。それでも家忠は、個人の意見をださずに体験を素直に書きとめる姿勢をくずさず、そのことがかえって、同時代性をもつ日記の記録としての史料的価値を高めている。三河武士の生活・文化や人間関係を知りうるのみでなく、政治史的にも家康の動向など、この日記からしか知りえないことも多い。

遺領の国分《くにわ》けでは、駿河が家康に、上野《こうずけ》が滝川一益に、甲斐・信濃が信忠重臣層に分けあたえられた。信長は甲府から家康領の東海道をとおり安土に凱旋《がいせん》した。

武田氏を滅亡させた信長に、同年四月、朝廷は太政大臣《だいじょうだいじん》・関白《かんぱく》・征夷大将軍《せいいたいしょうぐん》の三職いずれかに推任することに決め、安土に勅使《ちょくし》を派遣した。信長は将軍義昭追放後、右大臣《うだいじん》にまでのぼったが、全国平定にめどが立つまではと官職を辞退していた。この三職推任は信長側の要請をうけてなされたもので、信長が全国政権を樹立するときは間近にせまっていた。同時に信長は引きつづき西国平定をめざし、備中高松《びっちゅうたかまつ》で毛利《もうり》氏と対陣中の羽柴秀吉《はしばひでよし》への援軍を明智光秀《あけちみつひで》らに命じ、三男信孝《のぶたか》を将とし丹羽長秀《にわながひで》の補佐する四国遠征軍を摂津《せっつ》に集結させた。こうした準備をととのえた信長は、嫡子信忠とともに五月末上洛した。全国統一に見通しが立ち政権の姿があきらかになる直前となって、六月二日、明智光秀の謀叛により、信長は本能《ほんのう》寺《じ》で、信忠は二条《にじょう》城で自害してはてた。それ以前に戦勝を祝って安土に招かれた家康は、わずかな手勢で堺に滞在中であった。本能寺の変で混乱する畿内を、伊賀《いが》越えで伊勢にでて海路三河までおちのびるのがやっとであった。

3　豊臣政権と尾張・三河

小牧・長久手の戦い●

天正十（一五八二）年の本能寺の変後、いちはやく中国から引き返した羽柴秀吉が、山崎の戦いに明智光秀を破り畿内を制圧すると、六月二十七日、秀吉・柴田勝家・丹羽長秀・池田恒興《いけだつねおき》の四将が清須に集まり、織田家の家督と遺領の配分を話しあった。その結果、信忠の遺児三法師《さんぼうし》（秀信《ひでのぶ》）が家督をつぎ、南伊勢の北畠氏をついでいた信長二男の信雄が尾張を、北伊勢の神戸《かんべ》氏をついでいた三男の信孝が美濃をそれぞれ相続して、織田姓に復した。

しかし、秀吉が山崎に城をきずき、信長の葬儀を主催するなど、京都の政治を取りしきりはじめると、それを不満とする信孝は、越前の柴田・北伊勢の滝川一益と結んで敵対した。秀吉は信雄と結んで、岐阜の信孝を攻めて孤立させ、翌天正十一年四月には近江に進出してきた柴田勝家を賤ケ岳《しずがたけ》の戦いに破った。信孝も信雄にくだり、知多郡野間《ちたのま》の大御堂寺《おおみどうじ》で自刃《じじん》した。

その結果、信雄は北伊勢をあわせて尾張・伊勢・伊賀を領し、本拠を清須から長島に移した。他方、秀吉は摂津の池田恒興を美濃に移して、大坂を本拠として築城をはじめた。こうして今度は、織田家の後継者をめざす信雄と天下取りにのりだした秀吉との決裂がさけられないものとなり、天正十二年になると信雄は徳川家康をたより盟約を結んだ。

こうした織田家の後継者争いのあいだ、家康は織田家臣団が撤退した甲斐・信濃の経略に専念して、両国の大半を支配下におさめ、三河・遠江・駿河とあわせて五カ国を領国化していた。また、小田原《おだわら》の北条氏とは、二女督姫《とくひめ》を当主の氏直《うじなお》に嫁がせて盟約を結んで背後をかためた。このように家康にとって、信雄の要請をうけて秀吉に対抗する条件はととのっていたのである。

天正十二年三月六日、信雄は、秀吉派と目された津川義冬《つがわよしふゆ》・岡田重孝《しげたか》・浅井新八《しんぱち》の三老臣を誅殺し、家康の来援をたのんで宣戦を布告した。戦闘は北伊勢ではじまったが、去就が注目されていた大垣《おおがき》城主池田恒興と金山《かねやま》城主（岐阜県可児《かに》市兼山《かねやま》）森長可《ながよし》の美濃勢が秀吉側につき、三月十三日、木曽《きそ》川を越えて犬山城を急襲し占拠した。来援のため清須に到着した家康軍は、急ぎ小牧山に築塁して本陣とした。やがて大坂から秀吉率いる本隊が到着して、楽田城（犬山市）を本陣とし、犬山・小牧間に両軍の主力が対峙することになった。

戦局を開くため、秀吉側では密かに三河に侵入し岡崎を急襲して後方を攪乱する三河中入《なかいり》作戦がとられた。また後方に部隊を送り、家康軍をおびきだして秀吉本隊とはさみうちにする計画だったとの見方もある。池田恒興・森長可・堀秀政《ほりひでまさ》・三好秀次《ひでつぐ》の四陣編成の二万の軍勢は、四月六日夜半に出陣して、九日には長久手方面に進み、先陣の池田勢は岩崎《いわさき》城（日進市）を攻めおとしている。この動きに家康の対応はすばやく、主力を率いて小幡《おばた》城（名古屋市守山区）にはいり、九日早朝より後方に待機中の秀次軍を急襲して壊滅させた。急を聞いて引き返してきた堀・森・池田の各軍を撃破し、池田恒興・元助《もとすけ》父子、森長可を

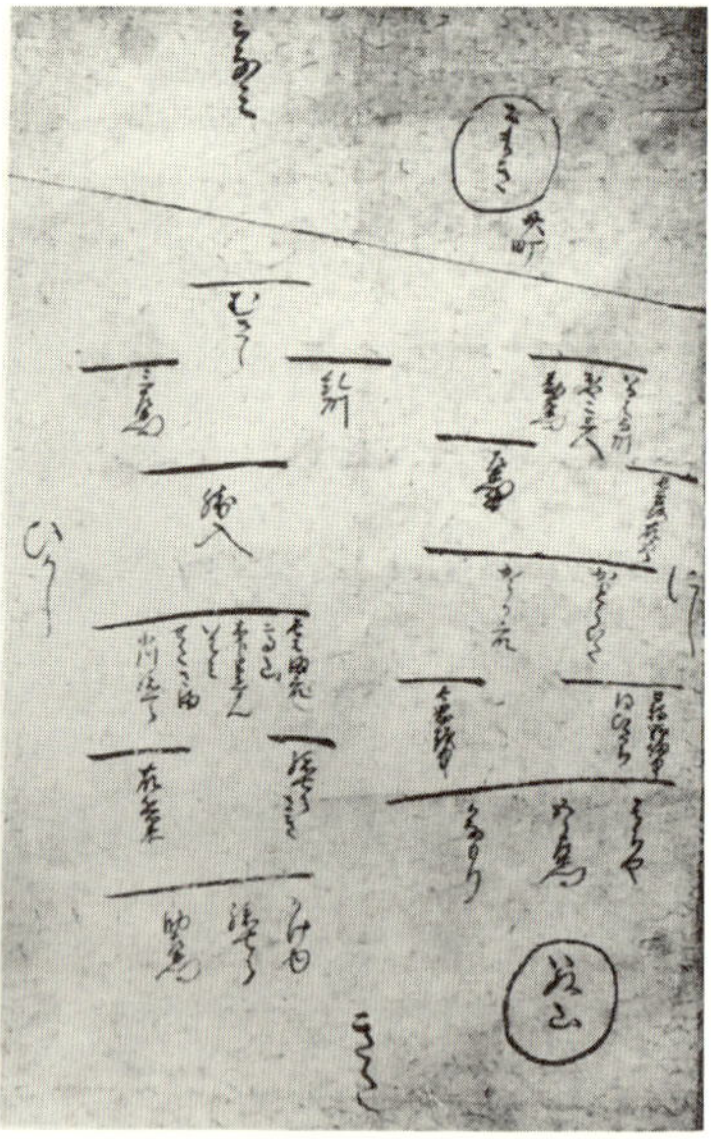

小牧・長久手の戦い陣立書　小牧（家康軍）にむかって対陣する秀吉軍。東備の武蔵（森長可）・勝入（池田恒興）・孫七郎（三好秀次）の三陣に，西備から左衛門督（堀秀政）の一陣が加わり三河中入軍が編成された。

敗死させる大勝を得た（長久手合戦、口絵参照）。

この敗戦により尾張東部での決戦をあきらめた秀吉は、五月より戦線を尾張西部に移し、信雄側拠点の加賀野井城《かがのい》（岐阜県羽島市《はしま》）・竹鼻城《たけがはな》（同）などを陥落して占領した。また六月には、伊勢湾から秀吉側の滝川一益が侵入して、一時蟹江城《かにえ》を占拠している（蟹江合戦）。このように初戦で伊賀・伊勢の大半が秀吉側に占拠され、尾張の東部と西部に侵入を許すなど、戦闘は信雄領国を舞台に繰り広げられた。それに対し信雄・家康側は、長島・清須・小牧を拠点に防衛に徹した。

圧倒的大軍を擁しながら、秀吉側も長久手・蟹江の局地戦で敗退するなど、攻撃に決め手を欠いた。また紀伊の根来寺《ねごろじ》・雑賀一揆、四国の長宗我部《ちょうそかべ》氏、越中の佐々成政《さっさなりまさ》などの周囲に敵対勢力をかかえる秀吉にとって、戦争の長期化はさけたいところであった。九月上旬に一旦講和がはかられたが、家康の処遇問題もあって決裂している。十一月十五日に至り、秀吉が信雄と桑名《くわな》に直接会して講和が成立している。

その講和条件は、人質の提出、北伊勢五郡をのぞく伊勢・伊賀の割譲など、実質的に信雄側の敗北を認める内容となった。また尾張の秀吉占領地域でも、犬山など東部は返還されたが、西部はそのまま秀吉側に組みいれられた。この尾張葉栗《はぐり》郡・中島郡・海西《かいさい》郡の一部は、天正十四年の木曽川流路の変更もあって、まもなく美濃国に編入されている。

この戦いをとおして、信長旧臣の秀吉への臣従が明確となり、信雄も屈服して、秀吉は信長後継者の地位を不動のものとした。戦後の秀吉は、信雄・家康に呼応した周辺の敵対勢力を一掃し、畿内・近国において大坂を中心とする家臣領の再編成（国分け）を行って中央をかためた。天正十三年七月、秀吉は関白となり、翌年には豊臣《とよとみ》姓を名乗って、全国に秀吉の秩序にしたがうよう号令した。そして天正十五年には、秀吉の命にしたがわない南九州の島津《しまづ》氏を討って服従させ、西日本を統一している。

一方の家康は、秀吉に一矢を報いる戦争をしながらも、表向きは信雄の協力者としての立場をつらぬいて、尾張を盾に秀吉の東国への侵入を押しとどめた。戦後も独自の姿勢を維持していたが、秀吉に内通する信濃上田《うえだ》の真田《さなだ》氏の抵抗により、北条氏との国境問題がこじれ、さらに天正十三年十一月には、岡崎城代の石川数正が秀吉の招きに応じて出奔《しゅっぽん》するに至った。翌天正十四年、信雄の仲介で秀吉との講和に応じて、秀吉の妹朝日姫を正室に迎え、十月には上洛して秀吉に臣従した。帰国した家康は、同年十二月、浜松から駿府（静岡市）に本拠を移して、秀吉の関東取次役として北条氏にのぞむことになった。

統一検地の実施●

秀吉が全国統一を実現していく天正十（一五八二）年代は、同時に太閤《たいこう》検地や刀狩《かたながり》などの統一政策を推進し、服属した大名が領国内に統一検地を実施して、地域社会が近世的構造へと大きく変化する時代でもある。この時期の信雄・家康の領国検地の実施過程をたどることにより、尾張・三河における土地制度の移行について考えたい。

尾張襲封直後の天正十年八月、信雄は尾張の家臣・寺社に代替りの知行《ちぎょう》安堵を行っているが、それは信長・信忠時代の内容をそのまま追認したものであり、名田《みょうでん》・買得・私得などの表記の残る中世的な土地制度を踏襲したものであった。しかし、弟信孝を倒し、尾張・伊勢・伊賀三カ国を領して長島に本拠を移した翌十一年八月には、領国全域に貫高《かんだか》制に基づく惣国《そうこく》検地を実施している。

この天正十一年検地は、尾張では清須を中心として放射状に六人の重臣が分担していっせいに実施し、統一的な検地基準に基づいて村単位に貫高把握が行われており、計画的・統一的なものであった。その結果、重層的でいりくんだ収取関係は一括して一円的な村高で把握しなおされて、旧来の土地制度は全面的に清算された。そうして把握された統一的な貫高に基づいて、家臣団の知行割替えが行われ近世的な知行制度がととのえられた。また、この検地では、「惣国縄打《なわうち》有り、寺社領悉《ことごと》く闕所《けっしょ》になる」（「笠覆寺《りゅうふくじ》文書」）とあるように寺社領没収策がとられ、在地に根づいた寺社領がもっとも打撃をうけている。

信長政権末期の畿内・近国では、織田大名による分国内の統一検地が実施され、知行替え・城割《しろわり》など家臣団の在地性を否定する兵農分離策が進行していたが、畿内を継承した秀吉も、その延長上に検地策を推し進めている。尾張は織田氏の本国であるがゆえに、家臣団の本領が最後まで集中し、旧来の土地制度が根づよく残っていた。伊勢から入部した信雄にとって、統一戦争にそなえて家臣団を結集するためにも、尾張ではじめての統一検地を実施して、そうした在地性の強い土地制度を体制的に否定する必要があったのである。

翌年おこった小牧・長久手の戦いでは、中・南部伊勢・伊賀を失領し、領国再編成をせまられる。合戦中に成立しかけた講和が決裂した九月上旬の時点で、信雄は家臣の知行替えによる再編をはかっている。この知行替えの動きを書きとめている「織田信雄分限帳《ぶげんちょう》」によれば、北伊勢では南部の三重・河曲《かわわ》二郡内の知行地が、北部の桑名・員弁《いなべ》・朝明《あさけ》三郡内に移しかえられており、尾張では犬山周辺の北東部、竹鼻・加賀野井などの北西部の秀吉占領地域が、知行替えの対象地域となっている。その替地は知行高の三分の一を一律に減ぜられている場合が多く、占領によって削減された領国への対応であるとともに、前年の検地でととのった知行制に基づいた画一的な知行替えであった。同時期には、秀吉も南伊勢で蒲生氏郷《がもううじさと》以下の諸将に知行配分をしているが、信雄側の劣勢は明白であり、九月講和決裂の原因は、そうした領土問題よりも家康の処遇など政治的決着のつけ方にあったと考えられる。

戦後の領土削減と天正十三年の地震による長島城の倒壊により、ふたたび清須に本拠を移した信雄は、天正十四年七月、尾張・北伊勢の全領国に再検地を実施する。この再検地では、あらたな検地基準の採用により、天正十一年検地よりいちだんと在地掌握の強化がはかられて、村高は前回より一・五倍前後となるなど詳細な高把握が進められた。検地後の知行宛行《あてがい》では、家臣の大幅な知行替えが行われており、支城主層の有力家臣とて例外ではなかった。たとえば岩崎城主丹羽氏次《うじつぐ》と星崎《ほしざき》城主（名古屋市南区）山口重政は、ともに北伊勢朝明郡内に移されており、一部の有力家臣に残っていた在地性も克服されることになった。領国の体制を立てなおすためにも、戦略的に必要な支城のみを残して、領国再編成をはかったものといえよう。

以上のように、合戦をはさんだ二度の統一検地により、家臣団の在地性は否定され、家臣が本城清須に結集する近世的領国編成が確立された。また、検地で統一的知行制がととのった結果、堤防・道路などの普請《ふしん》工事は知行高・村高に応じて家臣・農民に割りあてられており、貫高に基づく統一的な諸役賦課体制が確立している。

一方、三河以東の家康領国においては、それまで吸収した旧今川・武田領国を維持するためにも、前代の知行制・土地制度を継承するにとどまっており、統一検地が日程にのぼるのは、豊臣政権に服属して内治に専念できるようになった天正十五年まで待たねばならなかった。この時期、秀吉はすでに西日本を統一しており、服属した毛利氏・長宗我部氏など西国の諸大名に対し、確定した分国内に統一検地の実施を指示している。

家康の五カ国総検地は、天正十七・十八年に実施されるが、それにさきだつ天正十五・十六年には、全領国から知行高の五〇分の一を一律に徴収している。この五十分一役《ごじゅうぶんのいちやく》賦課については、関東取次役として財政基盤の強化策とみるか、総検地の準備段階とみるかで見解が分かれているが、ここでは両説をトータルに考えてみたい。天正十五年、西国での動向をふまえ、家康は総検地の準備段階にはいったが、一方で東国の統一が日程にのぼるなかであり、検地で統一的賦課基準がととのうのを待たず、総検地の前提作業として家臣から当知行差出《さしだし》を提出させた天正十五年の段階から、その物成《ものなり》（年貢）高の五〇分の一を徴収する形で、統一的な課役賦課にふみきった。ただし、甲斐など領国化したばかりの地域では、知行宛行高を基準に賦課している。

総検地は、残された検地帳などによれば、天正十七年二月には遠江・駿河で、徳川直属奉行衆によって郷村を単位としていっせいに着手されており、三河は少し遅れて同年八月より実施された。面積が一反＝三六〇歩の旧制、石高《こくだか》でなく俵高《ひょうだか》把握という徳川独自の検地原則であるが、統一基準に基づいて、村単位に田畠一筆ごとの上中下の品位・面積・名請人《なうけにん》（耕作者）を実測検地により直接掌握するものであった。

天正十七年七月七日には検地進行中の遠江・駿河で、家康が年貢・夫役《ぶやく》など徴収の統一基準を定めた七カ条定書《さだめがき》がいっせいにだされ、順次検地の進行に伴って三河・甲斐にもだされている。それは検地担当奉行をつうじて、直接郷村または農民にあてられたもので、検地で確定した俵高に基づいて年貢・夫役が統一的に賦課されることを定めており、領主（家臣・代官）の恣意的な支配を排するものであった。また村高の一〇〇分の三に相当する中田の高が百姓屋敷分として免除されているが、それは徳川氏が全領国の村から一律に徴収する棟別銭《むなべつせん》と夫役（四分一役《しぶのいちやく》）の代償であった。このように徳川氏が村落や農民を直接掌握する総検地によって、家臣の在地性が制限されるとともに、俵高制に基づく統一的賦課体制が定まり、それまでの一時的な五十分一役は役割をおえた。

こうした総検地により、旧来の土地制度は否定され、あらたにととのった俵高制に基づいて、改めて家臣の知行地があてがわれていったが、その決定には天正十五年に提出させた知行差出と五十分一役負担の実績が基準となった。その結果、検地増分（出《で》目《め》）は原則として徳川氏に収公され、蔵入地《くらいりち》が拡大された。このように総検地は、全領国に統一検地を実施することにより、俵高制に基づく村高の確立、知行制の統一をはかり、農民・家臣に対する諸役賦課基準の統一をめざすものであった。

しかし、総検地が完了する前の天正十七年十二月、秀吉は小田原の北条攻めを決定して、諸大名に出陣の準備を命じ、とりわけ国境を接する家康はその先陣をつとめることになった。家康は出陣の準備にはいるとともに、翌十八年二月の出陣日まで、検地の実施と知行地の確定作業を急いだが、一部の山間部や領国支配の遅れていた信濃では不徹底におわっている。それでも家康がめざした統一的軍役賦課は、小田原の陣ではじめて実行に移されたも

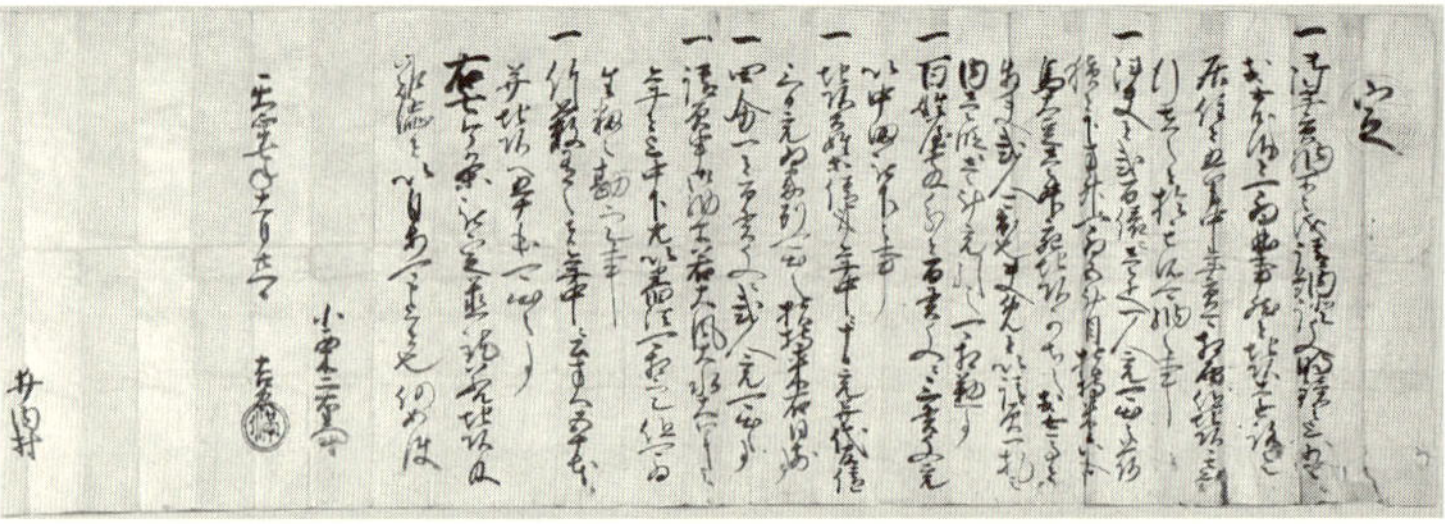

徳川家康七カ条定書（天正17〈1589〉年11月21日付）　首部に家康の朱印（「福徳」）が押されており，検地を担当した奉行の小栗二右衛門尉吉忠から，井内村（岡崎市）に宛てだされている。

のと思われる。

以上のように、秀吉による全国統一が進み大名権力の力が領国内部にむけられるようになった天正十年代、信雄・家康が実施した総検地は、この地域ではじめての統一検地である。共に太閤検地の石高制とは異なる貫高制・俵高制という独自性をそなえていたが、統一的検地基準に基づいて全領国の村高を掌握し、家臣の知行地を把握しなおして統一的知行制を確立した。その結果、家臣の在地性を否定して兵農分離《へいのうぶんり》を推進し、村高・知行高に基づく統一的諸役賦課体制がととのえられた。それは太閤検地の方向性と同質であり、近世的領国支配体制を確立するものとなった。

豊臣大名の入部●

天正十八（一五九〇）年の小田原の陣では、三月一日の秀吉の京都出陣にさきだち、信雄は一万七〇〇〇人、家康は三万人の軍勢を率いて先発し、相模《さがみ》との国境沼津《ぬまづ》で待機した。同時に、信雄は大垣《おおがき》より清須に至る美濃街道を整備し、家康も河川に舟橋《ふなばし》をかけるなどして、秀吉本隊が東海道をくだるのにそなえている。また信雄・家康出陣後の東海道の主要な城々には、尾張に小早川《こばやかわ》・吉川《きっかわ》の中国勢が、家康領国内に豊臣秀長《ひでなが》勢をはじめ豊臣大名が、それぞれ在番している。

秀吉の到着を待って、三月末二〇万ともいう豊臣軍が関東の北条領国に総攻撃を開始し、三カ月の籠城戦の末七月五日、北条氏は降伏して小田原を開城した。その直後の小田原で、秀吉は戦後の国分けを公表し、北条氏の旧領関東六カ国を家康にあたえ、家康の東海五カ国を信雄にあたえて、国替えを命じた。家康はそのまま秀吉の指示にしたがい江戸に入城したが、信雄は本領尾張に固執したため、改易されて下野《しもつけ》那須《なす》に追放された。六月末には国替えの噂が尾張にまで広まっていたが、信雄は懸命に否定しており、主

三河・尾張の豊臣系大名

国	居　城	城　主	入封年・前封地・入封石高	備　　考
三河	吉田城	池田輝政	天正18(1590)年，美濃岐阜より15万2000石	慶長5(1600)年，播磨姫路へ転封52万石
	岡崎城	田中吉政	天正18(1590)年，近江八幡山より5万7400石。慶長元(1596)年，10万石に加増	慶長5(1600)年，筑後柳川へ転封32万5000石
	刈谷城	水野忠重	文禄3(1594)年，伊勢神戸より復帰，1万5000石。文禄4(1595)年，5000石加増	慶長5(1600)年，横死，子息勝成に刈谷3万石安堵
尾張	清須城	豊臣秀次	天正18(1590)年，近江八幡山より57万1737石	文禄4(1595)年，改易
		福島正則	文禄4(1595)年，伊予今治より24万石	慶長5(1600)年，安芸広島へ転封49万8200石
	犬山城	三好吉房	天正18(1590)年，10万石	文禄4(1595)年，改易
		石川光吉	文禄4(1595)年，1万2000石	慶長5(1600)年，改易
	黒田城	一柳直盛	天正18(1590)年，3万石。文禄元(1592)年，5000石加増	慶長5(1600)年，伊勢神戸へ転封5万石

家筋という甘えからか、すでに全国の領土裁定権が秀吉に属していることを見抜けなかったものといえる。

こうして信雄・家康の旧領が一挙に豊臣政権の支配下にはいったが、秀吉は尾張を甥《おい》の豊臣秀次にあたえ、田中吉政《よしまさ》（岡崎）・池田輝政《てるまさ》（吉田＝豊橋市）・堀尾吉晴《ほりおよしはる》（浜松）・山内一豊《やまのうちかずとよ》（掛川）・中村一《かず》氏《うじ》（駿府）など、三河・遠江・駿河には秀次与力《よりき》の豊臣大名を配した。すでに秀吉は、天正十三年に近江を秀次にあたえ、信頼する老臣たちを秀次につけ美濃とともに東国への押さえとしていたが、この国替えは尾張を要《かなめ》として、そうした体制を東海道にむかって前進させる形となった。

小田原の陣後、秀吉は奥州《おうしゅう》平定を秀次にまかせて東海道を帰路につき、八月二十七日清須に滞在して尾張の処分を行っている。信雄改易《かいえき》後の織田家臣団で、尾張にとどまることが許されたものは一部にかぎられ、多くは秀吉や豊臣大名に召しかかえられるしかなかったが、その決定を秀吉みずから行ったのである。東海道筋をあたえられた秀次与力の大名の多くは、そのまま秀次にしたがって奥州に在陣したが、秀次の家老格として尾張に隣接する岡崎をあたえられた田中吉政は、秀吉とともに尾張にはいり、秀吉処分後の信雄旧臣や寺社に対し知行を安堵している。その内容は信雄検地の知行貫高をそのまま追認したものであり、秀次の入部を待って正式な宛行を約するものであった。

一方、徳川家臣団がさった三河では、遠江で在番していた豊臣大名の宮部継潤《みやべけいじゅん》と亀井茲矩《かめいこれのり》が、九月から十月にかけて太閤検地を実施している。徳川総検地が実施されたばかりの村に対し、一反＝三〇〇歩の反畝歩制《たんせぶ》、反当りの基準石高で割りつける石盛《こくもり》の実施など、太閤検地原則に基づいて石高制で再把握するものであった。その結果、池田輝政には東三河四郡全域と額田郡の一部で一五万二〇〇〇石が、田中吉政には矢作川以東の加茂郡東部と額田郡で五万七四〇〇石が、秀吉からあてがわれた。家康と同時に刈谷の水野忠重も伊勢神戸に移されており、加茂郡西部や碧海郡など矢作川以西の地は、尾張の秀次領に組みいれられている。また、残りの幡豆郡などには太閤蔵入地が設けられた。

天正十九年にも秀次は奥州の鎮圧や検地のために再出征しているが、その間秀吉の嗣子鶴松《つるまつ》が早世したため、同年十二月、秀次は秀吉から関白職をゆずられ、聚楽第《じゅらくてい》にはいった。さらに翌文禄元（一五九二）年にはじまる朝鮮出兵では、与力大名を率いて京都留守居《るすい》をまかされたため、秀次は領国尾張に滞在することはほとんどなかった。かわって秀次の実父で犬山城主の三好吉房《よしふさ》（常閑《じょうかん》）が、清須で尾張の政務をとった。この文禄元年の二月から四月にかけて、尾張で太閤検地が実施されており、石高制に改められ把握しなおされた総石高は五七万余石となった。

しかし、翌文禄二年、ふたたび淀君《よどぎみ》に男子秀頼《ひでより》（拾丸《ひろいまる》）が誕生すると、秀吉は京都の伏見《ふしみ》で本格的な築城に着手し、聚楽第の秀次との関係は悪化していった。この文禄二年末から翌年にかけて、太閤検地が実施されたばかりの尾張に、秀吉が直接介入して再改めを行っているが、これはあきらかに秀次の尾張支配に対する秀吉の露骨な干渉であった。秀吉は鷹狩《たかがり》を名目にした尾張巡見を行って、直接見聞した形で生《しょう》国《ごく》尾張の農村の荒廃ぶりを指摘し、自分の奉行を派遣して空家敷《あきやしき》・田畠荒地の実態調査を直接行うと同時に、築堤工事を始めとする農村の復興対策事業をみずからの監督下で実施することを宣言した。

この秀吉奉行による再改めは、秀次の太閤検地の内容を実態に則して再点検するもので、秀吉が直接それをにぎることにより、秀次の領国支配の不備をつく材料となった。一方で秀吉はみずからの監察のもと、尾張の復興対策を具体的に指示し、秀次の責任で行わせている。そのため秀次は、尾張国中の築堤工事・清須流入百姓《ひゃくしょう》の還住《げんじゅう》・陰陽師《おんみょうじ》による荒地開墾などに総力をあげて取りくまねばならなかった。とりわけ文禄三年初頭から数カ月におよんだ築堤工事は、尾張全域にわたる大規模なもので、国中の家臣・農民を動員するのみならず、京都の秀次馬廻衆をさいてまで普請衆にあてている。田中吉政も秀次の奉行として尾張の築堤工事の指揮にあたるとともに、自領に接する矢作川の河川改修を自力で行っている。

秀吉の尾張再改めと秀次の復興対策は、秀吉が秀次の尾張支配権に直接介入したものであり、秀次の統治能力を問いかけるものであった。秀頼誕生による後継者構想の変更により、秀吉はみずからあたえた関白秀次の権限を奪取する正当性を諸大名に示すためにも、こうした手続きが必要であった。文禄四年七月、謀叛の疑いをかけられた秀次は、高野山《こうやさん》に追放されて二八歳で自刃し、父吉房も尾張を逐われた（秀次事件）。

関ヶ原の戦い●

秀次事件の狙いは、秀次一族の根絶にあり、尾張介入にみられるように秀次を孤立化させる形で進められたため、連座《れんざ》して処分されたのは一部の近臣層にとどまった。そのため尾張家臣団の多くや東海道の与力大名たちは、そのままその地位を保証され、秀吉の直接指揮下にはいった。もともと、秀次にさきだって信雄後の尾張処分を行ったのは秀吉であったし、東海道の諸大名も秀吉から知行をあてがわれたものであった。しかし、秀次の尾張を中核として東海道に与力大名を配した東国（家康）への押さえの役割は、ここに大きく後退することになり、のちの関ヶ原《せきがはら》の戦いの帰趨《きすう》を決する要因ともなるのである。

三河では、家老《かろう》格として長く秀次を補佐してきた岡崎の田中吉政が、矢作川以西の旧秀次領を加増されて一〇万石の大名となった。また伊勢に移されていた水野忠重も、本領の刈谷に復帰している。尾張では、秀吉子飼いの福島正則《ふくしままさのり》が伊予今治《いよいまばり》から清須に移され、二四万石をあたえられた。また黒田《くろだ》（一宮市）の一《ひとつ》

豊臣秀吉画像

柳　直盛《やなぎなおもり》は、引きつづき三万五〇〇〇石を安堵されており、犬山には木曽代官の石川光吉《みつよし》がはいり、一万二〇〇〇石をあたえられた。福島正則は軍事的役割を期待されてのことであろうが、山内・堀尾・田中など東海道の諸大名より一まわり以上若かったし、石川光吉も木曽材搬出の要所として犬山をあたえられており、軍事力をあまり期待されていない。秀次時代に尾張一国に加え矢作川以西の三河部も支配したのにくらべて、尾張の軍事的性格も大きく変化したといえる。

尾張の太閤検地高は五七万余石であるから、大名領をのぞく残りの半分は、秀吉直轄領として直臣にあたえられたり太閤蔵入地とされた。福島正則の支配領域は、清須城を中心に尾張中央部を占め、秀吉直轄領は尾張周辺部に位置していた。文禄四（一五九五）年八月秀吉は、そうした直轄領を対象として尾張の家臣・寺社にいっせいに知行をあてがっている。家臣では生駒《いこま》・兼松《かねまつ》・沢井《さわい》など尾張地付きの尾張衆が、秀吉直臣として知行をあたえられている。

それまで信雄・秀次から直接知行を安堵されてきた尾張の主要な寺社は、福島などの大名領内に位置していても、秀吉から直接知行をあてがわれている。そのため妙興寺・総見寺《そうけんじ》・熱田社・津島社など福島領内にある寺社は、寺社域と切りはなされて秀吉直轄領である丹羽郡内に一括して知行をあたえられた。また甚目寺・天王坊《てんのうぼう》・小松寺《こまつじ》には、福島領内にある寺域周辺で秀吉から知行をあたえられているが、その代替地として福島正則には丹羽郡内に替地があたえられている。以上のことは、尾張の一国支配権を秀吉が直接掌握していたことを意味している。

慶長三（一五九八）年八月、秀吉が没すると、家康ら五大老《たいろう》が秀頼を後見して、石田三成《みつなり》ら五奉行と合議のうえで政権を運営することになった。豊臣大名のなかでも、朝鮮からの撤兵以後、三成らの吏僚派と

❖コラム

三河（尾張）高橋郡

古代から近世まで国とならぶ地方行政区画であった郡は、長い歴史のなかで分割または吸収されて、郡域が変更されることはあった。しかし、織豊期《しょくほうき》にかぎって尾張《おわり》に隣接する三河《みかわ》部に設立された高橋郡のような例は珍しく、当時の政治的支配状況を直接反映したものとなっている。

桶狭間《おけはざま》の戦いの翌永禄四（一五六一）年、信長《のぶなが》は三河加茂《かも》郡に侵攻し、矢作《やはぎ》川以西の西部を支配下においた。この地域には鎌倉《かまくら》期から中条《ちゅうじょう》氏が地頭《じとう》をつとめた高橋荘があり、尾張側に属した加茂郡西部は三河から切りはなされて高橋郡とよばれるようになった。その後も織田《おだ》氏の支配が続き、信《のぶ》雄《かつ》も検地《けんち》後に高橋郡の家臣《かしん》に知行《ちぎょう》をあたえたり、猿投《さなげ》神社（豊田《とよた》市）に社領を認めている。豊臣秀次《とよとみひでつぐ》の太閤《たいこう》検地帳は、その後、尾張藩に回収され尾張部には残っていないが、高橋郡に属する豊田市域に天正二十（一五九二）年四月のものが四点現存している。

秀次事件後、秀吉は刈谷《かりや》の水野忠重《ただしげ》と岡崎《おかざき》の田中吉政《よしまさ》に秀次の闕所分《けっしょぶん》を加増しているが、加増の村々は加茂郡西部にとどまらず南の碧海《へきかい》郡一帯に散在しており、いずれも高橋郡とされている。秀次期には、水野氏も一時伊勢《いせ》に移されていたから、秀次領に組みいれられた矢作川以西の三河部全体が高橋郡とされていた。このように高橋郡は、信長期に尾張領に属する三河部の呼称としてあらわれ、秀次期に領域は南に拡大されたが、秀次失脚後の再編で尾張領として区別する意味を失い、消滅していったのである。

福島正則らの武将派の対立が深まった。正則は、伊予時代に朝鮮に出兵しており、加藤清正《きよまさ》・黒田長政《ながまさ》らの西国《さいごく》大名とも親交が厚かった。家康はこうした対立を利用して、豊臣大名とも姻戚関係を結んでいった。すでに文禄三年には、長久手で戦死させた池田恒興の遺児輝政《てるまさ》に、いったん北条氏直に嫁いだ家康二女の督姫を再嫁させているが、秀吉死後もその遺命にそむいて、姪を養女として福島正則の嫡子正之《まさゆき》と婚約させている。

慶長四年、大坂城で秀頼を後見していた大老の前田利家《としいえ》の死後、三成が失脚し、他の大老も領国経営に専念するため前後して帰国した。こうして、一人中央に残り大坂城にはいった家康に、権限が集中することになった。帰国した大老の一人上杉景勝《うえすぎかげかつ》が、城郭修築など領国経営を強化すると、家康は謀叛の疑いをかけ、慶長五年四月、景勝の会津《あいづ》攻めのため諸大名を動員した。この会津攻めには、黒田長政ら家康と親しい西国大名も一部参加したが、朝鮮出兵の軍役をまぬがれていた尾張以東の東海地域の大名はこぞって出陣し、豊臣大名の主力を形成した。

同年七月、家康を糾弾する石田三成らの挙兵が関東に伝わると、下野小山《おやま》の陣中で軍議が開かれた。そこで従軍した豊臣大名は一致して家康に協力してたたかうことを表明し、東海道の大名は沼津から清須に至る自己の居城を家康方にあけわたすことを申しでた。こうして一挙に尾張までが、家康方東軍の勢力下にはいった。一方、大垣に本拠をおいた石田方の西軍には、岐阜城の織田秀信、竹鼻城の杉浦重勝《すぎうらしげかつ》、犬山城の石川光吉らが属したため、濃尾国境の木曽川が両陣営の最前線となった。

東軍では徳川秀忠率いる徳川本隊が東山道を進み、東海道は豊臣大名を主力とする部隊を先発させ、家康直属軍が続くことになった。東海道の先発隊は、八月中ごろ清須に到着し、二手に分かれて木曽川をわたった。池田輝政率いる一隊は鎌倉街道を進み、黒田城主一柳直盛の案内で上流の河田《こうだ》をわたり、福島正則率いるもう一隊は美濃街道を進んで、下流の起《おこし》・萩原《はぎわら》をわたって竹鼻城をおとした。両軍は合流して、八月二十三日、岐阜城を攻撃し織田秀信をくだしている。すでに戦意を失っていた犬山城は、たたかわずして開城し東軍にくだった。

九月十五日の関ヶ原の決戦では、東山道を進んだ徳川本隊が信濃上田城の真田氏の抵抗にあって、到着が遅れ参戦できなかった。そのため、先鋒をつとめた福島正則を始めとする豊臣大名が、東軍の主力として活躍した。戦後の論功行賞《ろんこうこうしょう》によって、東海道の豊臣大名は、福島正則が安芸《あき》広島四九万余石、池田輝政が播磨姫路《はりまひめじ》五二万石、田中吉政が筑後柳川《ちくごやながわ》三二万余石など大幅に加増されて、西国に転出していった。こうしてふたたび家康の手に帰した東海道諸国には、兄秀忠《ひでただ》にかわって東軍の先駆《さきがけ》として関ヶ原で活躍した家康四男の松平忠吉《ただよし》が尾張に入部したのをはじめ、徳川譜代の大名が配された。

5章

近世のはじまり

徳川家康画像(徳川義直画・讃)

1　幕藩体制の成立

尾張藩の成立●

慶長五（一六〇〇）年、関ケ原《せきがはら》合戦に勝利した徳川家康《とくがわいえやす》は、「御味方せし人々に」「闕国《けっこく》」を「わかち賜い、翌六年二月、「功臣の輩に」「江勢濃三遠駿上等の城々をわかち給ふ」た（「東照宮御実紀」）。同八年、江戸《えど》に幕府《ばくふ》を創設するとともに、諸大名《だいみょう》・旗本《はたもと》を全国に配置し、徳川統一政権の体制をかためた。豊臣《とよとみ》政権下における家康の関東への国替えと織田信雄《おだのぶかつ》の追放によって、豊臣氏と豊臣恩顧の大名、家臣団の領有下におかれていた尾張《おわり》と三河《みかわ》には、大きな政治的変動がもたらされた。

尾張においては、犬山《いぬやま》城主石川光吉《いしこみつよし》が西軍に参戦して領地没収となり、東軍で参戦した黒田《くろだ》城主一柳《ひとつやなぎ》直盛《なおもり》は伊勢神戸《いせかんべ》、清洲《きよす》城主福島政則《まさのり》は安芸《あき》広島、長島《ながしま》城主福島正頼《まさより》は大和松山《やまとまつやま》、と豊臣恩顧の大名たちが尾張から一掃された。清洲城には、家康の四男松平忠吉《まつだいらただよし》が武蔵忍《むさしおし》城（埼玉県行田市）から移り、忠吉の家老として小笠原吉次《よしつぐ》・富永忠兼《とみながただかね》がそれぞれ犬山城と黒田城（一宮市）にはいって補佐し、家康の配下にあった海西《かいさい》・中島《なかしま》両郡の一部と知多《ちた》郡をあわせ徳川氏一門による尾張一国の統治がはじまった。

のちには忠吉に属した横井一族は、当時は家康の家臣のまま海西・中島両郡の一部を領有し、知多郡では、徳川氏の蔵入地《くらいりち》をのぞき、戦国期以来の知多水軍の伝統をもつ知多郡緒川《おがわ》（東浦《ひがしうら》町）の水野氏、河《こう》和《わ》の水野（戸田）氏、師崎《もろざき》の千賀《せんが》氏に対して、家康から直接領地があたえられていた。

清洲城主となった忠吉は、秀吉《ひでよし》によって寄進された総見《そうけん》寺・政秀《せいしゅう》寺などの寺領を安堵《あんど》するとともに、のちに尾張衆とよばれる秀吉の直臣《じきしん》生駒利豊《いこまとしとよ》、兼松正吉《かねまつまさよし》、林藤十郎、阿比子《あびこ》善十郎、中村元勝《もとかつ》らを付属させ、その所領を安堵した。慶長十一年には、徳川氏の蔵入地を含む知多郡一〇万石も忠吉に加増され、緒川城主水野氏は、三河新城《しんしろ》（新城市）に転封《てんぽう》となり、河和の水野（戸田）氏と師崎の千賀氏一族は忠吉に付属、横井一族もこのころまでには忠吉へ付属したものと考えられ、忠吉による尾張一国の一円支配が確立した。

関ヶ原の合戦後の戦後処理によって、豊臣系大名八八家の改易《かいえき》と五家の減封、転封が決定するとともに、徳川氏直轄領は四〇〇万石に増加し、徳川氏の一門、譜代《ふだい》六八家が大名となって三河をはじめ関東・東海・甲信などの徳川氏の旧領国に配置された。これによって幕藩体制の大枠がつくられたが、西国には、有力な豊臣恩顧の大名が集まり、毛利《もうり》・島津《しまづ》などの旧族大名などの勢力も存在した。

家康は、娘婿《むすめむこ》にあたる播磨姫路《はりまひめじ》の池田輝政《てるまさ》を中国以西の備えとし、京より東に近江佐和山《おうみさわやま》の井伊直政《いいなおまさ》、美濃加納《みのかのう》の奥平信昌《おくだいらのぶまさ》、同大垣《おおがき》の石川康通《やすみち》、尾張清洲の松平忠吉、伊勢桑名《くわな》の本多忠勝《ただかつ》、越前北庄《えちぜんきたのしょう》の結《ゆう》城《き》秀康《ひでやす》ら、一門・譜代が配置された。なかでも尾張は、京都・大坂への軍事的な抑えとして最重要拠点に位置し、徳川氏一門の有力大名による領国支配をめざした家康は、歴戦の軍団として知られた東条《とうじょう》松平家譜代の家臣《かしん》団甚太郎衆《じんたろうしゅう》を擁し、大坂、伏見《ふしみ》にあって家康の代理として政治的役割をはたす実力を有した忠吉を配したのである。

家康は、慶長十年、将軍職を秀忠《ひでただ》にゆずり、九男の義直《よしなお》を頭に、のちに御三家《ごさんけ》の祖となる頼宣《よりのぶ》（紀州《きしゅう》）・頼房《よりふさ》（水戸《みと》）らを伴って駿府《すんぷ》に隠居し、そこで大御所《おおごしょ》政治が行われた。この時期、家康は駿府にあって、強力なブレーンとともに、徳川権力の強化、幕藩体制の組織化を押し進め、駿府政権は、全国統治の中心として機能し、多彩な側近がその運営にあたるなど、江戸の秀忠政権とのあいだで二元政治が展開した。

一方、家康の期待をになって尾張を統治した忠吉は、慶長十二年三月、江戸への参勤の帰途、二八歳で死亡し、継嗣《けいし》がなく絶家となったため、義直が甲府《こうふ》から清洲に転封となった。当時六歳の義直は、弟たちとともに駿府の家康の元にあり、実際の政務は守役の平岩親吉《ちかよし》が犬山城にあって行った。尾張の地は、関東に本拠をおいた幕府にとって西への備えの最重要地点であり、有力な一門による統治が不可欠とされ、強力な親藩《しんぱん》の創設が重要課題であった。家康の元にあった幼少の義直を配することによって、尾張は、この駿府政権の直轄地としての性格を強化することとなった。

慶長十五年からはじまった名古屋城の築城は、西国統一を完成させる試金石であり、名古屋城は、義直の居城というより、徳川氏のための城として建設された。ちなみに名古屋城における本丸は、江戸時代をとおして、将軍の宿泊所であり、藩庁の中心と藩主の居所は二の丸におかれた。築城にさきだって、慶長十三年、家康は木曽《きそ》川左岸に大堤防をつくらせて名古屋城外郭の第一線を固め、元和元（一六一五）年の木曽山の尾張藩付属を頂点として、日本の中心、東海の喉元《のどもと》に強固な直轄地をきずいていった。

駿府政権は、尾張のみならずのちに御三家となる他の二家をほぼ同時に創出するが、そのなかにあって尾張藩はまさしく駿府政権の嫡子としてうみだされた。尾張藩主となった義直には、尾張国四七万二三〇〇石余に加え、幕臣から付属した家臣の領知高も含め、美濃で一二万七〇〇〇石余、三河・近江・摂津《せっつ》で一万石余が加増され、公称総石高は六一万九五〇〇石とされた。このほかに、義直に嫁した春姫の化粧料《けわいりょう》として家康から贈られた豊富な木材資源を有する信濃《しなの》国の木曽山があり、木曽・裏木曽地域、木曽川・飛《ひ》驒《だ》川流域、長良《ながら》・揖斐《いび》川水系の政治・経済・軍事上の要地として幕府直轄領とされた村々が尾張藩領に組み込まれ、基盤の強化がはかられた。

また家康は、御三家の設立にあたって、駿府政権の有力な側近を各家に家老《かろう》として付属させた。彼らは「付家老《つけがろう》」ともよばれ、江戸時代をつうじて代々各家につかえ、筆頭家老の地位にあって藩政を指導した。義直に付属した成瀬正成《なるせまさなり》・竹腰正信《たけのこしまさのぶ》は、駿府で義直の傅《ふ》および後見《こうけん》としてその育成にあたったが、義直にかわって尾張の領国統治を行っていた平岩親吉が慶長十六年に没し世嗣《せいし》がなく改易となると、尾張執政として駿府奉行人のまま尾張の領国統治を行った。

元和二年四月、家康が没し、同七月、一七歳の義直は、はじめて尾張に入部をはたした。義直の尾張入部に伴い成瀬正成が犬山城にはいり、竹腰正信は在所を美濃今尾《いまお》(岐阜県海津《かいづ》市)として、付家老を中心とした家臣団の再編成が行われた。さらに滝川忠征《ただまさ》・阿部正興《まさおき》ら経験豊富な家臣の年寄《としより》就任によって、藩体制の安定化がはかられ、ついで目付《めつけ》・城代《じょうだい》などの役職が定着し、元和年間(一六一五〜二四)には、藩体制の中核が形成された。

尾張藩の家臣団構成は、その成立の経緯を反映し、武蔵忍以来の松平忠吉の家臣団と駿府時代からの義直の家臣団に、「幕下御付属衆《ばくかごふぞくしゅう》」とよばれた家康直系の幕府からの付属組と義直の母の外戚や、夫人との婚姻によって家臣となった家が加わって形成された。石高《こく》では、前記成瀬・竹腰両家の三万石を筆頭に、石河・志水・渡辺の一万石を超える三家をはじめ「幕下御付属衆」が高く、ついで領地とのつながりが強い尾張の在地武士たちが高禄を有した。在地武士層としては、横井・生駒・兼松・中村・毛利・津田・沢井・下方《しもかた》などがあげられるが、石河・山村・千村《ちむら》・千賀などの「幕下御付属衆」もまた、西美濃・木曽・知多に勢力を張った在地武士層であった。

尾張藩の給知高は、寛永期（一六二四～四四）で四五万四六六五石（給人八八五人）、安政元（一八五四）年で、四八万八六三三石（給人一三二一人）である。近世をつうじて、給人の給知高が細分化する傾向はあったが、全領地に給知の占める割合に大きな変化はない。給知制は形骸化の傾向をたどったとはいえ、戦国期以来の給知と給人のつながりは強く、尾張藩の給知支配が複雑な様相を呈する一要因ともなったのである。

三河諸藩の成立●

三河においては、吉田《よしだ》（豊橋《とよはし》）一五万石の池田輝政が播磨国へ、岡《おか》崎《ざき》一〇万石の田中吉政《よしまさ》が筑後《ちくご》国へ転封し、そのかわりに、吉田城へ

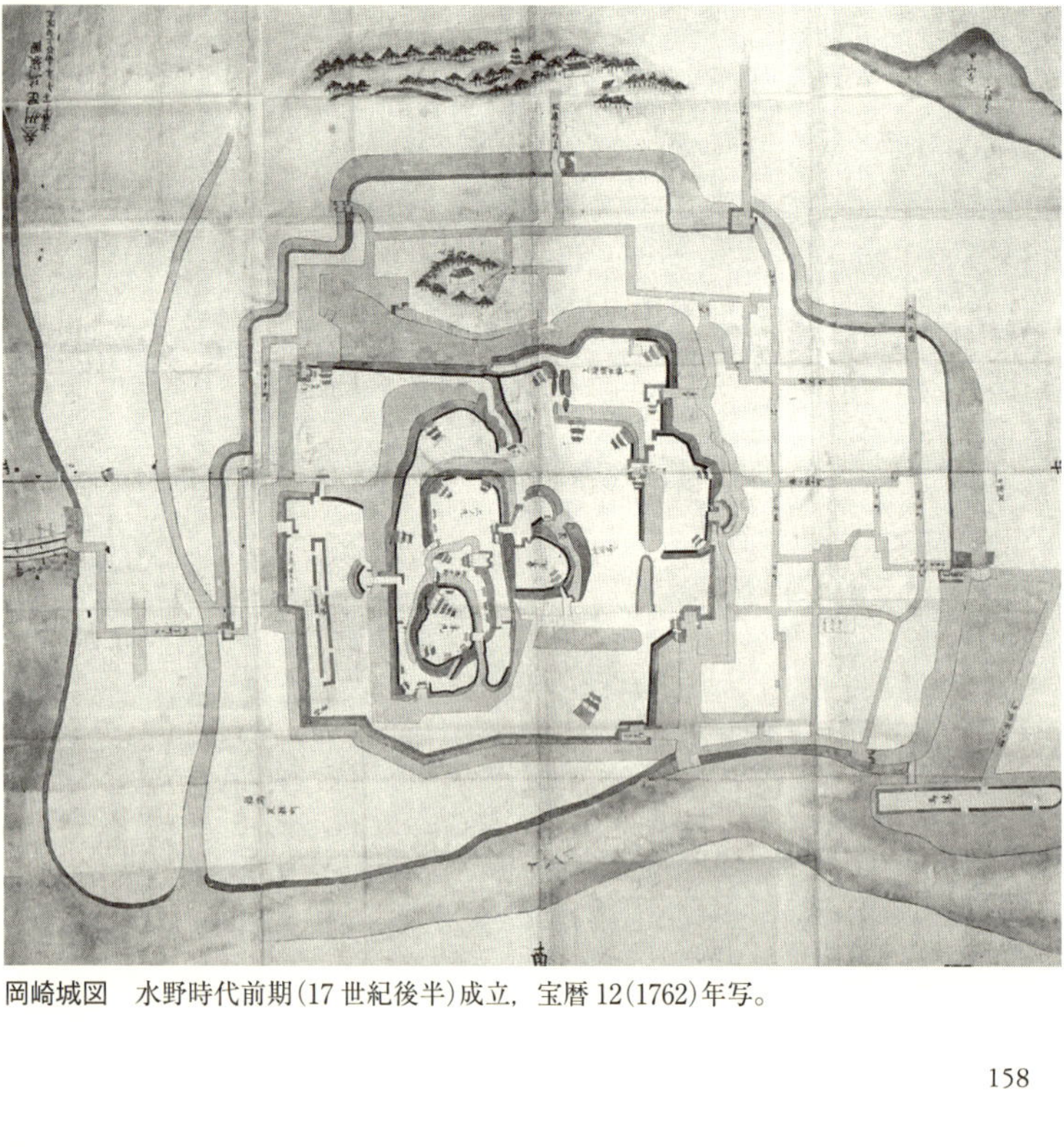

岡崎城図　水野時代前期（17 世紀後半）成立，宝暦 12（1762）年写。

「御同国之御方様」

この言葉は田原《たはら》藩の元文元（一七三六）年の日記で使われている。「御同国《ごどうこく》」とはもちろん三河《みかわ》国のことである。田原藩主が幕府から参勤交代《さんきんこうたい》の組み合わせの変更を指令されたことの通知や、着城・出府の通知をそのつど「御同国之御方様《おかたさま》」九家にだした。このうちの五家は吉田《よしだ》・岡崎《おかざき》・西尾《にしお》・刈《かり》谷《や》・挙母《ころも》の城主たちである。ほかに貞享元（一六八四）年に一万石を加増されて大名となり、三河には四〇〇〇石の知地地《ちぎょうち》しかないが、奥殿《おくどの》村（岡崎市）に居所を定めた松平《まつだいら》家が含まれた。あとの三家は交代寄合《こうたいよりあい》である。

西郡《にしのこおり》の松平家は、吉田藩主松平忠清《ただきよ》の無嗣断絶後、弟清昌《きよまさ》に五〇〇〇石があたえられて再出発した。新城《しんしろ》の菅沼《すがぬま》家は、正保四（一六四七）年に丹波《たんば》国亀山《かめやま》城主菅沼定昭《さだあきら》が嗣なくして没し、封地《ほうち》をおさめられたが、二人の弟定実《さだざね》と定賞《さだよし》に設楽《したら》郡内であわせて一万石があたえられ、そのうち定実が七〇〇〇石を知行し、先祖の旧地野田《のだ》に近い新城に居所を定めたことにはじまる。大崎《おおさき》（豊橋《とよはし》市）の中島《なかじま》家は、慶長期（一五九六〜一六一五）に三河湾の御船奉行をつとめ、この地に六〇〇〇石余りの知行地をあたえられ、湾内を見渡せる場所に陣屋《じんや》をいとなんだ。その後この任務は消滅したが、近世をつうじてこの地に居住し、年末に出府して歳首を賀することを例とした。

以上の九家が、田原三宅《みやけ》家によって、知行高の大小に関係なく連絡をとるべき三河国内の領主として認識されていた。「御同国」意識がいつごろからあるのかは今後の課題であるが、三河の諸藩をこうした視点でとらえることは必要であろう。

は松平家清《いえきよ》が三万石で、岡崎城へは本多康重《やすしげ》が五万石で入城した。

吉田・岡崎といえば、豊臣方が江戸の徳川家康にそなえて、東海道《とうかいどう》沿いに豊臣系有力大名を縦列的に配置した戦略を三河で引きつぐ重要な拠点であり、輝政・吉政はそれにふさわしい大大名であった。これに対して家康は、その二分の一、三分の一の規模の大名を配した。規模こそ小さいが、徳川家とは特別な縁故のある両人であった。

松平家清は、のちにいう「参河松平十八家」(『柳営秘鑑《りゅうえいひかん》』)の一家である竹谷《たけのや》松平家の出で、家康から天正九(一五八一)年に「家」の字をあたえられ、異父同母の妹をめあわせられた間柄であった(『寛政《かんせい》重修諸家譜《ちょうしゅうしょかふ》』)。武蔵国内一万石からの吉田入城である。

慶長十七年、吉田城では、つぎの忠清の代に無嗣断絶し、深溝《ふこうず》松平家の忠利《ただとし》が入城した。寛永九(一六三二)年忠利の死後、その子忠房は刈谷《かりや》に転封された。刈谷からは水野忠清《ただきよ》が四万石で入城した。同十九年に忠清が転出すると、駿河国田中から水野忠善《ただよし》が入城し、すぐに岡崎へ転封する。

岡崎城をあたえられた本多康重は、これも永禄五(一五六二)年に「康」の字をあたえられ、家康のそば近くで歴戦した武将で、その功により上野国《こうずけ》白井《しらい》城二万石からの加増入封である。のちに家康から「我初め弓箭《きゅうせん》をとりて此地よりおこれり、汝が家累世《るいせい》忠功を抽《ぬき》んずるがゆへにこの城をたまはる」との言葉をもらったという(『寛政重修諸家譜』)。岡崎城は特別な意味をもつ城であった。こののち、本多氏四代を経て、正保二(一六四五)年に水野忠善が入城した。

西尾《にしお》城へは本多康俊《やすとし》が二万石で入城した。本多康俊もまた家康から「康」の字をあたえられた。なによりも彼の母は家康の祖父である松平清康《きよやす》の娘であるので、家康とは従兄弟同士であった。元和三(一六一七）年に康俊が近江国膳所《ぜぜ》に移されたあとに、大給《おぎゅう》松平家の成重《なりしげ》が入城したが、わずか四年で転出すると、子の本多俊次《としつぐ》が三万五〇〇〇石で戻された。つぎの西尾城主は寛永十五年就封の太田資宗《すけむね》であった。

「参河松平十八家」のうちの深溝松平家の忠利は、慶長六年二月、父が遺した下総《しもうさ》国香取《かとり》郡小美川《おみがわ》城にかえて深溝（額田《ぬかた》郡幸田《こうた》町）の本領をのぞみ、許されて一万石を領し、西郡《にしのこおり》（蒲郡《がまごおり》市）を居所とした。しかし、同十七年には三万石で吉田に移され、本領をはなれた。その後、深溝村へは慶長十九年に板倉重昌《しげまさ》がはいった。父の遺領を相続して大名に昇格したが、三河国内で一万石を領するのは寛永期（一六二四〜四四）の検地《けんち》以降であった。寛永十六年、重矩《しげのり》による遺領相続のさい、弟への知行分けにより、ふたたび三河に一万石をもたなくなる。居所は碧海《へきかい》郡中島《なかじま》（岡崎市）に移された。寛文期（一六六一〜七三）に三河一万石余を含む五万石となるが、まもなく転出した。形原《かたのはら》松平家の家信《いえのぶ》は、大名としてはわずかに元和四・五年だけ、本領形原（蒲郡市）を居所とした。

刈谷城へは、すでに秀吉によって水野忠重《ただしげ》が配されていた。秀吉亡きあとは家康に「昵近《じっきん》」し、「急難のときにあたりてはかならず来りて守護する事神妙なり」との言葉をもらうほどであった。忠重は家康の母の弟であり、家康とは叔父甥の関係である。慶長五年七月に横死し、長男勝成《かつなり》に遺領があたえられた。刈谷藩の始まりである。勝成が倍増の六万石で大和郡山《やまとこおりやま》に転封すると、翌元和二年、弟の忠清が入城した。そして寛永九年に吉田城主松平忠房といれかえられた。

また水野忠重の次男忠胤《ただたね》は関ヶ原合戦に功をあげ、三河国内で一万石を得たが、同十四年に死罪となり、家は断絶した。別に、忠重の甥分長《ちかなが》が同十一年に尾張国知多郡緒川から一万石で新城に移された。分長はそののち徳川頼房に付属させられて新城をはなれた。新城は息子の元綱《もとつな》にあたえられたが、正保二年、上野国安中《あんなか》二万石へ転出した。以後、新城は大名の居所とはならない。

水野氏よりもっと近い血縁関係にあったのが、慶長七年、近江・三河で一万七〇〇〇石をもらい、作手《つくで》（新城市）を居所とした松平忠明《ただあきら》である。忠明は、家康の娘亀姫《かめひめ》を母とし奥平信昌を父とした。信昌はこのとき美濃国加納《かのう》（岐阜市）一〇万石の領主であったので、父にかわり奥平家の旧地《きゅうち》を復した。同十五年には伊勢国亀山《かめやま》城五万石に転じ、これ以後、作手を居所とする大名はいない。

三河の周縁部には、戦国時代以来の旧領主が、いずれも一万石で復した。伊保《いぼ》（豊田《とよた》市）には慶長五年に、もともとは尾張国愛知《あいち》郡岩崎《いわさき》（日進《にっしん》市）の城主で、織田信長《のぶなが》・信雄に属した丹羽《にわ》氏次《うじつぐ》が入部した。岩崎と伊保とは伊奈《いな》街道上の尾三の国境をはさんで接する地である。氏次は関ヶ原合戦時には岩崎に戻り、城塁を修造して守衛し、石田方の美濃国岩村《いわむら》城を攻めた。寛永十五年、息子の氏信《うじのぶ》は岩村城主二万石で転出した。伊保にはその後は大名はおかれず、天和元（一六八一）年になって本多忠晴《ただはる》が一万石で入部した。その支配も宝永七（一七一〇）年までで、以後は大名の居所とはならない。

伊保にほど近い衣《ころも》（挙母《ころも》、豊田市）には慶長九年に三宅康貞《やすさだ》が転封してきた。康貞は衣に隣接する梅坪《うめがつぼ》を領有していたが、信長に追われ、家康につかえて「康」の字をもらい、武蔵国に五〇〇〇石を得ていた。三宅氏はつぎの康信の代に一旦伊勢国亀山に転封し、寛永十三年に復した。

加茂《かも》郡足助《あすけ》（豊田市）は成瀬氏の本拠である。関ヶ原合戦後、正成が加茂郡に一万石の加増をうけた。元和二年、尾張徳川家の付家老として犬山城を拝領したさい、三河の一万石は子之成《ゆきなり》が引きついだが、寛永十五年に無嗣断絶した。そののち本多家一万石が足助に陣屋《じんや》をおくが、三河だけが所領ではなく、また短期間で旗本に家格をさげてしまった。

「奥郡《おくごおり》」とよばれた渥美《あつみ》半島の田原《たはら》には、慶長六年、戸田尊次《たかつぐ》が先祖の旧地であるとの理由で戻されてきた。父忠次《ただつぐ》と尊次は、長久手《ながくて》合戦に際して尾張国知多郡大野湊《おおのみなと》から伊勢に発進し、九鬼嘉隆《くきよしたか》とたたかった海の武将である。したがって田原城に尊次を封ずることは、三河湾を押さえるうえで有効と考えられたのであろう。

慶長期から寛永期に、三河の領地内に居所を定めた大名は、いずれも徳川氏と三河の地に深い縁故をもつものたちであった。この時期の三河における知行宛行《ちぎょうあてがい》は、三河に発祥した徳川氏の権力を復元するかのようである。その後の変動もそれほど大きなものではなく、草創期のこの大名配置の特徴が、近世をつうじてうけつがれていったが、吉田・岡崎・西尾・刈谷・衣・田原の諸城のなかには、十八世紀なかばまでは頻繁に大名家の入替えのある城もあった。

幕府直轄領●

慶長九（一六〇四）年には、三河国内直轄領の検地が実施された。これは三河だけのことではなく、遠《とお》江《とうみ》・駿河《するが》・相模《さがみ》・武蔵・越後《えちご》・和泉《いずみ》などでも実施された。三河の総奉行は米津親勝《よねきつちかかつ》がつとめた。検地にあたった多くの奉行のうち、三河の代官からは三浦直正《みうらなおまさ》と彦坂光正《ひこさかみつまさ》の二人がつとめた。この時期、ほかに鳥《とり》山精俊《やまきよとし》、菅沼三照《すがぬまみつてる》、三宅岩木、松平親宅《ちかいえ》、畔柳《くろやなぎ》寿学、鈴木了弥、浅井金右衛門など多くの代官がいたが、彼らの名前はでてこない。

検地は土地を測量するだけではなく、生産力を米の高で決定していく事業でもある。今回は地勢の変化にとむ三河国にもかかわらず、上田《じょうでん》一反（約一〇アール）当り一石四斗ではじめて、以下中田《ちゅうでん》、下田《げでん》は二斗ずつさげ、上畠《じょうばた》は一石三斗で、これも以下二斗ずつさげ、屋敷は一石三斗と、一律に決定した。

このような直轄領の数量による把握は、その年貢米の計画的消費を可能にする。慶長検地の前後、三河の年貢米が御馬湊《おんま》（豊川市）から船積みされて三河湾から伊勢湾にはいり、揖斐川をさかのぼって、栗笠《くりがさ》・津屋《つや》の川湊で陸揚げされたことがあった。幕府による彦根《ひこね》城と伏見城の普請の扶持米として送り込まれた。近世初期の三河直轄領の役割が確認できる。

寛永期（一六二四～四四）になると、多くの代官によって分轄されていた直轄領は、鳥山精明《きよあきら》・鈴木隆政《たかまさ》・松平親正《ちかまさ》の三代官による支配に統合されてきた。ただし、松平は遠江代官でもあり、また設楽郡北部は信濃代官の支配をうけるというように、国境が代官支配の境界とはなっていない。歴史的・経済的な三国交流を反映したものといえる。

鳥山精明は叔父精俊の養子となり、二代目の代官となった。幡豆《はず》郡東条《とうじょう》（西尾《にしお》市）に本拠をおいた土着の家である。ついで、精元《きよもと》、精永《きよなが》と代官職を世襲した。しかし、精永は元禄十一（一六九八）年、分限

鳥山精元座像

不相応に多くの「婢女《ひじょ》」をかかえ、行状も悪いとの理由で追放処分となった。父精元は同十四年に辞職したが、年貢勘定に欠損をだしていた（『寛政重修諸家譜』）。

鈴木隆政の祖父重直《しげなお》は家康につかえ、幡豆郡前後村《ぜんご》（同）に宅地をあたえられ、近辺の水患の地を開発した。父隆次《たかつぐ》は慶長十四年から三河の代官をつとめ、その新開の地一二〇石の知行を許された。隆政は父の職を引きつぎ、宝飯郡牛久保《うしくぼ》（豊川市《とよかわ》）に役所をかまえた。その子重政も代官をつとめた。ところが「代々職にあるうち負金」あることをとがめられ、しばらく家督相続が許されず、結局一代おいて孫による相続はできたが、代官とはなれず、勘定奉行《ぶぎょう》支配となって知行地に住した。

松平親正の父親宅《ちかいえ》は永禄六（一五六三）年から家康につかえ、宝飯郡長沢《ながさわ》（同）で代官をつとめた。茶を献上したことが賞され、額田郡《ぬかた》土呂郷《とろ》（岡崎市）に宅地があたえられ、以後代々、諸役免除の朱印《しゅいんじょう》状が発せられた。代官職には天正十四（一五八六）年からつき、徳川氏が関東に転封されて中断したあと、慶長五年に再任された。このとき親正の兄親重《ちかしげ》が補佐を命じられ、父の死後、代官の職にあった。親重の子は病弱で勤仕せず、そのまま子孫は土呂郷に住した。親正は寛永六（一六二九）年から代官となり、ついで息子親茂《ちかしげ》、三男正周《まさちか》へと引きつがれた。正周の死後は、この家から代官はでていない。

以上のように、鳥山・鈴木・松平の三家は、いずれも土着の世襲代官家、ないしはそれに出自する家であった。それらが十七世紀末ないしは十八世紀初年以降に三河の代官に就任できないのは幕府の代官政策の一環であったと考えられる。幕府は主として年貢滞納を理由に代官を大量に処分した。彼らの多くは在地土豪の系譜を引くものたちであった。つまり同一地域を世襲して支配することの弊害が問題とされたのである。鳥山・鈴木が損金を弁償しおえて家の存続を許されたのは、幸運だったというべきであろう。

天和三（一六八三）年、東海道赤坂宿《あかさかじゅく》（豊川市）に代官役所が設立され、国領重次《こくりょうしげつぐ》が赴任した。以後、国領を含め吏僚型代官が頻繁に交代して三河の幕府直轄領を支配した。

旗本知行所●

三河に知行所をもつ旗本は、慶長十九（一六一四）年には三五家、寛永十二（一六三五）年には四四家、そして元禄十二（一六九九）年には六四家が数えられる。しだいに増加していることの主たる理由は、将軍権力強化のための旗本の創出や加増による。とくに元禄の増加が著しいが、これは地方直《じかたなお》しにもよっている。地方直しとは、旗本の俸禄《ほうろく》を蔵米《くらまい》から知行地に替えることである。寛永十年に一〇〇〇石以下の旗本に二〇〇石ずつ加増し、蔵米取りのものには知行地で支給し直し、二〇〇石を加増した。このとき加茂郡酒呑《しゃちのみ》（豊田市幸海町《こうかい》）の鈴木家が加増された。

元禄十年の地方直しは、五〇〇俵以上の蔵米取りの旗本が対象であった。京極《きょうごく》家が五郡二一カ村五〇〇〇石に直された。御馬村に陣屋をおいたが、宝永六（一七〇九）年に無嗣断絶する。沼《ぬ》間《ま》家も五〇〇〇俵をかえられ、五郡二八カ村に知行所をもった。ただし、わずかに五年たらずで無嗣断絶した。碧海郡大《おお》浜《はま》（碧南市《へきなん》）に陣屋をかまえることになる松平家は、一〇〇〇俵が知行地に直され、さらに常陸《ひたち》国と上野国と美濃国にあった四〇〇〇石のうち美濃の五〇〇〇石を弟に分知《ぶんち》し、すべて四五〇〇石を三河に得た。

この地方直しに伴って、関東から三河に知行替えとなった旗本がかなりいた。額田郡内に陣屋をおく旗本に、保久村《ほっきゅう》（岡崎市）石川家四〇〇〇石、本宿村《もとじゅく》（同）柴田家三五二四石、土呂村（同）鍋島《なべしま》家五〇〇〇石があった。碧海郡内に陣屋をおく旗本に、安城《あんじょう》村（安城市）久永家四〇〇〇石、大浜村の金田家四〇〇〇石があった。なお金田家は元禄十四年に美濃国に村替えとなり、三河の知行所はなくなる。一色家は宝飯郡赤根《あかね》（豊川市）に陣屋をおき、三五〇〇石を支配した。

地方直しは蔵米一俵に対して知行地一石の勘定で、知行高の四割の年貢が取れることを想定してある。しかし、農業には豊凶の変動があり、年貢を負担する農民の動向もあり、想定どおりいかないことがままあった。また広範囲に分散する知行所は、旗本の知行所掌握に制約となった。ここにあげた旗本はいずれも大身《たいしん》であったが、このうち京極・沼間・柴田・鍋島・一色の各家は三河とはなんの縁故もない新来の旗本である。

2　近世前期の経済

名古屋城下の成立と商人●

慶長十四（一六〇九）年一月、名古屋城の築城と清洲からの遷府が正式決定され、翌十五年からはじまる築城によって、城下町《じょうかまち》名古屋が誕生することとなった。当時の尾張は、大坂方への最前線基地にあたり、防衛上不安のある清洲からの府城の移転が必要とされた。ただし、名古屋が遷府先として選ばれたのは、防衛上の利点とともに城下町としての都市的発展に期待された結果でもあった。

江戸・駿府に続いて家康の城下町建設の最後の都市となった名古屋は、広い名古屋台地上という地形上制約の少ない立地条件もあり、近世城下町としてもっとも完成度が高く、家康の理想を実現した城下町とされている。城郭は、逆三角形に南北に広がる台地上の北西端部にきずかれ、もっとも高い部分に本丸がおかれ、二の丸・西の丸さらに西北の低地深井丸《ふけのまる》を含む内郭の南と東側を囲む三の丸に重臣の屋敷が配置された。三の丸の南には、いわゆる「碁盤割《ごばんわり》」と称される規則的な区画割がなされた町人の居住区が設けられ、城郭と碁盤割を囲むように、武家の居住区、武家地の周辺に寺町、さらに城下の周辺には足軽《あしがる》などの組屋敷が配置されたのである。

町割において、名古屋は、城下町としての基本要素をそなえているものの、城下町の特徴とされる、街路の食違いや屈折などがきわめて少ない。町割は整然と規則的で、城郭の外郭や街路は直線的で町の中央を南北に貫通する本町通《どおり》は、熱田《あつた》の大宮の門前から熱田港へ直結していた。名古屋の町割が、外へむかって発展する要素をそなえたものであり、都市としての新しい時代に応じた、合理性・経済性を重視したものであったことが認められる。

「清洲越し」とよばれる清洲からの遷府は、慶長十八年から元和年間(一六一五〜二四)のはじめにかけて行われ、武士はもちろん、住民を含め各町とも町ごとの移転が行われた。寺社もまた、清洲にあったほとんどの寺社が名古屋に移り、各宗派ごとに配置された。多くの商工業者が、清洲から名古屋に移住し、新しい町を形成し、このとき清洲より移住した商工業者たちは、「清洲越し」の町人として後々まで名古屋商人の中核をになったのである。

江戸時代前期にあっては、清洲越しの商人のなかでも、藩からなんらかの扶助や特権を保証されて、藩の御用をつとめる特権商人たちが活躍した。紺屋頭《こんやがしら》として尾張美濃領内の紺屋支配を藩から保証されていた小坂井新左衛門家や御用両替職をつとめた平田新六・同惣助家など、彼らの多くは、戦国期から織田氏や徳川氏とつながりをもち、また武士出身のものも多かった。

特権商人のなかでも特別な地位を有したのが、茶屋新四郎《ちゃやしんしろう》家であった。茶屋家は、家康の側近として朱《しゅ》印船《いんせん》貿易などでも活躍した茶屋四郎次郎清延《きよのぶ》の三男新四郎長吉を祖とし、家康が尾張藩初代藩主義直に付属させた家であった。尾張徳川家の呉服調達を請け負うとともに、尾張藩士に準ずる格式が認められ、将軍、老中《ろうじゅう》、大名諸家の接待、饗応も茶屋家の重要な仕事であった。寛文・延宝期（一六六一～八一）には、熱田海辺の新田開発も行い、一部は除地として藩から拝領となった。またさらに茶屋家には、藩費の貸出しによる利息収入や年貢として納入される木曽材の支給など特権的な収入が保証されたのである。

三河の城下町と商人●

中世から戦国期にかけて、三河に数々の城がきずかれたが、近世に引きつがれ、維持された城は、岡崎、吉田、西尾、刈谷、田原、衣《ころも》（挙母）の六カ城である。それぞれの城主は、政治・経済の中心として、城づくり、町づくりにつとめた。

岡崎では、水野忠善の時代の正保期（一六四四～四八）に城と城下町の完成をみた。本多康重による城下町整備のきっかけは、慶長十二（一六〇七）年の矢作《やはぎ》川大洪水であった。この洪水により八町《はっちょう》村が流失し、新しく伝馬《てんま》町ができ、籠田《かごだ》町ができ、城下一九カ町の成立となる。各町には庄屋・問屋がおかれ、これらを三人の町年寄がたばねた。町年寄を代々つとめた家の一つに、畔柳家がある。慶長年間（一五九六～一六一五）に連尺《れんじゃく》町に移住してきた三河代官畔柳寿学の子孫である。屋号を香具屋といい、質屋・酒造業をいとなむ有力商人であった。

城下を代表する商人には「八町越し」の商人が多かった。本陣を世襲した浜島家は、家康の朱印状により商人頭の地位にあり、「上々」との評判の〝駒爪《こまのつめ》〟（紡錘の銘柄）の運上《うんじょう》を徴収していた（『百姓伝記』）。また塩座や茶座を組織することが許された特定の商人がいた。さらに信濃産煙草《たばこ》の専売権を有する四軒の問屋もあった。木綿をあつかう豪商も多かった。桔梗屋と号した太田家は江戸とつながる木綿問屋で、十七世紀後半にもっとも栄え、質商や酒造にまで手を広げた。寺部一族や山本甚兵衛も大きな木綿問屋だった。また大河原家は繰綿問屋として江戸と取引していた。

　吉田の町づくりは池田輝政の時代に開始され、松平家清《いえきよ》入城後、竹谷松平氏二代、深溝松平氏一代、水野氏二代を経て、小笠原氏四代のおわる元禄十（一六九七）年には完成した。元禄元年には、表町・裏町各一二カ町で九九八軒が軒を連ねていた。魚《うお》町の魚市は、十九世紀初めに、「実に他国にまれなる大造の魚市なり」と描写された（『三河国吉田名蹤綜録《めいしょうそうろく》』）。船《ふな》町では吉田湊の船役をつとめ、その助成として、豊川《とよがわ》をくだってくる山方の産物一八品と船出する旅人から「上前」銭を徴収することが認められていた。

　西尾城は鎌倉時代以来のものであるが、天正十三（一五八五）年に家康の命により、三河国中から人足が動員され、築城されて近世につながる。その後、四代目城主の太田資宗が城下町を囲繞《いじょう》する総構えの修築を企て、次代城主井伊直好《なおよし》が明暦三

吉田城下の魚町（『三河国吉田名蹤綜録』）

（一六五七）年に完成させた。城下町には武士と町人が住み分けられておらず、百姓家も含まれていた。大きな商人に堺屋があった。薬王軒とも称した薬屋で、矢作川を使って、煙草・塩・木綿などの商売もしていた。また、鍋屋は元禄四年以来の金物屋で、平坂《へいさか》（西尾市）や牛久保（豊川市）産出の鋳物をあつかう卸問屋であった。

刈谷は、慶安五（一六五二）年の検地帳に「刈谷町」と記載されている。城下町の規模は小さく、正保年間（一六四四〜四八）には七カ町、一〇〇年後でも一〇カ町で、正徳二（一七一二）年の記録では、城町口門から東の町はずれまで約五九〇メートル、西の市原《いちばら》町まで約八六四メートルとなっている。この町には酒造家が多かった。元禄十年には八軒が市原湊や高浜《たかはま》湊から江戸に積みだしていた。なかでも冨田家は、承応二（一六五三）年に大坂鴻池《こうのいけ》から移り住み、刈谷で最初に酒造業をいとなみ、廻船をもつ大商人であった。しかし総じて商業は未発達であり、近世中期でも名古屋商人がはいりこんでいた。

田原城は、池田輝政が支城として増築したものを戸田氏三代が引きつぎ、つぎの三宅氏が寛文六（一六六六）年に完成させた。城下町には百姓家や田畑が混在した。戸数は、宝永元（一七〇四）年に三五七軒、同五年に四〇一軒である。

商人のようすはよくわからないが、元禄十一年に八人の酒造家がいた。このうちの七人に、宝永元年、城下町に割りふられた御用金一〇〇〇両のうちの四二五両が命じられた。残りは一二人に命じられているが、このものたちの職業はわからない。酒屋のうち、和田屋六太夫は名古屋の大商人田島屋の一家である。寛文期（一六六一〜七三）に新田開発ができるものもいたが、名古屋商人の活動がかなりみうけられる。

衣では、おそくとも元和年間（一六一五〜二四）には城郭と城下町づくりが行われ、八カ町が成立した。

三宅氏転封後は幕府代官により城が取りこわされ、つぎの本多氏は無城で、寛延二（一七四九）年に内藤氏が入封すると、幕府の援助により築造された。城下町商人で、宝永六年に田原で一二六石余の新田を開発した近藤彦右衛門がいた。

里の道・山の道・川の道・海の道●

徳川家康は、慶長六（一六〇一）年が明けると、さっそく東海道に伝馬《てんま》制度を定めた。三河・尾張両国内には、二川《ふたがわ》（豊橋市）、吉田、御油《ごゆ》（豊川市）、赤坂（同）、藤川《ふじかわ》（岡崎市）、岡崎、池鯉鮒《ちりゅう》（知立《ちりゅう》市）、鳴海《なるみ》（名古屋市）、宮《みや》（名古屋市熱田）の九宿が配置され、それぞれ伝馬三六疋の常備が定められた。交通量の増大に伴い、寛永十五（一六三八）年には一宿につき、人足一〇〇人・馬一〇〇疋に拡充された。

東海道を幹線道路として、ここから分岐し、またこれと交差するたくさんの道があった。まず吉田宿は中馬道《ちゅうまみち》の起点である。ここからの伊那《いな》街道は、幕末に「山湊馬浪《さんそうばろう》」と形容されるほどにぎわった新城をすぎて二ルートに分かれる。新野《にいの》峠を越える道は、交代寄合知久《ちく》氏のあずかる帯川《おびかわ》（長野県下伊那《しもいな》郡阿南《あなん》町）の関所を経て飯田（飯田市）に至る。

伊那街道は南では古宿《ふるじゅく》（豊川市）を経て小坂井《こざかい》（同）に至る。この街道を田口で分かれ、稲橋《いなはし》・武節《ぶせつ》（ともに豊田市）から美濃国恵那《えな》郡岩村にでる道もあった。吉田と新城の間の豊川は川の道でもあった。寛永期以来、幕府は中間の東上《とうじょう》（豊川市）に分一番所《ぶいちばんしょ》を設け、船荷に税をかけた。吉田湊からは海の道へとつながった。

三河湾岸の田原道は吉田宿と船倉《ふなくら》湊・田原城下と古田《こだ》（田原市）を結ぶ。古田は知多半島から多くの商人が店をだしてにぎわった湊である。また平坂道は東海道を小坂井で分岐して、御馬、西郡、竹谷、深溝、西尾、平坂に至る道である。二つの道は、ほとんどが領主の本拠地を通過する道であり、また湊をつなぐ道でもあった。

御油宿で分かれ、浜名《はまな》湖の北をとおり浜松に至る本坂《ほんざか》通がある。家康の遠《えん》州《しゅう》攻略のさい、案内者をつとめた近藤康用《やすもち》の子孫の一家が交代寄合となり、気賀《けが》（静岡県浜松市）の関所を管理した。なお、東海道の新居《あらい》の関所は、元禄十五（一七〇二）年以後は幕府直轄から吉田藩所轄となり、ここを通過する西三河の諸大名家の女性の証明書は田原藩で発行していた。

藤川宿からは吉良道が分かれる。里と海を結ぶ道である。ついで岡崎宿では七里《しちり》街道が分岐する。細川《ほそかわ》（岡崎市）、九久平《くぎゅうだいら》（豊田市）を経て、足助《あすけ》

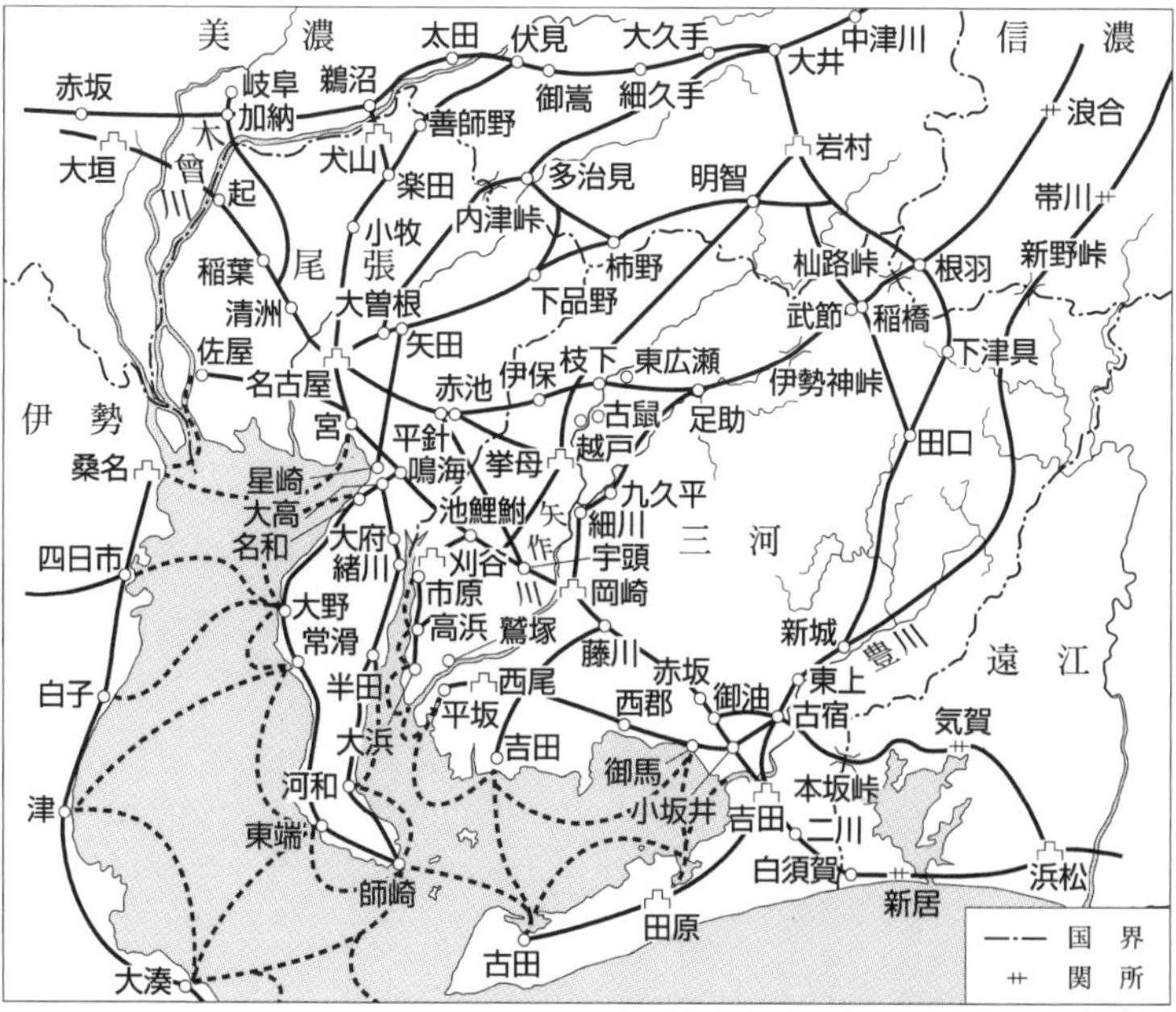

交通路略図

（豊田市）で伊奈街道と合流する街道で、足助街道ともよばれた。足助からさきは中山道大井宿《なかせんどうおおい》につうずる美濃道である。

七里街道は中馬道でもあり、吉良吉田辺りで産出する饗庭塩《あいばしお》が運ばれた。九久平からは巴川《ともえ》、ついで矢作川をくだり、鷲塚湊《わしづか》（碧南市）で海とつながる川の道を使うこともできた。矢作川を古鼠《ふっそ》・越戸《こしど》（ともに豊田市）まで遡航し、伊奈街道にあがるルートもあった。幕府は近世初期にさらに上流の東広瀬《ひがしひろせ》（豊田市）に分一番所を設置したが、享保三（一七一八）年に巴川との合流地の細川に移転して、通過荷物の税を取り立てた。

岡崎宿と池鯉鮒宿の中間に大浜茶屋（安城市浜屋町《はまや》）という集落があり、ここで挙母と大浜湊を結ぶ道が交差していた。挙母では大浜道とよんでいて、海と里をつなぐ道である。挙母からさきは山に分けいり、岩村に至る岩村道である。

三河と尾張の国境をまたぐ道には、まず岡崎宿をでて矢作橋をわたり、しばらくいった宇頭《うとう》（岡崎市）で分岐する名古屋新道がある。尾張からは岡崎街道とよばれ、平針《ひらばり》（名古屋市天白区《てんぱく》）で伊奈街道に合流するので、平針街道ともいった。この道は家康の命令でつけられ、平針には人馬が用意され、沿道の村々に掃除丁場が割りあてられた道である。

挙母と伊奈街道の赤池《あかいけ》（日進市）を結ぶ挙母街道も両国をつなぐ。その伊奈街道も武節、足助、伊保を経て尾張にはいり、赤池、名古屋城下に至る。逆にたどると、武節から信濃国にはいり、杣路峠《そまじ》を越えて根羽村《ねば》（長野県下伊那郡）をとおり、新城からの道をあわせて、知久氏のあずかる浪合関《なみあい》を通過して、飯田に至り、さらに信濃国の中心へとつながる。尾張、三河、信濃を結ぶ伊奈街道は中馬道の一つであり、大きくは名古屋を介して西国と東国を結ぶ道であった。
鳴海宿で南に分岐した道は大高《おおだか》（名古屋市緑《みどり》区）でまた分かれ、一方は大府《おおぶ》（大府市）、緒川を経て三河にはいり、刈谷城下から高浜（高浜市）、大浜へと至る大浜道となる。他方は名和《なわ》（東海《とうかい》市）から常滑《とこなめ》（常滑市）への常滑街道、さらに師崎《もろざき》（知多郡南知多町）へとのびる。緒川からは半島東岸を師崎までの道がとおる。知多半島からも多くの海の道が発した。

宮宿からは伊勢国桑名宿（三重県桑名市）まで「七里の渡し」であった。その脇街道が佐屋《さや》街道で、佐屋湊から桑名にわたる。宮宿からの美濃街道は清洲《きよす》（清須市）、起《おこし》（尾西《びさい》市）、大垣《おおがき》（岐阜県大垣市）など六宿を経て、垂井《たるい》宿（岐阜県不破《ふわ》郡垂井町）の手前で中山道と合流した。途中で分岐する岐阜街道は中山道加納宿（岐阜市）につうずる。以上の宮宿からの四ルートは、近世初期の将軍・大御所による京都・江戸往返を契機に整備されたものである。

名古屋城下と美濃を結ぶ道は、ほかに木曽街道があった。中山道伏見《ふしみ》宿（岐阜県可児《かに》郡御嵩《みたけ》町）と接続した。尾張藩主

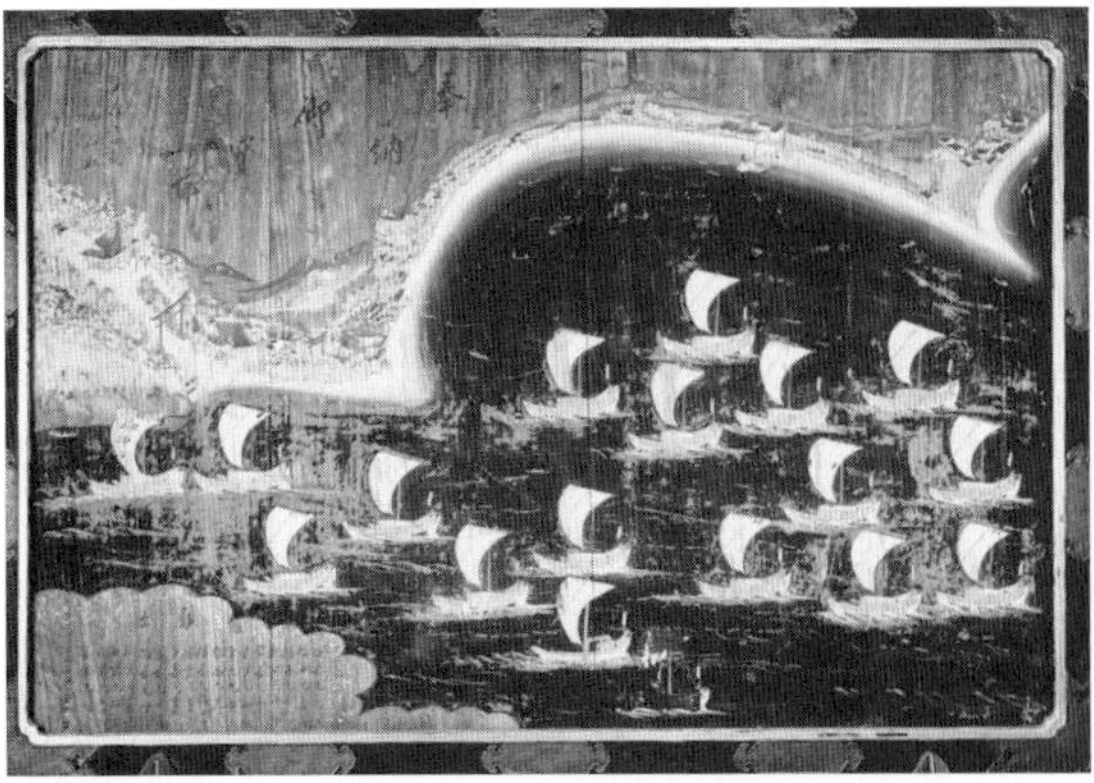

高浜湊絵馬　天保14(1843)年に春日神社に奉納されたもの。

や役人が江戸との往復に中山道を利用するときに使う道であり、藩領の木曽山につうずる道であるため、藩により二宿がおかれ、維持管理された。途中で、犬山城下（犬山市）を経て中山道鵜沼《うぬま》宿に至る犬山街道を分ける。

木曽街道が本街道とよばれたのに対し、下《した》街道とよばれた善光寺《ぜんこうじ》街道は、内津《うつつ》峠を越えて美濃にはいり、多治見《たじみ》（岐阜県多治見市）を経て大井宿に至る。大曽根《おおぞね》（名古屋市東《ひがし》区）の先で分かれ、矢田《やだ》（同）をとおって下品野《しもしなの》村（瀬《せ》戸《と》市）からふたたび善光寺街道に合流する水野街道があった。この道は根羽から美濃国内をとおる中馬道を途中であわせた。また、矢田と星崎《ほしざき》（名古屋市南《みなみ》区）を結ぶ塩付《しおつけ》街道は、星崎辺りの塩を北国に運ぶ道であった。

新田開発と村●

近世前期の尾張・三河は開発ブームにわいていた。尾張では、慶長十三（一六〇八）年から寛文十二（一六七二）年までの六五年間に、近世二六〇年間の新田開発高の五九％を開発したほどのスピードであった。その時期を代表する開発に、入鹿池《いるかいけ》と入鹿用水の修築がある。寛永五（一六二

「入鹿御地図」(天保 15〈1844〉年，旧『名古屋市史』資料)

八）年、春日井郡《かすがい》内に土着する六人の浪人が出願し、四年後に着工した。困難をきわめた築堤工事を河内《かわち》国浪人甚九郎の技術により完成し、圦《いり》（水の取入れ口）は畿内《きない》で学んだ一宮（一宮市）の宮大工が普請して、藩費一万一三六一両をついやし、同十年に約一六三万平方メートルの池ができあがった。

用水は木曽川からも引かれた。六人は新田頭に任命され、いかなる重罪人でもかまわないと集められた人びとや灌漑《かんがい》地域の村々により、総計一万石余の入鹿新田が誕生した。大部分が村内の新田として開かれたが、寛文二年の検地時点で一三の新田村もできた。

岡崎藩では、寛文五年に約二九万平方メートルの釜土池をつくった。その水を利用し、付近の上《かみ》村・下《しも》村・国江《くにえ》村・粟寺《あわでら》村・馬場《ばば》村（いずれも豊田市）がそれぞれ新郷を分村した。村高合計は八二四石余である。

右の二例は灌漑施設だけが藩費によっていたが、慶安二（一六四九）年に竣工した熱田新田（名古屋市中川《なかがわ》区・港《みなと》区）はすべて藩営であった。「尾張国一国の人夫をあつめ、只二、三日にもみしきり、河筋共をほりかへ、つきかへ」、約三九〇万平方メートルの新田をつくった。土地は「上土」で「年々満作する」との評判であった（『百姓伝記』）。

工事費は藩が負担し、敷金を出資する地主を募集する方式もあった。延宝七（一六七九）年開発の鳥ケ《とりがん》地前《じまえ》新田（弥富《やとみ》市）は、もと武士の鈴木四郎左衛門が開発請負人となり、名古屋町人九人・蟹江《かにえ》町人四人など一六人から敷金二〇〇〇両を集め、尾張藩に上納した。いっさいを鈴木が差配し、一六人は地主取り分の分配をうけるだけだった。五五万平方メートル余の新田の耕作者は、居付《いつき》百姓八人、近村からの入作《いりさく》百姓一一九人で、村というよりは広大な農地のおもむきであったろう。

多くの新田はその地の領主の奨励や支援のもとに、民間人によって開発された。茶屋新田（名古屋市港区）は寛文三年に、茶屋後《のち》新田（同）は延宝七年に、いずれも尾張藩呉服所をつとめた御用商人茶屋中島家によって開発された。このような町人請負新田は開発者を地主とし、その取り分を認めるかわりに年貢納入を義務づけるが、尾張藩は茶屋に二〇％ほどの拝領地をあたえ、残りを蔵入地とした。茶屋は領主から知行地をもらう家臣の待遇となり、特権を強めた。

清須新田（豊橋市）は、吉田宿本陣の清須屋が、寛文三年に吉田藩に願いでて開発した。懸廻し堤の締切りのために、船二艘に土をいれて沈めたが効果なく、土入りの酒樽五、六百個を沈めて成功した。四六万平方メートルほどの新田である。開発に従事した人足のうち一四人が藩より五〇平方メートル弱の年貢免除地を拝領し、鍬頭《くわがしら》として入植した。

矢作川河口付近の伏見屋新田は、寛文六年に江戸町人伏見屋又兵衛が幕府に出願した。八二万平方メートル余の新田から、伏見屋は一反（約一〇〇〇平方メートル）につき二斗の役米を徴収した。矢作川は洪水のたびに大量の土砂を押し流して海を埋め、その土砂が肥沃であるために「碧海郡の海浜に近来あまたの新田興り、米麦綿等を生ずることはなはだ多し」とは、遅くとも十九世紀前半までのようすである（「土《ど》性弁《せいべん》」）。

田原藩領で延宝五年に開発された山下新田（田原市）は、名古屋の両替商新六の手による。このとき購入した安原《あはら》新田（同）とともに、「百姓は末代、地頭は御代わり候へば已後のため」と藩役人の裏判のある証文が新六にあたえられた（「万留書之帳」）。この新六が平田新六だとすると、彼は知多郡において明暦二（一六五六）年に開発しており、広域に活動した新田開発業者だったということになる。

❖コラム

村の権益を守る闘い

寛永十五（一六三八）年九月、三河国《みかわ》設楽郡《したら》雁峯山《かんぽうざん》の利用をめぐり、北麓の宝飯郡《ほい》村々と南麓の設楽郡村々とが争った。「設楽郡之衆」が山にはいったところ、布里村《ふり》（新城市）と作手村《つくで》の百姓が人数をもよおし、鉄砲を打ちかけ、押太鼓を打ち、鬨《とき》の声をあげておそいかかってきた。たまらず近くの村に逃げ込むと、峰から大石をガラガラと崩しかけ、さらに鉄砲を打ち、「山に入ったら一人残らず打ち殺す」とよばわった。

以来半年も入山できなかったという「設楽郡之衆」の訴えにより、鳳来寺月蔵坊と幕府代官鈴木八右衛門が仲介し、「設楽郡之衆」に草・小柴・葺き萱を刈らせ、自家消費の薪は伐らせるが、舟木は伐らせないなどの条件で和解が命じられた（「雁峯山入会古文書」）。

貞享二（一六八五）年二月十九日、田原藩領今田村《こんだ》（田原市《たはら》）と吉田藩領谷熊村《やぐま》（同）との干潟出入の現地検分が両藩役人の立合いで実施された。干潟のモク（藻草、肥料用）の採取をめぐる村境争いが数年越しであり、最近ではたがいに「追いかけ廻し」「追い散らし」の実力行使をしていた。検分には両村から大勢が押しかけ、「口々に高声にて申し叫び」「わめき申し」、収拾がつかず、近所の寺に場を移したが、すぐに人びとでいっぱいになった。業を煮やした今田村のものどもが縁側に手をかけ、「何国までも出訴する」といって引きあげた。実際、幕府評定所《ひょうじょうしょ》へ出訴におよび、今田村が勝利した（「万留帳」）。

十七世紀、三河の山と海の争論。村は時としてみずからの権益をまもるために、激しい行動をも辞さないことがあった。

特異な例としては、寛文六年、竹腰三信による田原湾岸石塚新田（豊橋市杉山《すぎやま》町）三〇〇〇石の開発がある。この人物は尾張藩付家老竹腰正信の嫡男である。寛永十四年に病により出仕をやめ、父の死に際して藩主徳川義直より家督相続をのぞまれたが固辞し、高野山《こうやさん》で剃髪、その後、知多郡に寓居したという（『士林泝洄《しりんそかい》』）。新田開発は寓居中のことと思われるが、知多郡と三河とのつながりが興味深い。なお、この新田は延宝年間（一六七三〜八一）に堤の決壊により流失した。

3　近世文化の成立

城下町名古屋の文化●

近世都市名古屋は、徳川家康の意志によって尾張徳川家の拠点都市として創出された。新築名古屋城内と城の東西に多数の武士団が集住し、城の南部に碁盤割の街区がつくられ、清須や駿河から商人や職人が移住した。寺社もつぎつぎと建築され、僧侶や神職も移住してきた。近世初期の名古屋の文化は、こうした成立の事情によって藩主や藩の主導で外からもちこまれるものと、街道や舟運による商品流通の担い手としての有力商人主導によるものとがまざりあった。

名古屋城築城に伴って建築された本丸御殿や二の丸御殿などの殿舎には、多くの障壁画《しょうへきが》が描かれるが、これは幕府御用絵師の狩野《かのう》派の人びとによって描かれた。その後初代藩主義直は狩野門下の清野《きよの》一幸《かずゆき》・今《いま》村随学《むらずいがく》を招聘《しょうへい》して尾張藩御用絵師とし、名古屋に狩野派絵画を移植した。また武士団の刀剣《とうけん》・具足《ぐそく》をつくる職人のうち、美濃関《せき》出身の代表的刀工政常《まさつね》・氏房《うじふさ》・信高《のぶたか》や甲冑師《かっちゅうし》加藤彦十郎正勝らを御用職人として招聘し、発展の基礎をきずいた。

学芸や芸能に関するものも同様の性格をもっている。義直は駿府の家康のもとで養育されていた時期に、林羅山《はやしらざん》から朱子学《しゅしがく》と儒学神道《じゅがくしんとう》を学び、名古屋城二の丸に聖堂を建てた。家康の死後、家康の集めた書物は将軍家と御三家に分配される。義直は、この「駿河御譲本《おゆずりぼん》」を基礎に「御文庫《ごぶんこ》」を設立し、以後多くの書籍をここに集めた。そして、藤原惺窩《せいか》門の堀杏庵《ほりきょうあん》やその門下を儒者として招聘し、書籍の撰述・編纂にあたらせた。義直の代表的編纂書としては、『神祇宝典《じんぎほうてん》』『類聚日本紀《るいじゅうにほんぎ》』『(家康)御年譜』などがある。二代光友のときに「御文庫」の管理のため書物奉行が設置され、複本のあるものは、藩士に貸出しも行われ、その後の名古屋の学問発展に貢献した。芸能の面でも義直や光友は造詣が深く、義直は観世《かんぜ》流の小鼓、光友は金春《こんぱる》流の舞の名手であった。義直が将軍家光《いえみつ》の前で二三人の小姓と踊った「殿様踊」は評判となった。その歌は洒落《しゃれ》た色気のある歌詞であるが、儒者の堀杏庵がつくったといわれている。光友は側近に能

尾張藩「御文庫」(手前の建物，徳川慶勝撮影)

の舞方、囃方《はやしかた》、謡方《うたい》のいずれかを能役者程度に修得させ、藩の客の前で演じさせた。狂言《きょうげん》についても義直は、禁裏《きんり》御用をつとめた和泉《いずみ》流の山脇和泉元信を召しかかえ、以後山脇家は代々尾張藩の狂言師をつとめた。

名古屋に碁盤割の町人の町がつくられ、東海道・美濃路・中山道などの街道と熱田湊や堀川によって名古屋と全国が結ばれると、有力商人を主体とした文化も展開する。その代表的なものは俳諧《はいかい》であった。初期俳諧は京都の松永貞徳《ていとく》による貞門《ていもん》俳諧、続いて大坂の西山宗因《そういん》による談林《だんりん》俳諧、さらに松尾芭蕉《まつおばしょう》の蕉《しょう》風《ふう》俳諧へと流行は推移した。尾張では室町期から熱田神宮へ連歌《れんが》が奉納され、近世初頭には熱田近在の住人による多数の俳諧（熱田万句《まんく》）も奉納されていた。やがて名古屋の町が確立すると、名古屋や熱田を中心に中央の俳人の影響をうけた俳諧がつくられ、寛文四（一六六四）年には貞門俳諧の吉田友次《ゆうじ》による『阿波手集《あわでしゅう》』が刊行される。一三カ国三三八人の句が入集されているが、名古屋一五八人、熱田六人、鳴海六人、知多大野五人、犬山一〇人など、当時の町の規模を反映している。城下町名古屋のほか、熱田・鳴海は東海道の宿場、知多大野は尾張廻船の拠点、犬山は付家老成瀬氏三万五〇〇〇石の城下町であった。名古屋を中心とした尾張の拠点の町の有力者が俳諧の作家であったことが理解できる。

延宝五（一六七七）年には、大坂談林俳諧の西鶴《さいかく》の指導により樋口兼頼《かねより》編の『熱田宮雀《すずめ》』が刊行される。名古屋八九人、熱田六人、鳴海四人、知多大野三人など尾張作家のほか、伊勢湾をはさんだ対岸の伊勢山田四人、四日市《よっかいち》二人、桑名三人などの伊勢と、東海道と三河湾を海陸で結ぶ三河の岡崎六人、西尾九人、吉田（豊橋）一人、さらに木曽川をはさんだ美濃七人など、近世名古屋圏の広がりと、俳諧の広がりとが対応したものとなっている。貞享元（一六八四）年、江戸の談林風俳諧師であった松尾芭蕉は、俳風刷新をめざし『野ざらし紀行』の旅にでた。伊賀《いが》、大和《やまと》、山城《やましろ》、美濃、桑名を経て十一月に熱田の林桐葉《とうよう》らと風雅の交流をしたのちに名古屋を訪問した。このとき成立した「狂句木枯の身は竹斎に似たる哉」の芭蕉の発句《ほっく》による五歌仙《ごかせん》『冬の日』は風狂趣味にいろどられた蕉風俳諧確立の記念碑となった。発句に続く句の連衆《れんじゅ》となったのは、野水《やすい》（大和《やまと》町呉服屋、町代）・荷兮《かけい》（町医師）・重五《じゅうご》（上材木《かみざいもく》町材木商）・杜国《とこく》（上御園《かみみその》町の米穀商）・羽笠《うりつ》（桶屋弥右衛門）・正平《しょうへい》（未詳）である。いずれも、名古屋碁盤割に居をかまえる教養のある若い富裕な旦那層であった。芭蕉は翌年、翌々年と名古屋を訪問するとともに、熱田の桐葉や、鳴海の富商下里《しもさと》知足《ちそく》らと風雅の交流を重ねた。

三河の地域文化●

三河は尾張と異なり、刈谷藩・西尾藩・岡崎藩・吉田藩・田原藩などの譜代藩や幕府領、旗本領などに細分され、領主はつぎつぎと移動した。このため、領主の側が上から主導して、安定的に地域文化の発展に寄与することは困難であった。西尾藩は近世前期土井氏が藩主であった寛文期（一六六一～七三）に朱子学の井川《いかわ》春良《しゅんりょう》が藩士を教育し、やがて林信篤《のぶあつ》の弟子の国枝斎賢《くにえださいけん》が藩校文礼《ぶんれい》館の教授となった。延享四（一七四七）年に土井氏が刈谷へ転封となると、文礼館も刈谷へ移動する。刈谷藩は土井氏転封以前は三浦氏が藩主であった。三浦氏時代、刈谷藩には伊藤仁斎《じんさい》門の戸村恒斎《こうさい》や荻生徂徠《おぎゅうそらい》門の久津見京国《くずみけいこく》らがいたが、土井氏入封に伴い三浦氏は遠く美作《みまさか》国勝山《かつやま》（岡山県）へ転封となる。このように三河地域の領主的文化は、尾張徳川家のように幕初より幕末維新期まで名古屋を府城としてかわらなかった地域で、藩の文庫や藩の儒者、藩の出版などが地域にあたえた影響とは異なっていた。三河のような移動の多い小領主地域では、領主は在村の村役人層や町の有力商人に大きく依存し、彼らを地代官として在地運営をまかせた。

三河地域の文化は、このような人びとによって主導されていく。

儒学の面では、延宝九（一六八一）年に鳥原《とりはら》村（新城市）の庄屋の菅谷太次兵衛《すがやたじべえ》が京都の伊藤仁斎に入門する。菅谷は、元岡山藩士で王陽明《おうようめい》の学を講じ、のちに朱子学を好んだという近村の「隠士」夏目七左衛門に四書など基本的な儒学教育をうけていた。元禄元（一六八八）年、菅谷は近村八名《やな》郡大野《おおの》村（同）の商人戸村治兵衛をつれて仁斎のもとを訪れる。戸村は同村に移住してきた生田安渓《しょうだあんけい》に四書素読を学んでいた。当時、彼らの周辺の新城や鳳来寺の門前などにこうした好学の人びとが多くいた。彼らは、天命はうまれたときから定まっているとの考えに疑問をもち、みずからの主体的努力に意義をみいだす仁斎の考えに共鳴していくのである。こうした人びとは、領主と異なり代々地域に定着した。彼らや、その子孫は仁斎没後も伊藤東涯《とうがい》との師弟関係を続け、この流れは寛政期（一七八九〜一八〇一）にまでおよび、その後は国学や医学を学ぶものがうまれるのである。

三河の俳諧は、寛文四（一六六四）年の『阿波手集』、延宝五年の『熱田宮雀』など尾張の貞門や談林俳書に岡崎や西尾、吉田（豊橋）の武士・僧侶・富商が入集していた。貞享元（一六八四）年、芭蕉が名古屋で『冬の日』五歌仙をまいたことはすでにのべたが、このときの連衆の一人の米穀商坪井杜国は、翌貞享二年、空米《からまい》売りの罪で領内追放となり、三河の渥美郡保美《ほび》（田原市）へ隠棲する。貞享四年、芭蕉は名古屋の越人《えつじん》（染物屋）を伴い隠棲中の杜国をたずね、共に伊良湖《いらご》に遊び、「鷹ひとつ見付てうれしいらご崎」の名句を残した。翌元禄元年三月、芭蕉は杜国を伴って吉野行脚《あんぎゃ》に赴いた（『笈《おい》の小文《こぶみ》』）。杜国は、元禄三年三月に保美で死去するが、この地の俳諧は杜国の家僕家田《いえだ》与八郎に継承され、孫の家田路喬《ろきょう》の代には二〇人を超える門弟が輩出した。小藩飛地の陣屋役人や地代官などが中心勢力であった。杜国が死去した翌年の元禄四年、芭蕉は支考《しこう》・桃隣《とうりん》を伴い新城を訪問し、太田白雪《はくせつ》・菅沼耕月《こうげつ》宅に三泊して、十二吟《じゅうにぎん》の歌仙二巻をまいた。新城は七〇〇〇石の交代寄合菅沼家の陣屋がおかれた町であった。菅沼耕月は家老、太田白雪は菅沼家の代官・庄屋・御用達であった。以後、白雪を指導者とする蕉風俳諧が流行し、菅沼家中や新城の商人、鳳来寺の僧侶、周辺の村々の庄屋らがその主たる担い手となった。元禄後期になると白雪は、こうした俳人の句を収録した『俳諧曽我』『きれぎれ』『三河小町』『歳旦《さいたん》蛤《はまぐり》与市《よいち》』などの俳書をつぎつぎと刊行した。

　太田白雪は、元禄八年ごろから郷土史にも関心を広げた。白雪は正徳から享保期（一七一一〜三六）にかけて『大野辺聞書』『新城聞書』『新城雑旧記』『三河名跡志』などをあらわし、この面でも三河地域の指導者であった。三河で三河を冠する最初の地誌は宝永四（一七〇七）年に刊行された『絵入三河雀』である。著者は、東海道御油宿に土着する郷士の林五郎太夫であり、俳諧と剣法を行い、剣法門人五〇〇余人を擁したという。内容の豊富さからいって三

太田白雪の肖像と辞世（『雪なし月』）

河地誌の原点となるのは、元文五（一七四〇）年『三河国二葉松《みかわのくにふたばのまつ》』である。著者は白雪に師事した佐野知《とも》堯《たか》である。知堯は、宝飯郡下長山村《しもながやま》（豊川市）徳宝院《とくほういん》住職であったが、還俗《げんぞく》して寺子屋師匠として一生を送った。知堯は協力者として、白雪のほかに小笠原大弐《だいに》基長・三好三助紀隆《のりたか》・東泉坊教山《きょうざん》・渡辺自休《じきゅう》豊綱《とよつな》・渡部休伯堅の名をあげている。三好紀隆は西郡（蒲郡）の医師で、蕉門俳諧の加藤謙斎《けんさい》（烏巣《うそう》）の弟である。領主的支配の枠を越えた三河各地域の文化的交流が成立の基盤であった。

6章

近世社会の展開

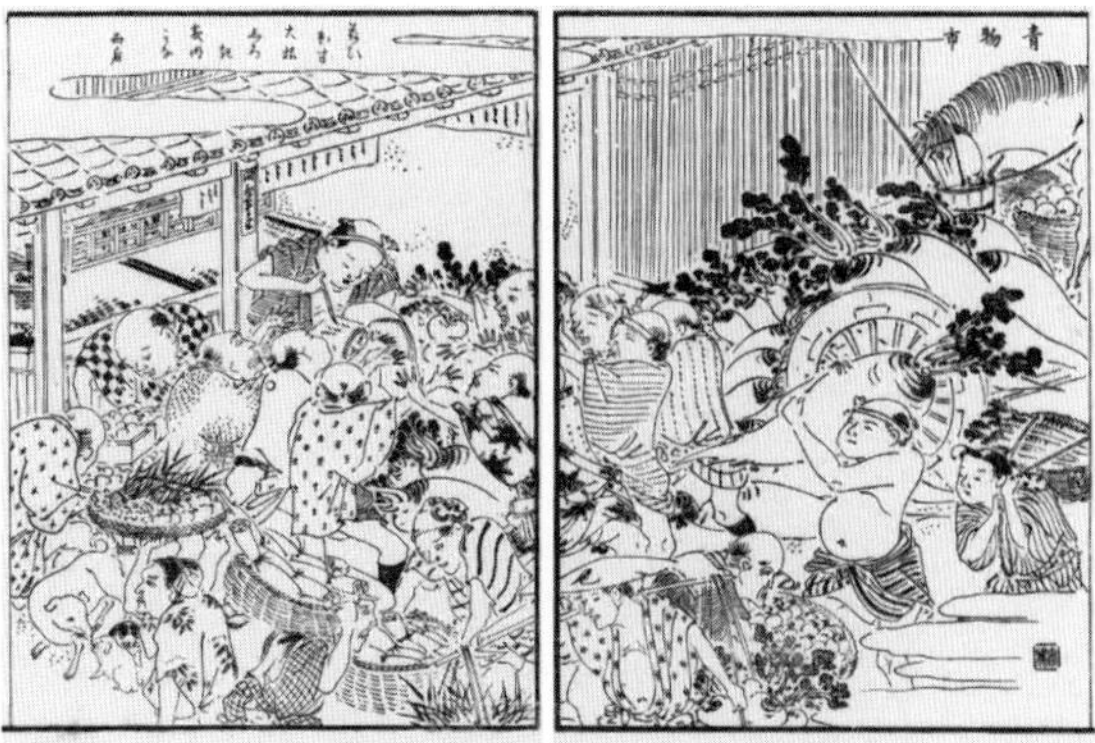

枇杷島の青物市(『尾張名所図会』)

1　都市の繁栄

名古屋の繁華と熱田●

名古屋の町が、「名古屋の繁華に興（京）がさめた」といわれるほど全国的に希有な繁栄をほこったのは、七代藩主宗春《むねはる》の治世、享保年間（一七一六～三六）の末から元文年間（一七三六～四一）に至る一〇年たらずの期間であった。享保十五（一七三〇）年、藩主となった宗春は、当時、享保の改革を断行しつつあった八代将軍吉宗《よしむね》の政策に真っ向から対立する政治理念をもって、芝居興行許可の緩和や遊郭の公許などに代表されるさまざまな規制の緩和などの自由放任的傾向の強い政策をとった。

享保の改革の緊縮政策によって活気を失っていた三都をはじめ全国から遊女や役者が集まるとともに、有力店舗の名古屋への出店があいついだ。西小路・葛町《かずらまち》・富士見原《ふじみはら》と、のちに三廓《さんかく》と総称された遊郭が城下の南方におかれたのをはじめとして、遊郭が増加して江戸をしのぐほどで、芝居小屋は一八カ所におよび、仮設の菰《こも》張り、葦簀《よしず》囲いであったものが常設の小屋にかわり、三都の芝居が名古屋へ集中するという状況がうまれた。

また、将軍吉宗が、みずから質素倹約を旨とした私生活を送っていたのに対し、宗春は、当時としては「異装」ともいうべき派手な服装で領民の前にあらわれ、藩主の浪費は領民をうるおすという信条のもとに派手な生活を送るなど、個性的な藩主の出現は、享保改革期の名古屋の町に希有な活況をもたらしたのである。

しかし、宗春の治世は長くは続かなかった。風俗の悪化や藩財政の破綻を招き、享保十九年ごろには政策を転換せざるをえなくなったのである。藩士の芝居見物などが禁止され、遊郭、芝居小屋の縮小がはじまった。この機に藩重臣らと結んだ幕府《ばくふ》によって元文三（一七三八）年、宗春は藩主退任に追い込まれ、一時の夢のような名古屋の繁栄は幕を閉じたのである。

十七世紀末、財政窮乏におちいっていた尾張《おわり》藩の財政は、十八世紀前半、宗春の前代までに財政再建に成功している。この時期には、火《ひ》の見櫓《みやぐら》の設置や、町奉行所《ぶぎょうしょ》をはじめとする藩役所の建替えなど、城下の整備も進んだ。城下商人の反対と藩の保護政策によって実現しなかったが、江戸の越後《えちご》屋は、宝永四（一七〇七）年、享保五年と二度にわたって名古屋進出を企てている。

享保八年には、米穀の先物取引の活発化によって名古屋にはじめて延米会所《のべまいかいしょ》が開設され、享保十

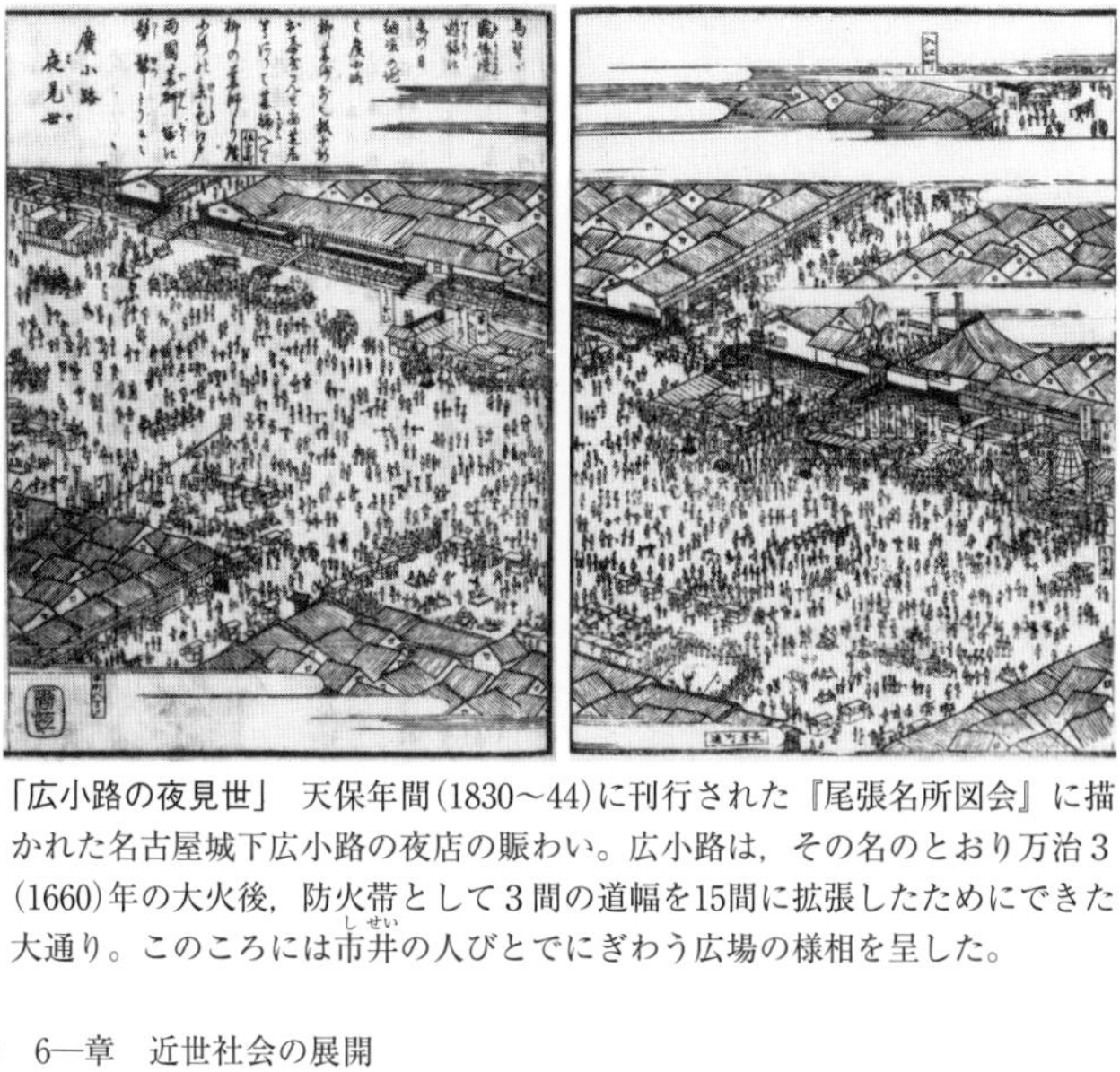

「広小路の夜見世」　天保年間(1830〜44)に刊行された『尾張名所図会』に描かれた名古屋城下広小路の夜店の賑わい。広小路は，その名のとおり万治３(1660)年の大火後，防火帯として３間の道幅を15間に拡張したためにできた大通り。このころには市井《しせい》の人びとでにぎわう広場の様相を呈した。

年代にはいると、一宮《いちのみや》の三八市《さんぱちいち》をはじめ、在郷市の開設があいつぎ、宗春の治世においては、起《おこし》をはじめとして積極的に市の開設が許可された。周辺農村を中心とした領内の在郷経済の発展とともに、名古屋は尾張美濃《みの》地域の経済的拠点としての地位を確立しつつあった。享保・元文期(一七一六〜四一)の繁栄は、宗春によるものだけではなく、名古屋に繁栄をもたらす土壌は、すでにととのっていたといえよう。

宗春の退任によって緊縮政策への転換がはかられたが、名古屋の都市としての発展をとめるものではなかった。商業活動の面では、十八世紀なかば以降、新興の商人たちの躍進がめざましく、それまで特権商人たちが独占してきた藩の御用についても新興商人がつとめるような状況がうまれた。このような新興商人の代表が伊藤次郎左衛門家や岡谷惣助《おかやそうすけ》家などである。

伊藤家は、万治二(一六五九)年に呉服小間物問屋を開業、のちに小売業に転じて明和五(一七六八)年の江戸上野《うえの》の松坂《まつざか》屋の買収による江戸店開店などによって順調に商売を拡張した。岡谷家は、寛文九(一六六九)年、金物店「笹屋《ささ》」を開業し、とくに十八世紀なかば以降営業規模を拡大し、名古屋における金物鉄類の半数以上をとりあつかったという。さらに、江戸後期から幕末に至る時期には、洋物取引によって財をきずき、藩御用達《ごようたし》商人の仲間入りをした紅葉《もみじ》屋(富田家)のように、尾張・美濃などの村方出身の商人たちの活躍もめだち、十九世紀初頭には江戸時代中期以降に台頭した新興商人たちが、藩御用達商人の上位を独占することとなった。

名古屋商人の多くは、一定の富を得たのちに新田開発に手をそめ、土地や家屋などの不動産に投資し、なかには、商業活動から撤退して不動産経営に転ずるものも多かった。伊藤・岡谷・富田の各家も新田《しんでん》経営や不動産投資にかかわるとともに、名古屋や尾張にかぎらず全国に商売を拡大し、明治維新《いしん》後はそれぞれに中京《ちゅうきょう》財界をリードする地方財閥を形成した。

一方、熱田《あつた》神宮の門前町《もんぜんまち》として発展した熱田は、十六世紀には、すでに町場が形成されて有力な町民を中心とした経済活動や土地取引などが行われていた。家康の名古屋への遷府も熱田の役割を意識したものであり、名古屋の町は熱田へむかって発展していったともいえる。

江戸時代の熱田は、東海道最大の宿場町《しゅくばまち》として街道一の繁栄をほこるとともに、文化的には、門前町としての歴史を背景に尾張文化の拠点の一つであり、経済的には、名古屋の外港として、尾張と日本全国との経済活動の中継地として重要な役割をはたした。

熱田と名古屋は、古渡《ふるわたり》村をはさんで五三五間（約一〇キロ）をへだてていたが、藩は、すでに寛文年間（一六六一～七三）ごろから名古屋城下と熱田を結ぶ道筋の町屋建設や道筋の幅の拡張を進め、十八世紀前半、「町続《まちつづ》き」とよばれる城下周

熱田の浜の魚市（『尾張名所図会』）　熱田の浜には，毎日朝夕２度の市が立ち魚・鳥・海産物が取引された。熱田のほか知多半島，伊勢・志摩・紀伊などから集荷された魚は，仲買人の手をとおして売りさばかれ，名古屋城下に供給された。

辺村落の市街地化政策によって城下の拡大がはかられるに伴い、名古屋と熱田は境を接する形となった。

宗春の名古屋城下繁栄政策によって、三廓がおかれたのも城下の南部から熱田へつながる「町続き」の地域であった。宗春政権の終焉による三廓の廃止や芝居の禁止などによって、一旦はもとの田畑となるところもあったが、この地にとどまる遊芸人たちも多く、十八世紀後半以降、この地域は、緩急を繰り返す幕府や藩の政策に影響されながらも、城下の人びとの娯楽、遊興の地として都市の賑わいを呈した。

また、宗春政権下を例外として遊郭は国禁とされた名古屋城下に対して、熱田では、慶長年間（一五九六～一六一五）から、飯盛女《めしもりおんな》をおくことが黙認されていたという。文化三（一八〇六）年には、旅籠《はたご》に飯盛女をおくことが公認され、遊郭化が進行した。武士などは、役人の目が届く名古屋城下をさけて熱田で遊ぶものも多く、名古屋城下南部の大須《おおす》界隈から熱田にかけての地域は、名古屋城下はもちろん近隣からの遊興を求める人びとによってにぎわった。

名古屋城下の町方では、十八世紀なかば以降、借家層の増加、近隣農村からの人口流入などの都市化現象が著しく、新規参入者を規制する性格をもつ各町々の町法にも、規制緩和の傾向がみられる。一方、名古屋城下の発展と宿場の賑わい、熱田港の繁栄による経済活動の活発化は、中世以来の熱田の町にも変化をもたらした。熱田宮の門前町として発達した熱田にとって、その中核をになってきたのは、熱田宮と関連の寺社やそこにつかえる人びとであった。しかし、熱田宮につかえる神官層の困窮による衰退は著しく、寛文七年には二七四家であったのが、文政十一（一八二八）年には、一七〇余家にまで減少したという（「熱田神宮文書千秋家文書」）。社家による土地家屋の所有は減少し、町方による土地家屋の所有が進行した。これに伴って、かつてあった町内における社家の特権も消滅することとなったのである。

町をつなぐ商人●

元文二（一七三七）年六月、田原《たはら》城下の酒屋和田屋六太夫のところへ尾張の親戚から客があり、惣門《そうもん》内を徘徊し、藩の馬屋を勝手に見物し、蔵王山《ざおうさん》にのぼるなど、物見遊山《ものみゆさん》をした。おそらく酒に酔っていたのであろう、手拍子を打ち、大声をあげて面白がってさわいだ。藩の役人はこれを「尾州之風俗」であると咎《とがめ》立《だ》てをした（「万留帳」）。

この客は商人だと思われるが、当時、尾張は宗春の治世下にあり、名古屋城下はたいへん繁栄していた。財力のある商人は、その繁栄を享受できたであろう。しかし田原藩役人には異常とうつった。ここに両国の経済力の落差をみてもいいであろう。尾張商人の三河《みかわ》における商業活動は活発なものがあった。たとえば伊藤屋（今の松坂屋）は刈谷《かりや》城下の商売を明和二（一七六五）年に許され、寛政五（一七九三）年には岡《おか》崎《ざき》に支店をだした。水口屋も十九世紀の初めには西尾《にしお》に支店をだしている。

木綿をあつかう商人はさらに広域の活動をしていた。三河の木綿商人は、小買・仲買・買継問屋と系列化され、江戸問屋に結びついていた。逆にいうと、江戸問屋による支配が末端までいきとどいていて、木綿が問屋統制のもとに流通していた。この仕組みは、家康の関東国替えのとき、三河商人がついていき、そこで木綿問屋を開いたことにはじまったという。

尾張では十九世紀から木綿の織出しが盛んになる。当初は北陸・近江《おうみ》・伊勢《いせ》の商人がはいりこんで集荷していたが、しだいに在郷商人が成長し、それも繰り綿商い・かせ糸商い・木綿商いというように木綿関連商人が分業化・専業化し、活発に活動した。彼らは名古屋の木綿問屋とつながり、木綿を全国流通にのせていった。

あらたに流通の拠点をつくろうと考える商人もいた。天明三（一七八三）年、宝飯《ほい》郡八幡《やわた》村（豊川《とよかわ》市）の伝吉が、三河は江戸・大坂からへだたっているために穀物相場が変動し難儀をするので、問屋を新設して双方の相場を聞きあい、値段を決めるようにしたいと、幕府に出願した。幕府勘定所から三河の領主たちに問合せがあった。御馬《おんま》湊と前芝《まえしば》湊の問屋からはきびしい調子の反対意見が提出された。両湊が領主田沼意次《たぬまおきつぐ》の威光を借りているからだとは、田原藩役人の観測である。田原藩では吉田《よしだ》藩と連絡をとり、やんわりと反対の意向をほのめかす上申書を提出した。すると意外にも勘定所からは、はっきり「迷惑」と書けと差し戻された。一件は落着したが、江戸・大坂からほぼ中間地点である三河の特徴をいかし、商売を考える商人もいたのである（「万留帳」）。

2　山野河海の経済活動

綿作と綿織り●近

明治二十（一八八七）年の愛知県の綿の作付面積は、大阪府を上回って全国第一位であった。生産高は、明治九年から十五年までの年平均で、河内《かわち》国が全国生産の一二・二％、摂津《せっつ》国八・一％、それと同率で三河国、ついで尾張国五・三％の順位であった。明治中期のこのような生産の高さは、近世の生産活動の延長線上にある。

「不断たつ池鯉鮒《ちりゅう》の宿の木綿市」（芭蕉《ばしょう》）の句は、三河の綿生産と木綿織りの盛況を示している。一八三〇年代以降は、江戸の大坂産繰り綿が、三河産に押されて激減したというから、たいへんな勢いで増産されていた。三河の綿づくりの特徴は、自給肥料への依存度が高く、反《たん》当り収量は畿内《きない》の約六〇％と低いことであった。この弱点を作付面積を拡大することで克服していた。自給肥料への依存度が高いことが幸いし、幕末から明治にかけての干鰯《ほしか》の値上がりに影響されずに、綿づくりが衰えることなく明治に引きつがれることになった。明治十一年には三河の収量は全国第二位であった。

これに対して尾張の反当り収量はかなり高かった。たとえば明治二十年の西春日井郡《にしかすがい》では畿内なみであった。これは購入肥料の多用によっていた。寛政四（一七九二）年に名古屋に移入した商品のうち、二一・八％の五十集《いさば》・干鰯が、同額の呉服・太物《ふともの》とともに群を抜いていた。その七割が他所に回送されず、地元で消費されたというから、肥料である干鰯の尾張の土地への投入量は相当多かったものと推測される（『円陵随筆』）。

三河木綿は、寛文期（一六六一～七三）には矢作《やはぎ》に木綿問屋ができていたという。十八世紀末が最盛期であった。文政十（一八二七）年に佐藤信淵《のぶひろ》が「おびただしく白木綿を出す」と記したように、全国有数の生産国の一つであった（『経済要録』）。しかし、このころは尾西《びさい》や知多《ちた》の木綿に押されて、徐々に影が薄くなるころでもあり、明治以降は完全に遅れをとってしまった。その理由に、問屋制的支配の強さがあげられている。

知多では、近世初頭に三河から種を移入して綿生産がはじまり、当初は生木綿を伊勢に売る原料生産をしていた。天明年間（一七八一～八九）に伊勢から晒《さら》しの技術を導入し、天保初年（一八三〇年代初め）には二〇万反、同末年（四〇年代前半）には七〇万反、幕末には五〇万反というように大量の晒木綿が生産された。知多半島の生木綿だけではたりず、三河や伊勢から買いいれて晒し、江戸に送っていた。

尾張では、尾西を中心として尾州縞《びしゅうじま》が盛んに織りだされていた。大蔵永常《おおくらながつね》は弘化元（一八四四）年に脱稿した『広益国産考《こうえきこくさんこう》』のなかで、「尾州より織出し諸国へ売出すこと数百万反とも云うべし」と記したほどであった。生産方式は、三河や知多のように問屋から資金を前借りし、織り糸を支給されて家内労働で織るのではなく、専門の織物業者が自分の家に工場をもち、織機を十数台すえつけ、織り子をやとって織りだすというものであった。工場をもたず、織機を何軒にも貸しだし、織り糸をわたし、工賃をはらって織物を入手する業者もいた。このように尾州縞は新しい生産方式で大量に生産されていたのであった。

弘化元年、尾張藩は機業地帯の若者の風紀をただす法令をだした。それによれば、「若キ者」がつれだって桟留縞《さんとめしま》機屋《はたや》へ大勢はいりこみ、「機織女へ猥《みだ》りに色情等申し懸け」つれだしてしまう。「織子・女奉公人」は「近来身持ち悪しく」、「村々若者等寄せ付け風儀よろしからず」という状

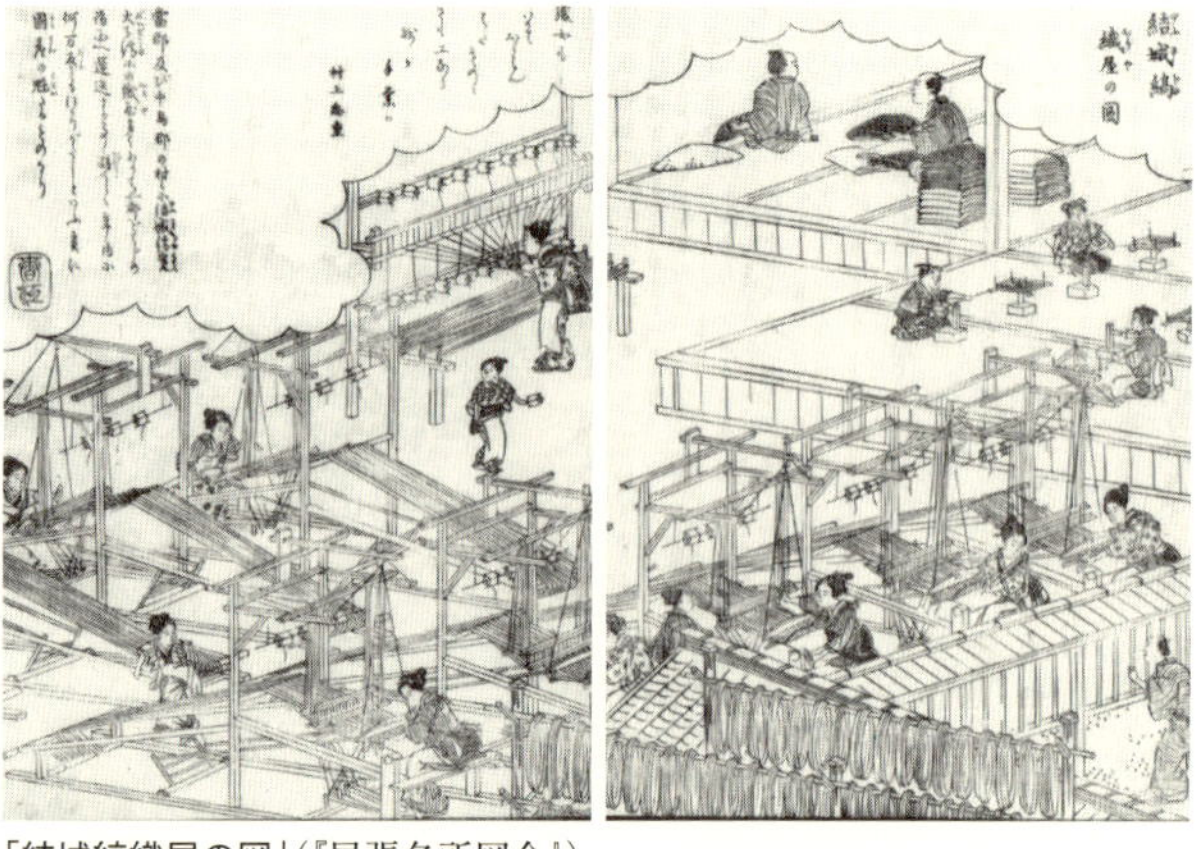

「結城縞織屋の図」（『尾張名所図会』）

況で、職業のさまたげだと規制したのである。藩や機業家には迷惑だが、織物の隆盛は、村の男女関係に新現象をうみだしてもいた（『新編一宮市史』資料編八）。

いった。

土と石の産業●

尾張の常滑焼《とこなめやき》と瀬戸《せと》焼、そして三州《さんしゅう》瓦と岡崎の石細工と名倉《なぐら》砥は、全国的に名声を博していた。いずれも原材料出土の条件から、生産地はせまい地域にかぎられるが、製品は商人の手によって全国に広がっていった。

常滑焼は、寛文期（一六六一〜七三）の記録に、常滑村・瀬木《せぎ》村・北条《きたじょう》村の三カ村に「瓶釜煙役《かめかまけむりやく》」がかけられ、運上米《うんじょうまい》を藩の役所におさめていた（『寛文村々覚書』）。十八世紀末から十九世紀初めにかけての時点で、一二基の窯《かま》があり、常滑村八人、瀬木村五人、北条村九〇戸が従事していた。

常滑焼の特徴は、中世以来、釉薬《ゆうやく》をかけないで焼く大甕《かめ》や大壺で、これを轆轤《ろくろ》を使わず、手びねり技法でつくったことである。近世にはいると、火鉢《ひばち》、蚊遣《かや》り、火消し壺、竃《かまど》、土管《どかん》など、主として庶民の生活必需品が生産された。これらは赤物《あかもの》とよばれる素焼きの軟質の陶器である。近世後期には、小細工物といって花瓶や茶器を轆轤でつくるようにもなった。

土は近隣の多屋《たや》村・樽水《たるみ》村の山中からとり、燃料の松葉は熊野《くまの》や三河から取りよせた。窯の形態は、傾斜地を利用した半地上式のもので、大窯といった。大窯は瀬戸焼や美濃焼の生産地では、室町時代から十七世紀初めの窯であった。温度が低い煙突付近で赤物が、温度の高い焚き口近くで液体容器など硬く焼き締められた製品（真焼《まやけ》物）ができた。商品価値の高い真焼物を多く生産するため、瀬戸から連房式登窯という焼成室が複数ある窯が導入されたのは、天保期（一八三〇〜四四）のことであった。

製品は、十八、九世紀の交には名古屋・美濃・三河・遠江《とおとうみ》・伊勢・志摩《しま》、その他の国に販売し、とくに播州赤《ばんしゅうあこ》穂《う》へは塩の「タラシ瓶」を売った（『徇行記《じゅんこうき》』）。以後、江戸へ真焼甕が大量に売りさばかれるようになり、常滑湊の廻船業者が運送にあたった。

　瀬戸焼は織田信長《おだのぶなが》の時代に美濃へ移されたが、尾張藩の成立に伴い、慶長十五（一六一〇）年に徳川家康《とくがわいえやす》の命令により窯屋が戻り、生産が再開された。そのころには窯の形態が大窯から、より焼成効率のよい連房式登窯へと変化していた。この窯は唐津《からつ》から導入されたといわれており、窯内部が十数室の部屋に仕切られている。部屋ごとに搬出入口と薪の投入口があり、大量生産に適していた。この窯一基を四軒前後の窯屋が利用していた。

　十八世紀後半以降、瀬戸焼生産地域は活況を呈するようになった。とくに瀬戸村では窯屋数が倍増するほどの盛況であった。これは民衆の生活レベルの向上により、陶磁器の需要が拡大したためであった。十九世紀初頭、磁祖加藤民吉《たみきち》により染付《そめつけ》焼がはじまった。染付焼は磁器で、原料の

「（常滑焼）甕竃之図」（部分，『張州雑志』）

陶石は瀬戸には出土せず、そのため従来の粘土に、近隣の上半田川村《かみはだがわ》(瀬戸市)から掘りだした千倉石を水車の臼で粉砕し、まぜて原料とした。

尾張藩は専売制をしき、製品は〝御蔵物《おくらもの》〟として藩の所有とされ、蔵元に任命された名古屋商人により熱田湊から積みだされ、江戸・大坂・京都の会所《かいしょ》をつうじて売りさばかれた。〝二番物〟とされた製品は、伊勢・西濃《せいのう》・三河・遠江にかつぎ売りされていた。一四〇戸余のある村では、約一割の農家が、農閑期に七日から一〇日の行商にでていた。

西三河の瓦は近世中期に江戸・名古屋・京都・大坂に売りだされるようになった。これに伴い、内陸部にあった生産地は衰退し、海上輸送に便利な矢作川河畔や衣ヶ浦《ころもがうら》沿岸に生産の中心が移動した。藤井《ふじい》(安城《あんじょう》市)の瓦師のもとに伝来する嘉永二(一八四九)年の「太子講仕法蝶(牒)」によれば、二八軒の瓦師が組織され、瓦値段、安売りや得意先横取りの禁止、年期途中の職人・弟子の雇用について取り決め、違反した場合は「連中寄り合い瓦焼きの鎌(窯)打ちくずす」ことを誓約した。

瓦用の粘土の採取は、一九二〇年代、三〇年代のことであるが、安城市上条《じょうじょう》町での採掘のようすが参考になる。田の表土をはがし、粘土層まで掘りさげる。青空のような色で赤い筋のまじった粘土が上質である。これを一鍬一鍬サイコロのように掘りだす。この作業を黒鍬といった。粘土は牛車《ぎゅうしゃ》に積んで瓦屋に運んだ。

岡崎城下の裏町(岡崎市花崗町《みかげ》)は、十九世紀なかばで石工数十軒が軒を連ねており、石切町《いしきり》ともよばれた。その細工は最上で、江戸・大坂にまで大量に売られていた。石材は近郊の石切場から、青目石・荒目石・白石が切りだされた。製品は矢作川をくだり、平坂《へいさか》湊から積みだされた。三河地域によくみられる秋葉《あきば》山常夜灯《さん》の設置は寛政期（一七八九〜一八〇一）にはじまり、化政期（一八〇四〜三〇）にピークを迎える。これらのなかには岡崎の石工の手になるものが多い。むしろ彼らの販路拡大活動の結果ともいえるのである。

名倉砥、または三河白とよばれる砥石は、刀剣仕上げ用の砥石として有名であった。鳳来《ほうらい》町（新城市）川合《かわい》に産出する。近世では、寛文十二（一六七二）年から資料により確認できる。この年に四〇両の運上金を村から幕府におさめ、貞享年間（一六八四〜八八）には六〇両となり、以後は金額を減らし、元禄年間（一六八八〜一七〇四）に中絶した。

正徳二（一七一二）年に戸村彦五郎が運上金九両余で再開したが、十八世紀後半以降は多くても五両となった。運上金の額から十七世紀までで盛期をおえたとみてよかろう。ちなみに文政十二（一八二九）年に運上金二両余で約五二六三キロを掘りだしているので、最盛期には相当な量だったであろう。荷物は山方から陸路で大野（新城市）まで運び、宇連《うれ》川をくだり、小川河岸を経て豊川《とよがわ》にはいり、吉田湊から江戸・岡崎・名古屋・京都に送られた。

山の生活・海の生活●

明治十五（一八八二）年、政府は山林共進会を開催した。会期中、全国の林業功労者五五八人を表彰した。愛知県では、古橋暉児《ふるはしてるのり》や金田治平《かねだじへい》など一二人が受賞した。この人数は全国一五番目であり、全員が三河在住者だったことから、三河の林業は先進地の部類にはいっていたといえるであろう。そして、その先進性は近世の林業活動と無関係ではなかった。

金田家は池場《いけば》村（新城市）にあって十七世紀前半から植林をし、元禄十・十一（一六九七・九八）年に江戸の材木屋に販売した。十八世紀前半には、山林や焼き畑を多数購入し、育林活動を強化した。延享期（一七四四〜四八）には名古屋方面へ榑材として杉を販売した。十八世紀中期には、それまでの自然発芽の稚樹を苗木とする方法から播種による苗木育成の方法に転換し、また大径樹を予定した粗植を採用するなど、技術の改善を達成した。金田家は弘化四（一八四七）年以降、村内に杉苗を配布し、経済更正をはかった。

稲橋《いなはし》村（豊田市）の古橋暉兒は、天保四（一八三三）年の飢饉《ききん》をきっかけに、村民によびかけて惣百姓持山に杉苗の植栽をはじめた。同五年から明治三年までに三万五五〇〇本を植え、凶荒・罹災・潰百《つぶれびゃく》姓《しょう》救済のための共有林とした。

山はそのほかにも生活の糧をあたえる。天保十四年の代官所による余業調査に、四十数戸の稲橋村では三七人を書きあげ、うち杣木挽《そまこびき》二人、炭灰焼き八人が山仕事従事者であった。四〇戸の川手《かわて》村（同）では三五人を書きあげ、杣職人二人、炭灰焼き稼ぎ一五人、猪鹿猟稼ぎ五人であった。農間稼ぎとはいえ、山で働く人間は多かった。

その調査で、稲橋村では「土地産物、馬をもって尾州名古屋・当国岡崎その外え付け置き、戻り荷物・信州行諸荷物運送」のもの二人、川手村では「仲馬追い稼ぎ」四人を報告した。信州中馬《ちゅうま》も同じ稼ぎをしていたが、幕府の明和の裁許による特権をもっていた。文化十（一八一三）年から三年間に、飯田《いいだ》の荷問屋一一軒であつかった四七八七駄のうち、信州中馬の付荷は七八・五％と圧倒的であった。しかし問屋別にみていくと、荷物の三分の一前後が三州馬の付荷になっている問屋が二軒ある。信州側としてはおだやかでなかった。

文化十四年正月二日、初荷の中馬が上津具村《かみつぐ》（北設楽郡）に来かかると、橋がおち、岸辺には乱杭がうちこまれ、通行不能だった。上津具村側は、前年冬に信州側で三州馬に宿を貸さなかった対抗措置だといい、竹槍・鉄砲をもって大勢馳《は》せ集まった。信州中馬はつぎつぎ到着し、五〇〇頭・一二〇人にまで膨れあがり、六日になって引き返した。その後、稲橋から名倉（北設楽郡設楽町）に迂回する道をとるようになったが、八キロの行程延長であった。

信州側が宿泊拒否をした理由は、三州馬稼ぎが自分の荷物を一人一疋で売りさばくのでなく、中馬同様の稼ぎをしたからであった。三月になって、上・下津具村は信州七カ村と中馬側の新城《しんしろ》の問屋とを相手どり、幕府に訴えでた。頭取の政右衛門は「三州勝利」「当国之勝利」と「三河国」を強調し、三州馬稼ぎ村々の結集をはかった（「古橋家文書」）。

幕府評定所《ひょうじょうしょ》の裁許は文政三（一八二〇）年八月にくだされた。明和の裁許は追認されたものの、三州馬も、一人二疋、荷物がこむときは三疋までの稼ぎが認められた。また中馬が独占していた吉田の魚荷物は、魚問屋による鮮度確保の主張が認められ、三州・信州を問わず、問屋と相対《あいたい》で付け馬が決められることとなり、三州側が稼ぎの条件を拡大した。

山の生活は、馬稼ぎのように実際に海と山とをつないでいるばかりでなく、海を豊かにし、海の生活をささえるものでもあった。昭和五（一九三〇）年ごろ、三河湾は全国の内湾漁場のうち、一平方キロ当りの漁獲量で第二位の地位にあった。また、安政三（一八五六）年創始の前芝村（豊橋市《とよはし》）の海苔養殖は、明治末年には豊川河口一帯に拡大し、とくに牟呂村《むろ》（同）のものは上等で東京産におとらないと評価されたほどであった。

その前芝村・牟呂村は、安政三・四年、吉田の魚町と城下の魚行商をめぐって対立した。魚町は専売権をかざして両村の行商を差しとめるよう藩に要求した。藩が認めると、両村は、魚町の専売権は伊《い》奈《な》忠次《ただつぐ》の免許状により表浜（太平洋岸）でとれた魚のみであることなどを主張し、箱訴《はこそ》や江戸出訴をし、ついには牟呂八幡宮に蓑笠姿《みのかさすがた》で結集した。不穏な空気のなかで、吉田藩は両村に二才イナと小魚の行商を鑑札をあたえて許可すると申しわたした。しかし両村は承伏せず、ボラでも二才イナとなえれば売っていいこと、鑑札《かんさつ》は村方が必要数を指定できることを要求した。藩は運上金半減などの条件で魚町側を納得させ、両村の要求を認めた。海とかかわる両村の生活は闘いによってまもられた。

寛延二（一七四九）年、表浜の鰯《いわし》漁は大漁であった。田原藩は表浜に八つの浜を領有していた。十月十九日、久美《ぐみ》原《はら》村（田原市）の浜役人から前日に五三五桶の鰯を地引網でとったと注進があった。一桶は五斗（一万八〇三九立方センチ）入と決めてあった。五〇〇桶を超えると浜役人に

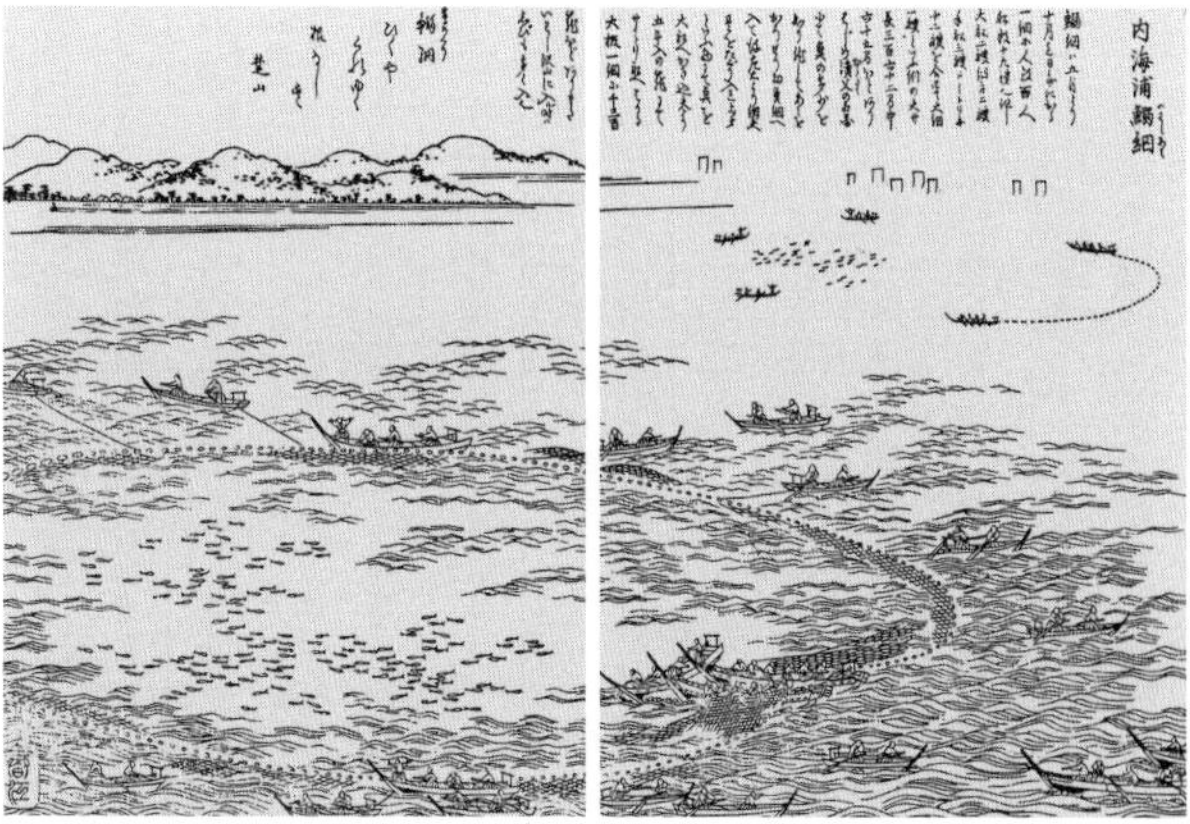

内海浦の鰯網（『尾張名所図会』）

金一〇〇疋の褒美《ほうび》があたえられる。大漁の目安であろう。翌日にも八六一桶がとれた。高松村《たかまつ》（田原市）では二十日の一日で一〇〇四桶の大漁であった。

藩ではいっそうの豊漁を願って、領内の松本寺《しょうほん》に二夜三日の祈禱《きとう》をさせた。祈禱札が一浜に一枚ずつくばられた。その効験《こうけん》か、二十五日に赤羽根村浜で一〇〇二桶がとれた。とれた鰯は四分の一または五分の一が藩におさめられた。十一月七日に藩の蔵に貯蔵されていた干鰯一万九五〇桶が入札ではらいさげられ、四三三両余という七年来の売上げがあった。さらに十日には、赤羽根で二〇〇〇桶余、高松で三一〇〇桶余、大草《おおくさ》（同）で五三〇桶余の鰯を引いた。大漁にわく浜には、もろもろの勧進《かんじん》や干鰯商人が多数はいりこんでにぎわい、藩は足軽《あしがる》を巡回させ、厳重に警戒せざるをえないほどであった。

しかし豊漁は長くは続かなかったようである。宝暦三（一七五三）年には「漁猟一円無之」状態に藩は困惑し、遠州秋葉山へ山伏が派遣され、祈禱をうけた（「御右筆部屋留帳」）。同五年にも派遣された。赤羽根西村からは稗《ひえ》の借用が藩に出願された。役人は、「珍しき儀、気の毒千万、余儀なきこと」と日記に記した。越戸《おっと》村（同）からは、一〇帖の網のうち六帖が維持できず、つぶしたうえに、拝借金を願いでた（「万留帳」）。翌年、六帖づきの網子は「ことごとく疲れ」、家計補助の山稼ぎもままならなかった（「万留帳」）。

このころ以降、確認できる安永七（一七七八）年まで、八カ浜の網数は二〇%から三〇%がた減少している。その分、網子があぶれたわけである。不漁の原因はなんだったのであろうか。日記には〝ほうべ〟という崖の崩落の記事が散見される。ほうべがしげっていると魚がよるとは、この時期この地域の漁民の知恵であった。それにもかかわらず、生活のために燃料として売りだす木を伐採せざるをえず、その結果ほうべの木立が薄くなり、くずれやすくなるとともに、不漁の一因をつくることにもなったのかもしれない。

目を沖合に転じてみよう。三河湾・伊勢湾の沖合は尾張・三河・伊勢・志摩四カ国の漁師の入会《いりあい》の漁場であった。沖合の鰯漁は小網繰《こあぐり》によっていた。小網繰は巻網の一種で、網一帖につき船三艘がかりで、機動力に富み、経済的であった。移動範囲が広く、大網との紛争が絶えなかった。宝暦年間（一七五一～六四）から網目を加減して鰯だけをねらうようになり、寛政年間（一七八九～一八〇一）には網数は少なかったが、文化年間（一八〇四～一八）には三〇〇帖にもなり、しだいに主流となっていった。網元のもとに多数の網子《あみこ》というあり方は、地引網の不調とあいまって、より経済的な漁法の採用により変化した。

近世後期、知多半島の大野船、常滑船、野間船、内海船、半田船などの尾州廻船が活躍した。安政四年には二五〇艘あったという。なかでも内海船の活躍がめざましかった。内海船の商売は運賃を稼ぐのではなく、買積といって、遠隔地間を航行して自分の荷物を売買する方式であった。船主たちは戎講《えびすこう》を組織して結束を強め、従来の独占的な江戸・大坂の廻船問屋にとって、大きな脅威となった。

元治元（一八六四）年の住徳丸を例にとると、五〇〇石積くらいのこの船に、船頭、親父（水夫長《かこ》）、賄《まかない》（事務長）各一人と若い衆一四人がのりくみ、八月末に出航して一年間に、西は備前山田湊《びぜんやまだ》（岡山県玉野市《たまの》）までいき、兵庫・江戸間はほぼ三往復した。船によっては、妻子をのせ、船中を世帯とするものもあったという。

3　藩政改革のめざすもの

尾張藩天明・寛政改革

尾張藩の改革は、天明元（一七八一）年に新設の所付《ところづけ》代官を任地に駐在させることからはじまった。尾張・美濃の領内を、国や郡の違い、あるいは御蔵入《くらいり》（藩直轄地）・給知《きゅうち》（藩士領地）・寺社領などの区別なく、地域に分けて所付代官に支配させた。陣屋《じんや》は、佐屋《さや》・北方《きたがた》（一宮市）・水野《みずの》・鳴海《なるみ》・小牧《こまき》・鵜多須《うたす》（愛《あい》西《さい》市）・太田《おおた》（岐阜県美濃加茂《みのかも》市）・横須賀《よこすか》（東海《とうかい》市）・上有知《こうずち》（岐阜県美濃市）・清須《きよす》（清須市）である。さらに、山方奉行、野方奉行、水奉行、尾州・濃州郡奉行が廃止され、それらの職務は所付代官が取りあつかうことになった。

改革が必要とされた理由は、一つには領内の治安維持にあった。たしかに当時の領内のようすは、藩や村落上層農民にとって好ましいものではなかった。尾張藩では享保期（一七一六〜三六）以来、農民の徒党を禁ずる法令を繰り返し発布した。たとえば宝暦九（一七五九）年の徒党禁止令は、三年後に幕府から発布される禁止令の手本になったと思えるほどのもので、農民が大勢で城下にでて、藩庁や給人屋敷に年貢減免などを訴願することを「徒党も同様」と禁止した（『新編一宮市史』資料編七）。

明和三（一七六六）年の法令では、給人に対する農民の年貢減免運動の二つの戦術が指摘され、禁止された。一つは「地高を指し出」すこと。土地の返上である。いま一つは「申し合わせ候て村方を駆け払」うこと。逃散《ちょうさん》である。いずれも「不敬《ふけい》」の行動であり、給人を「あぐ《(倦)》ませ申す」ために行われているとした。地主に対しても、小作人が掟米を滞納し、または集団で引き米を要求するのが「近年」のようすだとされている。

改革の必要性は藩財政の悪化にもあった。元禄十（一六九七）年から享保三（一七一八）年までの年貢米の蔵入高に対する割合は三五％以上であるが、それ以降は徐々に比率をさげ、改革前の明和～安永期（一七六四～八一）には三〇％以下が一〇カ年もあった。

年貢米高の減少は、村内秩序の動揺と、それを押さえきれない藩の支配権の後退による。のちに国奉行に抜擢される竹中和順《かずまさ》は建白書《けんぱくしょ》を提出し、城下にあって地理・民情に疎《うと》い代官にかわり「司農之政」をにぎる手代の不正が問題だと指摘した（「難波之塵」）。

こうした状況に対して、所付代官は地域社会の動静に敏感に対応し、領主支配を一元的に展開し、年貢収入を増加させるべく、派遣されたのであった。代官はつぎのように訓令された。すなわち、代官は上より「土地・百姓ともに御預け遊ばされた」「大切之御役品」であるので、任地内を「常々親しく巡察」し、「孝弟（悌）力田（精農）」を奨励し、「疾苦を問い、無苦（辜）之者御救い筋、油断なく取り計らわるべし」と（「令留書抜」）。

改革の中心的推進者に人見《ひとみ》弥右衛門（名は黍《あつし》、号は璣邑《きゆう》）がいた。彼は宗睦《むねちか》の世子治休《はるよし》の侍読をつとめ、宗睦の信頼を得て国奉行となり、改革にあたった。所付代官の構想には荻生徂徠《おぎゅうそらい》の「武士土着論」が参考にされたものと思われる。徂徠は都市居住の代官が手代をつうじて間接支配する弊害を説き、代官みずから農村に居住し、農業事情や民情を掌握し、親密な農村共同体の育成に努力すべきことを主張していた。

改革では民衆教化も重視した。人見は知多郡出身の細井平洲《ほそいへいしゅう》を招聘し、士民に講義をさせた。領内の廻村講話は毎回何千という聴衆を集めた。五倫《ごりん》五教《ごきょう》をわかりやすく説き、なかには感激して泣きだすものもいたという。このような成功は、村内秩序の動揺に危機感をもった上層農民の動員工作によるところが大きかった。「御冥加《みょうが》普請」をはじめとする領内各地に行われた自普請は、村役人や豪商農の献金による窮民救済の治水工事であった。彼らの狙いは、藩主を頂点とする儒教《じゅきょう》的秩序を確認し、藩主の仁政を演出し、それに連なることによって、下層の突上げによりゆらぐ足もとをかためようとしたのである。

藩および民間の改革努力は、年貢収納においては成果をあげた。天明元年から寛政十二（一八〇〇）年までの二〇年間で、一一カ年は年貢米率は三〇％を上回った。賄賂《わいろ》によって年貢取立てに手心を加える不正役人を罷免し、代官による任地密着での増徴の結果である。しかし続く享和元（一八〇一）年から文政十二（一八二九）年までは一四カ年しか三〇％を超えなかった。

一時的な収納増では財政赤字を解消しえず、調達金を集めてやりくりをしたが、返済する目途が立たず、

細井平洲像（森高雅筆）

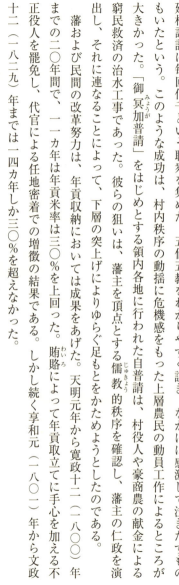

負債を増加させるのみであった。寛政四年、幕府の特別の許可を得て、負債解消のために米切手を発行した。米切手とはいうものの、米取引を前提としたものではなく、藩札《はんさつ》であった。もともと正金不足をおぎなうための発行であったから、藩に兌換《だかん》能力はなく、市場における藩札の信用は維持されず、財政運営を困難にした。

前年には、領内の一四歳から六〇歳の女性に綿布役銀を課した。その名称と実態の関係はなんら顧慮されず、むしろ「男ハ作をかせぎ、女房ハ苧機《おはた》をかせぎ」(「慶安触書」)と理念化された女性の働きに課された人頭税である。米切手も綿布役銀も財政状況を抜本的に改善するものではなかった。

三河諸藩の改革●

三河諸藩の財政問題に端を発する施策は、緊縮・倹約を中心としたものがほとんどで、藩政改革とよびうるほどの画期的政策は打ちだされなかったのが特徴である。

岡崎藩では、寛政三(一七九二)年、財政の窮状を幕府に上申した。あいつぐ矢作川の洪水による年貢収納減と被災民の救済や復旧工事の出費、東海道往還筋の維持管理の出費、知行高にくらべて広大な城郭の修復費などが財政を圧迫した。城付きの領分は水野家支配の十七世紀なかばに検地《けんち》が行われ、五万石の領地から一万石の打出しがあり、その結果、農民の持地は余裕のない「地詰」の地所となり、農民の難儀は強かった。近年は凶作続きで、綿もできが悪く、「民力も薄」くなっていた(「中根家文書」)。

加えて、本多家は一一代前から一一度の所替えがあり、そのための出費や、不幸・災難が続き、さらに家臣《かしん》には徳川家からの「御付人」や由緒のあるものが多くて整理できず、当家の身上《しんしょう》いたって不如意《ふにょい》であった。

以上のような窮状の打開のために、本多家が幕府に出願したことは、もとの一五万石に戻すか、五万石加増か、五万石の預所《あずかりしょ》か、さもなくば五万石で一〇万石分の収納ができる地への所替えであった。しかし、いずれも認められなかった。

寛政五年、一族が相談役となり、財政改革が開始された。主施策は二つあった。一つは徹底した倹約である。藩主は外見に頓着せず、三万石の暮らし向きのつもりでの倹約が要求された。家来もどのような粗末な服装でもかまわないとされた。文字どおりなりふりかまわない倹約の実施であった。

具体的には、供廻り・雇い人の削減、番所詰め人数の削減、吉凶の付届けの省略、岡崎通行の諸大名への馳走廃止、蠟燭《ろうそく》点灯時間前の帰城など、切りつめられる事項を対象とした。なかには城下町《じょうかまち》への御救い・拝借も省略の対象にされていて、民政への影響がでる可能性があった。城の修復は特別で、無理に経費削減した普請はかえって大造の普請をよび、物入りになるとの理由により、適切にみはからうこととした点は、家康由緒の城をもつ岡崎藩らしいというべきであろうか。倹約年限は七年とされた。

いま一つの施策は、江戸の本両替商三谷《みたに》喜三郎の御用達任命であった。借財が三二万両余もあり、大坂の蔵元に御用達を断られたほどであるので、財力のある彼の就任は大きかった。三谷は毎年の収納米のうち、御用米・御囲籾米《かこいもみ》・「在中作夫食貸付」米として支出に計上された一万俵以上の代金をうけとっており、藩から「遣用之分、追々御出金下さるべし」と申しいれられているので、仕送りをしていたものと思われる。

三谷に提出した収納目録によると、一年目の寛政五年は黒字だった。しかし同六年は米価の下落による赤字、同七年も普請や課役の入用増で赤字であった。三谷は初年からの不始末に立腹し、世話役を断ってきたが、家老の懇願によりとどまった。その後は順調に進んだようで、四年目には家臣の給与を正常に戻すことができた。最終年度の寛政十一年には、借財のうち九万両余の返済ができ、五〇〇〇両の御備金《おそなえきん》もでき、財政立直しの目途が立ったと、家老より藩主に報告があった。しかし「坂に車押すごとくなる御勝手」であることにかわりはなく、油断をすれば後戻りする危険性があるとの警告を忘れなかった。

刈谷藩の天明・寛政期（一七八一〜一八〇二）の財政は破綻状態であった。天明三（一七八三）年には借財は四万五〇〇〇両余に膨れあがっていた。同八年には参勤交代《さんきんこうたい》の旅費が不足し、藩主は一カ月も江戸で待機しなければならないほどであった。しかし、改革的な施策は打ちだされず、領内からの年貢先納金、天賜録《てんしろく》という領内六〇〇〇口をめざした頼母子講《たのもしこう》、諸方からの借金で糊塗《こと》していた。

藩の最大の金主は、江戸でも名だたる豪商である鹿島屋《かしま》清兵衛であった。ただ、鹿島屋から借金を引きだすのは領内の村方であったので、領民の負担は過重であった。寛政元年には藩主裏印の下知《げち》証文を村役人宛にだし、「倹約第二」の「御主法」を立て、返済のための年貢米の処理を村方にまかせきることを約した（「正木家文書」）。翌二年には、先納金などの元利返済をすえおくことが宣言され、村方が高割りで肩代わりさせられることになった。これを契機に、藁蓑《わらみの》に身をつつんだ三万の領民が山にこもる一揆《いっき》となった。一揆後、知行高の半分以上が陸奥《むつ》国福島に村替えとなり、刈谷藩は大幅な減収となった。

挙母《ころも》藩では寛政元年から年期をかぎって倹約令を継続していく。しかし特記するほどの施策はないようである。西尾藩も同五年と七年に家臣からの借知と先納金・調達金の返済延期を令するほかは、積極的な策はとられなかった。

田原藩では、十八世紀後半、九人の勝手方役人を取り替え引き替え召しかかえ、借財整理、倹約や家臣引米による経費削減に取りくんだ。しかし根深い財政窮乏の前にいずれも短期間で辞任した。藩財政は改善をみないままもちこされていった。

4　新文化の展開

名古屋の古代研究●

近世において、名古屋の古代研究は全国的にみてもっともすぐれた水準に到達した。初代藩主義直《よしなお》が、儒《じゅ》学神道《がくしんとう》の立場から六国史《りっこくし》の記事を収録した『類従日本紀《るいじゅうにほんぎ》』や、『延喜式神名帳《えんぎしきしんめいちょう》』の神社や祭神を考証した『神祇宝典《じんぎほうてん》』などを編纂し、多数の古典籍を収集したことは、その重要な基礎となった。その後、伊勢の神道五部書が偽書であることを論証した尾張東照宮《とうしょうぐう》の吉見幸和《よしみゆきかず》は、神道を「天皇の道」だと主張した。そして、朝廷の編纂した正史と公文書を基に天皇の事績を追究する。この研究方法は、従来の神道が神典とした『日本書紀《にほんしょき》』神代巻やその他の神書の内容を、神話として絶対化するのではなく、史実として史料批判の対象とした点で画期的であった。これが、日本古代の実証研究に大きく道を開くことになった。

幸和の門人帳には、三八〇人余の門人が記されている。そのなかには『塩尻』の著者天野信景《さだかげ》、『昔《むかし》咄《ばなし》』の著者近松茂矩《しげのり》、『鸚鵡籠中記《おうむろうちゅうき》』の著者朝日重章《しげあき》らの尾張藩士や、多数の尾張の神主がいた。研究のために幸和は、尾張藩文庫以外に自分で多数の書籍を収集した。『吉見家蔵目録』には、神道伝書一九四七巻、幸和編書三三八巻、神道記録七〇八巻、国史官牒《かんちょう》（朝廷の編纂した正史と公文書）一一六三巻、公《く》家《げ》記録五六〇巻などをみることができる。こうして儒学神道系譜の学問方法の革新、書籍の蓄積、藩士・

神主を中心とした多数の幸和門人という、当時全国的にみてもまれな学問状況が名古屋につくられた。幸和が宝暦十一（一七六一）年に死去してのちも、門人たちによる活発な国史・律令《りつりょう》研究が展開した。

そのなかで、河村秀頴《ひでかい》・秀根《ひでね》兄弟は幸和に入門した延享三（一七四六）年ごろから『日本書紀』研究を続けた。彼らは当初、幸和の方法を踏襲して公文書など確かな史料によって注釈を行い、『日本書紀』の記載内容や歴史的事実まで検討の対象とした。これは、方法としては合理的であったが、史料収集や史料批判という点で、当時の研究水準のなかでいきづまった。そこで、秀根は『日本書紀』の本文批判の態度をあきらめ、注釈の重点を本文の校訂と辞句の出典に限定した。この結果、天明五（一七八五）年に草稿が『書紀集解《しっかい》』として完成した。『日本書紀』は漢文で記述されており、その文辞は中国の漢《かん》や唐《とう》以前の古典から引用しているとし、その出典を詳細にあきらかにした点で近世の古代研究としてはもっともすぐれた水準に到達した。

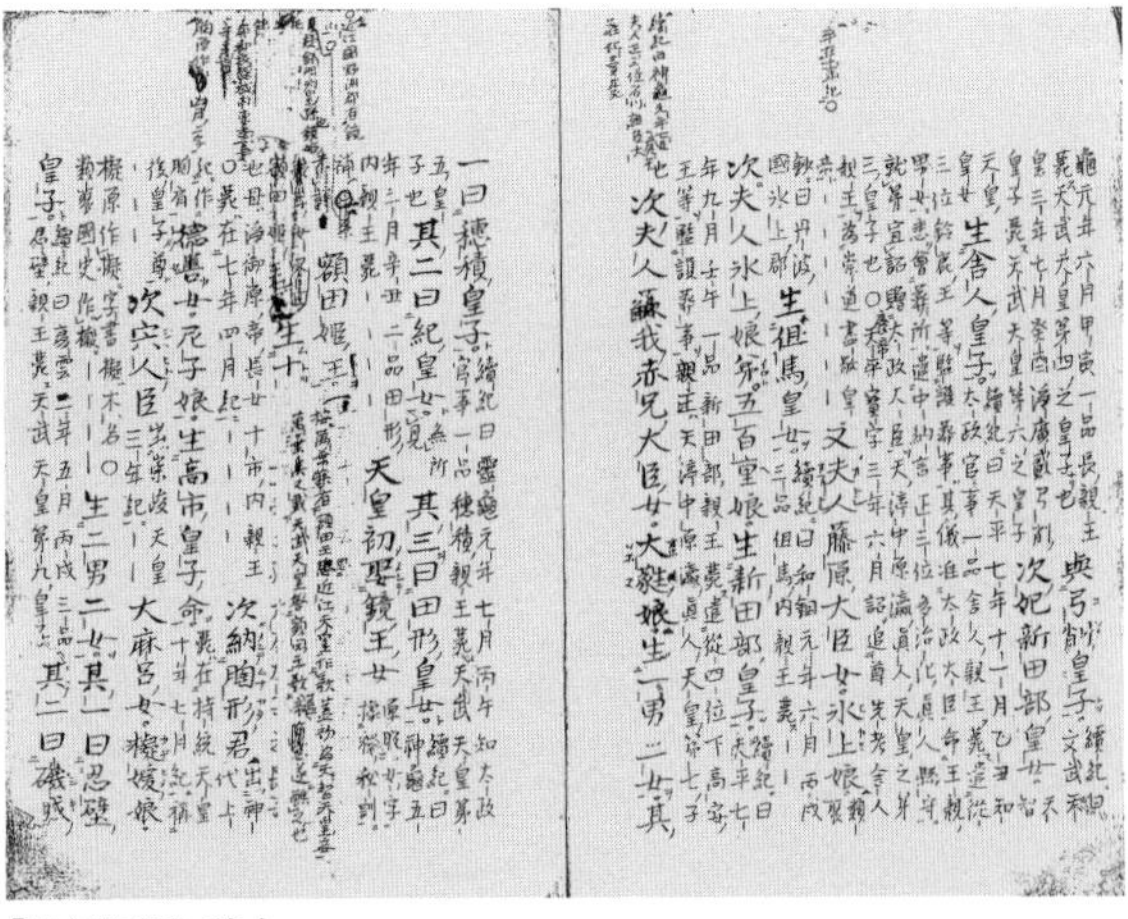

『書紀集解』稿本

この出典論においては、秀根の次男益根《ますね》の助力が大きかった。益根は父の秀根に学問をうけるとともに、岡田新川《しんせん》に儒学を学んだ。新川は『張州府志《ちょうしゅうふし》』を編纂し、書物奉行にもなった松平君山《まつだいらくんざん》に学んだ訓詁《くんこ》を主張する古学《こがく》派で、藩校明倫堂《めいりんどう》の督学《とくがく》をつとめた。この学派は、徂徠の古文辞学《こぶんじがく》の影響をうけつつ、和漢の故事につうじた博学をもって特徴としていた。『書紀集解』は、中国古典の深い教養・学識と、幸和以来の古典研究の方法が結びついてできた成果であった。益根は、河村家の学問を「紀典学《きてん》」とよび、正史である『日本書紀』など六国史を軸に、仮名史の『古事記《こじき》』、雑史の『旧事紀《くじき》』、さらに『古語拾遺《しゅうい》』『新撰姓氏録《しんせんしょうじろく》』『万葉集《まんようしゅう》』『律《りつ》』『令《りょう》』『弘仁内裏式《こうにんだいりしき》』『延暦儀式《えんりゃくぎしき》』『延喜式《えんぎしき》』につうじたうえで、得意の分野に進むよう、学習順を指示している。「紀典学」は国学とは異なった儒学神道系譜のもっともすぐれた、日本古代研究の構成をもったものといえよう。

三河岡崎の商人の国分九一《こくぶくいち》や畔柳思堂《くろやなぎしどう》は、名古屋の岡田新川に儒学を学んだ。思堂は同門の河村益根と親しく、天明六年には益根とともに京都・大坂に遊び、木村兼葭堂《けんかどう》を訪問している。国分家の市隠亭《しいんてい》には蔵書数千巻が集められ、岡崎城下の文人学者のサロンとなっていた。転封《てんぽう》による岡崎藩儒者との交流の断絶のため、転封のない名古屋の文人・学者との交流が深かった。

宣長国学の浸透●

河村秀根・益根が『日本書紀』の注釈方針を転換した安永五(一七七六)年ごろ、伊勢国松坂の市井《しせい》の国学者本居宣長《もとおりのりなが》は、『古事記』の注釈に専念していた。宣長は物語や和歌の解釈にあたって、仏教や儒教的価値観を排除し「物のあはれ」論という独自の文学論を展開した。この論は、当代日本人に「漢籍のくせ」がはびこり、すべてを中国やインドなど外国の物の考え方で律するという悪習がうまれ、これを排除することが必要だとする「漢意《からごころ》」批判に発展する。そして「漢意」のない日本古代の精神の追求にむかうのである。河村兄弟が『日本書紀』を研究したのは、それが漢文で書かれていても、古代国家の正史であることが重要であった。宣長にとっては、たとえ正史であっても漢文で書かれた『日本書紀』より、正史でなくても「漢籍のくせ」の少ない『古事記』を研究対象として重視した。

明和の初めごろ名古屋に移住し、安永初期に桜天神で国学塾を開いた田中道麿《みちまろ》は、安永六年ごろ松坂の宣長を訪ね問答をし、以後おたがいに文通を行い学問的交友を深めた。道麿は名古屋では、古体を旨とした詠歌法、古語の究明、物語・日記・歌集などの講義を行い約三〇〇人の門人がいたという。安永九年に道麿は宣長より年長であったが、その門人となり、自分の代表的門人一七人を手紙で紹介している。それによれば町奉行所や国奉行所の役人や名古屋の商人、僧侶、医師らが道麿の主たる門人層であった。天明四（一七八四）年に道麿が死去すると、道麿門下から同年に大館高門《おおだちたかかど》（海東《かいとう》郡木田《きだ》村豪農）、翌天明五年に横井千秋《ちあき》（尾張藩士七〇〇石）らが順次宣長に入門し、寛政元（一七八九）年に千秋が『古事記伝』などの出版にかかわって宣長を名古屋に招くと、道麿門下の多くや、その周辺の人びとが宣長に入門するのである。名古屋を中心とした尾張地域の宣長門人は、寛政期（一七八九～一八〇一）をつうじて増加し、宣長が死去する享和元（一八〇一）年までに、約九〇人を数え、宣長の出身地伊勢をのぞくと、もっとも大きな宣長学の拠点となるのである。

このうち、横井千秋は、宣長の国学を政治の面で活用しようと考えた。天明期の尾張藩は、国用人・国奉行の人見璣邑が九代藩主宗睦の信任のもとに藩政改革を主導し、細井平洲を招聘し藩内教化を急いでいた。璣邑は幕府儒者人見美在の次男で荻生徂徠の『政談《せいだん》』などの影響をうけ、都市の奢侈《しゃし》を抑え、農本主《のうほん》義的な産業基盤の整備を政策基調としていた。平洲は新設藩校明倫堂を拠点とし、廻村講話を行い、畿邑の施策を側面からささえた。千秋は、この急激な改革政治に対して批判的な立場をとり、天明七年に国学的改革論『白真弓《しらまゆみ》』をあらわす。千秋は宣長の「漢意」批判を政治に適用し、畿邑・平洲の儒学的改革論を「漢意」として否定し、自身は「漢意」を加えない「自然」と「自然の真心」の政治を対置した。そして、朝廷の地位の向上、将軍の伊勢参拝と天皇への謁見など朝幕関係の再編を主張した。千秋はこの構想を実現するためには、本居宣長を尾張藩に招聘することが重要と『白真弓』を結んでいる。宣長の尾張藩招聘は畿邑らの反対で実現することはなかった。千秋や宣長死後も尾張地域の国学は、本居大平《おおひら》や春庭《はるにわ》らの門人によって、和歌や国語学の面でいっそう拡大していく。こうしたなかで、学問としての最大の成果は鈴木朖《あきら》の研究である。朖は、徂徠学派の町儒者であったが、寛政四年、宣長に入門し、国語学の面を継承発展させ、『言語四種論』『活語断続譜《かつごだんぞくふ》』などをあらわした。朖は尾張藩儒者からのちに明倫堂教授並《なみ》となり、天保期にはじめて明倫堂で国学を講じた。朖の研究は名古屋の古代研究の蓄積と、国学的研究を

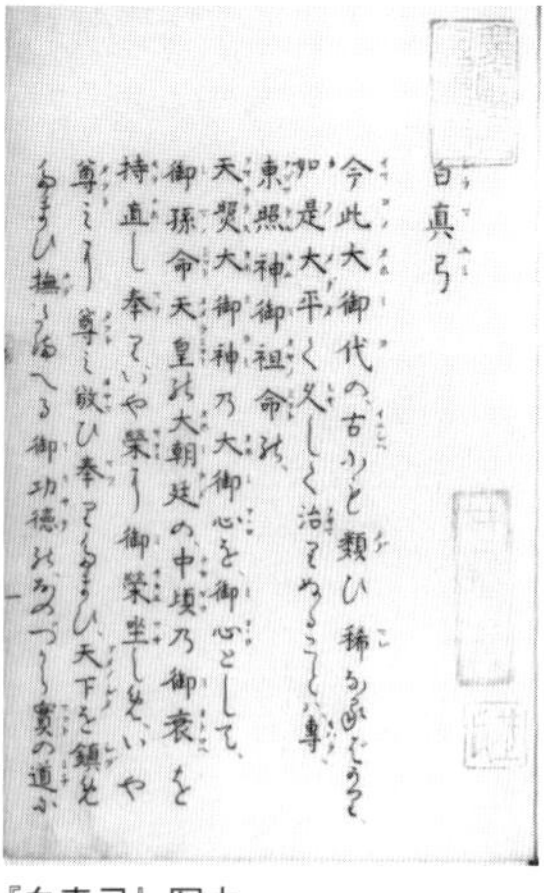

『白真弓』写本

融合させた、名古屋学の峰《みね》をきずいたものであった。

三河の場合には、当初、遠州《えんしゅう》国学との関係が深かった。東三河吉田（豊橋）の神主の鈴木梁満《やなまろ》や富商の植田《うえだ》義方《よしかた》は賀茂《かもの》真淵《まぶち》に入門し、浜松の杉浦国頭《くにあきら》らと交友をもった。その後、天明四年に鈴木梁満は三河で最初の本居宣長門人となる。宣長存命中の門人は、寛政元年入門の鈴木重野《しげの》（梁満の子）、寛政五年入門の吉田城内天王社《てんのうしゃ》神主鈴木真重《ましげ》や、寛政六年入門の八名《やな》郡大野《おおの》村（新城市）の戸村《とむら》俊行《としゆき》、寛政十年入門の渥美郡亀山《かめやま》（田原市）の井本常蔭《つねかげ》ら八人であった。鈴木真重は吉田藩主で老中《ろうじゅう》となった松平信明《のぶあきら》の和歌の師をつとめた。戸村俊行は元禄期（一六八八〜一七〇四）に京都の伊藤仁斎《じんさい》の門人となった戸村治兵衛俊直《としなお》の末裔である。同じ戸村家の戸村俊長《としなが》は本居大平の門人となっている。新城や鳳来寺門前周辺の好学の商人や村役人などの伝統のうえに国学への関心が広がったと思われる。井本常蔭は、芭蕉の門人名古屋の杜国《とこく》が流された渥美郡大垣新田《おおがきしんでん》藩戸田家の三河領分畠村郡奉行であった。常蔭の父親の井本免孔《めんこう》は、寛政元年に杜国百回忌、寛政五年に芭蕉百回忌を行った、白梅下《はくばいか》路喬《ろきょう》一門の俳人であった。この周辺には藩医や村役人・商人など二十数人の俳諧《はいかい》社中があった。こうした背景のもとに、常蔭は享和元年三月、松坂の宣長を訪問して入門し、宣長没後は本居春庭に師事した。

文化二（一八〇五）年、本居大平が吉田（豊橋）の門人に招かれて講義をして以降、大平門が増加し、三河では吉田藩主松平信順《のぶより》を含めて五八人の入門者がいた。このうち、吉田二三人、岡崎一二人と東海道筋の城下町が過半を占め、その他幕府赤坂《あかさか》陣屋のあった赤坂七人、交代寄合中島《なかじま》家の陣屋のある大崎《おおさき》が、中島與五郎《よごろう》隆功《たかこと》自身を含めて三人である。こうした主要地域分布からみて三河大平門は城下の武士や商人を主体として浸透したといえる。このうち、女性は吉田に歌人として著名な岩上登波子《とわこ》など五人、岡崎に一人など、武士の妻女の入門者をみることができる。

文化二年に入門した吉田藩の中山美石《うまし》は、宣長の『古今集遠鏡《こきんしゅうとおかがみ》』にならい『後撰和歌集《ごせんわかしゅう》』の研究を行

名古屋を歩く弥次・喜多

十返舎一九《じっぺんしゃいっく》の『東海道中膝栗毛《とうかいどうちゅうひざくりげ》』は、庶民の旅の流行や、旅館共同組合的「講《こう》」の整備のなかで大評判となった。

『東海道中』という書名のため、『四編下』は主役の弥次・喜多が鳴海《なるみ》・熱田《あつた》まできて、名古屋の町にはいらずに、舟で桑名《くわな》へわたってしまった。文化二（一八〇五）年に一九は『五編』の取材のため、東海道から伊勢路《いせじ》をめぐったと記している。このとき、一九は名古屋の戯作者《げさくしゃ》たちと交渉をもったためか、『五編』の挿し絵には一〇人の名古屋の人びとの狂歌《きょうか》などの画賛《がさん》が収録されている。

『膝栗毛』の影響をうけた名古屋の戯作者たちは、つぎつぎと、名古屋周辺の名所・名物を織り込んだ、二人連れの道中記の稿本を書きはじめる。やがて、名古屋の出版元も、これに目をつけ、文化十二年には松屋善兵衛らの有力書店の依頼で、一九自身も名古屋に招かれ逗留する。名古屋の書店は一九自身による、弥次・喜多の名古屋道中記を期待したと思われるが、実際には同年に美濃屋伊六を版元とし、「東花元成《とうかもとなり》」著、葛飾北斎《かつしかほくさい》門人「墨僊《ぼくせん》」挿し絵による『名古屋見物四編の綴足《とじたし》』が出版される。弥次・喜多両人に熱田の町から北上して名古屋の名所を見物させようという趣向である。

この書は美濃屋伊六のほか、名古屋の松屋善兵衛・永楽屋東四郎・美濃屋市兵衛・麻生屋與兵衛

❖コラム

という、名古屋の有力書店と、江戸の角丸屋甚助の共同出版となっている。翌年出版された同書後編には、名古屋滞在中の一九を織り込んでいる。名古屋本町通門前町の情景で、「一九子、本や二三人にともなわれ、此へんにて、とうりう中のうさをはらしに、一ぱいのみに出かけし也」と、一九が名古屋の本屋同道で、名古屋の飲み屋街を歩く姿を描く。

そこで、一九たちと弥次・喜多が出会う。喜多八は一九に「余ほどまだこちらに御逗留かね」と問う。一九は「色々こちらで頼まれた書きものもあるが、近々には又在所《ざいしょ》（府中《ふちゅう》）へ帰らねばならぬのさ」と答えている。実際、一九は『滑稽《こっけい》祇園守《ぎおんもり》』の序文や『秋葉山・鳳来寺《ほうらいじ》一九之紀行』の執筆をしており、そのため本屋連は一九を名古屋の歓楽街で接待したのであろう。『四編の綴足』は、こうして元祖の一九を取り込み、実事《じつじ》を戯作にからめた芸能情報誌的性格をもった書物であったといえよう。

名古屋本町通で一九と出会う弥次・喜多(『名古屋見物四編の綴足』)

い、『後撰集新抄《しんしょう》』をあらわした。契沖《けいちゅう》・真淵・宣長の研究を引き、石原正明《まさあきら》・石塚龍麿《たつまろ》ら友人の意見をまじえ、総合的に考察を進めたすぐれた成果である。石原正明は、寛政四年に鈴木朖らとともに宣長に入門した尾張の豪農であったが、財を失い江戸にでて塙保己一《はなわほきいち》の「和学講談所」の塾頭になり、『群書類《ぐんしょるい》従《じゅう》』編纂にたずさわった。『後撰集新抄』は、文化九年四月の序で、宣長の『古事記伝《こじきでん》』と同じ、名古屋の永楽屋東四郎《えいらくやとうしろう》の蔵版で、江戸・京都でも発行された。美石は文化十四年五月に藩校時習館《じしゅうかん》の教授となり、時習館ではじめて国学を講じた。美石は名古屋の国学者と交友が深く、植松有信や鈴木朖に国学を学んだ名古屋の書店万巻堂《まんかんどう》の息子を本居大平の養子に推挙した。これが、天保二（一八三一）年に本居家の養子となった本居内遠《うちとお》で、紀州藩国学を継承し、『紀伊国続風土記』など多くの著作をなした。

伊良湖《いらご》村（田原市）の貧しい漁師の子の糟谷磯丸《かすやいそまる》は、井本常蔭に手習や和歌を学び、本居大平に入門した。また、京都の芝山持豊《しばやまもちとよ》に和歌を学んだ吉田の女性歌人林織江をつうじて持豊の知遇を得た。やがて、三河・尾張のほか、中国・京都・信州・遠州・江戸などへ旅をして多くの歌を残した。商売繁盛・火除《ひよけ》・虫除・病気息災を願うまじない歌など、独特の土俗的世界を構築した。

中興俳諧の展開

風雅を重視し、座の雰囲気を残した蕉風《しょうふう》俳諧は、俳諧の大衆化のなかでしだいに解体し、洒脱《しゃだつ》な滑稽《こっけい》を旨とした江戸都会俳諧と、平俗安易な美濃派俳諧が芭蕉後の大きな潮流となった。また、出句料をはらって投句し、宗匠《そうしょう》が点をつけ、高点のものに商品・賞金をだす句会が盛況となる。名古屋の俳諧は美濃派の宗匠を中心に、藩士や僧侶・医者・商人を中心とした社中を形成していたが、その背後に取次所へ投句し、商品に期待する広範な人びとがうみだされていた。「俗談平語」を用いて日常をうつしだす「雑俳《ざっぱい》」

の作者群にとって、芭蕉のように蘇東坡《そとうば》・陶淵明《とうえんめい》、西行《さいぎょう》・宗祇《そうぎ》と対話し、求道《ぐどう》者のような旅によって心をきたえ、日常の俗を雅《みやび》に昇華させることは、理解の範囲を越えていた。こうした俳諧の大衆化状況のなかで、寛保三（一七四三）年の芭蕉五十回忌ごろから、見失われた芭蕉の風雅への関心が高まり「芭蕉に帰れ」という声がうまれ、明和・安永・天明期（一七六四〜八九）の「中興俳諧」へと展開する。中興俳諧を代表するのは、京都の与謝蕪村《よさぶそん》、名古屋の加藤暁台《きょうたい》、江戸の大島蓼太《りょうた》らである。

加藤暁台は尾張藩士で、名古屋の商人出身の美濃派俳諧宗匠巴雀《はじゃく》・白尼《はくに》父子に俳諧を学んだ。専業俳人になることを決意して脱藩した暁台は、明和五（一七六八）年から同八年にかけて、蕉風発祥の『冬の日』を再興すべく『秋の日』の四歌仙をまき、高雅な復古調に成功する。芭蕉以来のすぐれた俳文『鶉衣《うずらごろも》』をあらわした尾張藩重臣横井也有《やゆう》は、白尼・暁台の後見者的位置にあり、『秋の日』序文に、この企画を「蕉門の盛事」と記している。『秋の日』の連衆は第一の巻は尾張藩士中心の八人、第二は清須・起などの在郷の富裕層中心の四人、第三は城下商人の五人、第四は新進気鋭の医師・僧侶らの五人である。彼らは漢詩文や和歌につうじた高い教養をもった人びとであった。『冬の日』の連衆のうち、羅城《らじょう》（僧侶）・亜満《あまん》（藩士）は国学者の田中道麿に入門しており、寛政期には士朗《しろう》（医師）・亜満・臥央《がおう》（医師）ら暁台門の有力者が本居宣長に入門している。宣長の和歌論は、『万葉集』ではなく流麗な『新古今集』を最高とした。暁台自身は道麿や宣長に直接入門していないが、「物のあはれを知る」という創作主体の論や作品の「風雅」や「風体」を論ずる宣長の文学論には十分関心があったと思われる。暁台の俳諧の特徴について「優雅」「清明流麗」との評価がされるが、漢詩文・和歌・国学の展開という、名古屋の上層から中層にかけての文化状況が、「俗談平語」の美濃派や雑俳と異なった文芸的世界を創造する条件であった。

暁台が寛政四（一七九二）年に京都で死去すると、名古屋の俳壇は井上士朗が実質的継承者となった。士朗は京都の吉益東洞《よしますとうどう》・賀川玄悦《かがわげんえつ》に医術を学んだ町医で、暁台死後に尾張藩の藩医となった。俳諧を生活の糧《かて》とする必要はなく、遊俳《ゆうはい》を本質とした。寛政五年、芭蕉百回忌に各地で追善集が出版されるが、名古屋では士朗中心に『麻刈集《あさかりしゅう》』が出版された。ここには名古屋の藩士・僧侶・商人のほか、知多・津島《つしま》・佐屋・清須などの在郷の富裕層をみることができる。文雅に親しむことが社交にもつながる、遊俳を旨とする人びとが、その主流であった。士朗はやがて、江戸の道彦《みちひこ》・成美《せいび》・巣兆《そうちょう》・一茶《いっさ》らと俳席をともにし、江戸の道彦、京都の月居《げっきょ》とともに中興俳諧期以降の三大家とみなされるようになる。その俳風は、平明温厚で巧みではあるが、中興期のきびしさと清新さは失われていた。だが、士朗の俳諧の平明さが、点取り俳諧とは異なる蕉風俳諧普及の力となり、「尾張名古屋は士朗（城）でもつ」との声望を得、名古屋が全国的交流の拠点となったことは、蕉風俳諧の大衆化・全国化のうえで、重要な画期をなした。

三河の中興期前後の俳諧は名古屋の俳諧の影響が強かった。美濃派の巴雀・白尼・木児《もくじ》は元文から宝暦期にかけて三河進出をはかり、やがて暁台・士朗の強い影響のもとに展開する。

岡崎では、名古屋俳壇の影響のもと、芭蕉五十回忌の寛保三年に朝宗《ちょうそう》・吟芝《ぎんし》ら岡崎連中によって西光《さいこう》寺に芭蕉の句「夏草や兵《つわもの》どもがゆめのあと」を彫った夏草塚が建碑され、宝暦十二（一七六二）年には、誓願《せいがん》寺に矢作橋守園《やはぎばしもりえん》を称する竹布《ちくふ》・蕉尾《しょうび》らによって芭蕉七十回忌の記念に蛙塚《かわずづか》が建碑された。矢作橋守園連中は、名古屋の白尼に学び、やがて暁台門に移った。蛙塚の開眼供養の記念集『蛙啼集《あていしゅう》』は、暁台の監修によって刊行されるが、序文で暁台は江戸の蓼太を牽制しつつ、みずからの蕉風俳諧復古運動の旗揚げ宣言をした。竹布は矢作町木綿商で弟の麦甫《ばくほ》とともに矢作橋守園を主導した。岡崎城下でも明和期

（一七六四〜七二）に暁台門の岡崎江湖庵《こうこあん》連中が形成される。その中心は、入素《にっそ》（商人きら屋久右衛門）、竹《ちく》也《や》（商人・町年寄山本嘉右衛門）らであった。

東三河は、宝暦五年に巴雀『草錦』に二四人ほど、宝暦七年の木児歳旦《さいたん》に吉田（豊橋）の商人らが二〇人ほど名を連ねており、名古屋の美濃派の影響が強かった。その後は犬山《いぬやま》から吉田に移住した五束斎木朶《ごそくさいもくだ》が東三河俳壇の指導者となり、暁台門には移らなかった。寛政五年の芭蕉百回忌も、木朶は『松葉塚《まつばづか》』を刊行して、東三河の俳人を糾合した。

こうした、天明・寛政期（一七八一〜一八〇二）の岡崎中心の西三河と、吉田中心の東三河の俳壇は、やがて暁台や井上士朗に学んだ鶴田《つるた》（青々処《せいせいしょ》）卓池《たくち》によって統合される。卓池は岡崎の紺屋《こうや》の子で、天明四（一七八四）年に暁台に入門した。この入門は、暁台傘下の岡崎江湖庵連中の有力者であった南隣の鍛《か》冶《じ》、鶴田桃生《とうせい》の影響によるものである。寛政四年の暁台没後は、井上士朗に師事した。享和元（一八〇

暁台画像（月樵画，『続姑射文庫』）

一）年、卓池は士朗に随行して江戸にいき道彦・成美と唱和し、江戸から信州への旅で一茶ら著名な信濃《しなの》の俳人と一座した。この成果は士朗・道彦編『鶴芝《つるしば》』にまとめられ、卓池の名声もあがった。文化九（一八一二）年に士朗が死去すると、卓池は三河における実質的後継者となった。卓池の作風は平明温雅で、わかりやすく、素直でありながら句の質は高く、とくに連句にすぐれていた。温厚な人柄で多くの門人を引きつけ、文政期（一八一八〜三〇）には東三河の吉田も富商の佐野蓬宇《ほうう》や福谷水竹《すいちく》が卓池に入門し、東三河にも卓池の影響が広まった。西三河の刈谷では、刈谷藩士の中島秋挙《しゅうきょ》が享和二年に卓池の紹介で士朗に入門している。秋挙は士朗に深く傾倒し、士朗の病床に侍して病床日記を書くほどであった。士朗死後に『朱樹翁終焉記《しゅじゅおうしゅうえんき》』をあらわし、「泣きたらで立ち去りかねつ蚊屋《かや》の側《そば》」とよんでいる。秋挙門下には刈谷藩士や藩医のほか、刈谷城下の商人や在郷の有力農民などがいた。こうして、名古屋の暁台・士朗の門下は全国に広がるとともに、三河にも深く浸透していった。

7章

近代社会への胎動

名古屋城下の「ええじゃないか」(慶応3〈1867〉年,『青窓紀聞』)

1　領主と民衆の世界

藩政の動揺●

尾張《おわり》藩の財政は、天保十二（一八四一）年までの一〇年間の平均で、米は四三〇〇石の不足、金は四万六〇〇〇両近い不足であり、加えて一〇三万五〇〇〇両余の積年の借財の利払いが七万三〇〇〇両余あり、さらに名古屋と江戸《えど》の「別段御入用」に八万二〇〇〇両余を必要とした。米の収支をゼロと仮定したとしても、支払うべき金高は歳入金高の一七万一〇〇〇両余を超えており、まさに破産状態であった（「片岡喜平治御用向覚書」）。

この財政状況下で米切手を回収しなければならず、そのための多額の正金が必要とされた。そこで藩は従来の手法どおり御用達《ごようたし》商人に調達金を命ずることはもちろん、蔵役金《くらやくきん》賦課や、おりからの幕府の改革政治に便乗して、商家の立入り調査の実施など、商人全体に対する支配を強化した。そればかりでなく、富《とみ》籤《くじ》や日掛け銭、はては金銀製器物の供出まで、一般の町人・百姓まで動員して正金の吸上げをはかった。

幕府の株仲間《かぶなかま》解散令に反して国産会所《こくさんかいしょ》を設立し、国産品の領外移出を統制して正金の流出を防ぐとともに、仲間に冥加金《みょうがきん》をおさめさせる制度を発足させたのも、近江《おうみ》八幡との替え地を実現し、近江商人に御用金を課すことができたのも、御三家《ごさんけ》としての、しかも大御所家斉《おおごしょいえなり》の男子を藩主にいただく尾張藩にして可能だったといえよう。弘化二（一八四五）年に、五年で二〇万両の米切手回収資金を貸与されたのは、そのことのさらに直截《ちょくさい》な表現であった。

結局、嘉永元（一八四八）年に幕府からふたたび一〇万両を貸与され、米切手の回収が完了した。しかし、これで藩財政が健全化したわけではなく、あいかわらず調達金・献金・家臣上米《かしんあげまい》は繰り返され、倹約の励行と経費削減、人員整理が必要であった。安政三（一八五六）年の借財は一七八万両になろうとしていた。

尾張藩の家臣である給人も窮乏生活を強いられていた。平野村《ひらの》（稲沢市《いなざわ》）に五六石の給知《きゅうち》をもつ林氏は、幕末期、自領の組庄屋に、ときに強圧的、ときに哀願調の借金申入れ書状を頻繁にだした。承諾を得ぬまま受取りの飛脚をよこすこともあった。そればかりか、自分の息子をよこしたり、はては一両二分の借金に給人みずからでかけてきた。奥方が書状を書き、嫁入り道具はすべて林家のためになくなり、娘の初鉄《はつか》漿祝《ねいわ》いの資金がなく、母親の役目がはたせないと、めんめんと窮状を訴えていた。

以上のような財政の困難に加えて、尾張藩には重大な藩論の不一致があった。尾張徳川《とくがわ》家相続問題である。斉朝《なりとも》、斉温《なりはる》、斉荘《なりたか》、慶臧《よしつぐ》の四代は幕府に押しつけられた藩主であった。なかでも斉荘の相続には家臣のあいだに強い反対の声があがった。これは藩主の血統をめぐるお国意識の現れであると同時に、前年に焼失した江戸城西の丸再建を尾張藩に命じた幕府首脳、および、それを承引し、さらに藩士に負担を転嫁した江戸在勤の重臣への不満でもあった。これ以降、反対派は金鉄党《きんてつとう》を結び、藩内対立の一方の勢力となったのである。

挙母藩《ころも》では、文政九（一八二六）年に、年貢米で一年の入用がまかなえないうえに借財があるとして、藩主内用三〇％減、家臣俸禄二五〜三〇％減などの財政改革を開始した。五年ごとに継ぎ年期されたが、事態は改善されず、藩士へのしわよせはきびしくなるばかりであった。天保七年には「武士道に欠けざる儀は如何様《いかよう》にも倹約」せよと、平均五〇%の俸禄削減を行った。しかし、長引けば武士の本分にかかわるのは当然で、弘化二年には「ひたすらに商売の心を抱き財利の事のみ相営み、武門の趣意取り失い申さざる様」と注意した（「内藤家文書」）。藩士の変質は藩権力の動揺につながる。

それほどの倹約にもかかわらず、嘉永三年、年々六〇〇〇両不足し、借財は五万両余におよぶと、財政破綻を告白せざるをえなかった。

吉田《よしだ》藩は嘉永元年に五年間の省略仕法をはじめた。これを契機に、藩内に上・中・下「三難」が生じたと、藩校時習館《じしゅうかん》教員の山本恕軒は記した。中の「難」は家中の不和であった。改革を進める執政派と改革により二〇〜三〇%の引米を不満とする反執政派の抗争である。上の「難」は反執政派によるものと思われるが、小身の別家から養子にはいった若年の藩主松平信璋《のぶあき》が軽んぜられ、改革の二年目に江戸藩邸に半年にわたって幽閉されたという噂《うわさ》が立ったことである。山本は「多分間違も有まじ」と判断した。下の「難」は領内が不穏で、領民の訴願が頻繁だったことを指した（「御改革中雑記」）。

土人形づくり（『広益国産考』）

田原《たはら》藩では、文政十年に藩主三宅康明《やすてる》が死亡すると、跡目を異母弟の友信とするか、姫路《ひめじ》一七万石酒井家からの養子とするかで藩論が割れた。結局、実家からの合力《ごうりき》を期待して後者となり、第一一代藩主康直《やすなお》が誕生した。それほどに財政窮乏は深刻であった。天保元年には田原在住の家臣に対し、家格・地位の上下に関わりなく、一律に二人扶持にするという極端な待遇切下げを断行した。

これに対し渡辺崋山《かざん》（口絵参照）は、きびしすぎる倹約による藩政の萎縮ではなく、人材登用・殖産興業・領民撫恤《ぶじゅつ》などによる政治的・経済的活力の復興をめざした。崋山に推挙された大蔵永常《おおくらながつね》は、櫨《はぜ》の植栽や伏見《ふしみ》人形製作などを導入したが、それほど成果はあがらなかった。

天保飢饉《てんぽうききん》では、君の道・役人の職・民の分を説きつつ飢民救済を徹底し、餓死流亡者をだすことなくのりきった。幕府は崋山の内願に応じ、これを藩主の功績として褒詞《ほうし》をあたえた。崋山は、藩主が公儀から領地と領民をあずかり、良吏の補佐により職分をまっとうするという理想を現出させたが、ほかでもないその公儀により獄につながれ、藩内の反対派により孤立させられ、ついには自刃してはてたのである。藩はもとの厳倹政策に戻り、財政窮迫に呻吟《しんぎん》を続けた。

十九世紀前半、諸藩は財政困難という共通の問題に悩んでいた。渡辺崋山は天保十一年に「貧乏ニテツブレタル大名決テ無」と書いたが、居直ってばかりはいられない動揺を経験していたのである（『渡辺崋山集』四）。

「鴨の騒立」●

水辺の葦《あし》のあいだにひそむ多数の鴨《かも》が、突然、激しい羽音と啼《な》き声でいっせいに飛び立つ光景になぞらえて、天保七（一八三六）年九月に三河《みかわ》国加茂《かも》郡と額田《ぬかた》郡の一部でおこった百姓一揆《いっき》が幡豆《はず》郡寺津《てらづ》村（西尾《にしお》市）の神主渡辺政香《まさか》により書きとめられた。

　政香はこの年の八月十三日の暴風雨から書きはじめている。この暴風雨は三河一帯に被害をおよぼし、いわゆる天保飢饉の渦《うず》のなかに三河の地をまきこみ、米価暴騰・物価騰貴・米の買占めによる生活困難な状況がうみだされ、その打開をめざす一揆のきっかけとなったのである。一カ月後の九月十六日、九久平村《だいら》（豊田市《とよた》）百姓の倅《せがれ》繁吉が下河内村《しもごうち》辰蔵と松平郷《まつだいら》柳助と面談した。辰蔵は、世間を「緩《ゆるやか》」にするために、六所山《ろくしょ》辺に結集し、お上《かみ》に米相場引下げの出願をし、米屋・酒屋など数軒の打ちこわしの流言を流そうといい、柳助とともに「棟梁《とうりょう》」となった（「菅沼家文書《すがぬまけ》」）。

　辰蔵は農間に割木の売買をしていた。これよりさき天保四年には、近在の二三カ村によびかけて、九久平村の薪問屋に打ちこわしの構えをみせ、舌鋒《ぜっぽう》するどく交渉し、割木の買いたたきをやめさせた実績があった。彼は松平姓をもつ由緒ある百姓で、のちに尾張藩役人の取調べをうけたさい、「上がゆがむと下はなおゆがみます」と言い放ってはばからないほど腹のすわった男であった（「鴨の騒立《かも　さわだち》」）。

　九月二十日、石亀坂を越えた茅原村《ちわら》（同）地内にある辰蔵の作業小屋に二、三十人が集まった。おもな顔ぶれは木挽き仲間であり、若者組に属するような三〇歳前後の未婚の青年であった。要求として、一両で六、七斗くらいの米価、頼母子講《たのもしこう》の二年休会、酒その他の価格引下げを掲げ、人数を集めて翌日から行動をおこすことを決定した。要求は事態の進行のなかで、米小売りの値下げ、米の地域外持出し禁止、質の利率引下げが加わり、そして証文・帳簿の破棄による直接行動で貸借関係の帳消しがめざされた。

　翌二十一日夜、滝脇村《たきわき》（同）の石御堂に四、五十人が結集した。笠《かさ》をかぶり、めいめいが鎌《かま》・斧《おの》・鉞《まさかり》・鋸《のこぎり》をもち、竹筒を吹き鳴らした。手始めに滝脇村の庄屋《しょうや》宅にいき、村民の参加を要求したが断られ、これを打ちこわした。村々に参加をよびかけた言継ぎどおりの制裁であった。滝脇村からは五六人が参加するようになった。

九月二十二日早朝、一揆勢は二、三百人に膨れあがった。造り酒屋と穀屋を打ちこわしたとき、鍬の刃を盗んだものをしばりあげて庄屋にあずけた。打ちこわしの対象はあらかじめ決められていたが、要求を飲めばまぬがれた。しかし、この日、宥免《ゆうめん》した二軒を後続部隊が打ちこわしてしまった。これを知った一揆指導部は急ぎかけつけ、規律違反として七人に縄をかけた。このように一揆は規律と計画をもった戦闘部隊であり、その勢力は二〇〇〇人になっていた。

その夜、奥殿《おくどの》藩役人、旗本《はたもと》鈴木家代官、石川家代官の三人と一揆指導部との交渉があった。一揆側の年貢金納相場一両に八斗の要求に対し、領主側は六斗の回答であった。指導部が六斗で了承すると、一揆勢から不満がもれはじめ、ついには指導部、とりわけ辰蔵の裏切りであるということになり、辰蔵の家が打ちこわされた。その中心は足助《あすけ》方面の村からの参加者であった。こうして指導部が交代すると、一揆勢は要求実現の姿勢を強め、行動力を高めた。その夜のうちに鈴木家から八斗の回答を引きだし、翌二十三日朝には奥殿藩領内の米屋と米会所を打ちこわし、藩に八斗を認めさせた。

一揆勢は、岡崎《おかざき》藩の「近国駈合者(物)頭」二組などの軍勢が、前夜のうちに藩境に布陣したことを敏感に察知し、旋回して足助にむかった。午後四時ごろ、足助の入口に集結した勢力は約四〇〇〇人であった。旗本本多家代官が数人の手代《てがわり》・同心《どうしん》とともに待ちうけたが、「しゃらくさし」とたちまち追い払われた。第一の攻撃目標である酒屋へは、合図の竹筒を吹き、鬨《とき》の声をあげて四方を囲んだ。そして「世直し神々来て現(厳)罰を当て給う。観念せよ」とさけんで、打ちこわしをはじめた。その結果、五軒の商家が打ちこわされた。その他の商人は酒食を提供し、まぬがれた。代官は一揆勢の要求を認めた旨の高札《こうさつ》を立てた。

その夜のうちに、伊奈《いな》街道沿いと美濃《みの》国境までの村々に参加をよびかけた。たとえば足助から二〇キロ以上はなれている設楽《したら》郡御所《ごしょ》貝津《がいつ》村（豊田市）にも「順村申し次ぎ」で「加勢」のよびかけがあったが、村役人の説得で参加しなかった。足助近くの不参加の二カ村の庄屋宅はみせしめに打ちこわされた。拡大した一揆勢は、挙母にむかった。足助と挙母の商人に強いつながりがあったことを知っていたからであろう（「御所貝津区有文書」）。

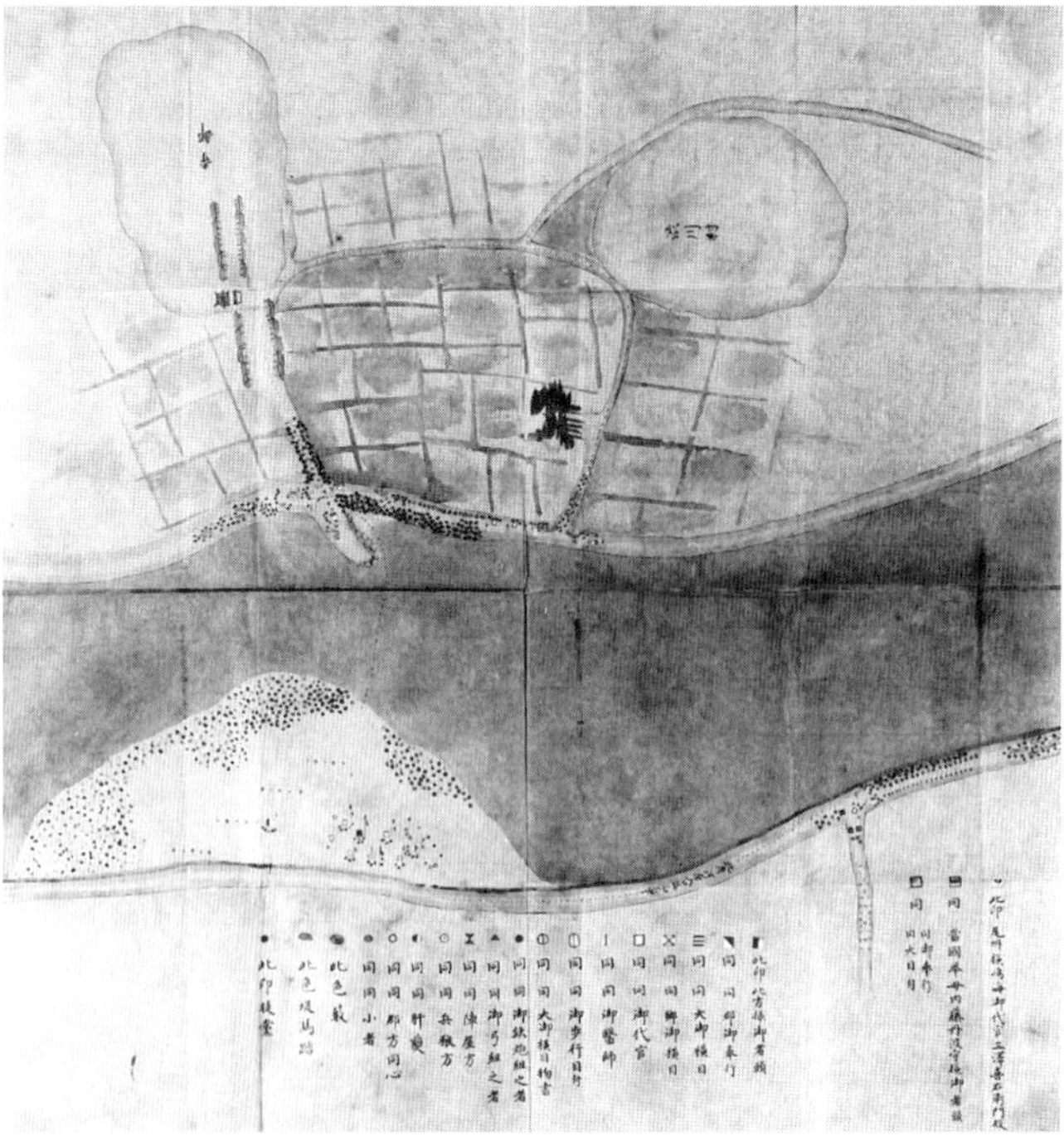

挙母・寺部河原の一揆勢・鎮圧軍配置図

九月二十四日暁《あかつき》には矢作《やはぎ》川左岸に一揆勢がつぎつぎと到着し、尾張藩家臣渡辺領寺部《てらべ》陣屋《じんや》に用意させた船でおいおい対岸の挙母にわたりはじめた。二〇〇〇人ほどが城下の攻撃目標めがけて進むと、町の入口で町役人らが竹槍をかまえ、その背後に藩兵が鉄砲をかまえていた。一揆勢が町役人らに対し、「こざかしい、その竹槍はなににするのジャ。世直しの神にむかっては、ヨモ働くことはなるまい」と笑い、われさきに進むと、藩兵が前にでて威嚇《いかく》の空砲をはなった。それでもひるまない一揆勢に、ついに実弾をこめて水平撃ちにした。死傷者がでて、さしもの一揆勢も敗走せざるをえなかった。

挙母藩兵が発砲し、即死者がでたという情報は、翌二十五日の昼十二時ごろには知多郡《ちた》石浜村《いしはま》（東浦《ひがしうら》町）の庄屋の耳にはいった。一揆については前夜の十時ごろに第一報がはいり、「捨て身の者共」は刈谷《かりや》にむかうらしく、さらに進んで、米をたくさんもっている知多郡亀崎《かめざき》・半田《はんだ》（ともに半田市）の酒造家や内海《うつみ》（南知多町）の小平治をおそうかもしれないとの噂を知多半島村々に廻状で知らせていた（「大井村御触写」）。

一揆勢の多くは岡崎藩兵や挙母藩兵に捕縛された。逮捕をのがれたものはふたたび足助にむかった。足助では、遅れて馳せ参じた奥地の一揆勢が二度目の打ちこわしをはじめようとしていた。そこへ敗走の一揆勢が合流し、一〇〇〇人の勢力となって、打ちこわしを開始した。九月二十五日午前二時ごろのことであった。このとき五軒が打ちこわされた。明け方に岡崎藩兵が町に突入し、午後一時ごろまでには完全に鎮圧した。

天保九年に幕府評定所《ひょうじょうしょ》で判決がくだされた。獄門は辰蔵ともう一人で、この二人はすでに獄死していた。遠島は柳助・繁吉ら四人で、江戸送りになる前に赤坂《あかさか》陣屋の牢屋で全員自殺した。ほかに五五人がなんらかの処罰をうけ、二四〇カ村・七町が過料銭を科された。

ところで一揆勢がもちだした「世直し神」であるが、加茂一揆関係の資料のなかでは、渡辺政香が「鴨の騒立」の下敷きにした「鴨とりの騒噺申」（作者不詳）にしかでてこない。政香は一揆勢に同情的ではなかったし、神主の立場からすれば正統でない「世直し神」を認めていたとは思えない。にもかかわらず「世直し神」をみずからの著書に引きうつしたことは、「世直し」の願望が世間に広く存在し、この一揆にそれを感じたからではないだろうか。天保八年に尾張で暴風があり、四万余の家屋が倒壊したため職人の仕事がふえ、「世直し風」とも「豊年風」ともいったという事実とともに、加茂一揆にこの時期の民衆ののぞむ世界を垣間みるようである（「松濤棹筆《しょうとうとうひつ》」）。

勤王か佐幕か●

元治元（一八六四）年七月、長州《ちょうしゅう》藩は京都での政治的地位回復をめざし、攻めのぼったが失敗した。これを禁門《きんもん》の変《へん》とよぶ。幕府は、八月七日、尾張藩の前藩主徳川慶勝《よしかつ》を征長総督に任命した。慶勝は初めこれをうけず、十月四日付で「長防追討之儀そこもと委任いたし候」とあらためて命ぜられ、翌日、正式に就任した（「徳川家茂黒印状」）。そして七日後に領内に触《ふれ》をもって就任を吹聴《ふいちょう》し、「御領民一同報国の至誠相励むべき時節に差迫り候」「一同丹誠を抽い御国威強張のためそれぞれ尽力有りたき事」と協力を要請した。具体的には人夫や物資の徴発および献金である。村では農民が持ち高に応じて拠出する夫金《ぶきん》で手当した（『新編一宮市史』資料編八）。

岡崎藩は後衛を命じられた。西尾藩主松平乗秩《のりつね》は、七月に藩軍を編成して出陣し、十月に任をおえて帰城した。吉田藩主松平信古《のぶひさ》は、当時、大坂城代をつとめており、在所より藩兵を補充し戦闘にそなえた。

田原藩では、幕府の赤坂陣屋の要請により、武器をととのえ、家中《かちゅう》の一二歳以上の男子を登録し、銃撃訓練をして出兵にそなえた。

この年の十一月、水戸《みと》の尊攘《そんじょう》派天狗党《てんぐとう》が西上の途中で伊那谷をくだりはじめ、三河に抜ける可能性があるとして、幕府は目付と使番を岡崎に派遣し、三河諸藩に岡崎藩を中心として警備態勢を取るように指示した。これにより岡崎、挙母、刈谷、西尾、西大平《にしおおひら》、田原の各藩が出兵した。

このように、元治元年という年は、尾張・三河の諸藩にとって、大坂《おおさか》の陣《じん》以来、実に二五〇年ぶりに将軍の命により臨戦態勢にはいり、兵を動かした年であった。近世初期に確立された尾張・三河への大名配置が有効に働くことが期待されたが、事態は逆に幕府を窮地に追いつめていく結果となった。それには尾張藩の動向が作用したのである。

徳川慶勝の政治理念は攘夷《じょうい》を目標にした公武一和《こうぶいちわ》であった。外交の当事者として開国せざるをえなかっ

徳川慶勝肖像

た幕府が、不可能とは知りつつも攘夷を約束することにより、公武一和の実現を国政の目玉とした以上、慶勝を頼みとするのは当然であった。いまや公武一和の一方を攻撃した長州藩は共通の敵であった。慶勝が長州藩の謝罪により兵を引くと、幕府は不十分として二度目の戦争をしかけたが、長州藩の猛反撃の前に事実上の敗北を喫し、その権威は地に落ちてしまった。尊攘派による倒幕運動が激しくなり、ついには鳥羽《とば》・伏見《ふしみ》の戦いが勃発し、倒幕の大号令が発せられた。こうしたなかで、慶勝の政治理念では「御国威強張」どころではなくなり、尾張藩も勤王《きんのう》・倒幕《とうばく》にふみださざるをえなくなった。

慶応四（一八六八）年正月二十日、名古屋に帰った慶勝は、藩内の佐幕《さばく》派を斬罪に処した。いわゆる青《あお》松葉《まつば》事件である。これにより勤王・倒幕の旗幟《きし》は鮮明にされた。同時期に博徒や庄屋などによる草莽隊《そうもうたい》を組織し、東征の尖兵とした。また、尾張を起点に、伊勢《いせ》国から駿河《するが》国までの東海道《とうかいどう》と美濃国から上野《こうずけ》国までの東山道《とうさんどう》の諸国に勤王誘引の使者を派遣し、四三大名から勤王証書を集め、朝廷に提出した。

岡崎藩は、藩主本多忠民《ただもと》が慶応三年十一月に官位を朝廷に返し、将軍に忠誠をちかったが、その後の情勢の推移のなかで藩論は二分していた。正月十七日に家老が、まずは朝廷に伏し、おいおい徳川家の存続を嘆願すると申しわたしたことにより、勤王が藩論となった。正月二十九日以前に尾張藩から使者があり、証書を提出したようである。そのさい、三河の譜代《ふだい》の諸侯や旗本《はたもと》の誘引を指示された。二月一日には近隣の旗本を岡崎に招集した。なお、これ以後、佐幕派の三十数人が脱藩し、官軍とたたかった。

西尾藩は正月中旬に下級藩士の突上げにより勤王を藩の方針とした。官軍から正月二十五日付の出頭命令がとどくと、二十七日付で請書を提出した。尾張藩へは二十九日付で、岡崎藩からの通達によるとして、勤王の底意を伝えた。そして二月二日に名古屋に行き証書を提出し、その足で四日市《よっかいち》（三重県四日市市）

❖コラム

水野正信と『青窓紀聞』

本章の扉にも掲載した「慶応三年名古屋城下のええじゃないか」（二二五頁写真参照）を収録した『青窓紀聞《せいそうきぶん》』は、尾張《おわり》藩の重臣大道寺《だいどうじ》家の用人をつとめた水野正信《まさのぶ》による記録集である。文化十一（一八一四）年から明治元（一八六八）年までの世相にかかわるさまざまな最新情報を集めたもので、半紙判二〇四冊のなかには、みずから記録したものもあれば、他人の記録をうつしたもの、記録好きの仲間からゆずられたものをそのまま綴じ込んだものもある。正信は、このほかにも政治外交関係の著作を集めた『資治雑笈《しじざっきゅう》』九四冊、海外事情、とくに北方関係の記録を集めた『青牖叢書《せいようそうしょ》』一〇三冊などを遺しており、名古屋市蓬左《ほうさ》文庫および徳川林政史研究所には、彼の書写による八〇〇点余の蔵書が所蔵されている。

複雑な幕末の政治情勢に藩全体が翻弄《ほんろう》される時勢にあって、重職にある主君の側近の立場にあった正信にとって膨大な記録の蓄積は、本務と無関係に行われたわけではなさそうである。情報収集の範囲は、江戸はもちろん、京都・大坂・敦賀《つるが》・函館《はこだて》にまでおよんでいる。

主人大道寺直寅《なおとら》は、正信を「自壮好読、必写之」と評し、交友関係にあった細野要斎《ようさい》（藩校明倫堂《めいりんどう》教授）は、その雑纂に「正信常に当世の見聞を筆記するを以て楽とし、昼夜筆を把《とり》て間断なし。其内、昼は職務或は応接もあれば、専ら写字するは夜中に在りといふ。夜半は早晩の差別もなく、睡眠は少時にして其余は筆を放たず」と記している。記録に対する執着が人なみはずれていたことは確かである。

の官軍先鋒《かんぐんせんぽう》本陣に出頭し、五日付で証書を提出した。これ以降、周辺の旗本陣屋に働きかけ、大多喜《おおたき》藩の小牧《こまき》陣屋へは岡崎藩とともに出兵までした。

挙母藩へは正月二十六日に官軍先鋒の軍使が到着し、四日市に出頭した重役が帰藩した二十九日の翌々日の二月二日に尾張藩より使者があり、重臣会議の結果、勤王の誓詞を提出した。また、近隣の旗本陣屋に誘引活動を展開した。しかし藩論は一致していたわけではなく、のちに佐幕派が正学党《せいがくとう》事件をおこし、藩政を批判した。

刈谷藩では正月十六日に大書院に藩士を集め、意見をのべさせたが、藩論は一致しなかった。この場で勤王の意見をのべた藩士が脱藩したところからすると、佐幕派の上層部の力がまさっていたものと思われる。二月五日には岩倉具視《ともみ》から叱責の書状がとどいたので、藩として勤王を表明することとし、翌六日に桑名の官軍先鋒本陣と名古屋に家老を派遣した。名古屋では、二月四日付で勤王証書を提出した。八日、帰藩した家老の報告により、方針を勤王と決定し、翌日に家中に宣言することとした。その夜、さきの脱藩者により帰宅途中の三家老が斬殺されるという事件がおこった。

吉田藩への尾張からの働きかけはもっとも遅かった。二月十日に尾張藩の御用達商人が藩を訪問し、翌日、尾張藩への頼込みに関して重臣会議が開かれた。尾張藩からは旧幕時代どおり新居関《あらいのせき》の警備を指示された。吉田藩も旗本陣屋への誘引活動を展開している。

田原藩では、慶応三年十一月に、江戸にあった藩主が紀州藩主に対して、徳川家へ忠誠をちかう請書を提出し、江戸市中警備をつとめていたが、そのころ国元では重臣会議により朝廷帰順が決定されていた。翌年正月十六日には尾張藩主に「御哀訴」する方針が決められ、二十九日には四日市の官軍先鋒本陣に重役を出頭させるように指示された（「御玄関帳」）。

以上のように、三河の諸藩・諸陣屋の朝廷帰順は、幕府崩壊という決定的な情勢変化もさることながら、政治的にも経済的にも圧倒的な力をもつ尾張藩が誘引活動を行ったことにより、短期日のうちに、おおむね順調に進んだのであった。

2 文化の大衆化と蘭学・国学の展開

出版・文芸の展開●

名古屋の出版は、俳諧《はいかい》の流行による俳書や天明期（一七八一〜八九）尾張藩の教化政策と結んでの儒書の出版などによって勢いを得、寛政六（一七九四）年の「尾州本屋仲間」の成立により本格化した。享和二

風月堂の店先を出立する芭蕉（『尾張名所図会』）

(一八〇二)年、江戸を発ち上方《かみがた》へむかった曲亭馬琴《きょくていばきん》は途中名古屋に逗留し、「書肆《しょし》は風月堂永楽屋」「貸本は胡月《こげつ》堂」「狂歌《きょうか》は田鶴丸《たづまる》」「俳諧は士朗《しろう》」などと、その評判を記している(『羇旅漫録《きりょまんろく》』)。俳諧の井上士朗は、すでにのべたように全国的な大宗匠であり膨大な門人数をほこっていた。狂歌の田鶴丸は唐衣《からころも》橘洲《きっしゅう》門下で、尾張狂歌界の中心であった。本屋の風月堂孫助《まごすけ》は、貞享四(一六八七)年に松尾芭蕉《まつおばしょう》が立ちより、即吟《そくぎん》の発句を懐紙にしたため主人にあたえたことが確認される、古い創業である。明和期(一七六四〜七二)以降、也有《やゆう》や暁台《きょうたい》編著の俳書を多く出版し、芭蕉百回忌には士朗らが風月堂に集い、秘蔵の懐紙を礼拝した。こうした、蕉風俳諧復興運動と結んでの出版のほか、尾張藩の文教政策と結んだ漢籍の購入や藩士の著作の出版などで名古屋の出版界はおおいに発展した。永楽屋東四郎は、風月堂の別家で安永期(一七七二〜八一)に創業された。寛政期(一七八九〜一八〇一)には、岡田新川《しんせん》・秦鼎《はたかなえ》・鈴木朖《あきら》ら藩儒や藩士の著作の出版や、本居宣長《もとおりのりなが》の『古事記伝《こじきでん》』の出版を行い、文化期(一八〇四〜一八)以降、俳諧・狂歌・戯作など多様な領域に進出し、江戸にも出店をもった。文化・文政期(一八〇四〜三〇)には文化の大衆化のなかで、名古屋の本屋は三十五、六軒と急増した。

馬琴が「貸本は胡月堂」といったのは「大惣《だいそう》」のことである。店名「大惣」は主人大野屋惣八からつけられた。明和四(一七六七)年に創業し、大正六(一九一七)年の廃業まで、一五〇年ほど続いた。廃業時の蔵書数は二万一〇〇〇部を超えたという日本最大級の貸本屋であった。

文化・文政期以降の文化の大衆化は、本屋の出版や貸本屋におうところが多いが、読み手の側の需要の広がりがその背景にあった。文政五(一八二二)年の永楽屋の出版目録には四三七種もの蔵版書数が記されている。藩校明倫堂《めいりんどう》の教科書と思われる「冢田物《つかだもの》」二四種や「経書の部」五〇種、「詩作の書」一六種、

「詩集の部」一八種など漢学・漢詩系のほか、広がりつつあった尾張国学を背景に「和書の部」二九種、「本居（宣長）物」一一種、「石原（正明《まさあきら》）物」八種などに特徴がある。また、医者の増加が「医書の部」三二種となり、商業の発展が「算書の部」一八種となっている。俗文芸関係では「俳書の部」二九種、「狂歌の部」八種、「教訓随筆通俗読本」一一種である。また寺子屋・初心者向けの「手本物」二八種、「画手本の部」二二種などや、「尽字引」三種、「節用字引」五種などの辞書類の出版は、庶民教育の普及とともに作者・読者の拡大と、さらなる本屋の成長を促した。貸本屋「大惣」は、既成本の貸本を行うばかりでなく、読者の好みに応じて出入りの絵師たちに絵入りの本を書かせ、貸しだした。同時代の事件や出来事を絵と文章で記録した、『尾張名陽図会《めいようずえ》』（高力猿猴庵《こうりきえんこうあん》）、『名陽旧覧図会』（猿猴庵）、『名陽見聞図会』（小田切春江《しゅんこう》）など、その代表的なものである。

三河に展開した俳諧など文芸の出版は、当初は京都の本屋に依存していた。天明・寛政期（一七八一〜一八〇二）ごろになり、名古屋の本屋が発展すると名古屋の本屋へ依存するものが多くなる。とくに、暁台・士朗など蕉風俳諧復興運動の旗手が名古屋にあって、三河の俳諧門人を広範に指導していたため、その傾向は必然であった。また名古屋の本屋からすれば、暁台・士朗らの三河を始めとした全国的門人の俳書を営業圏として取りあつかうことは、発展のための重要な要素であった。士朗門下であった岡崎の鶴《つる》田卓池《たたくち》は、自分でも三河をはじめ全国に門人をもったが、その俳書の出版の多くは名古屋の本屋で行われた。刈谷の中島秋挙《しゅうきょ》の一周忌の文政十年に門人によって編まれた『はなのわたり』は名古屋の本屋久兵衛、弘化四（一八四七）年に編まれた『曙庵《あけぼのあん》（秋挙）句集』は名古屋万巻堂、すなわち本居内遠《うちとお》の実家であった。国学《こくがく》の展開による歌集類も、文化九（一八一二）年、中山美石《うまし》著『後撰集新抄』、文政四年、岩上登波子《とわこ》編『三代調類題』のいずれも永楽屋東四郎であった。三河の本屋としては、岡崎城下の住吉屋茂吉や扇屋伝右衛門が知られている。住吉屋は安永元（一七七二）年に、岡崎の雑俳《ざっぱい》の点者白也《はくや》による会所本『酔の戯』などを出版した。扇屋は寛政三年に金沢藤右衛門・荻須《おぎす》親卿の漢詩集『萍水奇賞《へいすいきしょう》』を永楽屋東四郎と、寛政九年には金沢藤右衛門の『春秋左伝国次《しゅんじゅうさでんこくじ》』を名古屋の藤屋吉兵衛・永楽屋東四郎と共同出版した。幕末になると、岡崎城下の本屋伊藤文吉が嘉永年間（一八四八～五四）に雑俳書を出版したり、新堀村（岡崎市）の深見藤十・藤吉が、刈谷藩医で国学者の村上忠順《ただまき》の編著書や、古今の三河歌人四九七人の和歌を収録した『類題参河《みかわ》歌集』などを「深見蔵版」として出版した。深見一族は木綿問屋で、文化期には深見佐兵衛（朝倉庵三笑《さんしょう》）が江戸狂歌の浅草庵免許の全国判者となっている。藤十は、村上忠順に国学・和歌を学び、勤王活動を行った深見篤慶《あつよし》のことである。

蘭学・洋学の浸透●

蘭学・洋学は、医学・本草《ほんぞう》学や世界地理・西洋情報、幕末には軍事科学など、幅広い領域で浸透・展開した。

名古屋ではじめて蘭方医学を伝えたのは、野村立栄《りゅうえい》である。立栄は長崎の吉雄耕牛《よしおこうぎゅう》に入門し、天明三（一七八三）年に名古屋の中御園《なかみその》町で開業した。立栄は、寛政二（一七九〇）年ごろから文政期（一八一八～三〇）に至る備忘録『免帽降乗録《めんぼうこうじょうろく》』を残している。それをみると、開業して七年ほどで、名古屋城下やその周辺の笠寺《かさでら》・小田井《おたい》・熱田《あつた》、さらに知多・尾北《びほく》・津島《つしま》方面から他国の三河・美濃・信濃《しなの》にまで立栄の蘭方治療は浸透している。立栄の蘭方治療の進展に伴い、原道円《はらどうえん》ら町医のなかにオランダ語や蘭方医学を学ぶものが広がった。町医以外にも、志水家《しみずけ》時習館学頭の小川守中《もりなか》や、尾張藩薬園御用で尾張本草学を発展させた水谷豊文《とよふみ》らが立栄に入門している。

寛政期（一七八九〜一八〇一）の尾張藩は、人見璣邑《ひとみきゆう》が中心となって本多利明《としあき》門人の本田政七を雇用し、西洋知識の蓄積を行った。文化三（一八〇六）年にロシア船が松前《まつまえ》藩会所《かいしょ》を襲撃するなどの北方問題が緊迫すると、尾張藩士の朝比奈厚生《あさひなこうせい》は、利明や璣邑の著書・手紙などを整理総括し、さらに最新の外国情報を加え考察した『日本開国史』『赤夷談《せきいだん》』などの著述を行った。文化末年には、吉雄耕牛の孫の吉雄常三《じょうさん》が小川守中宅に逗留し、野村立栄らと交流した。常三は名古屋に居をすえ、文政九（一八二六）年に尾張藩に登用され、以後累進し、天保十（一八三九）年には奥医師となっている。常三は医学・天文・暦学・化学など、幅広い知識をもち、鉄砲火薬の研究書『粉炮考《ふんぽうこう》』をあらわした。町医の伊藤圭介《けいすけ》は、水谷豊文に本草学を学び、文政四年より常三に蘭学を学び、文政十年には長崎でシーボルトに医学や博物学を学んだ。圭介は帰国後、シーボルトから贈られたチュンベリーの『日本植物誌』の訳述に取りかかり、文政十二年に『泰西本草名疏《たいせいほんぞうめいそ》』と題して出版し

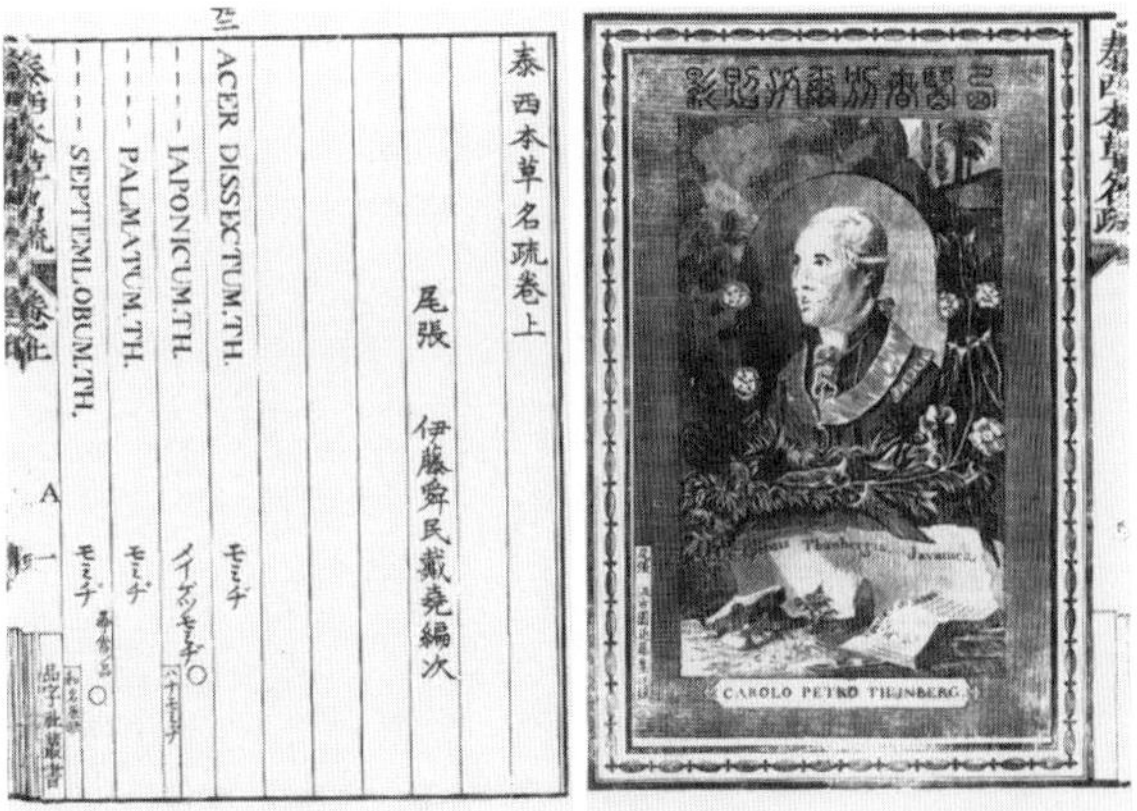

『泰西本草名疏』巻上

た。これは、ヨーロッパの植物分類学を系統的に日本へ移入した最初の書として、画期的な意味をもっている。

天保十四年に常三が火薬実験中に爆死したのち、門下の藩士上田仲敏《なかとし》は伊藤圭介の協力のもと自邸に蘭《らん》学塾《がくじゅく》を開き西洋砲術研究を行った。仲敏宅の蘭学塾はやがて藩公認の「洋学館」となった。嘉永六（一八五三）年刊行の『西洋砲術便覧初編』は、仲敏著、西村良三補、圭介序であるが、実際の作業は西村良三が行った。西村良三は、のちに柳川春三《やながわしゅんさん》と改名し、幕府開成所頭取となり、日本人による最初の新聞『中外新聞《ちゅうがいしんぶん》』を発行した。

蘭方医学の優位性を人びとに認知させた種痘《しゅとう》についても、伊藤圭介は天保十二年に中国牛痘法書の翻刻『暎咭唎《イギリス》国種痘奇書』をあらわし、嘉永二年十二月には尾張で最初の種痘を自分の娘に行った。尾張藩は嘉永五年八月に城下に種痘所を設置し、伊藤圭介・大河内存真《ぞんしん》らを取締とした。同年十二月には、尾張・美濃などの藩領各地に種痘所を設置し、圭介らに種痘を学んだ在村医らに種痘を実施させた。

三河では、蘭方医学と幕末の西洋式軍制改革が知られている。吉田長淑《ちょうしゅく》・伊東玄朴《げんぼく》・緒方洪庵《おがたこうあん》らの蘭学塾の門人帳には、延人数七〇人ほどの三河出身者をみることができる。重なりもあるので実数はこれほどではないが、城下町《じょうかまち》の医師ばかりでなく、かなり多くの在村医が蘭方医学を学び、幕末にはこうした人びとによって種痘が実施された。門人帳でみる限りの三河最初の門人は、文化十二年三月に京都の小森玄良塾に入門した、新城《しんしろ》の田中春庵である。多くは、嘉永・安政期（一八四八～六〇）以降の幕末《ばくまつ》維新《いしん》期に集中している。しかし、名古屋の野村立栄の『免帽降乗録』をみると、京都・大坂・江戸などの蘭学塾へ入門者がでる以前の、寛政期から文化期の初めに、三河の医者が立栄のもとを訪問したり、入門したりしている。岡崎の藩医荻須恕因《おぎすじょいん》は、寛政二年二月に立栄を訪問している。同年七月には荻須の門人碧海《へきかい》郡法《ほっ》性寺《しょうじ》村（安城《あんじょう》市）の本多良作が訪問している。法性寺村から堀内村役人宛の「親類引請之一札」によると、文化十三年、荻須元良が法性寺村から堀之内村へ「出医師」となったという（『安城市史』）。時期からみて村医者の荻須元良は、岡崎藩医の門人で、名古屋の蘭方医の指導をうけた本多良作だと考えられ、そうであれば三河農村への蘭方医学の浸透も時期をさかのぼることができる。寛政七年には西尾の本間周《しゅう》伯《はく》が、寛政十二年には岡崎の佐野玄晴《げんせい》が長崎遊学の途中に訪問する。同年七月には幡豆《はず》郡新渡場《しんどば》（西尾《にしお》市）の鈴木善右衛門と弟の玄龍《げんりゅう》・善助らが入門する。幡豆郡矢曽根《やそね》村の四八歳の松崎元栄《げんえい》は妻と一九歳の元春、一三歳の元倫《げんりん》の息子を伴い、文化四年三月に立栄に入門し、翌年九月まで修業した。元春は弘化三（一八四六）年に西尾藩医となり、嘉永七年に大垣《おおがき》の蘭方医江馬《えま》元益に入門した松崎巌《いわお》、元倫は文久二（一八六二）年に江馬家に入門し、岡崎城下で開業した松崎文圭《ぶんけい》だと思われる。こうして当初尾張と三河の蘭方医学は交流しあいながら、幕末期の広範な在村蘭方医の基礎をつくりあげていった。

三河で西洋式軍制改革にもっとも熱心に取りくんだのは田原藩であった。天保期に前藩主の弟三宅友信は、江戸の巣鴨《すがも》屋敷で渡辺崋山《かざん》・鈴木春山《しゅんさん》・高野長英《たかのちょうえい》らと西洋兵学の研究を行った。蛮社《ばんしゃ》の獄《ごく》ののちも友信は、『三兵活法《さんぺいかっぽう》』など西洋兵学書を翻訳した鈴木春山、長崎で高島秋帆《しゅうはん》について西洋流砲術を学んだ村上範致《のりむね》などと軍制改革に取りくんだ。嘉永三年に、藩主三宅康直が隠居し、友信の長子康保《やすよし》が藩主となると、田原藩軍制は西洋流に転換した。村上範致は、三河の吉田藩や西郡《にしのこおり》藩（蒲郡《がまごおり》・交代寄合）のほか、掛川《かけがわ》藩や大垣藩などにも出張指導し、多くの他藩士が田原に留学して西洋軍制を学んだ。

宣長国学・平田国学の展開

享和元（一八〇一）年に本居宣長が死去してのちも、尾張の本居門下の人びとは、宣長実子の松坂の春庭《はるにわ》や宣長養子の和歌山の大平《おおひら》に入門して国学を学んだ。春庭・大平の門人帳に記されている尾張の門人は文化・文政期（一八〇四〜三〇）には約一二〇人ほどで、宣長存命中より拡大している。また、植松有信や鈴木朖ら名古屋の主要な宣長門人は、独自に国学の門を張った。大平養子の本居内遠門人も天保期（一八三〇〜四四）から嘉永期（一八四八〜五四）にかけて尾張に約一三〇人ほどいた。こうして尾張の国学は本居派国学の一大拠点として、文化・文政期以降も藩士・陪臣・商人・医師・僧侶・豪農ら、幅広い人びとに受容され、市井《しせい》の国学として展開していった。

天保四年、鈴木朖が藩校明倫堂の教授並《なみ》となり、はじめて『日本書紀《にほんしょき》』『古今集《こきんしゅう》』などの講義を行ったのは、市井の国学から尾張藩国学へ展開するうえで画期的であった。以後、天保六年に植松茂岳《しげおか》が尾張藩に仕官し、やがて朖死後の明倫堂での国学教育の中心となっていく。尾張の国学は、鈴木朖に代表される国語学の面ですぐれた成果をあげたが、幕末の政治状況は国学者を地道な学問というより、国学イデオロギーによる政治変革にむかわせた。安政元（一八五四）年、日米和親条約の締結後の十一月に、江戸の紀州藩邸で国学講義のため出府途中の本居内遠は、名古屋の植松茂岳宅に立ちより、二人で「吾党《わがとう》の人」について論じた。茂岳は「古風のうたよみにても、歌のみよめるは、それとしもいはず」といい「道に志《こころざし》」「大和　魂《やまとだましい》」の有無をあげている。茂岳は、学問や文芸の上に「大和魂」という政治的価値をおくのである。この日は「国政、異国船などの物がたりにて、夜ふけぬ」と、同席した山田千疇《ちうね》は記録している。

安政五年の日米通商条約調印は、尾張藩の藩論を二分させた。尾張藩国学派は一四代藩主慶勝の重要な支持基盤となっていた。国学を受容し、慶勝を支持した人びとのなかには、稲富《いなとみ》流砲術の師範や門下、弓術の師範や門下、長沼流兵法の師範や門下など、伝統的な軍制で地歩を占めた人びとや、藩と結んだ伝統的御用商人が多くいた。開港や西洋式軍制改革で打撃をうけるこれらの人びとは、復古的尊攘論の国学イデオロギーに依拠しつつ、開港・改革派と対決しようとした。藩主慶勝が通商条約に反対して失脚し、弟の茂徳《もちなが》が一五代藩主となって開港・西洋式軍制改革推進路線をとると、国学派は打撃をうけた。だが、桜《さくら》田門外《だもんがい》の変《へん》後の慶勝復活に伴い、国学派も復活した。幕末維新期の政治過程で前藩主慶勝や尾張藩の藩論を勤王に統合し、尾張藩佐幕派を一掃するうえで、尾張藩国学派は大きな影響をあたえた。

三河では文化二（一八〇五）年に本居大平が吉田（豊橋）で講義をして以来、吉田や岡崎など城下町を中心に六〇人近い大平門人が和歌や歌論などを展開していた。だが、文政末以降、幕末維新期にかけて西欧諸国の圧力が強まるとともに、神主や農村部の豪農を中心に平田篤胤《あつたね》・銕胤《かねたね》父子に入門して、平田派の

羽田野敬雄画像（『さかきの露』）

国学を学ぶものが広がった。三河最初の平田門は、文政十（一八二七）年入門の元大平門人の羽田神明宮・八幡宮神主の羽田野敬雄《はだのたかお》、元宣長門人の吉田熊野神社神主鈴木重野《しげの》、舞木《まいき》八幡宮（岡崎市）神主竹尾正寛《まさひろ》であった。以後、慶応四（一八六八）年にかけて五〇人を超える入門者があった。宣長の学問は、「漢意《からごころ》」批判が古典考証の基礎となっていたので、儒仏の典籍を排除し、日本の古語を独自に研究した古語によって古典を正確に注釈することを方法としていた。篤胤の学問は、同じく国学といいながら、日本は「万国の祖国」というイデオロギーを主軸とし、儒仏はもとより道教や洋学までも、古典注釈の道具とした。こうした立場は、欧米諸国の軍事的圧力が高まると、日本大国論イデオロギーとなり、欧米諸国の科学技術の優位性が目にみえるようになったときには、その本家はもともと日本であって、その証拠は古典のなかにあると主張し、積極的な西洋摂取にもむかわせた。三河平田門の入門時期は、開港前の天保期が一七人、開港後の慶応期（一八六五〜六八）が一九人で、二つの峰をなしている。三河の場合、開港前も開港後も神主の占める割合が多いことを特徴としているが、開港後には豪農商の入門が急増している。天保期には三河では加茂一揆がおこり、三河の神主や豪農商らはこれへの対応をせまられ、地域の再発見やあらたな国家イメージを篤胤学に求めようとした。慶応期には、譜代大名や旗本・幕府代官が領主である三河の場合、尾張藩のように藩体制としての勤王・反幕は困難であり、平田派国学を学んだ神主や豪農商らは、平田派国学の全国組織をつうじ「草莽《そうもう》の臣」として勤王倒幕運動に参加した。舞木八幡宮神主で前出の正寛の子どもの竹尾正胤《まさたね》は、その代表的人物である。また明治維新後には、幕末に平田派国学を学んだ北設楽郡稲橋《いなはし》村（豊田市）の豪農古橋暉兒《ふるはしてるのり》のように、新政府の文明開化・殖産興業路線の、地域での積極的実行者となるものもいた。

3　御一新と民衆

お札降りと「ええじゃないか」●

慶応三（一八六七）年七月十四・十五の両日に、渥美郡牟呂村《あつみぐんむろむら》（豊橋市《とよはし》）に三枚のお札《ふだ》がふった。近在に御鍬祭《おくわまつり》が流行しているころで、牟呂村も準備をしていたところへの神奇に、村内のお祭り気分は高揚した。牟呂八幡宮の宮司は庄屋たちと相談し、期間を二夜三日にきびしくかぎって正月をすることとした。正月をするというのは、お祭りで遊ぶことである。宮司たちは三日ではおさまらない予感がしていた。はたして、最終日に若者が異議を申し立てた。しかしそれは後日のこと、お祭りはこのうえなく賑やかに行われた。

お札をおさめた杉の箱を竹につけ、掲げもった村総代を行列の先頭に立て、村中そろって踊り狂い、口々に「三百年は大豊年」と昔の歌をうたった。途中では餅《もち》や饅頭《まんじゅう》を投げた。われを忘れた手踊り、手ぬぐい・ふんどし姿の子ども連の手踊り、それは見事であった。

こうして「ええじゃないか騒動」ははじまった。牟呂村に続いて吉田宿のお札ふり、七月二十四日には藤川宿《ふじかわ》、八月四日からは御油宿《ごゆ》、八月二十六日に岡崎《おかざき》城下投町《なぐり》、九月にはいると藤川宿で本格的にふりはじめ、近隣の本宿村《もとじゅく》（岡崎市）では九月三日から十二月までふった。岡崎・藤川間の東海道沿いの村では九月十七日からふりはじめた。挙母藩領では九月十三日から十二月二十日ごろまでに挙母から飯野村《いいの》（豊田市）・乙ヶ林村《おかばやし》（同）まで、刈谷では九月十五日から、それぞれ二、三カ月ふり続いた。西三河南部の坂崎村《さかざき》（額田郡幸田町《こうた》）には十月十日、荻原村《おぎわら》（西尾市）には十月二十六日から十二月までと遅れた。

尾張では、町奉行所が八月二十八日の降札から記帳をはじめ、十月三十日分まで記録した。中島《なかしま》・春日井《かすがい》・丹羽《にわ》の三郡では、中島郡氏永村《うじなが》（一宮市《いちのみや》）の八月二十七日を最初として、九月中旬から十月末までをピークに、十二月十五日までふり続いた。知多郡成岩村《ならわ》（半田市）近辺には九月十日から十月二十五日までふった。知多半島の南端に近い大井村《おおい》（知多郡南知多町）には十月と十二月の二カ月間ふった。

お札ふりと「ええじゃないか」は三河・尾張にとどまらず、東海道・中山道《なかせんどう》に沿って東西に広がり、東は江戸、西は京・大坂、さらには山陽道《さんようどう》は広島まで、海をわたって淡路《あわじ》・阿波《あわ》・讃岐《さぬき》・土佐《とさ》、また丹波《たんば》・但馬《たじま》・丹後《たんご》の日本海側にまでおよんだ。地域によっては翌慶応四年三月ごろまで続いた。

お札の種類は、三河・尾張では伊勢《いせ》神宮にならんで、遠州秋葉山《えんしゅうあきばさん》のものが多く、津島《つしま》神社や豊川《とよかわ》稲荷や熱田《あつた》神宮その他、地域ごとの信心を反映して、多種類のお札がふった。お札がふる家は富家が圧倒的である。ふった家へは群衆が踊り込み、酒食のもてなしをうけた。知多郡半田村の富商小栗《おぐり》家では二回のお札祭りに一五五両余も使った。

お札ふりに続く祭りの場は、日常のさまざまな規範から解きはなたれ、身も心も酔いしれる正月遊びの世界であった。名古屋では女郎屋《じょろう》の女性が江戸火消しの仮装をし、纏《まとい》をもち、梯子《はしご》・鳶口《とびぐち》をかつぎ、乳房も露わに片肌ぬいで行列した。女装の男、男装の女が隊伍をくんだ。性の「解放」、性の倒錯は非日常の象徴的行為だったのであろう。「きのう今日まで施行を請け、飢餓に迫りし者までも、薄着の衣装雨にぬれ、覚えのないほど酒を飲み、夜中までも飛びありく」姿は「狂気」を思わせてあまりあった（『青窓紀聞《せいそうきぶん》』）。

領主や村役人はお札祭り自体は禁止しなかったが、牟呂村で二夜三日、尾張藩は七日七夜と期間をかぎった。しかし期間を無視したり、満願の日の夜にまたお札がふり、祭礼が続けられるなど、騒動とみなさざるをえない地域がほとんどであった。さらに、そうした狂喜乱舞ばかりでなく、たとえば名古屋周辺の村々では、祭りおわると数カ村で一隊の馬の塔（おまんとう）をだし、整然と熱田社に参詣した。飾り馬の前後左右は鉄砲組と棒の手組が警固し、鉄砲を撃ち、鼓《つづみ》をならした。祭りの行列とはいえ、農民の武力をみせつけた。

　このような民衆のエネルギーは、前年までの凶作から一転して、慶応三年の豊作が確実となったので、当然、物価はさがり、生活はしやすくなるだろうとの期待と喜びに裏づけられていた。また京都での「尾州様が御座って世の中が直るにつきお札が降る」との噂に示されるように、政治混乱の解消、世直りへの期待が重なり、お祭り気分は一気にふきだしたのである。その伝わり方の速さに、民衆の願望の共通性と深さを感ずるが、行動は「ええじゃないか」との騒ぎに終始し、「世直し」がはやし言葉の域をでないま

女郎の馬の頭(『青窓紀聞』)

ま、明治維新を迎えようとしていたのであった。

二つの蓑着騒動●

明治二（一八六九）年に尾張で、同三年に三河で、大きな一揆がおこった。蜂起した人びとが蓑《みの》を着けていたことから、〝蓑着騒動〟と表記されてきた。ただし、尾張では〝みのき騒動〟と読み、〝稲葉《いなば》騒動〟ともいう。三河では〝みのぎ騒動〟と読み、〝伊那《いな》県騒動〟ともいう。

稲葉騒動の直接のきっかけは、四、五年来の違作《いさく》続きに、村々が名古屋藩清洲《きよす》邑宰所《ゆうさいしょ》に救米願書を提出し、これが却下されたことであった。十二月二十日夜、稲葉宿禅源寺《ぜんげんじ》の鐘《かね》が打ち鳴らされると、呼応するかのように村々で鐘・太鼓が鳴り、蓑をまとい、五、六尺（一五〇〜一八〇センチほど）の竹の棒を手に手にもち、松明《たいまつ》がわりに大根切干の簾《すだれ》をまいて火をつけ、村ごとに隊伍をくんで、鬨《とき》の声をあげながら、つぎつぎと稲葉宿に集まってきた。その数三万五、六千人とも、四、五万人ともいう。

稲葉宿では一昼夜にわたり打ちこわしの嵐がふきつのった。第一の標的はみそ・たまり醸造業と質屋をいとなむ豪商の山市《やまいち》であった。帳簿・証文類をやぶりすて、名品・珍品の調度を破壊し、母屋・蔵など五〇棟近い建物をすべて打ちこわした。また金銀米穀を略奪し、流れだすみそ・たまりには盥《たらい》や半切をもった老若男女がむらがった。乱暴をのがれるために、「進上」と書いた紙を貼った米俵を積みあげる店もあった（「擾乱之大略」「士民蜂起日誌」）。

一揆勢は数隊に分かれ、現在の稲沢市を中心に、一宮市・尾西《びさい》市・津島市・清洲町（現清須《きよす》市）・甚目《じもく》寺《じ》町・美和《みわ》町（ともに現あま市）・大治《おおはる》町・佐織《さおり》町（現愛西市）などを二十四日まで移動し、放火・打ちこわしは七、八十軒におよんだ。移動先は拍子木を打ちつつふれ歩くものによって知らされた。攻撃の駆引きは鐘を合図になされた。

一方、藩側は、当初は邑宰所の役人がでて説諭にあたったが、さんざんに打擲《ちょうちゃく》された。二十二日になって草莽隊《そうもうたい》が派遣され、さらには大砲二門とともに、名古屋・犬山・今尾の藩兵も投入された。一揆勢は石や瓦を投げて迎え撃ったが、実弾射撃により八、九人の即死者と三、四十人の怪我人をだし、態勢はくずれた。藩は頭取人に賞金をつけて密告をよびかけた。また「御一新《ごいっしん》」であるから格別の憐憫《れんびん》により頭取以外は罪を許すとふれて、民心の鎮静をはかった。その「御一新」の期待が裏切られて蜂起したにもかかわらずである。

こうして十二月二十九日には鎮定の宣言がなされた。しかし民間では再発を恐れて、正月一日まで店はしめられたままであった。この騒ぎで年貢収納はすませられず、大晦日を正月五日までのばし、八日に正月の式を行った。

伊那県騒動は、四度の暴風により被害をうけた村々からの違作願いを、県が旧地頭《じとう》時代のしきたりと却下したことが発端となった。「御一新」の役所が、あろうことか民衆の要求を旧弊としてしりぞけた。設楽・八名《やな》・宝飯三郡の足助《あすけ》庁管下の七十数カ村が車廻状《くるまかいじょう》で集会を繰り返した。十一月二十八日の屯集では、被《かぶ》り物《もの》で顔をかくした大勢が、篝火《かがりび》を焚き、竹筒をふき、大声で議論した。八名郡総代の庭野《にわの》村（新城市）松井源次の説得で解散した。

十二月二日には本野ケ原《ほんのがはら》（豊川市）に屯集した。説得にでた宝飯郡総代の西原村（同）三郎平は、自村の農民を参加させなかったとして、犬畜生と罵倒され、暴行をうけたうえに、息子を頭取として差しださせられた。三〇〇〇人余の一揆勢は足助庁の三谷《みや》村（蒲郡市）出張所に押しだし、年貢半減を要求した。

八日には県役人が新城に出張したので、一揆勢も数千人が結集し、松井源次をよびだして脅迫し、年貢半減の願書を提出させた。

十二日に回答があった。相場より低い安石代《やすこくだい》での年貢納入を認めた。畑方は実質上の半減となった。一揆側はさらに延納と難渋者への手当米支給を要求した。安石代が認められたことで十数カ村が一揆を離脱した。一揆勢はこれらの村に押しいる構えをみせ、緊張が高まった。松井源次が夜陰にまぎれて鉄砲方四人をよびよせたことが露顕し、怒りは源次にむけられ、十二月二十六日朝、めった打ちの暴行をうけたうえに、殺されかけた。さらに、二十八日まで、六〇〇〇人ほどによる「喰い倒し乱暴」をうけた（「庚午《こうご》騒擾記《そうじょうき》」）。

「喰い倒し乱暴」とは、打ちこわしにかわる戦術であった。借米強要とともに、富の分配を意識した戦法といえよう。二十八日に豊橋藩兵が出動し、発砲して一揆勢を追い散らした。年が明けると、飯田《いいだ》藩・岡崎藩・半原《はんばら》藩からそれぞれ一小隊と伊那県捕亡方《ほぼうかた》三〇〇人、一書には静岡県の捕亡方も出動して、検挙活動が展開され、一〇〇人余が逮捕された。

両一揆は軍隊によって鎮圧された。「御一新」への期待が大きかっただけに、裏切られて激しい行動となった。三河では、自分たちの総代に対してさえ、彼らが一揆のさまたげとなり、新政府の手先とわかった段階で、激しい暴行を加えた。尾張では、これほどの放火・打ちこわしはかつてないことであった。名古屋藩は、旧藩時代の代官で、引き続き役人をつとめていた深沢新平・岡田喜太郎・住山新八を免職のうえ謹慎処分とした。民衆の行動がきっかけとなった「御一新」の一つといえよう。

明治初年の新体制●

維新政府の成立に伴う制度的変動の尾張と三河におけるあらわれ方は、尾張藩の存在により短期間に順調に進展した新政府帰順の政治過程のおかげで、比較的単純なものであった。そうはいっても、幕府が倒壊したわけであるから、三河については、その直轄領の支配替え、および一、二の佐幕派の藩の処理などにより、若干の経緯があった。

慶応四（一八六八）年四月二十九日、内国事務方裁判所が吉田城下関屋《せきや》の悟慎《ごしん》寺内に設置された。いわゆる三河裁判所である。初代総督に参与平松時厚《ときあつ》が就任した。三河・遠江《とおとうみ》・駿河《するが》三国を管下とし、諸領主・人民の掌握、直轄地支配を任務とした。しかしこの時点では大名・旗本などは存続していたので、実際は旧幕府領の支配が中心であった。ただ、上総の大多喜藩が官軍の軍門にくだったことにより、同藩の三河の飛地《とびち》が管理下にはいった。

同年六月九日には三河裁判所が廃止され、三河県が設置された。役所は幕府代官陣屋のあった赤坂におかれた。三河国内の直轄領と上地《あげち》された旗本領・寺社領を支配した。七月には、降伏した磐城平《いわきたいら》藩の飛地が管轄下にはいった。同年九月に徳川家の静岡藩が三河で一一万六〇〇〇石余を支配するようになった。また、翌明治二（一八六九）年一月には、奥羽越列藩同盟《おううえつれっぱんどうめい》に加わって敗北した福島藩が城付地《しろつきち》を没収されたのを契機に、従来からあった三河の飛地を核に重原《しげはら》藩が立藩を願いでて許された。このため三河県の管轄地の大部分は両藩に引きわたされることとなり、存立基盤を失った三河県は同年六月二十四日に廃止された。残った管轄地は伊那県が支配することとなった。その後、伊那県の三河における管轄地は、豊橋藩・刈谷藩・静岡藩・竜岡《たつおか》藩（旧奥殿藩）の管轄地変更に伴い増減する。旧幕時代に幕府直轄領が諸藩の領地替えの事情で変動したことと同様である。

こうして三河では、伊那県と豊橋・岡崎・刈谷・西尾・挙母・田原・西大平・重原・西端《にしばた》・半原の一〇藩の体制となった。さらに、旧藩時代とおなじく、野村・静岡・菊間・川越・平・竜岡・大多喜・名古屋の諸藩の飛地があった。

尾張では、名古屋藩の存続とともに、犬山藩・今尾《いまお》藩が新設された。尾張藩付家老成瀬《なるせ》家の大名化の運動は、御三家の他の付家老諸家と連携し、化政期（一八〇四〜三〇）以来続けられた。その過程で、知多郡成岩・亀崎・乙川《おっかわ》（以上半田市）・吹越《ふっこし》（南知多町）四カ村が家康より拝領の潮湯治《しおとうじ》の地を理由に、給知《きゅうち》として復活した。しかし、旧幕時代は大名化は認められず、慶応四年になって新政府から大名と認められた。竹腰《たけのこし》家も同時に大名となったが、同年十月に尾張国内の一万石を徳川家に返還し、尾張との関係はなくなった。

明治二年六月、諸藩から天皇に版籍奉還《はんせきほうかん》され、藩主はあらためて藩知事《はんちじ》に任命された。新政府は藩政の改革を指令し、いよいよ藩レベルでの「御一新《ごいっしん》」となった。しかし、維新《いしん》の改革はこれにとどまらなかったのである。

8章 近代愛知の成立

吉田駅発の臨時列車(豊橋市花田町，明治44〈1911〉年)

1　愛知県の出発

県政のはじまり●

明治四（一八七一）年七月、廃藩置県《はいはんちけん》が断行された。それまでの藩は県になり、尾張《おわり》には名古屋・犬山《いぬやま》、三河《みかわ》には豊橋《とよはし》・西尾《にしお》・岡崎《おかざき》・重原《しげはら》・刈谷《かりや》・挙母《ころも》・田原《たはら》・西端《にしばた》・西大平《にしおおひら》・半原《はんばら》の計一二の県ができ、ほかに伊那《いな》県などの管轄地も存在していた。しかし、同年十一月十五日には三河の一〇県が廃止・統合されて額《ぬか》田《た》県となり、同県には伊那県の三河地域と、尾張からは知多《ちた》郡が編入された。また、同月二十二日には、犬山県が廃止されて名古屋県に統合され、同年十二月には、井関盛艮《いぜきもりとめ》が同県権令《ごんれい》に任命されている。翌明治五年四月二日に、名古屋県は愛知県と改称された。

そして、同年十一月二十七日には額田県が廃止されて愛知県に統合され、ほぼ現在の愛知県ができあがる。長官は引き続き井関権令であった。県の下には大区小区制により、一五大区一五四小区がおかれ、翌六年三月には、第一大区は区長一人、権区長二人、小区に戸長一人、副戸長二人、各町に副戸長介二人ずつをおくことになった。

廃藩置県によって出発した県は、独立性をもった藩の統治とは異なり、中央集権国家の末端統治機関として、政府の方針の忠実な実行を第一の使命とするものであった。その中心となる県令《けんれい》（権令）には、明治五年十一月の県治条例で、軍隊の指揮権をのぞき、広く管内の立法・行政・司法の諸分野を専決する権限があたえられ、「天皇の牧民官」と称されたのである。

初代権令井関盛艮は、県民に新県政を周知させ、統合を進めるために、新政の開化の姿勢を積極的にアピールする施策を行った。その一つが明治五年四月ごろ、名古屋三の丸の県庁内に開設された「議事所《ぎじしょ》」である。このような機関は、この時期他県でも、開明的な地方官によって、少数ではあるが開かれており、民情諮問、地方行政の浸透を目的としていた。

「議事所」設立の布達《ふたつ》には、設置の理由について、「四民の権利を保護し利益を興《おこ》すためには、西洋各国の議事院の制に倣《なら》って、上下隔てなく建言会議することが必要である」と記されている。〝権利・保護〟などの言葉は、これまでの藩による〝統治・支配〟のイメージを、大きく変えるものだったと思われる。

名古屋県名と名古屋藩印(明治4〈1871〉年12月,「大槻家文書」)

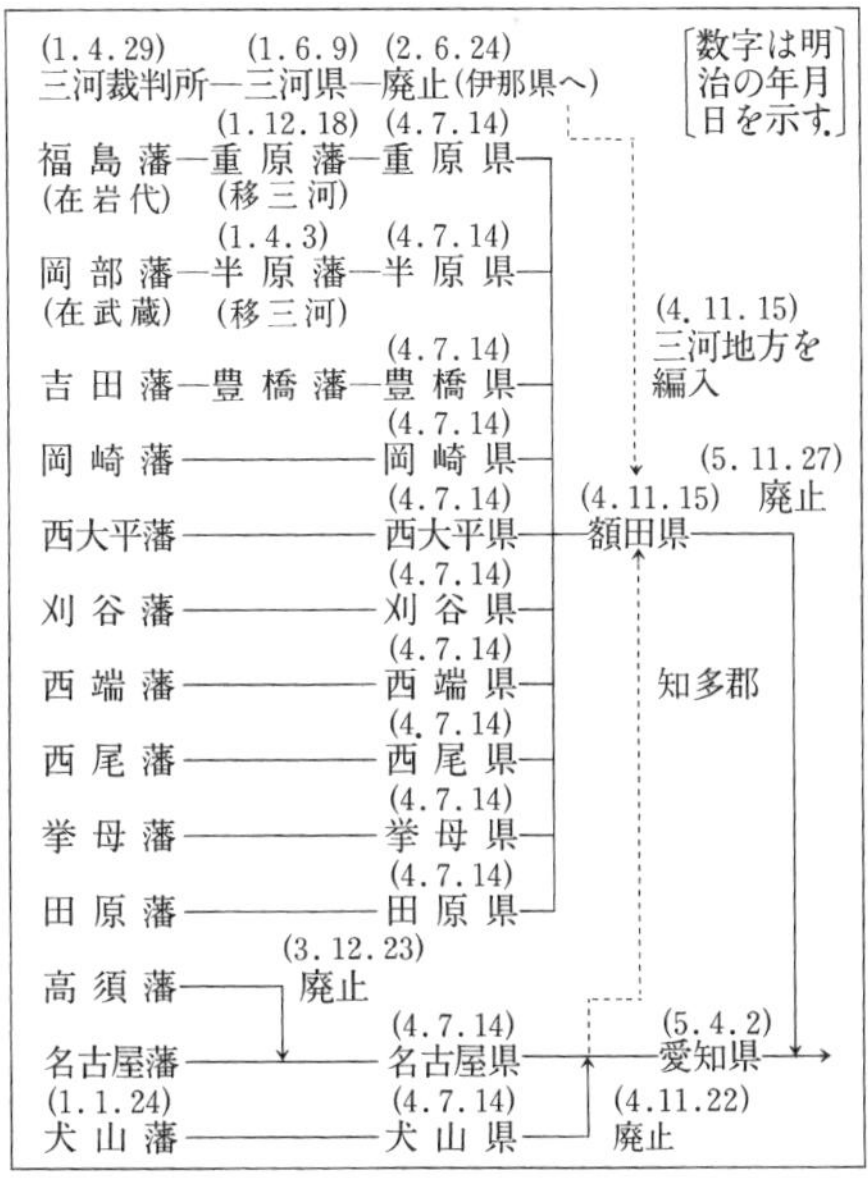

愛知県の成立　塩澤君夫ほか『愛知県の百年』による。

その実施規程の「議事条例《ぎじじょうれい》」には、議事所は月に三回開き、構成員は権令・参事《さんじ》をはじめ戸長・副戸長・富豪とされたが、士族《しぞく》・卒《そつ》・神職《しんしょく》・僧侶《そうりょ》から小家の百姓《ひゃくしょう》・町人まで含めて、県内有志のものの参加も一五人までは認められていた。そこでは県内の行政全般や県庁の布達について、人心に適さないことを、忌憚《きたん》なく建議してよい、とされている。当時発行の『名古屋新聞』には、権令・参事も出席し、率直な討議が行われたため参加者もふえ、同年九月ごろには郡部で開会日が一日ふやされたという記事がみられる。県政に対する建議の奨励は、県民の新県政への関心を高める効果をもったであろう。

他の一つは、新聞を県および県政の発展のために位置づけ、奨励したことである。井関が名古屋県令に就任した早々の明治四年十二月、県は井関県令の名で新聞発行についての「達」をだした。「新聞は民智を開くうえで最も必要なもので、文明の国では競って、これを読んで利用する」として、官許を得て最近上梓《じょうし》された『名古屋新聞』（文明社発行、木版刷、毎月三回発行）を、一区一村ごとに買い求め、産業の基礎づ

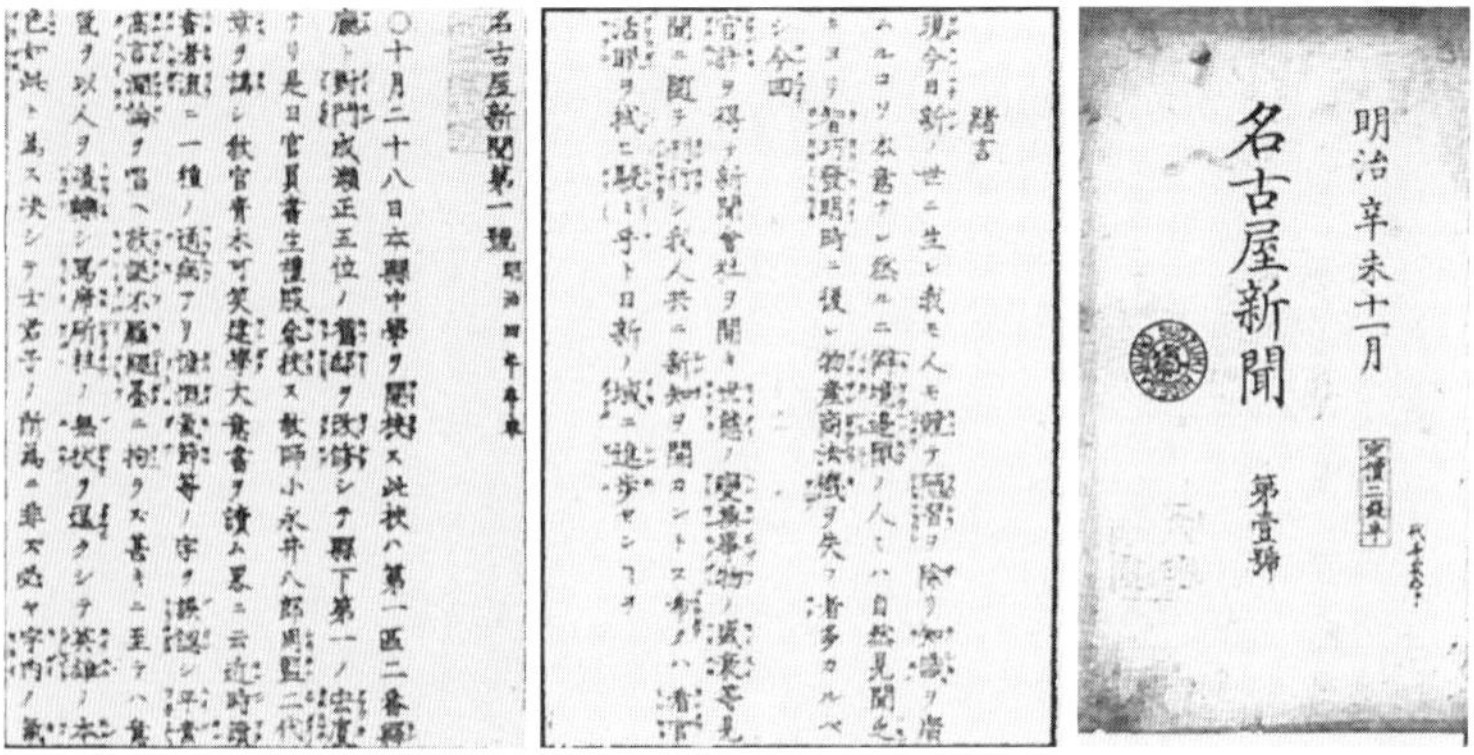

『名古屋新聞』創刊号（明治39〈1906〉年11月3日付）

くりや開化に役立てよ、と命じたのである。井関は前任地神奈川県でも、一年ほど前に日本初の日刊紙『横浜毎日新聞』を支援し、発行させていた。また、明治四年七月には、人智の啓発・統治のために新聞を役立てよ、という方針を政府がだしたことも背景にあったと思われる。

同紙は緒言《ちょげん》で、「日新の世に陋習《ろうしゅう》を除き新智を開くことを願う」とうたい、文明開化にかかわる県内外の出来事を報じた。県内で中学校や女学校が開校したこと、本県の被差別民が県の商方用達（係）になった話、額田県の士卒一同が帰農《きのう》と身分の返上を願いでた話、義校《ぎこう》や義病院の設立、欧米の技術の導入、岩《いわ》倉使節団《くらしせつだん》の派遣などの記事が読み物風に伝えられ、文明開化を謳歌《おうか》する雰囲気が伝わってくる。

同紙は、明治五年四月には、県名の変更とともに、『愛知新聞』と改名する。紙面には国や県の布達の割合がふえ、政府や県の方針に進んでしたがい、協力することを促す性格の記事が多くなる。義校の発展や献金者の名簿、花火や祭りの浪費をやめて、義校に寄付させた話、万国と対峙《たいじ》するためには勉学が大切などといった「学制」の主旨説明、四民同権《しみんどうけん》の世だから訴人に丁重に応対すべきとの権令の指示、風俗改良、議事所の活況や種痘《しゅとう》の接種状況、県内で盛大に行われた天長節《てんちょうせつ》の催しなどの話が目を引く。同紙は翌年十二月まで発行されたようである。

記事は一貫して、四民平等・皇国《こうこく》の世と万国対峙・欧米の科学技術の導入・旧習の打破などの、新政の基本理念にかかわるものを中心に取りあげている。県は新聞という新しいメディアによって、区長や戸長などの行政ルート以外からも、新政の基本的な政策や、その進歩性を幅広く宣伝し、県民の県庁への支持・帰属を達成しようとしたと思われる。だが、当時の愛知県において、新聞の普及には、なお限界があったようである。

近代教育の開始●

新県政がもっともはやく取り組んだ国家的な重要政策が、「学制《がくせい》」・徴兵令《ちょうへいれい》・地租改正《ちそかいせい》であった。「学制」の目的は、近代国家を建設するための人材の育成で、その中心は初等教育の普及徹底であり、学齢期男女の皆学をめざしていた。

新時代にふさわしい教育を進めようという動きは、すでに幕末《ばくまつ》から明治維新《いしん》期に、尾張・三河の両地域でおこり、その動きは廃藩置県後の名古屋県や額田県にもうけつがれていった。

名古屋県では廃藩置県によって「学校」（藩校の明倫堂《めいりんどう》を改称）が廃止されたので、小学校・中学校・洋学校を開設した。それらでは明倫堂の学生を引きつぎつつ、農商《のうしょう》などの子弟にも門戸を開いた。女子の小学校にあたる女学校も設立され、同じように就学を求めた。小・中学校および女学校では欧米の翻訳教科書も採用され、近代的な教育への動きを示していた。

県立の小学校が袴《はかま》の着用義務などによってふるわなかったこともあり、名古屋県は明治四（一八七一）年九月から、庶民のために「義校」の設立を勧奨した。義校は地域有志が協力し、結社によって設立・維持するもので、個人が経営する寺子屋《てらこや》や私塾とは性格が異なっていた。義校は、新しい時代を生き抜くための教育を求める、地域民衆の熱意にささえられて、県内に急速に広まっていった。また、愛知県では明治五年五月に、福沢諭吉《ふくざわゆきち》の『学問のすゝめ』初編をもとにした、『学問のさとし』を発行している。

一方、額田県では明治五年五月に、県立学校として小学校を設立したが、名古屋県の義校とよく似た、地域有志が設立する、郷《ごう》学校も奨励し普及させている。その多くは寺子屋・私塾を基盤にしていたが、新時代に応じた教育を意識したものであった。

愛知県では「学制」発布後も、「学制」が規定する小学校設置の前段階として、義校（旧額田県の郷学は義校に改称）の普及をはかっていった。明治六年三月に県が示した義校の教育内容は、読書・習字・算術で、女児には女工（裁縫《さいほう》、機織《はたおり》など）が加えられていた。それは寺子屋などで行われた、民衆教育をうけつぐものであった。

義校は、明治六年五月に、県が「学制」に基づいて学区を定め、小学校の設立を開始する時期には、県内で四〇〇校を超えるまでになっていた。県では実情に基づいて、県内で六〇〇校の設立を計画したから、四〇〇校余りある義校を基盤としながら、不足分を設立したのである。その結果、明治六年末には就学率は四八％（男六四％、女三〇％）となり、全国平均の二八％を大きく上回る成果をあげた。

また、愛知県では教員養成のために、明治六年十二月には名古屋に「愛知県養成学校」を、翌七年一月には岡崎に「養成学校別校」を開設する。同年二月には名古屋に官立の愛知師範学校も開設されている。

中等教育・専門教育は、伝統を基盤に発達した。尾張藩の洋学校（英・仏語の教育）をうけついだ愛知県の成美《せいび》学校は、明治七年に官立の愛知外国語学校（のち愛知英語学校）に引きつがれる。ここでは坪内《つぼうち》逍遙《しょうよう》や三宅雪嶺《みやけせつれい》らも学んでいた。その廃止後の明治十年に、愛知県中学校が設立される。明治九年五月には、女子の中等教育機関と女性教員の養成も兼ねて、女範学校（のち愛知県女学校）が名古屋に設けられたが、十二年には廃止された。

また、明治六年二月には、井関権令が名古屋藩以来の医学教育の再興を企図して、仮《かり》病院を復興し、翌七年十一月には、仮病院附属の医学講習場が開設された。その資金として、県は県内の医師から毎年一戸につき三円を拠出させている。同校はのちには病院から独立して公立医学校となり、その後愛知県医学校と改称して、教育を充実させていった。

三河の教育運動●

名古屋で中等教育がはじまると、三河にも中学校の設立を求める気運が高まり、明治十四（一八八一）年には宝飯《ほい》郡から、公立中学校設立の伺《うかが》いが県令宛にだされた。そこには宝飯郡学務委員と人民惣代《そうだい》二〇人をはじめ、郡内一〇四カ村八五人の戸長の署名があり、地域あげての中学校設立運動であった。

　その中心になったのは、郡長や学務委員、そして蘭方医《らんぽうい》で、初代県会議長にもなった武田準平《じゅんぺい》らであった。この伺いは許可され、基金六〇〇〇円をもとに、同年九月には慶応義塾《けいおうぎじゅく》出身の渋江保《しぶえたもつ》を校長に迎えて、国府《こふ》村（豊川《とよかわ》市）に村立（実質は郡立）の宝飯中学校が設立されている。同校には、のちに福沢諭吉が立ち寄り、幹事・教員ことごとく、この地の人で熱心な教育を行っているという感想を書き留めている。

　また、武田は中学校設立と同じころ、地域有志をつのって、共奨社《きょうしょうしゃ》という読書会をつくり、直接東京の丸善から書籍をとり寄せて、新知識の吸収と、地域の人びとの啓蒙につとめている。

　これに似た動きは西尾にもあり、幡豆郡一色《いっしき》町の商家出身の太田松次郎は自由民権運動《じゆうみんけんうんどう》に奔走《ほんそう》しながら、地元の教育にも熱心で、同志とともに資金をだして、明治十六年三月、私立英語学校を西尾伊文《いぶん》町に設立した。英語と高度な西洋の学問の修得をめざし、地域の担い手となる人材を育成しようとしたのである。その翌年には、碧海《へきかい》郡の人びとの要望をもとに、碧海郡立高等学校も設立されている。

　それらよりはやく、まだ額田県であった時期に、碧海郡鷲塚《わしづか》村（碧南《へきなん》市）では医師の近藤坦平《たんぺい》が、診療のかたわら私立の医学塾である蜜蜂《みつばち》義塾を開き、医師の養成と洋学の普及をめざしていた。幕末に長崎でオランダ人医師から学んだ近藤のもとへは、県内だけでなく近隣県からも生徒が集まり、医学の研修にはげんだ。同塾は明治十四年の愛知医学校の設立とともに閉鎖されるが、塾出身の医師は二〇〇人以上、薬剤師も二〇人を超え、産婆・看護婦を加えると三〇〇人を超える近代医療の専門家が巣立っており、地域医療の普及・前進に大きく貢献したのであった。

これ以外でも、地域の有力者が教育の振興に取りくんだ例は多く、北設楽《きたしたら》郡稲橋《いなはし》村（豊田市）の大山林地主で、地域のみならず、県や国の政界にも大きな影響力をもった古橋暉兒《ふるはしてるのり》は名月清風《めいげつせいふう》校を設立し、国学《こくがく》による地域住民の結束と地域産業の振興をめざした。小学校に土地を寄付し、実業補習学校の設立に尽力するなど、教育と地域振興を一体のものととらえて、生涯そのために力を尽くしている。

三河地方で展開された教育運動は、国と直結した尾張中心の教育行政をおぎなうものでもあった。その目的は、地域発展の担い手を、近代教育の振興によって育成しようとするもので、地域の有力者・文化人らを中心とする、多くの人びとの献身的な努力によって実を結び、有用な人材を世に送りだしていったのである。

けれども、そのような目的で設立された、中学校や私立学校・塾は、自由民権運動の弾圧や、明治十九年の中学校令（一県に一中学と限定）などによる、学校への国家の統制の強化によって姿を消し、あるものは高等小学校へと姿を変えていった。学校は、小学校も含め、地域の人びとにになわれ、地域に貢献する人材を育てる場から、国家が推進する富国強兵《ふこくきょうへい》政策の有能な担い手を養成する機関へと、性格を変化させていくのである。

春日井の地租改正反対運動●

教育においては、県と民衆のあいだに協調・依存の関係もうまれたが、地租改正においては、激しい対立がおこった。政府は明治六（一八七三）年七月、地租改正法を公布した。土地の面積や収穫高などを調査して地価を決定し、その百分の三を地租として、土地所有者が金納することを義務づけたものである。地租は当時、国家収入の大部分を占めていて、近代化のために莫大な資金が必要な政府は、地租総額を旧貢租額と同じにする方針でのぞんだ。それゆえ、地租改正に対する農民の疑惑や反発は大きく、全国的にも改正事業は容易に進展していかなかった。

愛知県は着手自体が大幅に遅れ、地租改正の方針を示したのは明治七年十一月、作業を開始したのは、翌年の初めであった。愛知県で地租改正をめぐり、激しい官民対立がおこる原因の一つは、この大幅な遅れであった。

政府は改正事業の進展のために、明治八年十月には県令鷲尾鷹聚《わしのおたかつむ》を罷免《ひめん》して、肥後《ひご》出身の安場保和《やすばやすかず》を後任とし、参事以下の県の官員を大幅に入れ替えた。体制が整うと、翌九年三月からは安場県令が先頭に立ち、新方針を示して、地租改正事業の早急な達成を図ったのである。

その方針とは、⑴村内地主から村議員を公選し、その議員が村の地位等級を銓評（議定）し、⑵村議員から公選された部（小区）議員が、部の地位等級を銓評し、⑶同様に選ばれた郡議員が地位等級を銓評し、最後に、同様に公選された県議員が県の地位を銓評するというものであった。

当初、この方針は愛知県全体に対するものだった。だが、三河地域では、この方針が維持されたのに対して、進行の困難が予想された尾張地域では、途中から、県が地価・地租を一方的に決めて押しつける方針が採用されることになる。県が両地域に異なる方針で臨んだ原因は、最終的に三河では以前の七％の減租、尾張では二〇％の増租になった結果が物語っている。さらに、県が尾張地域に強硬方針を採用したのは、政府の方針によって、明治九年中には改租を終えなければならない事情があったからである。

強圧的に高い地租を押しつけられることになった尾張地域では、激しい反発がおこった。なかでも春日井郡の農民たちは、容易に県にしたがわなかったため、県側から拘留《こうりゅう》や収穫禁止まで含む、あらゆる威《い》嚇《かく》・脅迫《きょうはく》が繰り返し行われた。しかし、郡議員長林金兵衛《きんべえ》の居村和爾良《かにら》村（春日井市）など、三カ村は屈服を拒否して立ち上がり、明治十年一月、東京の地租改正局に、民間銓評による地租改正遂行の嘆願書を提出したのである。この行為は反響をよび、四月には春日井郡東部を中心にした、四三カ村の農民の大運動に発展していった。

その嘆願書には「愛知県庁が御制規と反対の御取り扱いをしたので、容易ならざる困苦を受けた」とか、「人民が議定するはずだった収穫高が、県庁によって断定された」という文言が、繰り返しあらわれる。県が当初の方針を一方的に破り、強権で高額の地租を農民に承服させようとしたことへの怒りと無念さが、

林金兵衛

いかに大きいものであったかがわかる。

林金兵衛を中心に、激しい弾圧をはね返して展開されたこの運動は、地租改正事務局から租額の再調査指令を引きだすことになったが、福沢諭吉の指導を受け、明治十二年二月、尾張徳川家からの金銭の提供と五年後の租額の更訂という二条件をうけいれて、幕を閉じることになる。この結末が伝わると、春日井郡で、それまで参加しなかった一〇六カ村などの運動が展開され、県は九年分地租未納金の延納を認める措置をとった。

ただし、安場県令は基本的に政府側であったことはいうまでもないが、当初尾張部に対して、より高額の地租を求めた政府に対して、繰り返し減租を交渉し、ついに認めさせるなど、農民と政府方針の板ばさみのなかで、独自の努力を行っていたことも事実であった。

しかし、地租改正とこれらの長期にわたる闘争は、専制的な国家権力の本質に民衆の目を開かせ、官憲への対抗・対決の意識を強めさせることになったのである。

三新法体制と県会・自由民権運動●

安場県令期の明治十(一八七七)年十一月には、「愛知県町村会議員仮選挙法」と「愛知県町村会仮章程」が布達された。議員は各町村で、二〇戸ごとに一人の割合で戸主によって選ばれ、任期は一年、町村会は原則として年に二回開かれ、町村費や学校にかかわる事項や、県庁より下付される事項などの、審議と決議を行うこととされた。決議の次第は詳細に県庁に報告し、決定事項は、県庁の認可をうけて施行するとされている。

当時は春日井郡にみられるように、地租改正をめぐって県と農民のあいだに深い溝が生じており、県は町村会を開くことで民心の意向を掌握し、官民の意志の疎通をはかろうとしたと思われる。

その約一年後の明治十一年十一月、郡区町村編制法・府県会規則・地方税規則に基づく、地方三新法体制が開始される。その中心となる府県会規則は、先述の愛知県町村会のような、府県が独自の基準で開設していた地方民会にかえて、統一基準による府県会を、全国で開くことを規定していた。地租五円以上納入の男子に選挙権が、地租二〇円以上納入の男子に被選挙権があたえられた。

だが、府県会の権限は弱く、県が提出する地方税の使途についての審議権をもつだけで、議決事項でも実施には県令などの認可が必要で、最終的には内務卿《ないむきょう》の判断にまかされることになっていた。政府のねらいは県会の開設によって、多くの土地を所有する地域の有力者を体制内に取りこみ、地租改正などを契機にした、彼らの反政府の動きを封じることであった。

しかし、地租改正の経験によって、県民の民権確立への意識は、そのようなねらいを超えるまでに高まっていた。当時の『愛知新聞』には、民権の拡大を求める記事が多くみられる。明治十一年一月には、「一国の土地が既に人民で共有するものになったからには、その政府も人民が共立するものである」、ゆえに「土地人民に関係する一切の事務は、政府が専断してはならない」として、民意に基づく政府の設立と政策の実施を求めた。

同紙はまた、三新法公布の直後には、「政法なるものは敢《あえ》て政府が専断すべきものでなく、人民の意志に完全に適合するものでなければならず……必ず人民と協議して後に、決行頒布しなければならないが、我国今日の実状は、その実現にはなお困難な状況にある」と述べている。さらに県会議員選挙の直前には、「府県会を開くのは……広く公益公利を図り、官吏圧制の弊を制止し、大いに人民の権利を拡張せしめるためであり、公論を得てこそ、国家のために幸福である。ゆえに財産制限のある選挙や、議会の権限が弱いことは大きな問題」だとして、県会の問題点・限界をするどく批判している。

愛知県の第一回の県会議員選挙は、明治十二年五月に実施された。五〇人が選出され、そのなかには林金兵衛や、武田準平、近藤担平《たんぺい》（初代県会副議長）の顔もあった。政党色はあまり強くなく、むしろ尾張と三河の地域的な割拠《かっきょ》主義が強かったといわれる。だが、議員たちは反官憲、反県当局の姿勢で一致していた。第一議会では県が提示した勧業費を、民力休養を理由に半減させる議決を行い、郡区吏員の給料や諸費も、二四％削減した。また、内務卿伊藤博文《ひろぶみ》に対する、郡区吏員公選の建議も可決している。

県会議員の大多数は農村の有力者・名望家であり、地域社会の代表として、その利益を守り発展させる立場にあった。彼らは同時に、国や県の行政機関の末端となる役職につき、国家の政策の遂行にも力を尽くす場合が多かった。初代議長の武田準平は、戸長・大区長（宝飯郡長）・学区取締、徴兵議員などを歴任している。彼らは国家と協調できる場合はよいが、権力が地域の実状を無視して強権を行使し、その破壊をもたらすような場合には、地域の利益を守るために、権力と対決する姿勢をとった。地租改正の際の深刻な経験によって、彼らは反県当局の姿勢をとるようになり、郡区吏員の公選などの民権拡張の要求を行ったのである。

けれども、彼らの意図を達成するには県会の限界は大きかった。武田はそのためか、在職一年余りで議長職のまま議員を辞している。以後武田は、他県会からの国会開設運動のよびかけに触発されて、国会開設運動に進むべき道をみいだすのであった。

愛知県の自由民権運動は、士族をおもな担い手として出発する。民権政社の草分けは、明治十一年に名古屋で宮本千万樹《みやもとちまき》らがつくった羈立《きりつ》社であった。明治十二年三月には、碧海郡上重原《かみしげはら》村(知立《ちりゅう》市)で、元重原藩家老《かろう》の内藤魯一《ないとうろいち》らによって三河交親社《こうしんしゃ》が結成された。そののち内藤は、旧尾張藩士で名古屋藩の権《ごんの》少参事《しょうさんじ》であった荒川定英《あらかわさだひで》や、同藩士であった庄林一正《しょうばやしかずまさ》らに働きかけ、同年末には名古屋・尾張部もいれた愛知県交親社を設立した。同社は翌明治十三年三月には、愛国社《あいこくしゃ》の大会に代表を送っている。翌月、愛国社が国会期成同盟と改名して提出した国会開設の上願書には、一一二四人の愛知県民の署名がのせられていた。

しかし、そのころから庄林が率いる愛知県交親社の尾張組が、愛国交親社として独自の活動を展開する。同社は徴兵免除・地租軽減・租税廃止などを訴えて、名古屋の困窮《こんきゅう》士族や博徒《ばくと》・都市下層民および農村の貧農を中心に組織して、急成長する。明治十四年には一万人、最盛期の明治十五〜十六年には社員数二万人以上といわれた。この急成長の背景には、松方財政による、中小農民の没落や、都市下層民の深刻な窮乏があった。内藤らは明治十四年六月に、村松愛蔵《むらまつあいぞう》・渋谷良平《しぶやりょうへい》など、県内の民権家を結集して愛知自

内藤魯一

由党を設立することになる。

両組織は目標や構成員の出身や階層の違いから対立したが、政府の弾圧や運動の弱体化のなかで、強盗事件や巡査殺害事件（名古屋事件）を共同でおこした。最後は挙兵による政府転覆を計画した、明治十七年十二月の飯田《いいだ》事件で、村松や八木重治《やぎじゅうじ》らが検挙され、県内の運動は衰退していった。

廃娼決議と分県運動●

ところで、明治十五（一八八二）年五月の県会には、江崎理右衛門《えざきりえもん》（東春日井郡）によって、「娼妓《しょうぎ》並席貸営業廃止に関する建議」が提出され、可決された。遊郭《ゆうかく》・娼妓については、明治五年十月に政府が、人身売買禁止と娼妓解放の布告をだしていた。愛知県でも同年八月には、飯盛女《めしもりおんな》の新規召抱えの禁止、一五歳以下のものの原籍地への差し返しなどを命じた県達を、熱田《あつた》駅旅籠《はたご》屋へだし、請書《うけしょ》を差しださせた。その後、額田県でも、岡崎・豊橋などの飯盛女の新規召抱えを禁じている。だが、遊郭業者から営業継続の猛運動がおこると、私娼の弊害を理由に、翌明治六年十二月には東京府で営業の許可が行われる。

愛知県も同年、名古屋の北野新地の遊郭を公認し、指定地区の開発まで行ったから、遊郭と娼妓は急速にふえ、明治十年には同地の茶屋は一〇六軒、芸娼妓は四三〇人にまでなっている。建議がだされた明治十五年には、県内の免許地は名古屋・熱田・岡崎・豊橋など、数カ所に広がっていた。しかし、その結果、性病の蔓延《まんえん》は大きな社会問題になった。

建議は、「醜悪なる娼妓及び席貸茶屋」は風俗秩序を乱し、害はあっても利益のないものだから、新規の就業を禁じ、現営業者を正業に転じさせて、満三年後には本県から、その痕跡を断つ、というものであった。県会は三年後の、県内の遊郭廃止を議決したのである。

当時は県内でも自由民権運動が最盛期を迎え、県会への影響も大きかった。建議が可決された背景には、民権運動の高揚による、社会の進歩・改良をめざす雰囲気の強まりがあったと思われる。

けれども、三年を経過しても、県令は遊郭廃止を実行しなかった。そこで松下孟《まつした》（自由派、名古屋区）から、明治十八年十二月に先の建議の実行を求める「遊郭廃止の再建議」が提出された。ところが今度は賛否両論の対立となり、結局、公娼を廃せば、私娼がふえて性病が蔓延するという意見が多数を占めて、県会は建議を否決してしまう。その後、明治二十三年十二月にも、自由党の内藤魯一が、県内の娼妓営業厳禁を乞《こ》うという建議を提出したが、最終日のため審議未了でおわっている。

廃娼建議をめぐる県会の態度は、民権運動の消長を反映したものである。民権運動が後退するとともに、県会からも社会に対する進歩的・理想主義的な姿勢が薄れていった。さらに、議員の多くも遊郭の存在になれきってしまって、性病の流行だけを重視するに至ったことが、このような結果をうんだ原因と思われる。

けれども、より根本的な原因としては、男尊女卑《だんそんじょひ》の根強い伝統に近代的な女性差別の思想が加わって当時の社会では、女性の人権確立・地位の向上について、ほとんど関心がはらわれないということがあった。民権運動においても、女性を含むごく一部の運動家は、その課題を取りあげたが、大多数の男性民権家にとって、これは問題にもならないことであった。さきの建議でも、遊郭の最大の犠牲者である芸娼妓女性の人権には、いっさい目がむけられてはいない（村松愛蔵の国憲案には、女戸主の納税者に参政権を付与していたとされるが、男子が無条件であるのにくらべると、なお大きなへだたりがある）。

帝国議会衆議院の第一回総選挙は、明治二十三年七月一日に実施された。立ち会い演説会も多く開かれるなど、選挙戦は活発に行われ、一一人が当選した。自由党は一人（のちにもう一人加入）で、ほかはのちに政府党である大成会《たいせいかい》に属していった。

帝国議会がはじまると、額田県再置（三河分県）の運動が、衆議院議員早川龍介《りゅうすけ》（碧海郡）・今井磯一郎《いそいちろう》（西加茂郡）らによって展開された。分県運動は三回あったとされ、二回目の明治十四年四月には、県会で尾三両国の経済分離を求める建議が可決されている。三回目のこの時期の運動がもっとも盛んで、早川らは『三河旬報』を発刊して、世論の喚起につとめた。第一から第三議会まで、毎回署名を以て請願を行い、第二・第三議会の署名者は三万人を超えた。早川らは帝国議会に、最高で三万人余の署名による請願を行った。請願理由は、三河と尾張の風俗・人情の違い、経済圏の相違、地方税収支における三河の不利などであった。しかし、明治二十五年の第三議会に、早川らは額田県再置の提案を行ったが、賛成者は少数であった。

この運動の根底にあったのは、政府の専断による県の再編統合への、根強い不満であった。だが、それが尾張に対

地震による枇杷島《びわじま》橋落橋のようす（西区枇杷島町，明治24〈1891〉年）

する感情的な反発に収斂《しゅうれん》していったために、支持は得られにくくなった。すでに明治二十二年七月には、東海道本線が全通して、経済的にも一体化が進み、分県論の根拠は弱くなっていたのである。

明治二十四年十月二十八日午前六時三十八分、岐阜県大野《おおの》郡（本巣《もとす》郡）根尾《ねお》村を震源とする、マグニチュード八・〇を超える激震が、尾張・美濃地方をおそう。愛知県では大きな被害が発生し、なかでも中島《なかしま》郡・葉栗《はぐり》郡でもっとも被害が大きかった。県全体では、死者が二四五九人（うち、中島郡九七八人、葉栗郡二五五人）で、負傷者は六七三六人、居宅の全壊三万四四九四戸で、半壊は二万三九六八戸にのぼっている。

政府は復旧工事のため、総額一二二万円以上をだし、三カ年の地租延納を認める法律を公布した。しかし、延納対象者決定に際して、東春日井郡春日井村では、県に不正があった（不在地主の優遇）として、村長河村吉太郎を先頭に村民が結束して反対し、村役場の事務が一年五カ月も停止する事件がおこっている。

2　日清・日露戦争と県民

日清・日露戦争と講和反対運動●

日本政府は明治二十七（一八九四）年六月、朝鮮に出兵し、その支配をかけて清国《しん》とたたかった。日本は勝利し、翌年四月に講和《こうわ》条約を結んで、清国から台湾や賠償金《ばいしょうきん》二億両《テール》（当時の邦貨《ほうか》で約三億一〇〇〇万円）などを獲得し、欧米諸国以上の待遇となる修好通商《しゅうこうつうしょう》条約を結んで、帝国主義国としての地位をきずいた。

戦争がはじまると、出征兵士のために町村長らによる盛大な送別会が開かれた。戦地から帰った新聞記者を招いた戦況報告会も各地で開かれ、中島郡一宮《いちのみや》町では平壌戦報告会に二千数百人が集まっている。戦死者の葬儀も、郡長らが列席して盛大に行われ、招魂祭《しょうこんさい》などももよおされた。

以下しばらくこの前後の時期の、地元の有力紙『扶桑《ふそう》新聞』の論調を追ってみる。開戦の前年の五月には、「ロシアがシベリア鉄道を敷設する目的は、陸は支那《しな》・朝鮮の背後をおさえ、海は日本海・支那海を支配することだが、日本はこれに軍事力で対抗するのでなく、この鉄道を貿易や殖民《しょくみん》に利用する方向をとるべきだ」と主張する。明治二十七年四月の時点でも、「朝鮮に対するロシアの野心を考えれば、日本は朝鮮の独立援助に直接関与するのでなく、清の望み通り、朝鮮が清の保護国になることを支持すべき」とした。大陸への軍事的な進出ではなく、経済的な発展が日本の進路だという立場である。

日本の派兵以後の明治二十七年六・七月には、出兵した以上は朝鮮の独立につとめ、そのためには清やロシアともたたかうべきはたたかい、日本帝国の体面を世界に宣揚《せんよう》すべきという論調になる。しかし、戦後の三国干渉《さんごくかんしょう》によって、遼東《りょうとう》半島の還付が決した明治二十八年七月には、「三国の行動に対しては、商権の発展で対抗せよ」と主張する。さらに、その後の政府による大軍拡の動きに対しては、同年九月、「国力に応じない軍拡は国家の衰退を招くもので、現在の軍事力で大満足であり、断じて拡張は必要ない」と、真っ向から反対したのである。

けれども、同年末には、「朝鮮の自立が不可能である以上、これを保護する『最屈強の歴史と理由と義務と権利』をもつのは日本であり、その立場を貫け」と、朝鮮に対する政府の弱腰外交を批判した。同年末には「今年は『日本が武力帝国、侵略帝国』としての存在を世界に示した年だ」とほこらかにしめくくっている。

軍事最優先の路線には断固として反対し、大陸への経済的な発展をめざす立場でありながら、日清《にっしん》戦後になると朝鮮に対しては、日本の特権的な地位を主張するという変化があらわれている。戦勝は人びとに国家意識の高揚と、アジア諸国に対する優越意識をもたらし、それらは大陸侵略を容認する素地になっていった。

また、同紙は開戦とともに、県民が戦争と出征兵士およびその家族の支援を一致協力して支援するようよびかけ、それは国民の義務と断定している。八月八日には、従軍者遺族扶助策（とくに下士卒の遺族に対して）を、各郡市町村の公職にあるものが率先して実行するよう求め、同十一日には、名古屋の富豪家も他府県に負けずに、団体を組織して政府に献金を行えとし、それは国家への義務であり、こばめば社会から「天誅《てんちゅう》」を加えられる、とまで書いた。ちなみに扶桑新聞社自身が同月中に、予備後備軍人家族への慰問金をうけつけ、贈付する事業を開始している。

出征兵士とその家族への支援の必要性は、はじめての本格的な対外戦争である日清戦争のさなかに強く認識されるようになったのであり、同紙は率先して、それを整備する役割をはたした。愛知県では、これらの取組みを機に、恤兵《じゅっぺい》（兵士への金銭や物品の寄贈や慰労）・家族の慰問・戦死者の盛大な葬儀などを行う尚武会《しょうぶかい》が、各郡・市町村に普及していく。

それから九年後の明治三十七年二月には、朝鮮・満州《まんしゅう》の支配をめぐって、日露《にちろ》戦争がはじまった。強国ロシアとの戦争は一年七カ月にもおよび、軍事費総額は日清戦争の八倍以上で、戦死・戦病死者は六倍を超えた。国民は出征や軍馬などの徴発《ちょうはつ》に加えて、戦時の大増税・多額の戦時公債《こうさい》の引き受け・軍資金

❖コラム

廃娼運動の父モルフィー

愛知県会が遊郭廃止の動きを止《や》めた明治二十三（一八九〇）年ごろ、国内各地では、キリスト教徒や植木枝盛《えもり》・島田三郎ら民権運動家による、廃娼運動がおこってきた。愛知県でも、二十二年末ごろから、福岡祐治郎《ゆうじろう》らの「愛知廃娼会」や「愛知廃娼婦人会」、キリスト教徒や新聞記者らによって、演説会の開催や県会・元老院への廃娼建議の提出など、盛んな運動が展開されるようになった。

U・G・モルフィーは、アメリカ・メソジスト系教会の宣教師で、来日したのは明治二十六年であり、三十一年四月から月に二回、機関紙『The LIGHT 光』を発行し、三十二年十月ごろから四十一年に帰国するまでの約一〇年間、献身的に廃娼運動に取りくんだ。当時は廃娼のための有効な手段はなく、モルフィーは、「公の秩序や善良の風俗に反する法律行為は無効」とした民法に勇気づけられ、娼妓自身が提訴する裁判に勝利することで、廃業をすすめようとした。

判決で勝利しても、楼主の妨害で廃業が成功しないこともあったが、彼はひるまず、県内外から救いを求めてくる娼妓のために奮闘しつづけた。その運動は反響をよび、山室軍平《やまむろぐんぺい》の「救世軍《きゅうせいぐん》」に引きつがれるなど、近代日本の廃娼運動に、重要な役割をはたしたのである。

モルフィー宣教師

献納《けんのう》など、日清戦争をはるかにしのぐ負担をしいられることとなった。

刈谷市野田《のだ》町にある野田資料館には、日露戦争のさいに当時の野田村から出征した兵士たちが、野田村役場および同村尚武会にあてでだした、七六五通もの書簡が保存されている。当時の野田村は戸数三五一で、人口が一八五五人、大多数が農業に従事するこの村からも五四人が召集をうけ、そのうち、四人が戦死(入隊後の記録不明者をのぞく)している。書簡の宛名が、村役場と尚武会になっているのは、尚武会は官制団体で、町村尚武会長には町村長が就任していたからであった。書簡は入隊当初に国内からだされたものだけでなく、戦地から送られたものも多い。兵士たちは役場や尚武会に対して、同会による出征のさいの激励会や、戦場に送られる慰問《いもん》状に対する返礼の手紙を送ったのである。

兵士たちが尚武会に通信をおこたらなかったのには、理由があった。野田村で出征したのは二十代から三十代前半の、一家の中心的な働き手であり、農業をいとなむ彼らにとって、最大の気がかりは残してきた家族のことであった。日露開戦からほどなく、政府は勅令《ちょくれい》によって「下士兵卒家族救助令」を制定したが、対象者を親類や地域の救助のとどかないものとし、しかも授産事業への補助とするなどの原則のために、ほとんど機能しなかった。軍人遺族救護会や愛国婦人会《あいこくふじんかい》などからの援助も、同様にほとんどなかった。野田村のあった碧海郡の郡尚武会も、兵士の歓送迎や葬儀活動は行ったが、家族の慰問は町村尚武会に委任しており、彼らの唯一のたのみは村の尚武会だったのである。

書簡には、「家族を援助下さるとのお言葉は、この身に取りどれほどの喜びであることか実に有難く」とか、「不肖《ふしょう》、国家の大任を担う身を満州の野に捨てると決心しました。よって小生不在中は、老父母女子供ゆえ、甚《はなはだ》申し兼ねますが、宜《よろ》しく御助力を頼みます」などの言葉が、繰り返しもっとも多くあらわれる。実際には尚武会からは、一律にわずかな補助金が支給されたにすぎないようであるが、出征兵士にとって、尚武会による家族援助への期待がどれほど大きなものであったかを物語っている。とはいえ、村への依存は、逆に村への従属をもたらす。結局、兵士もその家族も、村共同体の秩序・統制のなかにしか生きる道はなかったといえる。

書簡にはまた、激しい戦闘の状況や、戦場での洗顔はおろか食事や睡眠もまともにとれない生活、重傷者が言語に絶する苦悶《くもん》のなかで死んでいく野戦《やせん》病院の状況などもつづられ、同郷兵士の戦死や負傷およびそのときの状況は、最初にこの書簡で伝えられていた。村にいる人びともこれらのなまなましい情報によって、戦争を身近なものと感じたであろう。戦場と郷里の村は、尚武会や所属部隊の同郷出身者などによって密接につながっていた。前線の若者たちは家族と郷里を背負ってたたかったのである。

戦争は明治三十八年九月、ポーツマス講和条約の調印によって終結した。日本は帝国主義国としての地位を確立し、朝鮮に対する指導・保護などの権利、南満州の権益、サハリン

日露戦争より帰還の第３師団

の北緯五〇度以南などを獲得した。だが、戦力が限界にきていたため、賠償金とサハリン北半分の獲得は放棄しなければならなかった。

けれども、新聞報道などから、日本の大勝利を信じていた国民は、講和の内容に憤激した。九月五日、東京で開かれた講和反対の国民大会は、民衆の大暴動に発展した。軍隊まで出動し、東京とその付近には戒厳令《かいげんれい》が布《し》かれたが、この運動は、全国に波及していった。

国民の怒りの激しさは、愛国心の高揚によるとともに、戦争中にたえた苦難の大きさの裏返しであった。県内で講和反対の急先鋒になったのは、新聞『新愛知』であった。同紙の社主は県内政友会《せいゆうかい》の有力者、大《おお》島宇吉《しまうきち》であった。明治三十八年五月の日本海海戦の勝利の後に同紙は、講和に際して日本が獲得すべき項目を列挙している。しかし、九月にはいって講和内容があきらかになり、期待が裏切られたことが判明すると、桂太郎《かつらたろう》内閣・小村寿太郎《こむらじゅたろう》全権・元老《げんろう》への非難を強め、「大屈従的和約を破棄せしめよ」と、調印反対・批准《ひじゅん》反対の国民的大運動をよびかけるに至る。

最大政党の政友会は、桂首相と政友会総裁西園寺公望《さいおんじきんもち》のあいだに、講和後の政権委譲の密約が成立していたから、講和批判を一切行おうとしなかった。むしろ同会幹部は、密約を知らされていない一般党員の、講和反対の動きをおさえこもうとしていた。しかし、『新愛知』は、講和破棄は「国民の意志」、「愛知県民の声」として、「その発表に何の遠慮があろうか、宜しく断々乎として発表すべきのみ」として、講和反対運動の記事を発表し続けた。

県内では、九月三日に名古屋市で新聞記者団が市民大会を開き、岡崎町・豊橋町・知多郡もそれに続いた。大阪の非講和全国大会にも、県会議員ら多数が参加した。『新愛知』は、名古屋同志記者倶楽部《クラブ》が九月二十一日に開催する非講和愛知県民大会の当日にも、愛知県は桂首相を支持しているという誤解を打破するためにも、県民は「発憤奮起」して参加せよとよびかけた。県民大会は数千人の参加で開かれ、宣言書などを採択した。

そして、九月二十八日の『新愛知』は、「政党の存在する理由は、政権収受の器械のためでなく、公明なる主張の下に、憲政の発達を計ることにある。幹部二、三人の私欲を満たすために、選挙区民の希望に背《そむ》き、亦《また》自己の良心を欺《あざむ》くことがあってはならず、代議士は唯一意選挙区民の意志の発表に勉《つと》めなければならない」と論じたのである。

『新愛知』の主張は、政友会中央に対する造反であった。立憲政友会は、明治三十三年八月、元老伊藤博文が政権をになう政党として結成したもので、従来の民党とは最初からその性格を異にしていた。政友会の方針は、政権の担当を最優先課題にして、「幹部専制」で決定されたのであり、そのために党下部の一部には、講和においては、幹部の押え込みのなかでも、批判活動に走るものもでた。講和条件に対する国民の激しい不満のなかで、政友会内部の足並みの乱れが表面化したのであり、その一つが今回の『新愛知』の動きであった。反対運動は、条約の批准とともに、十月には終息した。

教育の拡充と地域の再編●

日清・日露の両戦争後に愛知県では、初等教育の就学率がいちだんと上昇した。明治二十五（一八九二）年に五三％だった就学率は、日清戦後の明治三十五年には九三％にはねあがる。さらに、日露戦後の四十年には九七％（男子が九九％、女子が九六％）に達し、国民皆学の目標を、ほぼ達成したのである。こののち、就学率が九九％を超えるのは、第一次世界大戦後の時期である。

日清戦後に就学率が急上昇する要因の一つは、明治三十三年八月の「小学校令」の改正によって、尋《じん》常《じょう》小学校の就業を四年とし、授業料を無償にしたことであった。日露戦後の四十年には、「小学校令」が再改正され、尋常小学校は無償のまま六年に延長された。日本が帝国主義国としての地位を高めるにつれ、国民教育の向上がいっそう求められたからである。

県ではこの時期、中等教育の充実にも力をいれ、中学は大正元（一九一二）年には九校（公立五、私立四）になり、生徒数は全国で四位になった。また、明治三十二年の高等女学校令を機に、設立が進んだ高等女学校も、同年には県内に九校（公立八、私立一）になった。高等女学校は、天皇を中心とする軍国日本の母・妻の養成機関であった。ほかに、師範《しはん》学校を二校増設し（一校は女子師範）、農業・工業・商業の実業学校の設立も進んだ。

また、小学校では、日清戦後から、教育勅語《きょういくちょくご》の教育が重視されるようになる。明治三十年の『愛知教育雑誌』（愛知県教育会の機関誌）には、勅語奉読法《ちょくごほうどくほう》が掲載され、三十二年には知事みずからが郡視学《ぐんしがく》らに、尋常小学校生徒への教育勅語の教授法についての諮問《しもん》を行った。日露戦後には郡の校長会などで、学年ごとの教授内容まで規定した勅語教授細目がつくられ、それが同誌上で紹介されるなどして、勅語教授の体制が、県内で整備・確立されていった。このような勅語教育をつうじて、天皇崇拝・忠君愛国の精神が、子どもたちにたたきこまれていった。

さらに、明治三十六年四月からは、修身《しゅうしん》・日本歴史・地理・国語などで、国定教科書の使用が決定され、国家による教育統制はいちだんと強まっていった。なかでも修身や日本史の教科書は小学生に、天皇を頂点にした家族国家観や、皇国史観を教えこむのに、大きな役割をはたした。

ところで、日露戦後の町村は、戦争中から続く大増税によって、財政を窮迫《ひっぱく》させていた。教育費は町村支弁で、すでに町村支出の大きな割合を占めていたから、義務教育の延長によって生じる今まで以上の負担には、もはやたえられなくなった。

一方、政府も日露戦後に着手された大軍拡を完遂させるため、国民の国税以外の負担をできるだけ減らす必要があった。そこではじめられたのが町村合併であり、不要な役場経費などを削減し、教育をはじめ、土木・勧業・衛生など国家の要請する政策を実行できる、安定した規模の町村をつくりだそうとしたのである。それによって小学校の統廃合も進められることになり、これによって戦前の小学校の基本的な構造がととのうことになる。

当時愛知県は、全国でももっとも町村数が多い県で、逆に一町村当りの平均戸数は、少ないほうから全国で三番目という状況であった。そこで県は戦後経営も念頭において、明治三十八年十月には、六六六町村を二五三に減らし、平均戸数を四二五戸から一〇〇〇戸にするという、大規模な町村合併を企てたのである。町村合併に伴う利害対立や習慣の相違などにより、翌年一月の各町村の答申期限には一郡もまとまらず、県の強力な指導によって、同年九月に完了している。このとき、現安城《あんじょう》市域では、それまで一九校あった小学校が、一三校に統合されている。

そして、明治四十一年十月に戊申詔書《ぼしんしょうしょ》が発布されると、小学校卒業後の青年を対象にした、青年団・処女会の設立が進められた。翌年四月の愛知県青年大会の開催が、その気運を盛りあげていった。多くは町村長や校長が団長（会長）になり、会員の知徳の修養・尚武心の発達につとめた。さらに在郷軍人会や愛国婦人会も組織されていった。

県民は天皇を中心とする帝国主義国家の組織のもとに、精神的にもしっかりと組みこまれていった。

織維産業の発展と女性労働者●

近代以降の愛知県の産業の発展は、幕藩《ばくはん》制時代からの経済発展の蓄積を基盤にしていた。とくに尾張では、江戸時代の中期から、尾西《びさい》地方（一宮市を中心とする地域）で農民が縞木綿《しまもめん》の生産を発展させ、十九世紀の前半には、農民の工場主が五、六人から十数人の工女をやとって生産を行うまでになっていた。資本主義経済の芽生えであり、全国でももっとも経済発展をとげた地域であった。

ところが、幕末の開港による、欧米の先進資本主義国からの安価な綿製品の輸入は、この綿業に決定的な打撃をあたえた。それまでは棉作《めんさく》・紡績《ぼうせき》・織布・染色などの多くの工程を富裕な農民が経営していたのに対して、綿織物生産だけが洋糸を使用することで生き残るのである。しかも、それは洋糸商らが農家に賃織りさせるもので、経済は一挙に停滞することになった。

その後、愛知県の織物業は松方財政期の不況を乗り越えて、明治二十年代から同三十年代にかけて大きく発展し、日本経済のなかで、その位置を確立していった。そのさい、尾西地方は、国内向けの絹棉交織物生産で全国のトップクラスとなり、知多地方は細い洋式機械紡績糸の使用による、代表的な輸出白木綿生産地となった。また、幡豆《はず》郡を中心とした西三河地方は、ガラ紡の太糸による、国内向けの白木綿生産地帯となった。

同じく輸入によって打撃をうけた棉作や藍作のかわりには、明治三十三（一九〇〇）年以降、国や県の保護・奨励によって、養蚕業が急速に発展し、中島郡を中心にした桑苗の生産は、全国の第一位になっている。

愛知県の産業の全体的な特徴は、明治四十二年の『愛知県統計書』によれば、工業生産額が農業をしのぎ、全国の工業生産額の一二％以上を占める、全国でも有数の工業県ということである。しかし、その構成は、繊維産業が六割近くを占め、ついで酒・醤油・酢などの醸造業、さらに陶磁器業の順となり、以上の産業で全体の八五％以上を占めている。金属・機械などの近代産業の生産額は二％たらずで、近代産業発展の遅れは歴然としていた。愛知県の産業は伝統的な地場産業が中心で、いずれも軽工業であり、その主体は中小・零細企業で成り立っていた。

そのような産業構造をもつ愛知県では、女性の従業者がきわだって多かった。従業者の男女比率は、明治四十三年、従業員五人以上の工場で、六九％が女性であり、繊維産業では八八％が女性であった。愛知県の女性の従業者の比率は、全国平均を上回るものであった。

繊維産業で働く女性の過半は二〇歳未満で、明治後期の労働時間は、近代的な綿紡績工場で実働一一時間、織物業では中島・丹羽・葉栗郡で、実働十四、五時間が普通であった。男性とくらべると賃金は平均して半分以下であるうえ、能力給制度がとられたため、激しい競争に駆り立てられなければならなかった。

彼女たちの多くは貧農の出身で、遠隔地から家計補助のために、ある者は前借金を背負って、年季奉公を行った。多くは寄宿舎生活を送ったが、その環境は布団の共用など非衛生的であり、食事は粗末で、空腹や栄養不足は恒常的で、多くの女性労働者が結核や眼病にかかっていった。過酷な労働にたえられずに、逃亡する女性労働者はあとをたたず、工場側はきびしい管理・拘束などで、それをふせごうとした。賃金の一部を自由におろせない、強制貯金の制度も実施されていた。

明治三十三年一月、葉栗郡光明寺村（一宮市）の織物工場の寄宿舎の火災で、女子労働者三一人が焼死した事件は、そのようななかでおこった。外からの施錠や、窓の鉄柵のため、逃げだすこともできずに犠牲になったのである。この事件ののち、愛知県は工場や寄宿舎の構造に規制を加えたが、根本的な改善にはならなかった。

また、陶磁器業でも、日露戦争前後の急成長によって、機械化による一貫方式の大量生産が普及すると、熟練工の必要性が減って、女子労働者が増加した。低賃金と男性の職工不足が、その理由であった。明治四十一年には全体の一四％であった女性労働者が、大正五（一九一六）年には、二六％になる。日本陶器では、大正五年から工場内に保育所を設け、女性労働者の定着・確保につとめている。

副業の盛んな農業も含めて、愛知県の産業の発展は、女性の労働なしにはありえなかった。女性たちは過酷な労働条件と低賃金のもとで、男性以上に働く場合も多かった。けれども、家制度の底辺におかれた女性たちの労働は、ほとんど評価されることもなかったのである。

9章

デモクラシーから現代へ

完成当時のテレビ塔(昭和29年)

1 総動員体制から崩壊へ

大戦景気と中京工業地帯の形成●

大正三(一九一四)年七月、第一次世界大戦がはじまると、日本は連合国側で参戦し、中国や南洋での権益《けんえき》拡大につとめ、大戦後には、世界の五大強国の一つに数えられるに至った。日本は経済的にも躍進し、戦時需要と、欧州諸国の撤退による東南アジアへの輸出の急増によって、財政赤字は消え、債務国から債権国へと立場を一変させた。工業は大きく発展し、とくに造船・鉄鋼業の発展は著しく、重化学工業の比率が高まった。

愛知県では、空前の好況のもとで、名古屋を中心とする中京工業地帯が形成された。大正八年の工業生産額は、同年の農業生産額の約二・五倍に、また、同三年の工業生産額の五・六倍になって、本格的な工業県となった。生産額では、紡織・陶磁器工業が発展を続けて上位を占めたが、製鋼・車両などの金属・機器工業も躍進した。

好況のなかで技術革新が進み、電動機の利用が広まるとともに、大戦による輸入の途絶から、県内で紡織機の製造が進んだ。大正十五年には碧海《へきかい》郡刈谷《かりや》町(刈谷市)で、豊田自動織機製作所が自動織機の本格的な生産を開始した。また、資本の集積がめざましく、各業界では、大資本の支配が拡大し，膨大な数の小零細企業が、その系列下に編成されていった。東京砲兵工廠・名古屋工廠・熱田兵器製造所に加え、民間でも愛知時計電機や三菱内燃機製造が、信管・機雷や軍用航空機の生産をはじめ、兵器産業も基盤をととのえた。

農業では商業的農業がいちだんと発展し、尾張《おわり》や東三河《ひがしみかわ》を中心とする養蚕業は、大正十五年には長野県についで全国二位の生産額となり、蔬菜や養鶏・養豚などの畜産業も躍進した。

電車焼討ちと米騒動●

資本主義の発展によって、工場労働者が増加すると、明治後期には県内でも、労働組合が結成され、争議も増加し、社会主義者の演説会も行われた。だが、国家が進める国民統合をゆるがす、これらの動きには、過酷な弾圧が加えられた。知多《ちた》郡の鉄工所にいたこともある宮下多吉《たきち》を首謀者とし、幸徳秋水《こうとくしゅうすい》らをまきこんだ大逆《たいぎゃく》事件の検挙が行われたのは、明治四十三（一九一〇）年五月であった。以後、社会主義者や労働・農民運動は沈黙を余儀なくされた。

しかし、日露戦後の大軍拡による、重税路線の維持と拡大に、民衆の不満はつのっていた。大正元（一九一二）年十二月五日、陸軍の二個師団増設問題で西園寺公望《さいおんじきんもち》内閣が総辞職に追い込まれ、政友会《せいゆうかい》や国民党が、憲政擁護・閥族《ばつぞく》打破の運動をおこすと、運動は一挙に全国へ広がった。

愛知県でも『新愛知』は、軍閥・藩閥打倒を主張し、十二月十七日に、政友会愛知県支部の主催による演説会が開かれると、二五〇〇人以上の聴衆が押しかけた。民衆の怒りは、東京で焼討ち事件に発展し、翌年二月十日、桂太郎《かつらたろう》内閣を退陣に追い込んだ。『新愛知』はそのとき、政変は「民衆主義の普及」によるものだと記している。

この年の一月から六月にかけて県民は、元知事深野一三《ふかのいちぞう》のもとで、地元政界人が引きおこした、一五件以上におよぶ大量の汚職事件に直面する。さらに十月にも、稲永《いなえい》遊郭移転にからむ、深野元知事と名古屋政財界の最高実力者たちをまきこんだ不正事件が摘発・起訴された。一連の事件で、県民は政治に対する不信と怒りを強めた。

翌大正三年一月に、シーメンス事件がおこると、県内では、同事件後に海軍の腐敗を弾劾して免職になった、名古屋出身の元海軍大佐太田三次郎《さんじろう》への義金運動がもりあがった。四月の太田や記者・代議士による政談演説会には、六五〇〇人の聴衆が集まり、民衆の政治意識は格段の高まりを示した。

大正二年四月ごろから名古屋市では、他の都市にくらべて割高な、名古屋電鉄の電車賃の引下げの要求が高まっていた。不況のなかで、民衆の暮らしは困難な状態であったが、県も市も会社も真剣には取り組まなかった。新聞は値下げを要求し、在名記者たちは翌三年八月下旬から、連日のように演説会を開いた。その総仕上げの九月六日、会場は三万の聴衆であふれ、興奮した群衆が散会後、電車に放火すると、八日の夜まで争乱は続き、軍隊の出動でようやく鎮静をみた。

騒動の最中の八日、『新愛知』主筆の桐生悠々《きりゅうゆうゆう》は、民衆や新聞の主張の正しさをたたえながらも、民衆の暴力には自重

米騒動勃発でにらみあう群集と憲兵(大正7〈1918〉年8月12日)

を促した。だが、民衆は、政治運動を指導してきた政党や新聞記者らの意図をものりこえて、突き進むようになっていた。結局、民衆は暴動によって、その要求をほぼ実現したのである。

この時期名古屋を中心に、言論界で大きな影響力をもつようになったのが『名古屋新聞』（以後、『名古屋』と略す）であった。同紙は、大阪朝日新聞の記者であった、小山松寿《こやままつじゅ》が明治三十八年に、地元紙を買収して創刊した。同紙は、小山の政治的立場と、桂首相（かつて第三師団長）や加藤高明《たかあき》（愛西《あいさい》市出身）ら、立憲同志会の指導者が、愛知と縁が深かったことから、同志会を支持し、政友会支持の『新愛知』と、ことごとに張りあうことになっていく。大正四年二月、小山が大隈伯後援会から総選挙への立候補を表明すると、三月、同志会の愛知支部が鈴木摠兵衛・原田勘七郎らの財界人も加えて発足した。とくに鈴木は、松坂屋社長伊藤守松ら地元旧家の有力者でつくる九日会の主要メンバーであり、地元財界の同志会支持に重要な役割をはたした。これを機に、それまでの政友会一色であった愛知の政治地図が塗りかえられ、以後、激しい選挙戦が繰り広げられるようになる。

大正七年八月三日、富山ではじまった米騒動《こめそうどう》は、九日には、名古屋におよび、以後、豊橋《とよはし》市・東春日《ひがしかすが》井《い》郡瀬戸《せと》町・中島《なかしま》郡一宮《いちのみや》町・丹羽《にわ》郡岩倉《いわくら》町・岡崎《おかざき》市など、約半月のあいだ県内の争乱は続いた。県内各地で米商などの襲撃・焼討ちなどが繰り返され、米の廉売を約束、実施させていった。軍隊もたびたび出動している。おもな参加者は労働者で、小商人・農民などが、それに続いていた。米価の異常な高騰を前にしても、有効な対策を講じない政府や地方の行政当局に対し、民衆は怒りを爆発させ、またもや暴動によって要求を達成したのである。空前の大騒動は、民衆にみずからの力を確信させた。県内でも以後、市民や労働者は、既成政党の指導を離れ、おのおのの立場から、運動を展開するようになる。

新聞記者のデモクラシーと労働農民運動●

米騒動に際して『新愛知』は、「陛下の軍隊を国民の食糧運動、飢えに関する問題解決のために用うる」ことには、断じて賛成できないと、出兵を非難した。寺内正毅《てらうちまさたけ》内閣が米騒動関連の記事掲載を禁じると、「新聞紙の兵糧攻め、起てよ全国の新聞紙」と、同業者に倒閣をよびかけた。『名古屋』も、これに応じ、八月二十日には名古屋で東海記者大会が開かれ、悠々が座長をつとめて、言論の自由をまもり、寺内内閣を弾劾する決議文を採択した。

普通選挙運動の牽引車は『名古屋』で、主筆小林橘川《きっせん》が中心であった。橘川は普選とともに、治安警察法十七条の撤廃による労働組合運動の公認を求める主張も展開し、労働問題講演会も開催した。『新愛知』は、政友会が普選時期尚早の立場をとっていたにもかかわらず、即時実施のキャンペーンを張った。中京記者協会や文化人らによって、大正八（一九一九）年二月に開かれた、名古屋普選市民大会には、桐生・橘川の両新聞主筆が、政治的な立場を超えて、普選推進の演説を行い、一万人の聴衆は熱狂した。

この時期、愛知の新聞界は、ペンの力によって民主主義・社会改良などの理想を実現しようとし、デモクラシー運動を推進する役割をはたした。悠々・橘川らの新聞人を擁して、もっとも輝く一時代を築いたのである。

大正九年にはいると、市内の友愛会支部などの労働者による、「名古屋労工会」も独自に普選運動を展開した。同会は治安警察法十七条の撤廃も、同時に求めている。二つの運動は、同年六月、東海普選連盟結成大会で合同した。

大正十年四月には文化運動として、特権階級の子弟のためのものではない、「自由で開放的で民衆的で実際的な」教育をめざす、「名古屋市民大学」設立計画もうまれた。牧師の長野真一郎（浪山《ろうざん》）・金子白夢《はくむ》らの清和会関係者を中心に、橘川・悠々らも名を連ねていた。

同時期には、橘川や塚本三《ぞう》らの後援によって、山崎常吉《つねきち》ら、先鋭的な労働者を組織した、名古屋労働者協会が誕生した。同会は県内の多くの組織を指導し、のちにプロレタリア作家になる葉山嘉樹《はやまよしき》もその中心メンバーであった。同十年、県内の労働争議は、かつてないほど増加し、争議件数一一四件、参加人員は一万人を超え、賃上げなどの要求を実現した争議も多かった。翌十一年には、被差別部落民の解放をめざす、愛知県水平社《すいへいしゃ》も設立された。

愛知県は全国でも小作争議がはやくから多発した県であった。争議は尾張部を中心とし、同地域では小作人組合も発達した。大正六年から一二年にわたって争われた鳴海《なるみ》争議は、強力な小作人組合が主体となって、小作料不納同盟や小作地返還でたたかうと、地主側も地主組合をつくって、裁判闘争で対抗し、全国から注目を集めた。最後は両者の協調組合がつくられておわるが、小作料は約一五％の永久減となった。

小林橘川（名古屋市長時代）

大正十四年には護憲三派内閣の加藤高明内閣によって、普通選挙法が成立するが、それは治安維持法との抱き合わせであった。労働運動は、無産政党の結成を進め、昭和二（一九二七）年九月の、普選最初の県会議員選挙では、三つの無産政党から六人が立候補し、労農党の山崎常吉（名古屋市）が当選をはたした。けれども、翌三年以降、繰り返される弾圧によって、労農運動は徐々に変わっていった。

普通選挙制度による最初の総選挙は、昭和三年二月に行われた。県内では四〇〇〇回を超える演説会が開かれ、約七〇万人が聞いた。県全体の投票率は七八・九％（全国は八〇・三％）で、本県では県議選に続いて、民政党への支持が多かった。

女性の目覚め・女性の教員と医療従事者●

第一次世界大戦後は、それまで社会の底辺で抑圧されていた人びとが立ちあがり、みずからの言葉でその立場を主張し、権利の向上のための運動を展開した時期であった。女性解放運動もその一つで、平塚らいてうが、家制度で苦悩する日本の女性たちの解放と自立をめざして、雑誌『青鞜《せいとう》』を創刊したのは、明

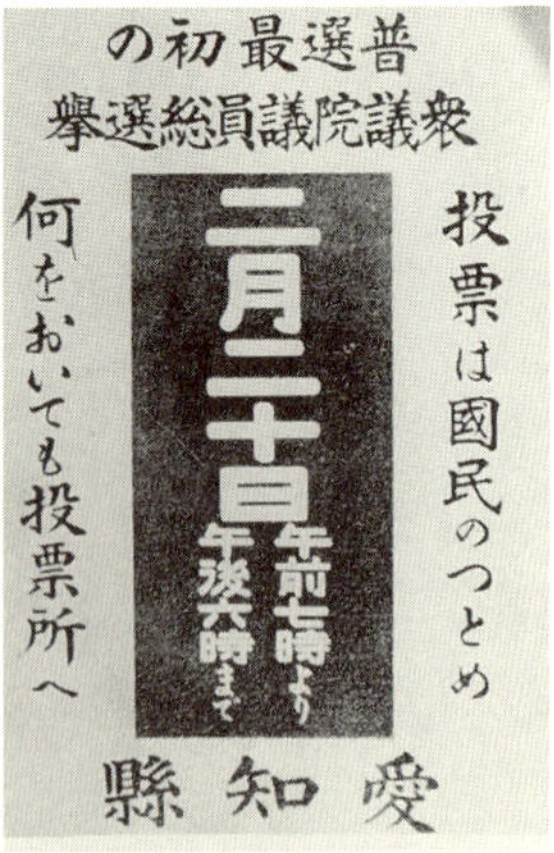

第１回衆議院議員総選挙のポスター（昭和３年）

治四十四（一九一一）年九月のことであった。

県内でも、女子教育と女性教員のなかに、「新しい女」への動きがみられた。最初の変化は日露戦後、女子に対する職業教育要求の高まりとしてあらわれる。『愛知教育雑誌』（愛知県教育会発行）の、明治四十年五月号では県立工業学校教諭が、「今や女子も男子と同じく独立自営の生計を営むことを迫られるようになり、女子への工芸技術教育の急務が一般に認知されたことは甚だ喜ばしい」とし、名古屋に女子の工芸学校設立を求めた。

翌明治四十一年二月には、やはり同誌上で、椙山《すぎやま》裁縫女学校長椙山正式《まさに》が、女子教育の革新・実業教育の必要を説き、「女子は何人といえども、独立自営できるだけの能力をもたなければならない」とし、「それは良妻賢母の教育や国民教育と決して相反するものでなく、国家の急務である」とした。同年五月には、同誌の編集者（元教員）が、愛知県の女性教員養成の遅れをするどく指摘し、職業を求める女子の趨勢《すうせい》にこたえるためにも、それを拡充すべきと訴えた。当時県内の女子教員の養成機関は、第二師範学校に併設された女子部のみで、県立女子師範学校が設立されるのは、四十五年四月であった。

日露戦争によって、多数の戦争未亡人がうまれたことが、これらの議論の背景にはあるが、女性が独立できる技術をもつことを、当然とする見方が広まった意義は大きい。

このような動きが本格化するのは、第一次世界大戦後であった。そのときの女性教員の意識の高揚を、余すところなく示すのが、大正八（一九一九）年十一月の『愛知教育』（『愛知教育雑誌』を改名）である。巻頭の「主張」を編集委員が担当している以外は、署名入りで、ほとんどの論説を女性教員が執筆している。

その巻頭では、「婦人が、学校・会社・官庁の椅子に腰掛ける時勢となった。婦人は政治上・経済上・道徳上の独立を計り、伝統から醒めて、真剣に生の更新に努力しており、これは国家・社会・人類のために祝福すべきこと」と、全体をつらぬくテーマが主張された。

県立二高兼女子師範教諭は、「男女同権とはいえないが、男女同等・対等は確かである。しかるに世人が女子の働きを認めず、男子の下位に置いて蔑視するのは、一大痛恨事である。だが、それに甘んじて本分を発揮しなかったのは、女子の罪でもある。女子教育の改善と、女子の地位向上の先導者として、女教師の自覚を切望して止まない」とした。また、「女子の覚醒《かくせい》は、人間社会自然のすう勢だから、男子も覚醒する必要がある」、平均的知力に男女差がないことは、科学的研究が立証しており、女学校までの教育で、男女に異なる教育を行う必要はない、修身教育で、女子に貞操を力説するなら、男子にも同様に教育すべきであり、「職業職務を、男女で特別に分かつ、理由も歴史的事実もない」という主張を展開した論考もある。

幡豆《はず》郡の教員は、「職業を賤しいものとみなす傾向は、大きな心得違いです。実力で賃金を得ると依頼心が去り、女子も働けるという自負がもて、労働の愉快さを自覚しつつ、より大きな目標をもてます」とした。海部郡の在職十有余年の教員は、家庭の主婦・母としての立場から、どんな職業の女性も結婚後に職業を継続できるよう、簡易食堂・共同炊事場の設置、託児所・復習会（小学生用）の設立などを要求している。

この特集号は、「男女平等と女性の自立」宣言集の観があり、その実現の先頭に女性教員が立つと決意表明しているようである。これらの発言の背景にあるのは、男性教員と対等に教育をになっているという

❖コラム

尾張の嫁入り道具

尾張地方の嫁入り道具は、その派手さで全国でも有名であった。この地域の人びとは、勤勉で諸産業を発展させたが、日常生活は質素で、その分、冠婚葬祭は盛大に行ったのである。織物工業の中心地であった尾西《びさい》地方の西部、現在の尾西市にあたる地域で、一〇〇人前後の従業員を使用し、トップクラスの織物工場を営んでいた鈴木家の、明治三十六（一九〇三）年と昭和六（一九三一）年の嫁入り道具は、同家に保存されていた目録によると、次のような品々であった。

明治期の道具は、鈴木家からもっていった品々で、和服を主とする衣類（礼装から普段着まで）・装飾品・茶器・生活雑貨・夜具・道具類（簞笥《たんす》・鏡台など）に加えて、一〇〇円の公債証書もはいっている。合計金額は、一一八九円余であった。白米一〇キロが約一円二〇銭、そば一杯が二銭、小学校教師の初任給が一〇円余、高等文官試験合格の役人の初任給が五〇円の時代に、いかに破格の費用をかけていたかがわかる。

昭和期のものは、花嫁が鈴木家へもってきたもので、公債がない以外、分類的には前者とおなじだが、品数がいちだんと増え、その多さにはおどろかされる。たとえば、着物（下着類はのぞく）なら七七枚、羽織は四三枚といった具合である。

当時の生活スタイルなら、衣類などはほとんど買わずにすむほどの枚数である。娘三人もつと家がかたむくといわれながら、家と家との関係が重視された時代に、花嫁の実家の経済力を示すため、また、弱い嫁の立場を気づかう親心からも、この風習は受けつがれたのである。

しかし、これも今では昔のことになりつつある。

自負であり、また働くことへの生きがいであろう。

明治の初年以来、教員は政府が例外的に、女性にすぐれた能力があると認めた専門職であり、社会的な地位を得て、層として存在しえた、数少ない職業分野であった。県内でも、小学校における女性教員の比率は、右表のように高く、女性教員なくして、教育現場が成り立たないことは自明のことであった。しかも、第一次大戦前後には、経済発展による求人増から男性教員が不足し、教育界では女性教員の役割が、いっそう重視され期待されるようになっていた。

しかし、その一方で女性教員に対しては、生活面や学力などについて風当たりが強く、また、待遇の点でも、徐々に改善はされたが、代用・臨時などのおとった地位におかれる女性教員は多かった。その矛盾に満ちた状況が、以上の「宣言」をうむ原動力になったと思われる。

小学校・国民学校の男女別教員数

年　度	教　員　数		
	女	男	計
	人	人	人
明治 8 (1875)	13	1,454	1,467
明治 13 (1880)	60	2,050	2,110
明治 18 (1885)	145	2,750	2,895
明治 23 (1890)	38	2,013	2,051
明治 28 (1895)	104	2,517	2,621
明治 33 (1900)	151	2,924	3,075
明治 38 (1905)	517	3,327	3,844
明治 43 (1910)	1,175	4,489	5,664
大正 4 (1915)	1,224	4,854	6,078
大正 9 (1920)	1,758	5,185	6,943
大正 14 (1925)	2,035	5,992	8,027
昭和 5 (1930)	2,094	6,598	8,692
昭和 10 (1935)	2,265	7,410	9,675
昭和 15 (1940)	3,620	7,450	11,070
昭和 20 (1945)	7,103	6,270	13,373

『愛知県教育史』第4巻より作成。

女性教員はこの時期、全国や都道府県や市などのレベルで、「女教員大会」などを盛んに開き、教育方法や待遇などについて話しあい、団体の力で待遇改善を申しいれる運動を展開した。大正七年十月には、教員の経験があり、当時は『名古屋新聞』の記者であった市川房枝《いちかわふさえ》（現尾西市出身で、のちに婦人選挙権獲得運動の中心的存在となった）が、名古屋市の女教員研究会を記事で取りあげ、その質的向上への提言を行いながら、励ましのエールを送っているのが印象深い。女性教員の運動は実を結び、同十一年九月、文部省が女性教員と幼稚園保母に対して、産前・産後の休養を認める訓令をだした。

大正八年三月に、平塚や市川らによって、新婦人協会が設立されると、名古屋にも支部がつくられた。同十一年四月に、治安警察法第五条が改正されると、橘川や小山松寿らによって、十一月には、婦人のための政談演説会がもよおされた。そこに集まった女性の多くは、さきの女性教員たちと共通する考えをいだいていたであろう。女性たちの覚醒は、やがて婦人参政権運動をうみだしていく。

女性の社会進出は、会社や官庁などへと徐々に進んだが、その職域には大きな限界があった。そのため職業を求める女性たちは、専門の資格によって働ける分野への進出をめざした。そして、その対象の一つが、看護婦や産婆（助産婦）であった。これらは、当時女性固有の職業であり、さらに知的・体格的に欧米人に負けない国民の育成をめざす国策のうえからも、不可欠の職業であった。その役割の重要性から、おのおのの養成学校の生徒には補助金が支給されたので、幅広い階層の女性たちが学ぶことが可能であった。

また、高度な専門職である、医師・歯科医師・薬剤師になる女性も、次頁表のように着実に増加した。国家は女子のための養成機関をつくらなかったから、多くは東京などの私立専門学校で学ぶことになった。

女性の医療職従事者人数

年　　度	医　師	歯科医師	薬剤師	産婆	看護婦
	人	人	人	人	人
大正 3 (1914)	8	1	17	1,514	
	(433)	(93)	(285)	—	—
大正 6 (1917)	11	1	21	1,617	
	(1,742)	(171)	(326)	—	—
大正 9 (1920)	15	1	11	1,615	
	(1,808)	(291)	(398)	—	—
大正 12 (1923)	21	7	25	1,824	
	(1,683)	(433)	(509)	—	—
昭和元 (1926)	31	13	28	2,009	
	(1,789)	(548)	(692)	—	—
昭和 4 (1929)	53	38	40	1,930	2,630
	(1,857)	(678)	(910)	—	—
昭和 7 (1932)	84	37	65	2,227	
	(2,018)	(719)	(965)	—	—
昭和 10 (1935)	158	56	116	2,459	3,199
	(2,345)	(853)	(1,203)	—	
昭和 13 (1938)	170	57	196	2,787	4,436
	(2,399)	(974)	(1,472)	—	—
昭和 16 (1941)	221	79	242	2,804	4,869
	(2,679)	(1,039)	(1,597)	—	—

『愛知県統計書』各年度版より作成。(　)内の数字は，各年度の男性従事者数。看護婦は昭和４年以前と昭和７年の統計はなし。

県内では、私立愛知薬学校（明治十七年創立）が、多くの女子を送りだした（だが、同校の後身で、昭和六〈一九三一〉年設立の愛知高等薬学校が、各種学校に認可されると、女子の就学は廃止された）。同十八年創立の名古屋市立女子高等医学専門学校は、女性たちが個々に切り開いた、この土台のうえに設立されたものといえよう。

これらの女性たちは、近代医学を学んだ専門家として、県内の医療や公衆衛生の向上に、多大な貢献をしたのである。

2　十五年戦争と県民

満州事変と県民動員●
経済界は一九二〇年代半ばから不況が続き、そのまま昭和四（一九二九）年にはじまる世界大恐慌にまきこまれて、翌年春には深刻な不況におちいった。愛知県の産業は、前年にくらべて二四％も生産額を減らし、労働者の収入は大幅に減少した。解雇も増加し、同五年の本県の失業者は一万三〇〇〇人余となり、中学校以上の卒業者も就職難になった。

農村の窮乏は生糸《きいと》相場の大幅な値下がりなどでいちだんと激しく、昭和六年の県全体の農家負債総額は約一億円といわれた。農家は養蚕《ようさん》から、養鶏・蔬菜などへの転換を進めた。だが、系統農会による救済運動や、同七年から県が市町村に進めさせた経済更生運動も、あまり効果がなく、小作争議は訴訟にもちこまれる件数が急増して、深刻化していった。

昭和六年九月十八日、軍部はゆきづまりの打開をめざして、柳条湖《りゅうじょうこ》事件（満州事変《まんしゅうじへん》）をおこし、こののち一五年におよぶ、アジア太平洋戦争がはじまった。この事件に対しては、県内の二大新聞の『名古屋』と『新愛知』が、すばやく競って言論活動を展開した。

「満蒙《まんもう》問題」はこれ以前から緊迫の度を増していたが、『名古屋』は柳条湖事件までは、幣原《しではら》外交の立場から、満蒙権益を経済的なものととらえ、その擁護は平和的手段によるべきで、武力行使は有効でないと、軍部の強硬論に批判的な論調を展開していた。それに対して『新愛知』は、幣原外交を「軟弱」と批判し、「実力発動」も含めた対中強硬策を主張した。同事件後には、『新愛知』は論調をさらに強め、軍事行動は当然と主張していった。

一方『名古屋』も柳条湖事件後はそれまでの立場を一変して、政府と軍部に徹底した「対支膺懲《おうちょう》」を求める強硬論を展開した。「隠忍自重《いんにん》」といわれた幣原外交は、今回の行動が列国の理解を得るための前提であったとするのである。さらに昭和七年十月、国際連盟が日本の満州撤兵勧告を行うと、『名古屋』は深刻な孤立感におちいり、強烈な排外主義に転じて、世界に対して武力・経済闘争をさけぶに至った。

両紙は満州事変に対しては、ほとんど差異のない論調で、対外危機感と排外主義を熱烈に鼓吹していった。両紙は、全国紙とも競いあいながら、現地特派員や軍人の講演会、兵士や留守家族の慰問《いもん》運動などに大々的に取りくみ、「国論喚起」の役割をはたしたのである。

また、地域からも昭和六年十月の連盟理事会の日本軍撤兵勧告以後、「挙国一致」「国難打破」の運動がおこった。名古屋市内では、同年十月下旬から十一月上旬にかけて、小学校連区を基盤にした、地域民衆の動員・組織化がいっせいに進んだ。その多くは、軍部（第三師団・名古屋連隊区）・在郷軍人会が中心になり、新聞社や行政機関の援助も受けて、町総代会・青年団などが動き、連区民大会・講演会を成功させ、決議や行進も行って、「挙町一致」の状況をつくりだしたのである。講演会中心の類似の動きは、やがて豊橋連隊区のある豊橋市にも広まった。

新聞の強硬論によって、県民に危機感と排外熱が高まるなか、軍部が町内会などの統制力を利用して、地域住民を組織していく状況があざやかに浮かびあがる。

戦時体制下の県民●

日中戦争がはじまり、戦争が長期化すると、生活物資の不足は深刻化し、物価は高騰した。昭和十二(一九三七)年八月には国民精神総動員運動《こくみんせいしんそうどういんうんどう》が開始され、翌十三年四月には本格的な戦時体制への移行を意味する、「国家総動員法」が制定された。同法は議会を否定し、人的・物的資源の統制権限をすべて政府が掌握するものであった。

同年からはガソリンの配給制がはじまり、やがて米を含め、ほとんどの日用品が配給制になっていった。昭和十五年九月には、部落会・町内会・隣組が設置され、行政機構の末端として、住民の生活を管理することになる。同十七年十月からは生活物資の配給が、部落会・町内会をとおして行われたので、さらに大きな統制力をもっていった。

昭和十五年からは新聞の統制もはじまり、『新愛知』と『名古屋新聞』の統合が決定された。地元の言論をリードしてきた両紙は、廃刊を余儀なくされ、同十七年九月一日からは、『中部日本新聞』として発足した。

日中戦争の出征軍人

反軍のジャーナリスト桐生悠々

『新愛知』主筆として一〇年のあいだ、愛知のデモクラシー運動をもりあげた桐生悠々《きりゅうゆうゆう》であったが、社主大島宇吉《うきち》の方針と対立して、大正十三(一九二四)年二月に、同社を去った。そして、昭和三(一九二八)年一月になると、古巣の『信濃毎日新聞』(『信毎』)に主筆として、ふたたびむかえられた。ときに悠々五六歳であった。『新愛知』退社後の三年間は、その日の暮らしにもこと欠く苦しいものであったが、みずからの信念をつらぬこうという気概は、すこしも衰えをみせていなかった。治安維持法の改悪を批判し、悠々自身は反マルクス主義者であったが、マルクス主義者の弾圧には自由主義者の立場から反対した。五・一五事件では、中央の有力紙が沈黙するなか、軍部が政権を私物化しようとしていると批判し、事件に関係した軍人を「狂犬の群れ」と書いた。

悠々が『信毎』を追われる原因となった記事は、昭和八年八月十一日の「関東防空大演習を嗤《わら》う」であった。「敵機を関東の空に、迎え撃つということは、我軍の敗北そのものである。この危険以前において、我機は、途中これを……撃退しなければならない」、もしこれが実戦なら、撃ち漏らされた敵機が投下した爆弾で、帝都は一挙に焼土となり、阿鼻叫喚《あびきょうかん》の修羅場と化して、演習は何の役にもたたないだろうと、批判したのである。悠々の指摘の正しさは、のちに現実のものとなった、東京を含む全国各地の空襲による惨劇が示している。しかし、軍部は黙っておらず、『信毎』に圧力をかけた。悠々は恩ある同社社長小坂順造に累がおよぶことをおそれて、退社を決意した。

名古屋市守山の旧宅にもどった悠々の就職先を、かつての論敵で、名古屋新聞社長の与良《よら》松三郎らも心配したが、筆禍事件の直後のことで困難であった。そこで悠々は翌九年六月、名古屋読書会

❖コラム

を設立し、雑誌『他山の石《たざんのいし》』（最初は『名古屋読書会報告』で、のちに改題）を発行し、自身の主張に基づく言論活動を展開した。悠々六一歳のことであり、こののち六八歳で病没するまで、この雑誌を舞台に、繰り返される発禁処分にも屈しないで、孤独な闘いはつづけられたのである。

悠々は、反帝国主義者ではなかった。しかし、軍部の横暴と、その非合理的な方針・行動を許すことはできなかったのである。

大家族をかかえる悠々の、唯一の収入源となる『他山の石』は、定価五〇銭で、当時の雑誌としてはひじょうに高価であった。しかし、読書会の会員読者を基盤に、月に二回、三〇〇から五〇〇部を発行した。この雑誌を応援し、寄稿した人びとには、軍事評論家の水野広徳《ひろのり》、農業教育者の山崎延吉・清沢洌《きよし》・山浦貫一らがおり、購読者には、尾崎行雄・芦田均《あしだひとし》・小坂順造などの政治家や、徳田秋声・福沢桃助・岩波茂雄・安宅弥吉といった、文化人・財界人もいた。

暗黒の時代に、自己の信念をまげず、巨大な権力に言論の力で、ただ一人たちむかった、真のジャーナリストであった。

桐生悠々

学校では、皇民《こうみん》教育・戦時教育が徹底された。昭和十六年四月からは、小学校が国民学校に改組され、十八年からは、中等学校令の就業年限が四年に短縮された。同十七年七月からは、県内の高等女学校の英語の授業時間が、英米尊崇・個人主義・自由主義の温床になるなどの理由から減らされた。

一九三〇年代半ば以降、重化学工業の中堅技術者養成への要望が強まると、県内でも昭和十一から十四年にかけて、七校の工業学校が新設された。うち名古屋市立航空工業学校は、名古屋の航空産業界の要請によって設立されたものである。また、十四年九月には傷痍《しょうい》軍人対策として、愛知県第一師範学校に、傷痍軍人尋常小学校准教員養成講習科が設けられた。

高等教育では、県内政財界による総合大学設立運動が実を結び、名古屋医科大学（昭和六年設置）を基礎にした、名古屋帝国大学（当初は医学部と理工学部）が、昭和十四年四月に発足した。同十八年四月には、応召による男性医師の不足から、名古屋市立女子高等医学専門学校（定員六〇〇人）が設立された。

昭和十六年十二月に太平洋戦争に突入し、戦闘区域も拡大すると、応召者はさらに膨大な人数にのぼった。本県から召集された人数は敗戦までに四十数万人、戦没者は九万八〇〇〇人にのぼったと推定される。戦局の悪化とともに、本土防衛のための決戦体制がつくられ、同二十年六月の義勇兵役法によって、県民の大多数が、非常時には軍の指揮のもとにはいる戦闘要員となった。空襲にそなえて名古屋市では、同十九年八月から学童疎開《がくどうそかい》がはじまり、国民学校低学年の生徒、約七万八〇〇〇人が疎開した。

学徒動員●

戦争の本格化とともに軍需生産は拡大し、県内には軍工廠《ぐんこうしょう》が新設・拡充され、三菱重工業・愛知時計電機などでは、爆撃機など軍用航空機の生産を飛躍的に高め、全国でもトップクラスになった。昭和十七

（一九四二）年には、中島飛行機も半田《はんだ》市に進出する。同十二年創立のトヨタ自動車工業は、西加茂《にしかも》郡挙母《ころも》町（豊田《とよた》市）で、翌年から生産を開始した。当初は乗用車生産をめざしたが、戦時統制のもと、軍用トラックの生産で発展した。だが、太平洋戦争の開始後は、航空機生産などへの転換を強制され、自動車生産は後退した。その一方で、天津・上海に自動車工場を建設し、中国大陸への進出を行った。

一方、県内の主要産業であった繊維産業では、企業整理令によって強制的な統合が進められた。統合で生じた余剰人員は軍需生産に回され、工場は航空機生産のために譲渡させられるなど、転廃業を強いられて衰退した。このような動きは他の部門でもあり、中京工業地帯は航空機産業を中核とする、国内有数の軍需工業地帯となったのである。

しかし、県内の軍需工場では、急激な生産の拡大と応召者の増加によって、労働者不足が深刻化した。昭和十四年七月の国民徴用令によって、他業種や県外からも多

豊川海軍工廠の女子職員の体育練成

数が動員され、やがて、植民地《しょくみんち》の朝鮮からも徴用が行われた。それでも不足する労働力をおぎなったのは、学徒と同十九年八月の女子挺身勤労令《ていしんきんろうれい》によって集められた、未婚の若い女子であった。

学徒の動員は昭和十八年六月以降、本格化し、軍需工場への動員も可能になった。同十九年三月には、中等学校三年生以上の通年動員が決定され、翌年には、国民学校初等科以外の全生徒を、学徒として生産現場に動員した。文部省は学徒を、危機にあった日本の軍需産業の、「文柱的存在」と位置づけたのである。

軍需産業の本場である愛知県の学徒動員の特徴は、知事吉野信次《しんじ》と東海軍需監理部長岡田資《たすく》の指導で、全国の先頭を切って、しかも、政府を上回る基準で行われたことである。愛知県は、昭和十九年三月の決定を受けると、四月一日を動員の開始期日（他府県は五月から七月にかけて）とし、四月三日には鶴舞《つるま》公園で、県主催の盛大な学徒動員壮行式を行った。

動員先でも、他府県では農村が多かったが、本県では空襲でねらわれやすく、もっとも危険な航空機産業を原則とした。工業学校は二年生の低学年からも動員できることにし、政府の原則では自宅通勤とされていた女子についても、全寮制の動員を認めている。深夜業も可能で、自宅通勤より、はるかに効率がよいからである。低学年の動員や女子の全寮制勤務は、半年後に政府によって全国で実施されることになる。

寮の収容者は、最終的には県内から一二万人以上、ほかに全国二九都府県の二万人以上になった。労働はきつく、寄宿舎は不衛生で、食糧事情も極端に悪化した。遠方からの学徒は帰宅も容易でなく、遺書を書くよう指示された学徒もいた。愛知県は学徒動員のモデル県として、人命軽視の生産体制のもと、一般空襲では全国最多と考えられる八八一人の犠牲者をだした。それに東南海《とうなんかい》地震などの犠牲者を加えると、一〇二〇人もの死亡が確認されている。

空襲と二度の震災●

航空機の大軍需工業地帯である愛知県に対する空襲は、名古屋を中心にして、熾烈《しれつ》をきわめた。昭和十九（一九四四）年十一月から敗戦までに、空襲は一〇〇回を超え、その爆弾投下量は府県別では最多であった。爆撃は三段階で行われた。最初は同十九年十二月から翌年二月にかけての、名古屋の三菱などの軍需工場に対する目標爆撃であり、第二段階は三月から五月にかけての、名古屋の市街地に対する無差別の夜間空襲で、五月十四日には名古屋城も焼け落ち、市街は焦土《しょうど》と化した。第三段階は六月以降の、残った軍需工場と一宮・豊橋・岡崎・半田などの中小都市に対する目標爆撃であった。

制空権をまったく失った状況で、人びとは無防備のまま米軍の攻撃にさらされた。六月九日の愛知時計電機・愛知航空機への空襲と、八月七日の海軍最大の兵器工場である豊川《とよかわ》海軍工廠への空襲では、前者が二〇〇〇人以上、後者では二五〇〇人以上の死者をだし、県内最大の被害になった。後者の場合、空襲警報が発令中にもかかわらず、増産のために作業を継続させていたことが、多大な犠牲をだした理由であった。しかし、軍の機密方針により、犠牲者の遺体は親族にも引き渡されず埋葬された。

愛知県の空襲の犠牲者は一万三〇五一人が判明しており、名古屋の人的・物的被害は、広島・長崎を別として、東京・大阪につぐものであった。

昭和十九年十二月七日午後一時三十六分、三重県の尾鷲《おわせ》沖を震源地とする、震度五、マグニチュード八・〇の大地震が人びとをおそった。県内の被害は、死者三六八人（約半数が半田市）、全壊建物一万五八一〇棟であった。名古屋市では都市の機能が麻痺し、臨海部の工場も大打撃を受けた。このとき、中島飛行機と三菱航空機の工場で被害が大きかったのは、工場が紡績工場から転用されたとき、隔壁や屋根の支柱を取りのぞいたため、建物が瞬時に倒壊し、多数が下敷きになって亡くなったからである。人災の側面を強くもつものであった。

震災の復旧も進まない、翌年一月十三日午前三時三十八分ごろ、今度は三河の日間賀島《ひまか》付近を震源とする震度四、マグニチュード七・一の三河地震が、人びとに追打ちをかけた。被害は幡豆郡・碧海郡に集中し、死者二〇〇六人、建物の全壊一万六六五三一棟であった。

しかし、二度の地震による大きな被害は、きびしい報道管制によって、ほとんど知られることはなかった。学徒動員中に、東南海地震で一三人の犠牲者をだした京都三中の教員や生徒も、学校や家族に被害を知らせることを禁じられた。県の軍責任者は「震災被害は実に軽微だった」との見解を示し、新聞は「決戦に震災が何だ。必死に増産に当れ」と声をあわせた。戦争の継続だけが目標とされるもとで、痛ましい犠牲者はふえ続けていった。

昭和二十年八月十五日、県内各地が廃墟《はいきょ》と化すなかで、遅すぎた敗戦の日が訪れた。

3　復興から明日へ

戦後改革と県民の運動●

県民は戦争の終結に安堵したが、深刻な食糧難・住宅不足・インフレなどに見舞われることになる。連合国軍は、昭和二十（一九四五）年の九月から十月にかけて本県へ進駐し、非軍事化と民主化を基本方針に、強力な指導を行った。地方の政治は、日本国憲法第八章と、地方自治法によって行われることになり、それまでの国家の下部機関的なものから、地方分権と民主主義を基本とするものになった。同二十二年四月、首長《しゅちょう》と地方議会議員の直接選挙が実施された。はじめての知事選挙の投票率は、七六・〇%であった。

四月には衆参両議院の議員の選挙も行われた。これらの選挙で、女性は長いあいだ求めてきた選挙権を、はじめて行使した。衆議院議員選挙には、越原春子《こしはらはるこ》（新生公民党）と田島ひで（日本共産党、婦選運動など戦前以来の婦人運動家）の二人の女性が立候補した。両候補とも善戦して、越原が当選し、同月中に行われた県・市議会議員選挙では、名古屋市と碧南市で各一人の女性市議が誕生した。田島は昭和二十四年の総選挙では、トップ当選をはたしている。

労働運動も、治安維持法などの弾圧諸法の撤廃と、昭和二十年十二月の労働組合法の公布によって、急速に組織化が進み、もりあがった。中心的な要求は、当時の状況を反映して、大幅賃上げ、食糧など生活必需物資の公正な配給などで、ス

終戦直後の名古屋市中心部

トライキや生産管理闘争でたたかわれた。生産管理闘争は、生産復興への社会的要請が強いなか、労組の管理で生産を行う、この時期独自の闘争形態である。県内では名古屋造船従業員組合が、二十一年八月、この戦術でたたかい、全面的に要求を実現した。二十一年の一年間に、県内でおこった争議の参加者は一〇万人を超えていた。

昭和二十一年一月には、名古屋市の女性教員一三〇〇人が集まって、名古屋市女教員組合結成準備会大会を開いた。三月には、名古屋鉄道局・大同毛織・中部配電など一四経営の女性労働者三〇余人が、愛知県労働婦人代表者会議を開き、女性の労働権・生活権・休息権の確立について話しあうなど、女性労働者の団結も進んだ。

これらの運動には戦前の経験者もいたが、新しく加わったものもいた。県民は長い空白をのりこえて、生活の防衛や権利の確立のために立ち上がったのである。同年五月一日には鶴舞公園で、戦後初のメーデーが四万人の参加で行われた。昭和十年以来の復活で、総同盟愛知県連合会傘下の各組合や社会党・共産党など、多くの団体をはじめ、一般市民も集まった。

県民の食糧確保の運動も発展し、昭和二十一年四月、労働・農民・消費各組合と農業・水産・文化・婦人各団体による、愛知県食糧民主協議会準備会が開かれた。五月には県庁前で、飯米獲得人民大会が、組織労働者から学童まで、三万人余を集めて開かれた。大会は、「欠配米の即時支給」「食糧の人民管理」などを決議し、知事らに決議文を手渡した。

労働運動は空前のもりあがりをみせたが、昭和二十二年二月のゼネスト中止以降、ＧＨＱが労働運動の沈静化と労使協調へと方針を転換したことから、後退していった。

学校教育でも、軍国主義・超国家主義の教育が排除され、教育行政の地方分権と民主化を目標に、公選制教育委員会の設置、教育の機会均等、男女共学などを基本にした改革が行われた。県と名古屋市・一宮市・半田市では、昭和二十三（一九四八）年十月に教育委員の選挙が行われた。県教委の投票率は六一・四％で、県議一人を含む、七人が選ばれた。名古屋市教委には婦人団体の女性一人が当選した。

昭和二十年九月には、各学校で授業が再開されたが、被災した校舎の再建が緊急の課題になった。国庫からの支給は少なく、市町村では住民の寄付をあおいだ。実際にはなかば強制的に行われたが、同二十二年当時、一宮市や安城町などでは一〇〇〇万円の目標額にも異論はでなかった。人びとは、教育に将来を託したのである。

昭和二十二年四月、義務教育の延長となる新制中学が出発した。就学率が心配されたが、本県では、第一学年の就学率は初年度の十二月に八六・三％であった。新制高校の発足は、一年後であったが、直後に軍政部の指示によって統廃合が行われて四八校になり、総合制・小学区制・男女共学の、いわゆる高校三原則による教育が行われた。新制高校は、その後改変・拡充が重ねられ、同二十八年には一〇七校になり、生徒数は男子が約五万七三〇〇人、女子が約三万七一〇〇人になり、合計では新制高校出発時の約二倍に達した。新制大学の発足は二十四年四月で、県内の学生数は約一万人であったが、二十八年には短期大学生もあわせると、約二万人にふえている。

中学・高校・大学で、男女共学が開始されたことは、女子にとって良妻賢母主義教育からの解放を意味し、本格的な勉学への道を開くものであった。とりわけ、戦前には原則的に進学できなかった大学にも、女子が入学できるようになったことは、はかりしれない意味をもっていた。

農地改革は昭和二十二年三月に着手され、同二十五年七月末までに三万五八〇〇町の農地が買収され、三万七三〇〇余町が小作農に売り渡された。この結果、十六年に四三・四％を占めていた小作地面積は、二十五年八月には一三・五％になった。同時に低額金納小作料も規定されたので、高額物納小作料を基盤とした、戦前の寄生地主《きせいじぬし》制は終わりを迎えた。

復興から高度成長●

戦災で失われた家屋は、県内総戸数の約三分の一におよび、住宅の復興も緊要の課題であった。各市町村で復興計画が立てられ、名古屋市では、二〇〇万都市を想定した市再建の構想を練り、東西・南北二本の一〇〇メートル道路をもつ、市街路計画もつくられた。だが、資材難やインフレなどのために容易には進まなかった。

産業では、原料が自給できる窯業の復活がはやかったが、繊維や自動車工業は苦境にあった。それに再生への活力をあたえたのが、昭和二十五（一九五〇）年六月に勃発した朝鮮戦争の特需《とくじゅ》であった。最初に活気づいたのが、トヨタ自動車、日本車輛などの自動車業界であった。関連産業の製鋼業界も大幅な生産増になり、兵器特需で兵器産業も復活した。やや遅れて受注した繊維業界も大増産になり、「ガチャ万」（ガチャンと織れば万ともうかる）といわれた。

特需を契機に、鉱工業生産は戦前水準を回復し、日本経済は復興段階をおえたが、愛知県も同様であった。

昭和三十年には、高度成長がはじまった。愛知県では機械・金属・化学の重化学工業が発展し、なかでも自動車の機械工業が中心であった。繊維工業は国際競争力を低下させて停滞し、県内産業における比重を低下させた。愛知県は戦前以来の「繊維王国」から、トヨタ自動車を中核にした「自動車王国」へと転化した。トヨタ自動車の躍進によって、中京工業地帯は国内の他の工業地帯をしのぐ発展をとげていった。

昭和三十三年九月には、中京工業地帯に欠けていた銑鋼一貫生産を行う、東海製鉄が設立された。同社は中部財界と愛知県の熱心な誘致運動によって、名古屋南部地区に設立された。県は広大な用地の造成と提供（無償または廉価による）、諸税の免除、漁業補償の解決にあたることなど、多大な優遇措置を約束していた。やがて、本格的な鉄鋼生産が開始されると、名古屋南部に企業の進出があいつぎ、臨海工業地域が形成された。その後、昭和三十六年からは衣浦《きぬうら》湾臨海工業地域が、また、同三十九年からは東三河臨海工業地域の造成もはじまった。内陸部にも豊田市から刈谷市にかけて自動車工業地域が形成された。

人びとが高度成長にわきはじめた、昭和三十四年九月二十六日、伊勢《いせ》湾台風（台風一五号）が襲来した。台風と満潮が重なり、記録的な高潮（伊勢湾奥で三・九メートル）が発生したことから、まれにみる大災害となった。堤防が決壊して、海水が瞬時に広範囲に流れこみ、名古屋港の貯木場からは、巨大なラワン材が多数流出して、住宅地をおそった。海岸付近などにはゼロ・メートル地帯が多く、湛水が長期化したことも、被害を大きくした。

県内の死者・行方不明者は三二六〇人、住家の全半壊と流出は一二万三五〇〇戸を超え、床上浸水は五万三五〇〇戸以上であった。十月には臨時国会が召集され、補正予算で、高潮対策事業を中心にした、災害復旧事業が実施されていった。県では、これを機に防災計画の策定が行われた。台風は巨大な被害をもたらしたが、県の経済は急速に立ち直り、成長を続けていった。

明日にむかって●

空前の経済成長によって、人びとの暮らしは大きく変化した。各家庭にはテレビ・洗濯機・冷蔵庫・クーラーなどの家庭用電化製品が急速に普及し、昭和四十五（一九七〇）年の自動車の人口当りの普及率は、愛知県が全国一になった。人びとは大量生産・大量消費の時代を謳歌した。

しかし、経済が急成長をとげた愛知県では、名古屋市や豊田市などへの人口の集中がおこり、名古屋市周辺部の春日井市・知立《ちりゅう》市・岩倉市・愛知郡・西春日井郡などでは、ベッド・タウン化が進行した。反対に、北設楽《きたしたら》郡・南設楽郡・東加茂郡・西加茂郡などの三河山間部では人口の流出がはなはだしく、昭和三十年から同四十五年のあいだに、三〇％近くも人口が減少した。若年層の流出によって過疎化した地域では、農林業の担い手が減り、高齢化によって活気が失われていった。

やがて人びとは、高度経済成長がうみだした、さらに深刻な事態に直面する。工場廃液や自動車の排気ガスなどによる水や空気の汚染、騒音などの公害問題である。大気汚染がとくに深刻であった名古屋市南部地区では、気管支ぜんそくなどの公害

過疎の学校北設楽郡田峯小学校分校（昭和35年）

病患者が増加し、公害病患者の会や公害をなくす会が結成されて、公害反対運動がはじまった。

愛知県・名古屋市などが、本格的な取組みを開始するのは、一九七〇年代にはいってからであった。昭和四十八年には二〇〇〇人以上が国や市の公害病患者の認定を受けて、医療費の支給を受けた。その人数は全国で四位であった。県や名古屋市・東海市《とうかい》は、公害発生源となる企業と、規制を強化する公害防止協定を結んでいった。

昭和四十九年におこされた、新幹線の騒音・振動公害差止め・慰謝料請求の裁判闘争は一五年におよび、最高裁までもちこまれたが、最後は国鉄が軽減対策を行い、賠償金を支払うことで、和解が成立した。国に騒音環境基準を確定させ、企業責任を明確にした、画期的な出来事であった。

高度成長の終焉、バブル経済の崩壊など、時代は大きく変化し、少子高齢化、学校の荒廃など、これまでになかったような問題もおこっている。この間、講和反対運動、安保闘争、県や名古屋市の政治革新運動など、さまざまな政治運動や市民運動、学生運動が展開され、平和、独立、民主主義、福祉の向上、女

11 月の初ノリ収穫後，網を天日に干す若い漁業後継者

性差別撤廃などがめざされてきた。

最近では、平成十一（一九九九）年一月、環境保護を求める市民運動が、名古屋市が決定した、渡り鳥の国内有数の飛来地である藤前干潟の、ゴミ処分場化計画を撤回させたことが注目された。また、平成十七年に開催される愛知万博は、同十二年十二月に最終決定されたが、当初瀬戸市に広がる海上《かいしょ》の森五四〇ヘクタールを主会場にし、閉会後は大規模な住宅地開発事業が計画されていた。しかし、自然保護と県財政のいっそうの悪化を懸念する人びとの反対運動によって、市民参加で計画が練り直され、結局、宅地造成事業は撤回、海上の森の利用は一五ヘクタール、主会場を愛知青少年公園とする案が合意・決定されていった。市民運動は、国内だけでなく、世界の自然保護団体などとも結んで展開され、成果をあげたのであった。

二十一世紀には、県民一人ひとりが主権者としての自覚をさらに高め、これまでの歩みをふまえながら、国内外の人びとと力をあわせて、時代を切り開いていくことが求められている。

あとがき

いま、自治体史の編纂が盛んに行われている。全六〇巻を予定している『愛知県史』をはじめ、継続中のものも含めれば、多くの市町村で刊行が出揃った感があり、戦前に出版されたものの復刊も行われている。通史として出色のものと評価されている塚本学・新井喜久夫両氏が著した『愛知県の歴史』（県史シリーズ23）が世に出たのは一九七〇（昭和四十五）年であった。これらの成果をもとに、各地で自主的な研究活動も活発である。

われわれが新しい県史シリーズを引き受けるにあたって、先行研究の厚さに戸惑うこともあったが、各自がすすめてきた地域研究を全体の社会構造のなかで捉えなおし、最近の成果をふまえて平易な形で叙述するようにつとめた。

執筆分担は次の通りである。三鬼清一郎（風土と人間）、梅村喬（第一・二章）、渡邊正男（第三章）、加藤益幹（第四章）、桐原千文（第五章第一・二節、第六章第一節）、西田真樹（第五章第一・二節、第六章第一〜三節、第七章第一・三節）、岸野俊彦（第五章第三節、第六章第四節、第七章第二節）、津田多賀子（第八・九章）。また付録の年表・参考文献および沿革表の作成は全員が担当した。

なお、祭礼・行事については民俗学研究者の鬼頭秀明氏にお願いし、沿革表・年表については小林賢治氏の協力を得た。このほか、多くの方々や機関などのお世話になり、また研究成果に学ばせていただいた。記して感謝の意を表したい。

歴史の叙述は未来にむけてなされなければならない。その意味から、近・現代の部分に多くのスペースが割かれるべきであろうが、すでに本書の姉妹編ともいうべき塩澤君夫・斎藤勇・近藤哲生氏による『愛知県の百年』（一九九三〈平成五〉年）があるので、重複を避ける意味から最少限にとどめている。それぞれがあたえられた紙面に多くの内容を盛り込もうとしているが、どの程度それが達成されているかについては、読者のみなさまのご判断を仰がなければならない。とりわけ、学校教育の現場での検証をうけ、新たな研究・教育のうえでの問題が提示されることをわれわれ一同は願っている。

編者である私の不手際もあって、刊行の予定が大幅に遅れてしまった。山川出版社編集部にご迷惑をかけたことをおわびするとともに、いろいろご配慮いただいたことに感謝申し上げる次第である。ともあれ、新しい世紀のはじめに刊行される本書が、愛知県民をはじめとする多くの方々に読まれ、ご意見・ご批判をいただければ幸いに思っている。

二〇〇〇年十二月

三鬼清一郎

恵那山
中津川市
阿智村
飯田市
長野県
下條村
泰阜村
岐阜県
平谷村
阿南町
恵那市
三国山
1162
売木村
根羽村
茶臼山
1415
天龍村
飯田線
碁盤石山
1189
段戸山
1152
豊根村
北設楽郡
東栄町
設楽町
豊田市
愛知県
豊川
鳳来寺山
684
新城市
静岡県
本宮山
780
天竜区
浜松いなさJct
三ヶ日Jct
東名高速道路
森町
豊川市
天竜浜名湖鉄道
とよかわ
北区
浜北区
掛川市
天竜川
袋井市
とよはし
豊橋市
浜名湖
浜松市
中区
東区
西区
湖西市
はままつ
磐田市
豊橋鉄道渥美線
南区
遠州大砂丘
たはら
みかわ
遠州灘
1:550,000
0 5 10km
N

三鬼清一郎　みきせいいちろう
1935年，東京都に生まれる
1966年，東京大学大学院人文科学研究科博士課程満期退学
現在　名古屋大学名誉教授
主要著書・論文　『鉄砲とその時代』(教育社，1981年，吉川弘文館から再刊，2012年)，『織豊期の国家と秩序』，『織豊政権の法と朝鮮出兵』(ともに青史出版，2012年)

愛知県《あいちけん》の歴史《れきし》　　県史　23

2001年１月20日　第１版１刷発行　　2015年12月20日　第２版２刷発行

編　者　三鬼清一郎《みきせいいちろう》
発行者　野澤伸平
発行所　株式会社　山川出版社　　〒101-0047　東京都千代田区内神田１-13-13
電話　03(3293)8131(営業)　03(3293)8135(編集)
http://www.yamakawa.co.jp/　　振替　00120-9-43993
印刷所　図書印刷株式会社　　製本所　株式会社ブロケード
装　幀　菊地信義

ISBN978-4-634-32231-8

梅村　　喬　うめむらたかし

1945年，愛知県に生まれる
1974年，名古屋大学大学院文学研究科博士課程満期退学
現在　大阪大学名誉教授
主要著書　『古代王権と交流　伊勢湾と古代の東海』(編著，名著出版，1996年)，『愛知県史』資料編6・古代1，同7・古代2（共編，愛知県，1999，2009年）

渡邉　正男　わたなべまさお

1964年，愛知県に生まれる
1990年，名古屋大学大学院文学研究科博士後期課程退学
現在　東京大学史料編纂所准教授

加藤　益幹　かとうますみき

1951年，愛知県に生まれる
1981年，名古屋大学大学院文学研究科博士後期課程満期退学
現在　椙山女学園大学国際コミュニケーション学部教授
主要著書・論文　『新修名古屋市史　第2巻』(共著，名古屋市，1998年)，「織田信雄の尾張・伊勢支配」（有光友学編『戦国期権力と地域社会』吉川弘文館，1986年）

桐原　千文　きりはらちふみ

1955年，宮城県に生まれる
1978年，愛知大学文学部史学科（日本史専攻）卒業
現在　蓬左文庫文庫長
主要著書・論文　『規制緩和に挑んだ名君―徳川宗春の生涯―』（共著，小学館，1996年），「美濃国における尾張藩の役割についての一考察―交代寄合高木家領内の山論を中心に―」（『信濃』467号，1988年）

西田　真樹　にしだまさき

1945年，静岡県に生まれる
1971年，名古屋大学大学院文学研究科修士課程修了
前宇都宮大学・桜花学園大学教授
主要著書・論文　『講座・日本技術の社会史』（共著，日本評論社，1984年），「三河・田原藩政に映じた尾張および尾張藩」（『桜花学園大学研究紀要』2，2000年）

岸野　俊彦　きしのとしひこ

1946年，岐阜県に生まれる
1977年，名古屋大学大学院文学研究科博士課程満期退学
現在　名古屋芸術大学教授・博士（歴史学）
主要著書　『幕藩制社会における国学』（校倉書房，1998年），『「膝栗毛」文芸と尾張藩社会』（編著，清文堂出版，1999年）

津田多賀子　つだたかこ

1952年，愛知県に生まれる
1986年，名古屋大学大学院文学研究科博士課程後期課程修了
前愛知東邦大学非常勤講師
主要著書・論文　「日清条約改正の断念と日清戦争」（『歴史学研究』第652号，1993年），『岐阜県女性史』（共著，岐阜県，2000年），『新編 安城市史3通史編近代』（共著，安城市，2008年）

付　　録

■ 索　　引

● あ　行

● か　行

● さ　行

● た　行

● な　行

● は　行

● ま　行

● や　行

● ら・わ行

■ 年　　表

年　代	時　代	事　　項
約５万年前	旧石器時代	牛川人あらわれる。三河に加生沢・五本松・萩平，尾張に入鹿池・上品野の各遺跡。
前8000年	縄文時代草創期	県内で縄文最古の遺跡，矢作川流域の酒呑ジュリンナ遺跡。
前6000年	早期	尾張平野に縄文人進出。知多半島に先苅遺跡。
前5000年	前期	大曲輪貝塚など。
前3000年	中期	松河戸遺跡など。
前1000年	後期	今朝平遺跡，八王子貝塚など。
前500年	晩期	真宮遺跡，吉胡貝塚，馬見塚遺跡など。
	弥生時代前期	愛知県に稲作農業が伝来。水神平遺跡，西志賀遺跡など。
	中期	土器文化が繁栄する。朝日遺跡，瓜郷遺跡など。
	後期	宮廷式土器広がり，環濠集落あらわれる。見晴台遺跡など。
	古墳時代前期	３世紀ころ，尾張平野に古墳文化がはじまる。奥津社古墳，東之宮古墳。
	中期	庄内川流域や知多半島北部に古墳築造される。青塚古墳，八幡山古墳。
	後期	断夫山古墳，味美二子山古墳，船山古墳など大型墳が出現。

西暦	年　号	事　　項
6Ｃ初		このころ，北陸の豪族，継体が尾張連の娘目子媛をめとったという。
538	(宣化３)	この年，ヤマト，屯倉を尾張に設けるという。
646	大化　2	この年，大化改新で近江以東を畿外としたという。
7Ｃ半		このころ，尾張にはじめての仏寺，長福寺廃寺。
		このころ，群集墳が広がり，尾張に浅井古墳群，三河に炭焼古墳群など。
672	(天武１)	この年，壬申の乱で，尾張国司２万の兵を率いて大海人側につく。
7Ｃ末		このころ，豪族の手で尾張に元興寺，三河に北野廃寺などできる。
702	大宝　2	この年，持統上皇が三河に行幸する。
714	和銅　7	この年，尾張の民を出羽に移配する。
730	天平　2	この年，尾張国正税帳が残る(734年も)。
8Ｃ前		このころ，尾張国分寺，しばらくのちに三河国分寺ができる。
8Ｃ		このころ，三河の海人が贄を都に盛んに貢納。
8Ｃ末		このころ，尾張・三河で飢饉広がる。
775	宝亀　6	この年，台風で尾張の川などが氾濫。
779	10	この年，伊勢神宮の本殿焼失により，尾張・三河に再建指示。
791	延暦　10	この年，尾張などの民が漢神をまつり牛を殺すという。
866	貞観　8	この年，尾張広野川(古木曾川)で美濃の郡司らと対立，工事が中止される。
884	元慶　8	この年，尾張国分寺焼ける。
903	延喜　3	この年，宝飫郡を分割，設楽郡をおく。

940	天慶　3	この年，将門の乱により，尾張・三河から援兵。
966	康保　3	この年，熱田神宮，正一位をさずかる。
988	永延　2	この年，国司藤原元命が郡司・百姓らに告発される。このころ，全国に百姓愁訴の動き。
10C		このころ，猿投山西南麓で窯が盛んに造成され製品を全国に出荷。
1004	寛弘　1	この年，尾張国守に大江匡衡が赴任し，熱田社に納経。
1106	嘉承　1	この年，東寺領大成荘に美濃住人ら乱入。
1114	永久　2	この年，尾張・三河・遠江などに海賊・強盗横行，「合戦，毎日のこと」。
1125	天治　2	この年，常滑の壺，京都今宮神社境内の経塚に埋められる。
1140	保延　6	この年，「三河守藤原朝臣顕長」銘の壺を渥美で焼く。
1143	康治　2	この年，皇室の安楽寿院領の一部が尾張にも所在。
1144	天養　1	この年，尾張国散在の美福門院領の替地として，春日部郡篠木郷を荘として立券する。
1155	久寿　2	このころまでに，熱田大宮司職が尾張氏から藤原氏にうつる。
1160	永暦　1	源義朝，内海で殺害される。
1167	仁安　2	大中臣安長，中島郡七寺で写経進める。
1174	承安　4	この年，三重県伊勢市から出土した瓦経や経筒が渥美で焼かれる。
1180	治承　4	尾張・三河の源氏蜂起する。
1181	養和　1	***3***-*10*　源行家，尾張・三河の兵を率い，墨俣で平氏とたたかい，やぶれる。
1184	元暦　1	***4***-*6*　源頼朝，平家没官領尾張国稲木荘を平頼盛に安堵する。
1185	文治　1	***2***-*19*　源頼朝，平家没官領三河国竹谷・蒲形両荘を熊野山領として行快に安堵する。***11***-*29*　守護・地頭設置を勅許する。
1199	正治　1	***3***-*23*　源頼家，尾張・三河・遠江の伊勢神宮領６カ所の地頭などを廃止。***10***-*24*　三河守護安達蓮西の代官善耀が大神宮領６カ所を押妨したと訴えられる。
1221	承久　3	***6***-　承久の乱。尾張川をはさんで京方と鎌倉方合戦，京方やぶれる。尾張の武士の多くは京方に参加。
1223	貞応　2	***4***-*7*『海道記』の筆者，萱津宿に泊まる。
1229	寛喜　1	***2***-*20*　尾張国真清田荘の領家職が久我家に伝領される。
1256	康元　1	***10***-*13*　真仏・顕智ら，矢作薬師寺で念仏勧進を行う。三河の専修念仏の起源という。
1263	弘長　3	この年，無住，尾張国長母寺に入寺。
1283	弘安　6	***7***-*16*　幕府，円覚寺に尾張国富田荘・富吉加納の地頭職を寄進する。この年，一遍，遊行の途上，甚目寺で行法を修する。
1331	元弘　1	***8***-　元弘の乱。足助重範，笠置山で後醍醐方として奮戦。
1335	建武　2	***7***-　中先代の乱。足利直義，北条時行にやぶれ，三河にしりぞく。８月７日，足利尊氏これと合流。***11***-*25*　新田義貞，矢作川岸に高師泰の軍を破る。
1336	3 （延元１）	***4***～***6***-　仁木義高ら，吉良貞経に属して，三河国吉良荘・八幡・本野原に新田勢とたたかい，これを遠江に追う。
1338	暦応　1 （　3）	***1***-*21*　西上する北畠顕家の軍，尾張国下津・黒田で足利軍と合戦。***9***-*11*　東国にむかう義良親王，台風のため尾張国篠島へ漂着。

1345	貞和　1 (興国6)	*2-6* 光厳上皇，幕府の奏請によって，国ごとに建立する寺・塔の通号を安国寺・利生塔とする。三河では額田郡坂崎村安国寺・加茂郡長興寺利生塔。尾張では不明。
1349	5 (正平4)	*8-12* 足利直義，高師直と争う。直義の党に吉良満義・同満貞・荒川詮頼ら，師直の党に吉良貞経・仁木義長・中条秀長・設楽助定・富永孫四郎らがあり，三河の諸士両陣営に分かれる。
1350	観応　1 (　5)	*7-* 土岐周済，尾張・美濃の兵を率いて蜂起する。*12-10* 額田郡で粟生為広ら国人21人，直義方に応じて一揆挙兵。
1352	文和　1 (　7)	*3-26* 熱田大宮司昌能，足利義詮方の尾張守護土岐頼康を丹羽郡大山寺に破る。*7-24* 足利義詮，尾張・近江・美濃3カ国の本所領当年一作半分を兵粮料とする(半済)。
1353	2 (　8)	この年以前，京都醍醐寺三宝院，尾張国衙領を領す。
1355	4 (　10)	*8-23* 明阿，高師直・師泰の冥福のため，額田郡菅生郷を総持寺に寄進する。
1360	延文　5 (　15)	*7-18* 細川清氏ら，三河守護仁木義長と争い，義長京都から出奔。*8-4* 畠山道誓，東下する。三河守護代西郷弾正左衛門尉ら，矢作に出兵してこれをおさえる。
1363	貞治　2 (　18)	*1-15* 三州竹島合戦。吉良満貞の配下天野左京亮ら参戦する。
1364	3 (　19)	*6-19* 足利義詮，妙興寺を諸山に列す。
1380	康暦　2 (天授6)	*4-21* 和田道弘，碧海郡大浜道場(称名寺)に西浜地子を寄進する。
1400	応永　7	この年，斯波義重，尾張守護となる。
1421	28	*10-11* 和田政平，大浜道場に敷地のほか，船問料・材木船公事などを寄進する。
1431	永享　3	*7-* 尾張国山田荘の荘民，逃散を企てる。
1451	宝徳　3	この年ごろ，尾張守護代織田敏広，父郷広と守護代職を争う。
1460	寛正　1	*9-28* 京都相国寺，一色義遠被官が尾張国内海荘の船税を抑留するのを停止するよう幕府に訴える。
1465	6	*4-* 額田郡浪人丸山・大庭ら蜂起。松平信光・戸田宗光，これを討伐。
1475	文明　7	*11-18* 斯波義廉，尾張へ下向。
1477	9	*9-24* 三河守護代東条氏，京都から没落。
1478	10	*12-* 清須城の織田敏定を織田敏広・斎藤妙椿が包囲攻撃。
1479	11	*1-19* 両織田氏和睦。尾張分割支配はじまる。
1501	文亀　1	*8-* 松平親忠没す。松平一族大樹寺で連判する。
1506	永正　3	この年より，松平一族，三河に侵入した今川氏親とたたかう。
1510	7	この年，三河木綿，奈良市場にあらわれる。
1517	14	*8-19* 斯波義達，遠江で今川氏に降伏し，尾張に送還される。
1524	大永　4	この年，松平清康，安城より岡崎に本拠を移す。
1530	享禄　3	この年，松平清康，宇利城を攻め，東三河をほぼ手中におさめる。
1534	天文　3	*5-* 織田信長，勝幡にうまれる。
1535	4	*12-15* 松平清康，尾張守山に出陣中，近臣に殺される。

1537	天文	6	***2-6*** 豊臣秀吉，愛知郡中村にうまれる。
1540		9	***6-6*** 織田信秀，三河安城城を攻略。
1542		11	***8-10*** 織田信秀，今川義元と三河小豆坂にたたかう。***12-26*** 徳川家康(竹千代)，岡崎にうまれる。
1544		13	***9-*** 織田信秀，美濃稲葉山城に斎藤道三を攻め，敗退する。
1549		18	***11-9*** 今川の将，太原雪斎，織田信広を安城城に攻め，これをとらえ，松平竹千代と交換する。
1552		21	***3-*** 織田信秀没す。
1555	弘治	1	***4-20*** 織田信長，清須城にはいる。
1557		3	***12-*** 今川義元，三河山中郷の検地を行う。
1560	永禄	3	***5-19*** 桶狭間の戦い。織田信長，今川義元を倒す。
1563		6	***11-*** 三河一向一揆おこる。
1567		10	***8-15*** 織田信長，美濃稲葉山城をおとし，本拠を岐阜に移す。
1568		11	***9-26*** 織田信長，将軍足利義昭を奉じて入京。
1570	元亀	1	***6-*** 徳川家康，遠江浜松へ移る。***11-21*** 長島一向一揆，織田信興を小木江城に攻めて，これを自殺させる。
1572		3	***12-22*** 三方ケ原の戦い。徳川家康，武田信玄にやぶれる。
1573	天正	1	***7-21*** 織田信長，将軍足利義昭を追放する。
1574		2	***9-29*** 長島一向一揆平定。
1575		3	***5-21*** 長篠の戦い。織田・徳川連合軍，武田勝頼の軍を破る。
1582		10	***6-2*** 本能寺の変。織田信長，明智光秀に殺される。***6-27*** 織田氏の諸将，清須城に会して，信長の継嗣・遺領処分を決める。
1583		11	***8-*** 織田信雄，尾張に総検地を実施。
1584		12	***3-6〜11-15*** 小牧・長久手の戦い。
1586		14	***7-*** 織田信雄，尾張に再検地を実施。
1589		17	この年，徳川家康，五カ国総検地を実施。***7-7*** 七カ条定書を郷村に交付しはじめ，三河にも総検地を実施。
1590		18	***7-13*** 小田原開城後，豊臣秀吉，織田信雄を家康の旧領三河など5カ国に移封。信雄は尾張にとどまることをのぞみ，追放される。ついで豊臣秀次を尾張に封じる。***8-1*** 徳川家康，関東へ移され江戸入城。ついで，田中吉政が岡崎城主，池田輝政が吉田城主に封じられる。***9-*** 三河で太閤検地実施される。
1592	文禄	1	***2〜4-*** 豊臣秀次，尾張に太閤検地実施。
1593		2	***12-*** 豊臣秀吉，尾張に奉行を派遣して，田畠荒地の実態調査を行う。
1594		3	***1-*** 豊臣秀次，秀吉の監察下に尾張の復興対策として，築堤工事などを実施しはじめる。
1595		4	***7-15*** 豊臣秀次，高野山に追放されて切腹。ついで，福島正則が清須城主に封じられる。
1600	慶長	5	***6-*** 尾張以東の豊臣大名，徳川家康の会津攻めに従軍する。***9-15*** 関ヶ原の戦い。尾張・三河の豊臣大名，加増をうけ西国に転出する。
1601		6	***1-*** 徳川家康，東海道に伝馬制度を設ける。***10-15*** 松平忠吉，清須城主となり尾張一国を支配する。この年，木曽川御囲堤完成。
1604		9	***2-*** 東海道に松並木を植える(御油松並木〈天然記念物〉「名松百選」の一つ)。この年，三河各村に幕府検地を実施する。

1605	慶長	10	***7-22*** 矢作新川を開く工事はじまる。従来の本流は「矢作古川」と称される。
1607		12	閏***4-26*** 松平忠吉の死に伴い，徳川義直，甲府から清須に転封し，「御三家」尾張徳川家が成立。***8-15*** 矢作川大洪水。
1608		13	***7-20*** 伊奈忠次，尾張の検地(「備前検」)をはじめる(***10-20*** 完了)。***8-25*** 義直に尾張一国領知の判物があたえられる。
1609		14	この年，伊奈忠次，葉栗郡大野に杁を計画。
1610		15	***1-9*** 名古屋城の普請はじまる(同年９月中に完成)。
1611		16	この年以前，尾張藩，国奉行をおく。
1612		17	この年ごろ，岡崎・名古屋間に平針街道開設。平針，伝馬宿となり人足25人，馬25匹を常備。
1615	元和	1	***8-10*** 徳川義直，木曽山を加封される。
1616		2	***7-*** 徳川義直，はじめて名古屋に入府。
1617		3	この年，成瀬正成，犬山城主となる。
1619		5	***5-16*** 美濃国の内５万石が尾張藩に編入される。***9-16*** 名古屋城内に東照宮が完成。
1622		8	***6-*** 大久保忠教，『三河物語』をあらわす。
1625	寛永	2	***12-*** 尾張領内農民の他国居住が禁止される。
1628		5	この年，葉栗郡大野杁を上流の宮田へ移す。
1631		8	この年，尾張藩で切支丹詮議。57人が検挙され，うち４人が火あぶり刑に処せられる。
1632		9	この年，「入鹿六人衆」江崎善左衛門らの出願による入鹿池築造工事はじまる(翌年２月完成)。
1633		10	***8-15*** 尾張藩，軍役を改訂する。
1636		13	この年ごろ，「三河国郷帳」つくられる。三河の石高35万石余。
1640		17	***1-27*** 尾張藩，「農民取締条目」をだす。
1641		18	***12-13*** 尾張藩，「諸士法度二十七カ条」を決める。
1642		19	***5-27*** 尾張藩，欠落取締令をだす。
1643		20	この年，幕府代官鳥山牛之助，三河段戸山を検地，郡境を決める。
1645	正保	2	***2-11*** 尾張藩，領内の石高を過去10年の平均年貢が４割になるように改める(四つならし)。
1646		3	***9-15*** 滝山東照宮正遷宮。
1649	慶安	2	この年，岡崎藩領内検地実施。熱田新田完成。
1650		3	この年，木曽川左岸丹羽郡木津村に杁を設置し，木津用水完成(「古木津用水」)。
1651		4	***7-9*** 刈谷藩主松平定政，旗本救済を幕府に訴えていれられず，所領を返還，改易。この年，鳳来山東照宮竣工。
1652	承応	1	この年，尾張藩家老竹腰正信は知行地のなかに新田を開発。
1661	寛文	1	***5-*** 尾張藩，吉利支丹奉行創設。海保弥兵衛就任。幕府吉利支丹奉行北条安房守より伝授。
1663		3	この年，尾張の茶屋中島家，茶屋新田を開発。吉田宿本陣清須屋が清須新田を開発。
1664		4	この年，古木津用水を丹羽郡小口村で分流し，新木津用水完成。吉田友次，『阿波手集』刊行。尾張藩，隠れ吉利支丹200余人を斬首。

1665	寛文	5	*1-30* 尾張藩，寺社奉行をおく。横井十郎左衛門・山内治大夫就任。この年ごろ，松平忠冬，『家忠日記増補追加』を編む。
1666		6	この年，江戸町人伏見屋又兵衛が矢作川河口に新田開発を出願。竹腰三信，田原湾岸に石塚新田を開く。
1667		7	この年，田原藩領の収納に干鰯納がみえる。
1671		11	この年ごろ，尾張藩で「寛文村々覚書」の書き上げ。この年の尾張の士分をのぞく人口37万5918人。
1674	延宝	2	この年，渥美郡比留輪山争論，幕府評定所にて決着。直訴の野田村名主死刑，６人追放される。
1677		5	***5***- 碧海郡大浜茶屋村庄屋柴田助太夫，助郷役免除を訴え，死刑と伝えられる。
1679		7	この年，尾張に鳥ヶ地前新田完成。
1681	天和	1	この年，三河島原村(新城市)の庄屋菅谷太次兵衛，伊藤仁斎に入門。
1683		3	この年，赤坂に代官役所設立。
1684	貞享	1	***9***- 名古屋城下町人数５万4118人，家数5986軒。***11***- 芭蕉七部集『冬の日』，名古屋傘屋久兵衛借宅で興行。
1685		2	この年，吉田船町，船手権につき，吉田町商人と争う。
1691	元禄	4	この年の秋，芭蕉，新城の商人太田白雪宅に宿泊。東三河蕉門の拠点とする。
1692		5	***8〜9***- 碧海郡内幕領村々，「色物差出帳」を代官に提出。
1695		8	この年，三河最初の俳書『矢作堤』(睡闇編)出版される。
1697		10	***4***- 岡崎人鶴声編の俳書『柱暦』，京都で出版される。この年より翌年にかけ，元禄地方直しにより，多くの旗本が三河に知行地を移される。
1698		11	***9***- 天野信景・吉見幸和ら，『尾張風土記』の編さんに着手。
1701		14	***2***- 幕命による「三河国郷帳」ができる。三河国高38万3000余石。
1702		15	この年，岡崎人胡叟編の俳書『かぶと集』，京都で出版される。
1707	宝永	4	***6***- 林花翁著『三河雀』刊行される。
1710		7	***12***- 刈谷藩の他領出奉公人呼戻し令に，村方猶予を願いでる。
1715	正徳	5	***12****-15* 田原藩，御用金を無利息７年賦済し崩し返済とする。
1717	享保	2	***9****-27* 岡崎藩主水野忠之，老中となり，享保改革に参画。のち１万石加増される。
1725		10	***11***- 太田白雪，『三河名跡志』をあらわす。
1731		16	***3***- 尾張藩主宗春，『温知政要』をあらわす。***9***- 宗春の許可により，西小路・葛原・富士見原の三廓できる。
1732		17	この年，渥美郡上野田村，質地請戻しをめぐり村内紛議。
1735		20	***4****-25* 刈谷藩，領内総検見を命じる。
1738	元文	3	***10****-4* 刈谷領農民，総検見に反対して一揆。検見中止。藩役人３人処分。
1740		5	***8***- 宝飯郡下長山村宝徳寺住僧佐野知堯，『参河国二葉松』をあらわす。
1748	寛延	1	***2****-10* 名古屋に巾下学問所創立(明倫堂のはじまり)。
1751	宝暦	1	***11***- 岡崎藩主水野忠辰，老職牛尾四郎左衛門らに幽閉され，隠居させられる。

1752	宝暦	2	***2***- 松平君山ら，『張州府志』を完成。***7***- 吉田藩校時習館設立。
1753		3	この年，鍬下年季と無関係に新田開発地代金復活。
1755		5	***5***- 尾張藩地方目付役児島徳貫が『地方品目解』を完成。
1757		7	***11***-*8* 田原藩，領内の割替地(「紙地」「車地」)慣行を禁止。
1764	明和	1	***12***- 幕府，三州馬かせぎと信州中馬との争論を裁許。
1768		5	この年，加藤暁台，蕉風復興の『秋の日』開始。
1775	安永	4	***4***- 林正森，『三河刪補松』をあらわす。この年，藩士土岐市左衛門知行地数十カ村が，年貢減免を要求して名古屋城下へ強訴。この年，児島徳貫，『御国法検地古伝』をあらわす。
1779		8	***10***-*17* 碧海郡安城村(旗本領)庄屋中川覚右衛門，救民を願い自害。
1781	天明	1	***5***- 尾張藩，国奉行所の機構を改革し，代官は管地駐在となる。
1783		3	***2***- 菅江真澄，三河を出発し，信濃にむかう。***5***-*1* 明倫堂開講し，細井平洲，総裁となる。この年，蘭方医野村立栄，名古屋で開業。
1784		4	***10***- 日光川瀬違え普請はじまる。この年，鶴田卓池，暁台に入門。
1785		5	***11***- 河村秀根，『書紀集解』を刊行。
1787		7	***1***-*15* 田原藩，領内にさつまいも苗を配り試作させる。この年，横井千秋，『白真弓』著述。この春，庄内川の分水工事(新川)完成。
1788		8	***4***-*4* 吉田藩主松平信明，老中となり，のち寛政改革に参画。
1789	寛政	1	この年，本居宣長，名古屋に来る。
1790		2	***11***-*27* 刈谷領，先納金の件などについて，一揆おこる。
1791		3	***6***- 尾張藩，木綿統制令発布。
1792		4	この年，鈴木朖，宣長に入門。
1793		5	この年，岡崎藩が財政改革を開始。
1794		6	***6***-*4* 尾張藩国奉行を地方勘定奉行と改称する。尾州本屋仲間成立。
1800		12	***3***- 赤坂代官所，格下げされ，中泉代官所赤坂出張陣屋と改称。
1804	文化	1	この年，尾張藩，磁器焼開発のため，経済的援助をあたえる。
1805		2	この年，本居大平，吉田(豊橋)で講義。
1807		4	***9***- 尾張藩の年貢米俵，江戸売払いの便宜のため，4斗俵普及。この年，瀬戸の陶工民吉，磁器焼成技術を習得し，九州から帰る。
1816		13	***10***- 信州中馬，三州馬かせぎの駄賃荷制限を要求して紛争。***11***- 吉田魚町魚問屋，領内の独占権を得る。
1820	文政	3	***8***- 幕府評定所，信州中馬と三州馬かせぎの争論に裁許をくだす。
1822		5	***5***- 樋口好古，『尾張徇行記』の編さんを完了。この年，名古屋永楽屋書店，『古事記伝』全巻出版完了。
1823		6	***4***- 新城菅沼家家臣池田寛親，小栗重吉漂流談『船長日記』をあらわす。
1826		9	***1***- 尾張藩，焼物御蔵会所を瀬戸村に統合。この年，吉雄常三，尾張藩に登用される。
1827		10	***10***-*8* 都筑弥厚，加茂・碧海両郡一帯開拓のため，矢作川分水を計画出願。この年，伊藤圭介，長崎でシーボルトに医学・博物学を学ぶ。三河の羽田野敬雄ら，平田篤胤に入門する。
1829		12	***7***-*19* 菅江真澄没。
1832	天保	3	***5***- 幕府役人平岡彦兵衛，加茂・碧海両郡の新開見込地を見分。***12***- 設楽郡中設楽村などの商人仲間31人，柿・楮などの仕入れにつき議定。これより同郡月村など6カ村と争論はじまる。

1833	天保	4	***12***-*27* 田原藩，格高制を実施し，藩士の俸禄を豊凶により増減させる。この年，加茂郡九久平村近傍23カ村の村民，九久平問屋の割木買いたたきに抗議して屯集。鈴木朖，尾張藩校明倫堂教授並となり，はじめて明倫堂で国学を講ず。設楽郡稲橋村で古橋暉皃が中心となり，杉の植樹を開始。
1834		5	***4***-*21* 田原藩，幕府の命令による渥美湾入海開墾の中止を願い，9月に認められる。***9***-*20* 田原藩，大蔵永常を招き，藩産物取立役とする。
1836		7	***1***- 渡辺政香，『参河志』をほぼ脱稿。***9***-*21* 加茂郡一帯に百姓一揆(「鴨の騒立」)。
1837		8	***10***- 尾張藩で給地百姓から蔵入地百姓に転ずるもの増加(給地の租税増大の結果)。
1839		10	***5***-*14* 蛮社の獄。渡辺崋山失脚。
1841		12	***6***- 加茂郡羽明村名主河合金右衛門，九久平・足助間の水路(巴川)開さくを幕府に出願。***10***-*11* 渡辺崋山，自刃。
1842		13	***3***- 尾張藩，藩内株仲間を解散。国産会所を設ける。
1844	弘化	1	***2***- 岡田啓・野口道直著『尾張名所図会』刊行される。この年，尾張藩書物奉行深田正韶監修『尾張志』完成し，藩に献納。
1845		2	***4***- 加茂郡21カ村，足助町荷問屋の荷口銭徴集につき訴訟。
1848	嘉永	1	この年，吉田藩，省略仕法開始。
1849		2	***12***- 伊藤圭介，尾張で最初の牛痘種痘を実施。
1851		4	***3***- 名古屋の株仲間，ほぼ再興される。
1855	安政	2	***8***-*20* 大風雨により高潮，伊勢湾沿岸干拓新田の堤防91カ所破壊。
1857		4	***6***-*13* 名古屋城下の八百屋商人が下小田井青物問屋をおさえてフゴ荷行商人を支配。***9***-*2* 田原藩建造の洋式船順応丸進水。以後，江戸・田原間を往復。***11***-*13* 下小田井青物問屋仲間，再興許可。
1863	文久	3	***9***-*25* 大和天誅組の乱。旧刈谷藩士松本奎堂，中心人物の一人として死す。
1864	元治	1	***10***-*5* 徳川慶勝，征長総督に就任。***11***- 三河諸藩，水戸天狗党の南下にそなえ警備態勢をとる。
1866	慶応	2	***11***-*2* 岡崎藩の碧海郡用悪水開設計画に福島・刈谷両藩領民の反対激化。碧海郡神楽山に一揆。幕府役人らの見分一行を襲撃。
1867		3	***7***-*14* 渥美郡毛呂村にはじめて御札が降り，以後，各地に御札降り騒動おこる。
1868	明治	1	***1***-*20* 徳川慶勝，藩内佐幕派を斬罪に処す(「青松葉事件」)。東海道・東山道諸国に勤王誘引の使者を派遣。***2***-*8* 刈谷藩勤王派，家老津田新十郎を斬る。***4***-*29* 吉田に三河裁判所がおかれ，駿遠三の旧幕領を支配。***5***-*17* 入鹿池堤決壊して，死者941人，浸水家屋1万1709戸，流没田畑8480町歩余。***6***-*9* 赤坂に三河県がおかれ，三河裁判所は廃止。***8***-*2* 伊那県が信州におかれ，三河の一部はこの管下にはいる。***9***-*4* 徳川亀之助，三河の旧幕領・旗本領11万6000余石を含む76万石をあたえられる。
1869		2	***6***-*24* 三河県廃止。伊那県足助支庁の管轄となる。***12***- 尾西地域に稲葉騒動おこる。

1870	明治	3	***11-*** 東三河に伊那県騒動おこる。
1871		4	***3-8*** 碧海郡などの僧侶・農民，神仏分離反対の鷲塚騒動。***7-14*** 廃藩置県実施，尾張は名古屋・犬山県，三河は豊橋・岡崎など10県を設置。***11-15*** 三河10県を廃止，知多郡と統合して額田県設置。***11-22*** 犬山県を名古屋県に合併。***11-***『名古屋新聞』創刊。
1872		5	***4-2*** 名古屋県を愛知県と改称。***5-*** 愛知県，『学問のさとし』を刊行。***11-27*** 額田県，愛知県に統合。
1873		6	***1-9*** 第３軍管名古屋鎮台設置。***12-12*** 愛知県養成学校開校。
1874		7	***5-1*** 名古屋博覧会。***11-***「地租改正ニ付心得書」布達。
1875		8	***9-20***『第二大学区新聞』(のち『愛知新聞』)創刊。
1876		9	***1-*** 名古屋大須に旭遊郭できる。***8-23***『愛知日報』(のち『愛岐日報』)創刊。***12-21*** 伊勢暴動，尾張西部に波及し，名古屋鎮台兵出動。
1877		10	***2-16*** 愛知県中学校開校。***7-1*** 公立愛知病院医学所，堀川端に新設。***12-*** 額田郡で水車紡績(ガラ紡)はじまる。
1878		11	***3-9*** 春日井郡の農民代表上京し，地租改正事務局に嘆願書提出。
1879		12	***5-3*** 初の愛知県会議員選挙。***10-*** 小淵志ち，二川に製糸場開設。
1880		13	***3-*** 名古屋で愛国交親社結成。***4-18*** 明治用水竣工。***7-*** 最初の名古屋区会議員選挙。
1881		14	***3-28*** 名古屋商法会議所発会式。***6-19*** 愛知自由党創立。
1882		15	***7-23*** 名古屋銀行開業。***12-*** 愛知立憲改進党創立。
1884		17	***4-*** 林市兵衛，名古屋に時計製造所設立。***8-11*** 平田橋事件。
1885		18	***3-*** 名古屋紡績設立。
1886		19	***3～5-*** 武豊・熱田，熱田・清洲，清洲・一宮間で鉄道開通。
1887		20	***3-5*** 尾張紡績設立。***3-26*** 愛知教育会設立。***4-25*** 武豊・長浜間の鉄道開通。***5-22***『扶桑新聞』創刊。
1888		21	***2-*** 鈴木政吉，バイオリンを製造。***5-14*** 名古屋鎮台を廃し，第三師団設置。***7-5***『新愛知』創刊。***9-1*** 大府・浜松間鉄道開通。
1889		22	***9-11*** 県内に大水害。***10-1*** 名古屋区に市制施行。***12-15*** 名古屋電灯により，名古屋にはじめて電灯がつく。
1890		23	***7-1*** 第１回衆議院議員選挙。***11-11*** 豊田佐吉，木製人力織機発明。
1891		24	***4-4*** 郡制施行。***10-28*** 濃尾大地震。
1892		25	***5-13*** 帝国議会で額田県設置に関する法律案否決。
1894		27	***8-4*** 日清戦争で第三師団に動員令。
1895		28	***11-16*** 一宮紡績設立。
1896		29	***4-20*** 愛知銀行開業。***6-*** 日本車輌製造設立。***8-27*** 明治銀行設立。
1898		31	***4-1*** 愛知県三部経済制復活。***5-6*** 名古屋電鉄，笹島・県庁間開通。***10-11*** 名古屋に電話開通。
1899		32	この年，米国人宣教師モルフィー，名古屋で娼妓解放運動をおこす。
1900		33	***1-23*** 葉栗郡の織物工場で火事，女子労働者31人焼死。
1902		35	この年，豊田商会，織機製造に着手。
1903		36	***3-1*** 愛知県立高等女学校開校。
1904		37	***1-1*** 日本陶器設立。***3-6*** 日露戦争で第三師団に動員令。***11-25*** 東京砲兵工廠熱田兵器製造所開業。
1905		38	***3-29*** 名古屋高等工業学校設置。***6-*** 各地で戦勝祝賀会。***9-*** 各地で

			非講和大会開かれる。
1906	明治	39	***10-1*** 町村合併完了し，666町村が265町村になる。***11-3***『中京新報』改題，『名古屋新聞』発行。
1907		40	***10-*** 名古屋瓦斯，ガス供給開始。***11-10*** 名古屋港開港。
1908		41	***4-1*** 名古屋市，区制実施(東・西・中・南)。***4-1*** 第八高等学校設置。この年，日本陶器・熱田兵器製造所などで労働争議。
1909		42	***5-15*** 愛知県医師会設立。
1910		43	***3-5*** いとう呉服店，栄町に新築開店。***3-16*** 第10回関西府県連合共進会，鶴舞公園で開催。
1913	大正	2	***1-26*** 名古屋で東海11州憲政擁護大会。***10-*** 稲永遊郭移転に関し，疑獄事件おこる。
1914		3	***1-24*** 東海商業会議所連合会，営業税全廃決議。***3-8*** 名古屋で海軍廓清演説会。***9-1*** 名古屋で上水道給水開始。***9-6*** 名古屋市電値上げ反対運動が暴動化。
1916		5	***8-*** 友愛会名古屋支部結成。
1917		6	***12-25*** 鳴海町で小作争議はじまる。
1918		7	***8-9*** 米騒動，県内各地に波及。***8-24*** シベリア出兵で第三師団に動員令。***10-*** 名古屋造船所設立。
1920		9	***2-22*** 名古屋普通選挙期成同盟会設立。***5-15*** 三菱内燃機製造設立。***6-14*** 県立愛知医科大学設置。***11-27*** 名古屋高等商業学校設置。***11-*** 新婦人協会名古屋支部結成。
1921		10	***10-5*** 愛知時計電機で争議。この年，県内の小作争議件数，全国最高の278件。
1922		11	***6-26*** 東邦瓦斯設立。***6-26*** 東邦電力設立。***7-28*** 大同製鋼・電気製鋼所合併し，大同電気製鋼所設立。***11-10*** 愛知県水平社設立。
1923		12	***4-1*** 郡制廃止。***5-1*** 鶴舞公園で名古屋初のメーデー。
1924		13	***6-11*** 愛知県出身初の総理大臣，加藤高明内閣成立。
1925		14	***7-15*** 名古屋放送局，ラジオ放送開始。
1926	昭和	1	***11-18*** 豊田自動織機製作所設立。***11-25*** 労働農民党名古屋支部結成。
1927		2	***4-*** 県内に金融恐慌波及。***9-25*** 普選最初の県会議員選挙。***11-19*** 北原泰作，天皇直訴事件をおこす。
1928		3	***2-20*** 普選最初の衆議院議員選挙。***5-9*** 山東出兵で第三師団に動員令。
1929		4	***4-15*** 名古屋無線電信局依佐美送信所開設。***9-20*** 愛知県教化動員委員会設立。***10-7*** 劇団名古屋小劇場設立。
1930		5	***10-1*** 名古屋市公会堂開館。この年，県内で電灯料金引下げ運動。
1931		6	***2-11*** 名古屋城公開。***7-1*** 県吏員の減給を実施。
1932		7	***3-*** 県内で明治銀行ほか，銀行の休業あいつぐ。***9-*** 県臨時議会で救農事業費１億1000万円を決定。
1933		8	***1-15*** 愛知県国防義会発足。***10-28*** 愛知県連合婦人会結成。
1934		9	***6-1*** 桐生悠々，『名古屋読書会第一回報告』(第14回より『他山の石』と改題)刊行。***7-10*** 愛知県，軍人遺家族世話係規程制定。
1935		10	***4-*** 各地で青年学校開校。***8-1*** 名岐鉄道・愛知電鉄合併し，名古屋

			鉄道設立。
1936	昭和	11	***2-9*** 名古屋金鯱軍，東京巨人軍と鳴海球場で対戦，国内初のプロ野球試合。***3-*** 愛知県で初の満州移民。
1937		12	***3-15*** 名古屋汎太平洋平和博覧会開催。***3-*** 名古屋市東山植物園・動物園開園。***8-15*** 上海事変で第三師団に動員令。***8-27*** トヨタ自動車工業設立。
1938		13	県庁新庁舎竣工。
1939		14	***4-1*** 名古屋帝国大学開校。***12-15*** 豊川海軍工廠設置。
1940		15	***3-30*** 名古屋でマッチの配給制実施。***8-22*** 民政党・政友会の愛知県支部解散。***12-6*** 大政翼賛会愛知県支部発足。
1941		16	***6-7*** 愛知・伊藤・名古屋銀行合併して，東海銀行設立。***6-27*** 愛知県米穀配給統制組合発足。この年，隣組を組織。
1942		17	***4-26*** 大日本婦人会愛知県支部結成。***7-*** 神社・寺院の銅製品回収。***9-1*** 『新愛知』『名古屋新聞』合併し，『中部日本新聞』を創刊。
1943		18	***1-23*** 県で初の軍官民連合特別総合防空訓練実施。***11-8*** 愛知県軍需増強事務局設置。
1944		19	***4-3*** 愛知県青少年学徒勤労動員壮行式。***8-5*** 名古屋市の学童疎開はじまる。***12-7*** 東南海地震。***12-13*** 名古屋の軍需工場に爆撃，県内への本格的空襲はじまる。
1945		20	***1-13*** 三河地震。***5-14*** 空襲で名古屋城焼失。各地で空襲続く。***8-15*** 敗戦。***10-30*** 米軍第25師団司令部を名古屋に設置。***11-*** 労働組合の結成あいつぐ。
1946		21	***1-20*** 日本労働総同盟愛知県連合会結成。***3-6*** 名古屋軍を中部日本新聞ドラゴンズと改称。***4-10*** 総選挙，県内で婦人議員１人当選。***5-26*** 県庁前で飯米獲得人民大会。***8-12*** 愛知県地方産業別労働組合会議結成。
1947		22	***3-31*** 農地改革，第１回農地接収。***4-12*** 最初の公選知事誕生。
1948		23	***11-1*** 公選の愛知県教育委員会発足。***12-2*** 中日スタジアム開場。
1949		24	***5-31*** 新制名古屋大学・名古屋工業大学・愛知学芸大学発足。***10-1*** 県教委，レッド・パージ実施。***10-25*** トヨタ自動車，本格的に生産再開。
1950		25	***6-25*** 朝鮮戦争勃発で特需景気。***7-28*** 朝日新聞中部支社よりレッド・パージはじまる。***10-28*** 愛知県で第５回国民体育大会開催される。
1951		26	***4-2*** 中部経済連合会発足。***5-1*** 中部電力設立。***9-1*** 中部日本放送，日本初の民間放送を開始。
1952		27	***7-7*** 大須事件。
1953		28	***3-22*** カキツバタ，県の花に決まる。***9-25*** 台風13号で大水害。
1954		29	***3-1*** NHK，テレビ本放送開始。***6-19*** 名古屋テレビ塔竣工。
1955		30	***2-1*** 愛知県文化会館・美術館開館。***2-1*** 愛知県農業協同組合中央会発足。
1956		31	***1-*** 衣浦大橋・濃尾大橋竣工。***4-1*** 公立高校，尾張・三河の２大学区制になる。
1957		32	***11-15*** 名古屋市営地下鉄，名古屋・栄間開業。

1958	昭和	33	***7-5*** 初の大相撲名古屋場所開催。***10-18*** 名古屋空港開港。
1959		34	***4-6*** 安保条約改定阻止愛知県民会議結成。***9-26*** 伊勢湾台風で死者3200人以上。***10-1*** 名古屋城天守閣，再建される。
1960		35	***3-28*** 愛知県災害復興計画策定。
1961		36	***4-*** 高蔵寺ニュータウンの建設着手。***9-30*** 愛知用水竣工。
1962		37	***10-10*** 名古屋港臨海工業地帯造成による漁業補償，解決調印。
1963		38	***2-16*** 名四国道開通。***4-24*** 中部経済連合会，東海３県統合構想発表。
1964		39	***4-1*** 愛知県公害防止条例公布。***9-5*** 東海製鉄第１高炉に火入れ。***9-7*** 名古屋港高潮防波堤竣工。***10-1*** 東海道新幹線開業。***11-25*** 愛知県がんセンター竣工。
1965		40	***6-25*** 木曽川水系を水資源開発水系に指定。***6-30*** 名神高速道路全通。
1968		43	***5-30*** 豊川用水竣工。***9-18*** 愛知県，中部電力と公害防止協定を締結。
1969		44	***5-26*** 東名高速道路全通。***6-13*** 愛知県過疎地開発推進連絡会議設置。***9-3*** 矢作川沿岸水質保全対策協議会設立。
1970		45	***8-17*** 愛知県公害対策本部設置。***11-1*** 愛知青少年公園開園。この年，衣浦湾臨海工業地帯の造成ほぼ完了。
1971		46	***3-27*** 名古屋市，27工場と公害防止協定締結。
1972		47	***2-29*** 名古屋市，初の公害病患者を認定。***3-19*** 愛知県教育委員会，1973年度から学校群制度の採用を決定。***7-13*** 西三河・東濃に集中豪雨で土砂災害。
1973		48	***4-23*** 名古屋市長選で革新統一候補の本山政雄，現職候補を破って当選。***12-24*** インフレ阻止・生活防衛愛知県民会議結成。
1974		49	***3-30*** 名古屋市南部の新幹線沿線住民，騒音などの差止めと損害賠償請求の訴訟をおこす。***3-31*** 名古屋市電廃止。
1975		50	***6-4*** 愛知県地盤沈下対策会議設置。
1977		52	***5-1*** 国立生物科学総合研究機構を岡崎に設置。
1978		53	***9-5*** 大須事件に騒乱罪が確定。この年，豊田市の工業出荷額，名古屋市を抜き県内第１位。また県の製造品出荷額，全国第１位。
1979		54	***10-13*** 愛知県陶磁資料館本館開館。
1980		55	***11-26*** 名古屋市，第24回オリンピックへ正式に立候補。
1981		56	***9-30*** IOC総会で，開催地をソウルに決定，名古屋落選。
1984		59	***11-25*** 名古屋東山動物園で２匹のコアラ公開。
1986		61	***3-26*** 新幹線公害訴訟で和解成立。
1987		62	***4-1*** JR東海発足。***8-31*** 名古屋都市高速，名古屋駅・新洲崎間で開通。
1988		63	***1-31*** 愛知環状鉄道開業。***7-27*** 長良川河口堰起工。
1989	平成	1	***3-22*** 愛知・岐阜・三重県，中部新国際空港の候補地を常滑沖に決定。***7-15*** 世界デザイン博覧会，名古屋で開催。***8-9*** 戦後初，愛知県出身総理大臣，海部俊樹内閣成立。
1990		2	***3-23*** 国土庁の地価公示で，名古屋圏の地価20.2％上昇。
1992		4	***8-1*** Jリーグ名古屋グランパス披露試合。***10-13*** カンボジア派遣自

		衛隊員，小牧基地を出発。***10***-*23* 愛知県芸術文化センター開館。
1993	平成 5	この年，豊橋港の自動車輸入，車数・金額全国第1位。
1994	6	***4***-*26* 中華航空機，名古屋空港で着陸に失敗，264人が死亡，7人が奇跡的に助かる。***6〜9***- 県内各地で大渇水。
1997	9	***6***-*12* BIE総会，2005(平成17)年に瀬戸市南東部を会場とする愛知万博の開催を決定。***10***- 知的障害者の全国スポーツ大会「友愛ピック愛知・名古屋」開催。
1998	10	***11***-*4* 愛知県，財政非常事態宣言。
1999	11	***1***-*25* 名古屋市，藤前干潟埋め立て断念。***2***-*7* 初の民間出身知事誕生。
2000	12	***9***-*11* 東海集中豪雨。県北東部を中心に，記録的な豪雨。***11***-*23* 名古屋地裁，名古屋南部公害訴訟で，健康被害についての国と企業の責任を認め，3億円の賠償を命じる。***12***-*15* BIE総会，2005年の青少年公園を中心とする愛知万博開催を正式承認。

■ 沿革表

1. 国・郡沿革表

（2014年８月現在）

国名	延喜式	吾妻鏡 その他	郡名考・ 天保郷帳	郡区編制	現在	
					郡	市
三河	設楽《したら》	設楽《したら》	設楽《したら》	北設楽《きたしたら》	北設楽郡《きたしたら》	
				南設楽《みなみしたら》	南設楽郡《みなみしたら》	新城市《しんしろ》
	八名《やな》	八名《やな》	八名《やな》	八名《やな》	豊橋市《とよはし》・新城市などへ編入	
	渥美《あつみ》	渥美《あつみ》	渥美《あつみ》	渥美《あつみ》	渥美郡《あつみ》	豊橋市・田原《たはら》市
	宝飫《ほを》	宝飯《ほい》	宝飯《ほい》	宝飯《ほい》	宝飯郡《ほい》	豊川《とよかわ》市・蒲郡《がまごおり》市
	額田《ぬかた》	額田《ぬかた》	額田《ぬかた》	額田《ぬかた》	額田郡《ぬかた》	岡崎《おかざき》市
	賀茂《かも》	賀茂《かも》 加茂《かも》	加茂《かも》	東加茂《ひがしかも》	東加茂郡《ひがしかも》	豊田《とよた》市
				西加茂《にしかも》	西加茂郡《にしかも》	豊田市
	幡豆《はつ》	幡豆《はつ》	幡豆《はつ》	幡豆《はず》	幡豆郡《はず》	西尾《にしお》市
	碧海《あをみ》	碧海《あをみ》	碧海《あをみ》《へきかい》	碧海《へきかい》	(碧海《へきかい》)	碧南《へきなん》市・刈谷《かりや》市・安城《あんじょう》市・ 知立《ちりゅう》市・高浜《たかはま》市
尾張	知多《ちた》	智多《ちた》	知多《ちた》	知多《ちた》	知多郡《ちた》	半田《はんだ》市・常滑《とこなめ》市・東海《とうかい》市・ 知多《ちた》市・大府《おおぶ》市
	愛智《あいち》	愛智《あいち》 愛知《あいち》	愛智《あいち》 愛知《あいち》	愛知《あいち》	愛知郡《あいち》	名古屋《なごや》市・豊明《とよあけ》市・日進《にっしん》市
				名古屋区《なごや》		
	山田《やまた》	山田《やまだ》	春日井《かすがい》	東春日井《ひがしかすがい》	(東春日井《ひがしかすがい》)	瀬戸《せと》市・春日井《かすがい》市・小牧《こまき》市・ 尾張旭《おわりあさひ》市
	春部《かすかへ》	春部《かすかべ》 春日部《かすかべ》		西春日井《にしかすがい》	西春日井郡《にしかすがい》	清須《きよす》市
	丹羽《には》	丹羽《には》	丹羽《には》	丹羽《には》 葉栗《はぐり》	丹羽郡《にわ》	犬山《いぬやま》市・江南《こうなん》市・岩倉《いわくら》市
	葉栗《はくり》	葉栗《はくり》	葉栗《はくり》		葉栗郡《はぐり》	一宮《いちのみや》市
	中嶋《なかしま》	中嶋《なかしま》	中嶋《なかしま》	中島《なかしま》	中島郡《なかしま》	一宮市・尾西《びさい》市・稲沢《いなざわ》市
	海部《あま》	海東《かいとう》	海東《かいとう》	海東《かいとう》 海西《かいさい》	海部郡《あま》	津島《つしま》市・愛西《あいさい》市・あま市
		海西《かいさい》	海西《かいさい》			

2．市郡沿革表

（2014年８月現在）

名古屋《なごや》市

明治22年10月１日　市制施行
明治29年３月23日　愛知《あいち》郡御器所《ごきそ》村の一部を編入
明治31年８月22日　愛知郡那古野《なごの》村・古沢《ふるさわ》村の一部を編入
明治40年６月１日　愛知郡熱田《あつた》町（明治22年10月１日，町制施行，明治31年８月22日，古沢村の残部編入）を編入
明治40年７月16日　愛知郡小碓《おうす》町（明治39年５月10日，町制施行）の一部を編入
明治41年４月１日　４区制施行（東・西・中・南の各区）
明治42年10月１日　愛知郡御器所村の一部・千種《ちぐさ》町（明治35年２月13日，町制施行）の一部を編入
大正10年２月20日　愛知郡笠寺《かさでら》村の一部を編入
大正10年８月22日　愛知郡荒子《あらこ》村・常磐《ときわ》村・中《なか》村・愛知町（明治37年12月20日，町制施行）・八幡《はちまん》村・呼続《よびつぎ》町（明治30年７月12日，町制施行）・笠寺村の残部・小碓町の残部・御器所村の残部・千種町の残部・東山《ひがしやま》村，西春日井《にしかすがい》郡六郷《ろくごう》村・清水《しみず》町（明治22年10月１日，町制施行）・杉《すぎ》村・金城《きんじょう》村・枇杷島《びわじま》町（明治22年10月１日，町制施行）を編入
昭和３年３月15日　愛知郡天白《てんぱく》村大字八事《やごと》を編入
昭和５年６月15日　西春日井郡庄内《しょうない》町（大正15年４月１日，町制施行）の一部を編入
昭和６年７月15日　愛知郡下之一色《しものいっしき》町（大正６年７月６日，町制施行）の一部を編入
昭和12年３月１日　愛知郡下之一色町の残部，西春日井郡庄内町の残部・萩野《はぎの》村を編入
昭和12年10月１日　10区制施行（千種《ちくさ》・中村《なかむら》・昭和《しょうわ》・熱田《あつた》・中川《なかがわ》・港《みなと》の各区を増設置）
昭和19年２月11日　13区制施行（北《きた》・栄《さかえ》・瑞穂《みずほ》の各区を増設置）
昭和20年11月３日　12区制施行（栄区を減）
昭和30年４月５日　愛知郡猪高《いたか》村・天白村の残部を編入
昭和30年10月１日　西春日井郡楠《くすのき》村・山田《やまだ》村，海部《あま》郡富田《とみた》町（昭和19年２月11日，町制施行）・南陽《なんよう》町（昭和24年６月１日，町制施行）を編入
昭和31年９月１日　政令指定都市
昭和38年２月15日　守山《もりやま》市（明治39年７月16日，町制施行，昭和29年６月１日，東春日井《ひがしかすがい》郡志段味《しだみ》村を編入して市制施行）を編入
　　13区制施行（守山区を設置）
昭和38年４月１日　愛知郡鳴海《なるみ》町（明治22年10月１日，町制施行）を編入
　　14区制施行（緑《みどり》区を設置）
昭和39年12月１日　知多《ちた》郡有松《ありまつ》町（明治25年９月13日，町制施行，明治26年12月４日，共《きょう》和《わ》村大字桶狭間《おけはざま》を編入）・大高《おおだか》町（明治27年９月８日，町制施行）を編入
昭和50年２月１日　行政区再編
　　16区制施行（名東《めいとう》区・天白区を設置）

東《ひがし》　区　明治41年４月１日　旧名古屋区の一部，東区となる
　　大正10年８月22日　西春日井郡清水町・杉村・六郷村を編入
　　昭和12年10月１日　10区制施行により，一部が千種区となり，西区・中区と境界

変更
昭和19年２月11日　13区制施行により，一部が北区・栄区となり，一部が千種区に編入

西《にし》　区　明治41年４月１日　旧名古屋区・愛知郡那古野村域の一部により，西区となる
大正10年８月22日　愛知郡中村・西春日井郡枇杷島町・金城村を編入
昭和５年６月15日　西春日井郡庄内町の一部を編入
昭和12年３月１日　西春日井郡庄内町の残部と萩野村を編入
昭和12年10月１日　10区制施行により，一部が東区・中村区・中区となる
昭和19年２月11日　13区制施行により，一部が栄区・北区・中村区となる
昭和30年10月１日　西春日井郡山田村を編入

南《みなみ》　区　明治41年４月１日　愛知郡熱田町域に南区を設置
大正10年２月20日　愛知郡笠寺村の一部を編入
大正10年８月22日　愛知郡呼続町・小碓町・荒子村・八幡村・笠寺村の残部を編入
昭和３年３月15日　愛知郡天白村の一部を編入
昭和６年７月15日　愛知郡下之一色村の一部を編入
昭和12年３月１日　下之一色村の残部を編入
昭和12年10月１日　10区制施行により一部が熱田区・中川区・港区・昭和区となる
昭和19年２月11日　13区制施行により，本星崎町《もとほしざき》の一部を港区に編入

中《なか》　区　明治41年４月１日　旧名古屋区・愛知郡古沢村・御器所村の一部，中区となる
明治42年10月１日　御器所村・千種町の一部を編入
大正10年８月22日　御器所村の残部と，愛知郡愛知町・常磐村を合併
昭和３年３月15日　愛知郡天白村の一部を編入
昭和12年10月１日　10区制施行により，一部が東区・西区・中村区・昭和区・熱田区・中川区となり，東区・西区・南区の一部を編入
昭和19年２月11日　13区制施行により，一部が栄区・中村区・昭和区・中川区となり，熱田区の一部を編入
昭和20年11月３日　栄区の廃止により，同区を合併

千種区《ちくさ》　昭和12年10月１日　東区の一部，千種区となる
昭和19年２月11日　東区の一部を編入
昭和30年４月５日　愛知郡猪高村を編入
昭和50年２月１日　名東区へ一部を分区

中村区《なかむら》　昭和12年10月１日　中区・西区の一部，中村区となる
昭和19年２月11日　13区制施行により，中川区・西区・中区と区域を変更

昭和区《しょうわ》　昭和12年10月１日　南区・中区の一部，昭和区となる
昭和19年２月11日　13区制施行により，一部が瑞穂区となり，中区の一部を編入
昭和30年４月５日　愛知郡天白村を合併
昭和50年２月１日　天白村の大部分が分離して天白区となる

熱田区《あつた》　昭和12年10月１日　南区・中区の一部，熱田区となる
昭和19年２月11日　13区制施行により，一部が瑞穂区となり，中川区・港区の一

部を編入

中川区《なかがわ》　昭和12年10月1日　中区・南区の一部，中川区となる

昭和19年2月11日　13区制施行により，中村区・熱田区・港区・中区と区域変更

昭和30年10月1日　海部郡富田町を編入

港《みなと》　区　昭和12年10月1日　南区の一部，港区となる

昭和19年2月11日　13区制施行により，一部が中川区・熱田区となり，南区の一部を編入

昭和30年10月1日　海部郡南陽町を編入

北《きた》　区　昭和19年2月11日　東区・西区の一部，北区となる

昭和30年10月1日　西春日井郡楠村を編入

瑞穂《みずほ》区　昭和19年2月11日　昭和区・熱田区の一部，瑞穂区となる

守山《もりやま》区　明治39年7月16日　守山町制施行

昭和29年6月1日　東春日井郡志段味村を編入して市制施行

昭和38年2月15日　守山市で守山区を設置

緑《みどり》　区　昭和38年4月1日　愛知郡鳴海町をもって区設置

昭和39年12月1日　知多郡有松町・大高町を編入

名東《めいとう》区　昭和50年2月1日　千種区と昭和区の一部，名東区となる

天白《てんぱく》区　昭和50年2月1日　昭和区の一部，天白区となる

豊《とよ》　橋《はし》　市

明治22年10月1日　町制施行

明治28年1月25日　渥美《あつみ》郡豊橋村を編入

明治39年7月15日　渥美郡花田《はなだ》村・豊岡《とよおか》村を編入

明治39年8月1日　市制施行

昭和7年9月1日　宝飯《ほい》郡下地《しもじ》町(明治24年10月16日，町制施行)，渥美郡牟呂吉田《むろよしだ》村・高師《たかし》村，八名《やな》郡下川《しもかわ》村・石巻《いしまき》村大字多米《ため》を編入

昭和8年6月10日　大字院之子《いんのこ》を豊川町へ分割

昭和30年3月1日　宝飯郡前芝《まえしば》村，渥美郡二川《ふたがわ》町(明治39年7月1日，町制施行)・高豊《たかとよ》村・老津《おいつ》村，八名郡石巻村を編入

昭和30年4月1日　渥美郡杉山《すぎやま》村の一部，八名郡双和《そうわ》村の一部を編入

岡《おか》　崎《ざき》　市

明治22年10月1日　町制施行

明治35年9月23日　額田《ぬかた》郡男川《おとがわ》村の一部を編入

明治39年5月1日　額田郡三島《みしま》村・乙見《おとみ》村の一部を編入

大正3年10月1日　額田郡広幡《ひろはた》町(明治28年5月13日，町制施行)を編入

大正5年7月1日　市制施行

昭和3年9月1日　額田郡岡崎村・美合《みあい》村・男川村の一部・常磐《ときわ》村の一部を編入

昭和30年2月1日　額田郡常磐村・福岡《ふくおか》町(明治26年11月8日，町制施行)・岩津《いわつ》町(昭和3年5月1日，町制施行)・河合《かわい》村・藤川《ふじかわ》村・龍谷《りゅうがや》村・山中《やまなか》村・本宿《もとじゅく》村を編入

昭和30年4月1日　碧海《へきかい》郡矢作《やはぎ》町(明治26年2月19日，町制施行)を編入

昭和35年1月1日　宇頭茶屋《うとうちゃや》など安城《あんじょう》市へ分割
昭和37年10月1日　碧海郡六ッ美《むつみ》町(昭和33年10月15日，町制施行)を編入
平成18年1月1日　額田郡額田《ぬかた》町(昭和31年9月30日，額田郡形埜《かたの》村・豊富《とよとみ》村・宮崎《みやざき》村・下山村の一部合併，町制施行)を編入

一宮《いちのみや》市

明治22年10月1日　町制施行
大正10年9月1日　市制施行
昭和15年8月1日　葉栗《はぐり》郡葉栗《はぐり》村を編入
昭和15年9月20日　丹羽《にわ》郡西成《にしなり》村を編入
昭和30年1月1日　丹羽郡丹陽《たんよう》村，葉栗郡浅井《あざい》町(明治39年5月1日，町制施行)を編入
昭和30年4月1日　中島《なかしま》郡萩原《はぎわら》町(明治29年4月29日，町制施行)・大和《やまと》町(昭和26年3月1日，町制施行)・奥《おく》町(明治27年9月13日，町制施行)・今伊勢《いまいせ》町(昭和16年5月10日，町制施行)の一部，葉栗郡北方《きたがた》村を編入
昭和30年4月7日　丹羽郡千秋《ちあき》村を編入
平成17年4月1日　尾西《びさい》市(昭和30年1月1日，中島郡朝日《あさひ》村・起《おこし》町〈明治29年2月24日，町制施行，明治39年5月10日，中島郡大徳《だいとく》村の一部・小信中島《このぶなかしま》村・三条《さんじょう》村を編入〉合併，市制施行，昭和30年4月1日，中島郡今伊勢町〈昭和16年5月10日，町制施行〉の一部を編入)・葉栗郡木曽川《きそがわ》町(明治27年12月27日，町制施行，黒田《くろだ》町となる，明治39年5月10日，葉栗郡里小牧《さとこまき》村・玉ノ井《たまのい》村を編入，黒田町の一部を北方村へ分割，明治43年2月10日，木曽川町と改称)を編入

瀬戸《せと》市

明治25年1月29日　町制施行
大正14年8月25日　東春日井郡赤津《あかづ》村・旭《あさひ》村の一部を編入
昭和4年10月1日　市制施行
昭和26年5月3日　東春日井郡水野《みずの》村を編入
昭和30年2月11日　愛知郡幡山《はたやま》村を編入
昭和34年4月1日　東春日井郡品野《しなの》町(大正13年1月1日，町制施行)を編入

半田《はんだ》市

明治22年10月1日　町制施行
昭和12年10月1日　知多《ちた》郡半田《はんだ》町・成岩《ならわ》町(明治23年12月27日，町制施行)・亀崎《かめさき》町(明治22年10月1日，町制施行，明治39年5月1日，知多郡乙川《おっかわ》村・有脇《ありわき》村を編入)合併，市制施行

春日井《かすがい》市

昭和18年6月1日　東春日井郡勝川《かちがわ》町(明治26年3月28日，町制施行，明治39年7月16日，東春日井郡味美《あじよし》村・春日井《かすがい》村・柏井《かしわい》村を編入)・鳥居松《とりいまつ》村・鷹来《たかき》村・篠木《しのぎ》村合併，市制施行
昭和33年1月1日　東春日井郡高蔵寺《こうぞうじ》町(昭和5年5月1日，町制施行)・坂下《さかした》町(昭和3

年11月１日，町制施行)を編入

豊《とよ》川《かわ》市

明治26年３月13日　町制施行
明治39年７月１日　宝飯郡麻生田《あそうだ》村・睦美《むつみ》村の一部を編入
昭和８年６月10日　豊橋市大字院之子を編入
昭和18年６月１日　宝飯郡豊川町・牛久保《うしくぼ》町(明治24年10月６日，町制施行)・八幡《やわた》村・国府《こう》町(明治27年６月23日，町制施行)合併，市制施行
昭和30年４月１日　八名郡三上《みかみ》村を編入
昭和34年４月１日　宝飯郡御油《ごゆ》町(明治25年１月29日，町制施行)を編入
平成18年２月１日　宝飯郡一宮《いちのみや》町(昭和36年４月１日，町制施行)を編入
平成20年１月15日　宝飯郡音羽《おとわ》町(昭和30年４月１日，宝飯郡赤坂《あかさか》町〈明治27年６月23日，町制施行〉・萩《はぎ》村・長沢《ながさわ》村合併，町制施行)・御津《みと》町(昭和５年２月11日，町制施行)を編入
平成22年２月１日　宝飯郡小坂井《こざかい》町(大正15年９月12日，町制施行)を編入

津《つ》島《しま》市

明治22年10月１日　海東《かいとう》郡中一色《なかいしき》村・諸桑《もろくわ》村・宇治《うじ》村・下切《しもぎり》村それぞれの字日光《にっこう》と中地《なかじ》村・向島《むこうじま》村・津島町合併，町制施行
大正14年４月１日　海部郡佐織《さおり》村の一部を編入
昭和22年３月１日　市制施行
昭和30年１月１日　海部郡神守《かもり》村を編入
昭和31年４月１日　海部郡永和《えいわ》村の一部を編入

碧《へき》南《なん》市

昭和23年４月５日　碧海《へきかい》郡大浜《おおはま》町(明治22年10月１日，町制施行)・新川《しんかわ》町(明治25年８月３日，町制施行)・棚尾《たなお》町(大正13年１月１日，町制施行)・旭《あさひ》村合併，市制施行
昭和30年４月１日　碧海郡明治《めいじ》村の一部を編入

刈《かり》谷《や》市

明治22年10月１日　町制施行
明治39年５月１日　碧海郡重原《しげはら》村・小山《おやま》村・逢妻《あいづま》村・元刈谷《もとかりや》村を編入
昭和25年４月１日　市制施行
昭和30年４月１日　碧海郡依佐美《よさみ》村・富士松《ふじまつ》村を編入

豊《とよ》田《た》市

明治25年１月29日　町制施行，挙母《ころも》町となる
明治39年７月１日　西加茂郡梅坪《うめつぼ》村・根川《ねかわ》村・宮口《みやぐち》村・逢妻《あいづま》村を編入
昭和26年３月１日　市制施行，挙母市となる
昭和31年９月30日　西加茂《にしかも》郡高橋《たかはし》村を編入
昭和34年１月１日　豊田市と改称

昭和39年３月１日　碧海郡上郷《かみごう》町（昭和36年４月１日，町制施行）を編入
昭和40年９月１日　碧海郡高岡《たかおか》町（昭和31年５月１日，町制施行）を編入
昭和42年４月１日　西加茂郡猿投《さなげ》町（昭和28年４月１日，町制施行，昭和30年３月１日，保見《ほみ》村を編入）を編入
昭和45年４月１日　東加茂郡松平《まつだいら》町（昭和36年11月１日，町制施行）を編入
平成17年４月１日　西加茂郡藤岡《ふじおか》町（昭和53年４月１日，町制施行）・小原《おばら》村（明治39年７月１日，西加茂郡豊原《とよはら》村・福原《ふくはら》村・清原《きよはら》村・本城《ほんじょう》村合併）・東加茂郡足助《あすけ》町（明治23年12月17日，町制施行，昭和30年４月１日，東加茂郡阿摺《あすり》村・賀茂《かも》村・盛岡《もりおか》村を編入）・旭《あさひ》町（昭和42年４月１日，町制施行）・稲武《いなぶ》町（昭和15年５月10日，北設楽郡稲橋《いなはし》村・武節《ぶせつ》村合併，町制施行，平成15年10月１日，北設楽郡から東加茂郡へ郡の区域変更）・下山《しもやま》村（明治22年10月１日，東加茂郡黒坂《くろさか》村・大桑《おおくわ》村・芦原子《あわらご》村・小松野《こまつの》村・東蘭《ひがしあららぎ》村・和合《わごう》村・荻島《おぎしま》村・神殿《かんどの》村，平瀬《ひらせ》村・田平沢《たいらざわ》村・栃立《とちだち》村・黒岩《くろいわ》村・梶《かじ》村合併，明治39年５月１日，東加茂郡大沼《おおぬま》村・富義《とみよし》村を編入，昭和31年９月30日，額田郡下山村の一部を編入）を編入

安城《あんじょう》市

明治39年５月１日　町制施行
昭和27年５月５日　市制施行
昭和30年４月１日　碧海郡明治村・依佐美村の一部を編入
昭和35年１月１日　岡崎市の一部を編入
昭和42年４月１日　碧海郡桜井《さくらい》町（昭和31年６月５日，町制施行）を編入

西尾《にしお》市

明治22年10月１日　町制施行
明治39年５月１日　幡豆《はず》郡久麻久《くまく》村・大宝《たいほう》村の一部・西野町《にしのまち》村の一部を編入
昭和27年12月１日　幡豆郡福地《ふくち》村の一部を編入
昭和28年12月15日　幡豆郡西尾町・平坂《へいさか》町（大正13年10月１日，町制施行）の一部合併，市制施行
昭和29年８月10日　幡豆郡平坂町・寺津《てらつ》町（昭和４年４月１日，町制施行）・福地村・室場《むろば》村を編入
昭和30年１月１日　幡豆郡三和《みわ》村を編入
昭和30年４月１日　碧海郡明治村の一部を編入
平成23年４月１日　幡豆郡一色《いっしき》町（明治25年５月13日，町制施行，明治39年５月１日，幡豆郡栄生《えいせい》村・味沢《あじさわ》村・五保《ごほ》村・衣崎《ころもざき》村・一色町合併，一色村となる，大正12年10月１日，町制施行，昭和29年８月１日，幡豆郡佐久島《さくしま》村を編入）・吉良《きら》町（昭和30年３月10日，幡豆郡吉田《よしだ》町〈大正13年１月１日，町制施行〉・横須賀《よこすか》村合併，町制施行）・幡豆《はず》町（昭和３年10月１日，町制施行）を編入

蒲郡《がまごおり》市

明治24年10月６日　町制施行
明治39年４月30日　宝飯郡豊岡《とよおか》村・静里《しずさと》村・神之郷《かみのごう》村を編入

昭和29年４月１日　宝飯郡蒲郡町・三谷《みや》町(明治27年８月23日，町制施行)・塩津《しおつ》村合併，市制施行
昭和30年10月１日　宝飯郡大塚《おおつか》村の一部を編入
昭和37年４月１日　宝飯郡形原《かたはら》町(大正13年４月１日，町制施行)を編入
昭和38年４月１日　宝飯郡西浦《にしうら》町(昭和19年２月11日，町制施行)を編入

犬《いぬ》 山《やま》 市

明治22年10月１日　町制施行
明治39年10月１日　丹羽郡岩橋《いわはし》村・高雄《たかお》村の一部を編入
昭和29年４月１日　丹羽郡犬山町・城東《じょうとう》村・池野《いけの》村・楽田《がくでん》村・羽黒《はぐろ》村合併，市制施行

常《とこ》 滑《なめ》 市

明治23年12月17日　町制施行
昭和29年４月１日　知多郡常滑町・三和《みわ》村・大野《おおの》町(明治22年10月１日，町制施行)・鬼崎《おにざき》町(昭和26年10月１日，町制施行)・西浦《にしうら》町(明治44年12月10日，町制施行)合併，市制施行
昭和32年３月31日　知多郡小鈴谷《こすがや》町(昭和27年７月１日，町制施行)の一部を編入

江《こう》 南《なん》 市

昭和29年６月１日　丹羽郡古知野《こちの》町(明治29年11月２日，町制施行，明治39年５月１日，丹羽郡東野《ひがしの》村・和勝《わかつ》村・旭《あさひ》村・両高屋《りょうたかや》村・秋津《あきつ》村の一部・栄《さかえ》村の一部を編入)・布袋《ほてい》町(明治39年５月１日，町制施行)，葉栗郡草井《くさい》村・宮田《みやだ》町(大正13年12月15日，町制施行)合併，市制施行

小《こ》 牧《まき》 市

明治22年10月１日　町制施行
明治39年７月16日　東春日井郡外山《とやま》村・真々《まま》村・境《さかい》村・和多里《わたり》村を編入
昭和30年１月１日　東春日井郡小牧町・味岡《あじおか》村・篠岡《しのおか》村合併，市制施行
昭和38年９月１日　西春日井郡北里《きたさと》村の一部を編入

稲《いな》 沢《ざわ》 市

明治22年10月１日　町制施行
明治39年５月10日　中島郡大江《おおえ》村の一部・一治《いちじ》村・国府宮《こうのみや》村・山形《やまがた》村・下津《おりづ》村・中島《なかしま》村の一部を編入
昭和30年４月15日　中島郡明治《めいじ》村・大里《おおさと》村・千代田《ちよだ》村を編入
昭和33年11月１日　市制施行
平成17年４月１日　中島郡祖父江《そぶえ》町(明治29年８月17日，町制施行，明治39年５月10日，中島郡丸甲《まるこう》村・領内《りょうない》村・牧川《まきがわ》村・山崎《やまざき》村を編入，昭和31年９月30日，中島郡長岡《ながおか》村を編入)・平和《へいわ》町(昭和29年４月１日，町制施行)を編入

新《しん》 城《しろ》 市

明治22年10月1日　町制施行
昭和30年4月15日　南設楽郡《みなみしたら》千郷村《ちさと》・東郷村《とうごう》，八名郡八名村《やな》・舟着村《ふなつき》を編入
昭和31年9月30日　新城町大字乗本《のりもと》は鳳来町《ほうらい》へ分割，鳳来町の一部を編入
昭和33年11月1日　市制施行
平成17年10月1日　南設楽郡鳳来町《ほうらい》(昭和31年4月1日，八名郡七郷村《ななさと》・大野村《おおの》〈明治25年4月18日，町制施行〉，南設楽郡鳳来寺村《ほうらいじ》・長篠村《ながしの》合併，町制施行，昭和31年7月1日，北設楽郡三輪村の一部を編入，昭和31年9月30日，南設楽郡海老町《えび》〈明治27年4月28日，町制施行〉・八名郡山吉田村《やまよしだ》・新城町の一部を編入，一部新城町へ分割）・作手村《つくで》(明治39年5月1日，南設楽郡田原村《たばら》・菅沼村《すがぬま》・高松村《たかまつ》・田代村《たしろ》・杉平村《すぎだいら》・保永村《やすなが》・荒原村《あわら》・大和田村《おおわだ》・巴村《ともえ》合併，昭和23年11月1日，東加茂郡下山村の一部を編入)を編入

東《とう》 海《かい》 市

昭和44年4月1日　知多郡上野町《うえの》(昭和15年2月11日，町制施行)・横須賀町《よこすか》(明治22年10月1日，町制施行，明治39年5月1日，知多郡大田村《おおた》・加木屋村《かぎや》・高横須賀村《たかよこすか》・養父村《やぶ》を編入)合併，市制施行

大《おお》 府《ぶ》 市

大正4年11月1日　町制施行
昭和45年9月1日　市制施行

知《ち》 多《た》 市

昭和30年4月1日　知多郡八幡町《やわた》(大正11年4月1日，町制施行)・岡田町《おかだ》(明治36年5月6日，町制施行)・旭町《あさひ》(昭和27年4月1日，町制施行)合併，町制施行
昭和45年9月1日　市制施行

尾《お》張《わり》旭《あさひ》市

昭和23年8月5日　町制施行，旭町となる
昭和45年12月1日　尾張旭町と改称，市制施行

高《たか》 浜《はま》 市

明治33年7月9日　町制施行
明治39年5月1日　碧海郡吉浜村《よしはま》・高取村《たかとり》を編入
昭和45年12月1日　市制施行

知《ち》 立《りゅう》 市

明治22年10月1日　町制施行
明治39年5月1日　碧海郡牛橋村《うしはし》・上重原村《かみしげはら》・長崎村《ながさき》の一部を編入
昭和45年12月1日　市制施行

岩《いわ》　倉《くら》　市

明治25年４月18日　町制施行
明治39年５月１日　丹羽郡豊秋《とよあき》村・島野《しまの》村・幼《おさな》村(一部をのぞく)を編入
昭和46年12月１日　市制施行

豊《とよ》　明《あけ》　市

昭和32年１月１日　町制施行
昭和47年８月１日　市制施行

日《にっ》　進《しん》　市

昭和33年１月１日　町制施行
平成６年10月１日　市制施行

田《た》　原《はら》　市《し》

平成15年８月20日　渥美郡田原町(明治25年10月３日，町制施行，明治39年７月16日，渥美郡相川《あいかわ》村・童浦《どうほ》村・大久保《おおくぼ》村を編入，昭和30年１月１日，渥美郡野田《のだ》村・神戸《かんべ》村を編入，昭和30年４月１日，渥美郡杉山村の一部を編入)・赤羽根《あかばね》町(昭和33年11月１日，町制施行)を合体，市制施行
平成17年10月１日　渥美郡渥美《あつみ》町(昭和30年４月15日，渥美郡伊良湖岬《いらごみさき》村・泉《いずみ》村・福江《ふくえ》町〈明治30年２月22日，町制施行，明治39年７月16日，中山《なかやま》村・清田《きよた》村を編入〉を合併，町制施行)を編入

愛《あい》　西《さい》　市《し》

平成17年４月１日　海部郡佐屋《さや》町(昭和30年４月１日，海部郡佐屋村・市江村の一部を合併，町制施行，昭和31年４月１日，海部郡永和村の一部を編入)・立田《たつた》村(明治39年７月１日，海西郡六ツ和《むつわ》村の一部・五会《いつえ》村・早尾《はやお》村・松山中島《まつやまなかじま》村・立和《たつわ》村・川治《かわじ》村合併)・八開《はちかい》村(明治39年７月１日，海西郡開治《かいじ》村・八輪《はちわ》村・六ツ和村の一部を合併)・佐織《さおり》町(昭和14年11月３日，町制施行)を合体，市制施行

清《きよ》　須《す》　市《し》

平成17年７月７日　西春日井郡西枇杷島《にしびわじま》町(明治22年10月１日，西春日井郡下小田井《しもおたい》村・小場塚新田《こばつかしんでん》合併，町制施行)・清洲《きよす》町(明治22年10月１日，町制施行，明治39年７月16日，西春日井郡朝田《あさた》村・一場《いちば》村を編入，明治42年10月１日，中島郡大里村の一部を編入，明治43年10月１日，海部郡甚目寺《じもくじ》村の一部を編入，昭和18年１月１日，海部郡甚目寺町〈昭和７年８月１日，町制施行〉の一部を編入)・新川《しんかわ》町(明治23年12月17日，町制施行，明治39年４月１日，西春日井郡桃栄《とうえい》町〈明治23年７月28日，町制施行〉・寺野《てらの》村・阿原《あわら》村を編入)を合体，市制施行
平成21年10月１日　西春日井郡春日町(平成２年４月１日，町制施行)を編入

北名古屋市《きたなごやし》

平成18年３月20日　西春日井郡師勝《しかつ》町(昭和36年４月１日，町制施行，昭和38年９月１日，

西春日井郡北里村の一部を編入）・西春町《にしはる》(昭和38年11月１日，町制施行）が合体，市制施行

弥《や》富《とみ》市《し》

平成18年４月１日　海部郡弥富町(明治36年８月26日，町制施行，明治39年７月１日，海《かい》西《さい》郡十四山《じゅうしやま》村の一部・市腋《いちえ》村の一部を編入，一部を鍋田《なべた》村へ分割，昭和30年４月１日，海部郡鍋田村・市江《いちえ》村の一部を編入）・十四山村(明治22年10月１日，海西郡佐古木新田《さこぎしんでん》・又八《またはち》新田・鎌倉《かまくら》新田・六条《ろくじょう》新田・鮫ケ地《さめがんじ》新田・坂中地《さかなかじ》新田・馬ケ地《うまがんじ》新田・子宝《こだから》新田・西蜆《にししじみ》村・東蜆《ひがししじみ》村・竹田《たけた》新田・四郎兵衛《しろべえ》新田・亀ケ地《かめがんじ》新田・下押萩《しもおしはぎ》村・上押萩《かみおしはぎ》村・海屋《かいおく》新田合併）を合体，市制施行

みよし市《し》

平成22年１月４日　西加茂郡三好《みよし》町(昭和33年４月１日，町制施行）が市制施行

あま市《し》

平成22年３月22日　海部郡七宝《しっぽう》町(昭和41年４月１日，町制施行）・美和《みわ》町(昭和33年１月１日，町制施行）・甚目寺町(昭和７年８月１日，町制施行，昭和18年１月１日，一部を清洲町へ分割）を合体，市制施行

長《なが》久《く》手《て》市《し》

平成24年１月４日　愛知郡長久手町(昭和46年４月１日，町制施行）が市制施行

愛《あい》知《ち》郡

東《とう》郷《ごう》町《ちょう》　昭和45年４月１日　町制施行

西春日井郡《にしかすがい》

豊《とよ》山《やま》町《ちょう》　昭和47年４月１日　町制施行

丹《に》羽《わ》郡

大《おお》口《ぐち》町《ちょう》　昭和37年４月１日　町制施行
扶《ふ》桑《そう》町《ちょう》　昭和27年８月１日　町制施行

海《あ》部《ま》郡

蟹《かに》江《え》町《ちょう》　明治22年10月１日　町制施行
明治39年７月１日　海東郡西之森《にしのもり》村・須成《すなり》村・新蟹江《しんかにえ》村を編入
昭和31年４月１日　海部郡永和村の一部を編入
大《おお》治《はる》町《ちょう》　昭和50年４月１日　町制施行
飛《とび》島《しま》村《むら》　明治22年10月１日　海西郡飛島《とびしま》新田・政成《まさなり》新田・服岡《ふくおか》新田合併
明治39年７月１日　海西郡宝地村の一部を編入

知《ち》多《た》郡

阿久比町《あぐいちょう》　昭和28年1月1日　町制施行

東浦町《ひがしうらちょう》　昭和23年6月1日　町制施行

南知多町《みなみちたちょう》　昭和36年6月1日　知多郡豊浜《とよはま》町(明治38年2月1日，町制施行，明治39年7月1日，知多郡豊丘《とよおか》村の一部を編入)・師崎《もろざき》町(明治27年9月8日，町制施行，明治39年7月1日，知多郡大井《おおい》村を編入)・篠島《しのじま》村・日間賀島《ひまかじま》村・内海《うつみ》町(明治26年11月8日，町制施行)合併，町制施行

美浜町《みはまちょう》　昭和30年4月1日　知多郡野間《のま》町(昭和17年7月1日，町制施行)・河和《こうわ》町(明治36年5月6日，町制施行，明治39年7月1日，知多郡布土《ふっと》村・豊丘村の一部を編入)合併，町制施行

昭和32年3月31日　知多郡小鈴谷町(昭和27年7月1日，町制施行)の一部を編入

武豊町《たけとよちょう》　明治24年2月17日　町制施行

昭和29年10月5日　知多郡富貴《ふき》村を編入

額《ぬか》田《た》郡

幸田町《こうたちょう》　昭和27年4月1日　町制施行

昭和29年8月1日　幡豆郡豊坂《とよさか》村を編入

北設楽郡《きたしたら》

設楽町《したらちょう》　昭和31年9月30日　北設楽郡名倉《なぐら》村・田口《たぐち》町(明治33年10月10日，町制施行)・段嶺《だみね》村・振草《ふりくさ》村の一部合併，町制施行

平成17年10月1日　北設楽郡津具《つぐ》村(昭和31年9月30日，北設楽郡上津具《かみつぐ》村・下津具《しもつぐ》村合併)を編入

東栄町《とうえいちょう》　昭和30年4月1日　北設楽郡本郷《ほんごう》町(大正10年10月10日，町制施行)・下川《しもかわ》村・園《その》村・御殿《みどの》村合併，町制施行

昭和31年7月1日　北設楽郡三輪《みわ》村の一部を編入

昭和31年9月30日　北設楽郡振草村の一部を編入

豊根村《とよねむら》　明治22年10月1日　北設楽郡古真立《こまだて》村・三沢《みさわ》村・下黒川《しもくろがわ》村・上黒川《かみくろがわ》村・坂宇場《さかうば》村合併

平成17年11月27日　北設楽郡富山《とみやま》村(明治11年12月28日，北設楽郡佐太《さた》村・大谷《おおたに》村・市原《いちはら》村・河内《かわち》村合併)を編入

■ 祭礼・行事

(2014年８月現在)

〔１月〕

３　てんてこ祭り　➔西尾《にしお》市熱池《にいけ》町・八幡社(名鉄西尾線西尾駅からバス熱池下車)

てんてこ祭りは，西三河の平野部に唯一伝わる，豊作を祈る田遊びの行事。午後１時，地区の東をとおる県道手前で行列をととのえてから神明社にむけて出発する。赤い衣装に身をつつんだ６人の厄男のうち，コジメ太鼓，飯櫃《めしびつ》，ナマスなどを運ぶ３人の腰へ大根製の男根を着け，おもしろおかしく腰をふりながら道中を進む。他の３人は竹ホウキをもち，境内で藁灰《わらばい》をはいて参拝者に灰をかける。テンテコの名は太鼓の擬音《ぎおん》からきているという。県指定無形民俗文化財。

３　鳳来寺田楽《ほうらいじでんがく》　➔新城《しんしろ》市門谷字鳳来寺(ＪＲ飯田線本長篠《ほんながしの》駅からバス鳳来寺下車徒歩１時間，または本長篠駅から車利用)

真言宗《しんごんしゅう》の古刹《こさつ》，鳳来寺は峰の薬師ともよばれる。鳳来寺田楽は三河三田楽の一つ。西郷と東郷の田楽衆により，鳳来寺一山で繰り広げられたが，現在は修正会《しゅしょうえ》の結願《けちがん》になる正月３日，本堂前の田楽堂で行われる。午前と午後の部に分かれており，夕方にはおわる。鳳来寺田楽は，神楽《かぐら》，田楽，延年《えんねん》，田遊びなど，中世的な芸能内容をよく伝えている。古くは，この地方における同系統芸能の中心的な役割をになっていた。国指定無形民俗文化財。

３・４　大谷《おおたに》の御神楽　➔北設楽郡豊根《とよね》村大谷・熊野神社(ＪＲ飯田線大嵐《おおぞれ》下車徒歩)

大谷の御神楽は，本土で日本一人口の少ない村と話題になった富山村に伝わる，湯立《ゆだて》を中心とする神楽である。氏神の熊野神社で行われる。花祭り同様，霜月《しもつき》神楽であるが，こちらの方が素朴なリズムで，両日の深夜共に演じられる面形の舞が特色である。その内容は，「どんずく(獅子舞)，鬼神，兄弟鬼，禰宜《ねぎ》，はなうり，しらみふくいと女郎面」の順に登場する。長野県天竜《てんりゅう》村坂部《さかんべ》の冬祭りと共通する内容もあり，注目されている。

３・４　篠島《しのじま》の正月祭礼　➔知多《ちた》郡南知多町篠島(名鉄河和《こうわ》線河和駅から渡船)

三河湾に浮かぶ篠島は，伊勢《いせ》神宮へ御幣鯛《おんべたい》をおさめる島である。そのため伊勢地方との関係も深く，御頭《おかしら》神事系の行事を伝えている。正月３日午後６時，全島が消灯されたなかを，御頭のオジンジキ様が八王子神社から神明社へわたる。それまで息をひそめていた島民はいっせいに家からでてわれさきに初参りをする。４日午後１時，大名行列を分けいって進み，途中の浜で舞ってから八王子神社へ帰る。オジンジキ様は獅子頭であるが，紙垂《しで》でおおわれているので像様はわからない。

７　世様《よだめし》神事　➔名古屋市熱田《あつた》区・熱田神宮(ＪＲ東海道本線熱田駅か名鉄名古屋本線神宮前駅または地下鉄名城線神宮西駅下車)

世様神事は水の減水で豊凶をうらなう行事。三種の神器の一つ草薙剣《くさなぎのつるぎ》をまつる熱田神宮の末社，大幸田《おおさきだ》神社で行われる。午後2時，前年に水をいれ東宝殿《とうほうでん》床下におさめた甕《かめ》を，大幸田神社の前まで運び，尺木で減水の量をはかるのである。その甕に水をいれかえる封水《ふうすい》の神事は，12日に神楽殿で行われる。これは本来，牛王宝印《ごおうほういん》を刷る霊水であった。近世まで大幸田神社は神宮寺と関係の深い社で，大福田《だいふくでん》社と称していた。

11　踏歌《とうか》神事　➔名古屋市熱田区・熱田神宮（ＪＲ東海道本線熱田駅か名鉄名古屋本線神宮前駅または地下鉄名城線神宮西駅下車）

踏歌神事は，宮中行事である踏歌の節会《せちえ》が民間に伝えられたもの。熱田ではアラレバシリの神事，オベロベロ祭ともよばれた。催馬楽《さいばら》の万春楽《ばんしゅんらく》，竹川《たけかわ》，浅花田《あさはなだ》にあわせ，卯杖《うづえ》舞，扇舞を４人の舞人が神前へ順番に進みでて舞う。そして仮面を着けた高巾子《こうこうじ》役が，詩頭《じとう》のよむ踏歌祭頌文《しょうもん》の区切りに振り鼓をふる。古くはその音色で農民らが豊凶をうらなったという。午前に本宮《ほんぐう》，午後から八剣宮《はっけんぐう》と大幸田神社をめぐって行われる。初春を言祝《ことほ》ぐ行事で，宝物館にある頌文には文永７(1270)年の奥書がある。

15　歩射《ほしゃ》神事　➔名古屋市熱田区・熱田神宮（ＪＲ東海道本線熱田駅か名鉄名古屋本線神宮前駅または地下鉄名城線神宮西駅下車）

熱田の歩射神事は，きねこさ祭り，国府宮《こうのみや》裸祭りとともに，古く尾張《おわり》の三大奇祭に数えられた。神楽殿前の参道で午後１時から行われる。魔津星《まつぼし》役により白木弓《しらきゆき》で天，地，的の中央(千木《ちぎ》)へ３矢を放つ魔津星行事ののち，６人の神職による歩射《ぶしゃ》となる。３組に分かれた射手《いて》が２矢ずつ３回，あわせて36本を射おえると，参拝者が的に押しかけて千木を取りあう。さらに破片も護符となるので，じきに的は跡形もなくなってしまう。

〔旧暦１月〕

旧正月に近い日曜日ほか　鹿打ち行事　➔北設楽郡東栄《とうえい》町月《つき》・小林・布川《ふかわ》・古戸《ふっと》（ＪＲ飯田線東栄駅からバス本郷下車，車利用）

鹿打ち行事は，アオキや杉などの枝でつくった模造獣を，弓矢で射る行事である。旧正月から初午ごろに，それぞれの氏神で行われる。かつては東栄町をはじめ周辺各地でも行われていたが今は少なくなった。その模造獣は鹿や猪とみなされ，狩猟儀礼との関係も考えられているが，むしろ豊作を祈念することで行事内容は共通する。また新城市能登瀬《のとせ》でも４月に鹿打ち行事が行われる。県指定無形民俗文化財。

7　菟足《うたり》神社の田祭り　➔豊川《とよかわ》市小坂井《こざかい》町・菟足神社（ＪＲ飯田線小坂井駅下車）

１年の農作業を疑似的に演じて豊作を祈願する田遊びの行事。菟足神社では旧正月７日，拝殿前におかれた太鼓を中心に13番の所作が行われる。その太鼓は田とみなされる。作大将《さくだいしょう》がサギとよばれる御幣をもち，本殿とのあいだを１番ごとに行き来して，神様のお告げを聞きながら行事を進めていく。午後６時からはじまり，１時間余りで終了する。県指定無形民俗文化財。

７日に近い土曜日　滝山寺《たきさんじ》の鬼祭り　➔岡崎《おかざき》市滝《たき》町・滝山寺（名鉄名古屋本線東

岡崎駅から臨時バス）

源　頼朝《みなもとのよりとも》とも縁の深い滝山寺では修正会結願に，鬼祭りが行われる。本来は旧正月７日を祭日とした。日がくれてから長刀をふりまわし，本堂前で世襲の十二人衆により行われる庭祭りがいわゆる田遊びで，それがおわると火祭りとなり，祖父，祖母，孫の三鬼がでてくる。重要文化財に指定されている本堂の欄干《らんかん》周りを，鬼は鉞《まさかり》や餅をもち，燃え盛る松明《たいまつ》のあいだにはいってかけめぐる。県指定無形民俗文化財。

13　**国府宮の裸祭り**　➡稲沢《いなざわ》市・尾張大国霊《おおくにたま》神社（名鉄名古屋本線国府宮駅下車）

尾張国の総社である尾張大国霊神社の裸祭りは，神宮寺で行われた修正会を起源とする。各地から厄歳《やくどし》の裸男が集団で儺追笹《なおいざさ》を奉納する。夕刻，神男《しんおとこ》がひそかに群れのなかへ登場すると，裸男たちはわれさきにふれようと突進する。翌日の午前３時から神宮寺跡の庁屋で夜《よ》儺追神事があり，神男が土餅と人形を背負い，その人形の紙燭《ししょく》に火をつけると，参拝者から礫を投げられ追いはらわれる。現在，神男は志願だが，古くは旅人をとらえていたという。県指定無形民俗文化財。

17　**岩塚《いわつか》のきねこさ祭り**　➡名古屋市中村《なかむら》区岩塚町（地下鉄東山線岩塚駅から市バス岩塚本通五丁目下車）

きねこさ祭りは旧正月17日，岩塚町の氏神《うじがみ》である七所社《しちしょしゃ》で行われる豊作を祈る田遊びの行事。田祭り，ツウクラ祭りともよばれる。昼すぎ，庄内《しょうない》川へ笹を立てて１人の役者がよじのぼり，その倒れる方向で，今年の豊凶をうらなう。その後，境内では12人の役者が，担当の持ち物を手にして所作を行う。それらの祭具で打たれると厄からのがれるという。役者らが読む古祭文には応永32(1425)年と記されている。

〔２月〕

第１日曜日　**黒沢《くろさわ》田楽**　➡新城市七郷一色《ななさといっしき》字黒沢・阿弥陀堂《あみだどう》（ＪＲ飯田線本長篠駅から車利用）

黒沢田楽は三河三田楽の一つ。阿弥陀堂における修正会の行事として，数軒の集落で長く伝えられてきた。黒沢は，静岡県との県境に接した集落であり，この田楽は「おくない」ともよばれている。38番までがあり，なかには剣の舞など激しい内容も含まれるが，むしろ田楽や神楽よりも畑作を中心とした田遊びに特色がある。昼少し前からはじまり，夕刻にはおわる。国指定無形民俗文化財。

10・11　**豊橋《とよはし》の鬼祭り**　➡豊橋市八町《はっちょう》通３丁目・安久美神戸《あくみかんべ》神明社（ＪＲ東海道本線豊橋駅または名鉄名古屋本線豊橋駅から市電豊橋公園前下車）

豊橋の鬼祭りは，安久美神戸神明社で行われる，田楽の要素が強い芸能である。11日の午後，赤鬼と天狗のカラカイが境内である。その他，四天師《してんじ》やササラ児など田楽らしい役が登場し，担当の所作を演じる。また，歩射やカギヒキなどの年占もみられる。町中や境内をタンキリ飴と粉をまいて走りまわる。その粉が身にかかると夏病みしないといわれている。国指定無形民俗文

化財。

11　田峯《だみね》田楽　➔北設楽郡設楽町田峯・観音堂（ＪＲ飯田線本長篠駅からバス田峯下車徒歩20分）

田峯田楽は三河三田楽の一つ。永禄２(1559)年，時の田峯城主が近くの大輪《おおわ》村から田楽衆を移住させてはじめたと伝えている。その内容は，行われる場所と内容で「昼田楽，夜田楽，朝田楽」に分けることができ，芸能はそれぞれ，神楽，田遊び，田楽が中心で，その場所も額堂《がくどう》，観音堂内陣，庭と異なる。役柄は現在でも世襲である。翌12日は子供三番叟《さんばそう》と地狂言《じきょうげん》が，農村舞台で奉納される。田楽は国指定無形民俗文化財。舞台は県指定有形民俗文化財。

第２日曜日　鳥羽《とば》の火祭り　➔西尾市鳥羽町・神明社(名鉄蒲郡《がまごおり》線三河鳥羽駅下車)

鳥羽の地区内を干地と福地に分け，農と漁，どちらが豊作かをうらなう行事。日がくれてから神明社境内に萱《かや》でつくられた２つの大スズミを燃やし，真ん中におさめてあるシン木をはやく取りだして神前へ奉納した方が勝ちとなる。日中に三河湾で身を清めた若者が，燃える大スズミへよじのぼり，そのはやさをきそう。スズミの燃え方でも豊凶をうらなう。国指定無形民俗文化財。

〔４月〕

３　桃花祭《とうか》　➔一宮《いちのみや》市真清田《ますみだ》１丁目・真清田神社（ＪＲ東海道本線尾張一宮駅または名鉄名古屋本線新一宮駅下車)

真清田神社は尾張国の一宮である。桃花祭は古く３月３日に行われ，桃の枝を川へ流したのが始まりという。また短冊祭とも称した。豪華な飾りを鞍上にのせた馬が，近郷から多くでることで知られたが，戦災で焼失したり馬の減少により数は少なくなった。尾張の古態山車《だし》である，車楽《だんじり》２輛が楼門前にかざられる。

第１土・日曜日　犬山《いぬやま》祭り　➔犬山市犬山・針綱《はりつな》神社(名鉄犬山線犬山駅下車)

犬山は尾張藩の付家老成瀬《かろうなるせ》氏の城下町《じょうかまち》で，天守閣《てんしゅかく》は国宝に指定されている。犬山では山車をヤマとよび「車山」と表記する。ここの鎮守である針綱神社の祭礼に13輛の車山がだされ，そのすべてでからくり人形があやつられる。３層外輪の車山で，山車祭りは慶安３(1650)年にはじまるという。犬山城の下に鎮座する針綱神社前広場に13輛の車山が勢揃いし，からくり人形を披露する。夜は提灯で車山をかざる。国指定無形民俗文化財，山車は県指定有形民俗文化財。

７，８日に近い土・日曜日　うなごうじ祭り　➔豊川《とよかわ》市牛久保《うしくぼ》町・八幡社（ＪＲ飯田線牛久保駅下車)

やんよう神が，道路などところかまわず寝ころぶ祭りとして知られるが，若葉祭りが正式名。それは牛久保城主の招きで，城内で酒を飲んだ領民のさまをあらわしているという。３人による太鼓踊りである笹踊りの囃子方《はやしかた》がやんよう神である。祭りの中心は獅子頭の渡御《とぎょ》で，各組の行列も組印であるダシ

とともにしたがう。また大山とよばれる山車上では隠れ太鼓が行われる。笹踊りや隠れ太鼓は，異国風な衣装を着用する。県指定無形民俗文化財。

第２金〜日曜日　風《かぜ》祭り　➔豊川市小坂井町小坂井・莵足神社(ＪＲ飯田線小坂井駅下車)

生贄《いけにえ》祭ともよばれ，旅人の子女をとらえて神に捧げたのが，のちに鹿や猪とかわり，現在では雀になっている。『今昔《こんじゃく》物語集』や『宇治拾遺《うじしゅうい》物語』にも登場する祭りである。小坂井と宿から曳《ひ》きだされる山車の曳き綱でおたがいに争い，その優劣で風の強さや方向を判断し，豊凶をうらなった。土曜日には手筒や大筒の煙火《はなび》，日曜日には渡御がある。その他，笹踊りなどもあり，盛りだくさんな行事内容で構成されている。

中旬の土・日曜日　大獅子小獅子の舞(成岩《ならわ》祭り)　➔半田《はんだ》市有楽《ゆうらく》町・成岩神社(名鉄河和線成岩駅下車)

大獅子・小獅子の舞は，大獅子と小獅子，別々の獅子舞である。成岩町の氏神，成岩神社の祭礼で奉納される。神社へ山車４輛を曳きこんでから，大獅子・小獅子の舞と神子舞が専用の特設舞台でそれぞれ演じられる。大獅子は，鳥カブトを着けたササラすりの童子とともに，「剣獅子」など４曲の神楽獅子を舞う。小獅子は，高張り提灯を先頭に道行きした道化役の面能が舞台へ参入するとアクロバット的に舞う。土曜の夕刻からの奉納が印象的である。県指定無形民俗文化財。

中旬の日曜日　板山《いたやま》の獅子芝居　➔半田市神代《かみしろ》町・八幡神社(名鉄河和線知多半田駅からバス板山下車)

獅子芝居は，主役の女形だけが獅子頭を着けて芝居を演じるもので，江戸時代から昭和初期にかけて尾張地方などでは大流行した。板山町では日役《ひやく》で伝承され，日曜日に山車を八幡神社へ曳きこんでから奉納される。天保年間(1830〜44)の獅子頭も残されるが，現在の芸態は，江南《こうなん》市今市場《いまいちば》の今村新丸《いまむらしんまる》の芸風を学んだもので，さらに知多の地方色も残している。外題として「阿《あ》波之鳴門《わのなると》」「忠臣蔵《ちゅうしんぐら》」「矢口之渡《やぐちのわた》し」などを上演することが多い。県指定無形民俗文化財。

〔５月〕

２・３(隔年)　知立《ちりゅう》祭り　➔知立市西《にし》町・知立神社(名鉄名古屋本線知立駅下車)

知立は東海道《とうかいどう》の宿場町《しゅくばまち》であった。知立神社は三河国の二宮。隔年にだされる山車の上で，文楽《ぶんらく》とからくり人形芝居が演じられる。ここで山車祭りがはじまったのは，承応２(1653)年からと伝わるが，人形を採用した年はわからない。山車は山町，中新町，本町，西町の４輛であったものが，昭和になってから宝町が加わり５輛となった。文楽は４町内，からくり人形は西町が「一ノ谷合戦」を伝えている。神社での奉納は，３日の午後からである。国指定無形民俗文化財。

３・４　砥鹿《とが》神社神幸《しんこう》祭　➔豊川市一宮《いちのみや》町・砥鹿神社(ＪＲ飯田線三河一宮駅下

車)
砥鹿神社は三河国の一宮である。5月に行われる例祭は，馬にのった子どもが馬場を駈け抜けることで知られる。3日が宵宮《よいみや》祭，4日は神幸祭である。すなわち，4日に本社から末社の八束穂《やつかほ》神社へ神輿《しんよ》の渡御があり，騎児が馬上から弓を射る真似をする流鏑馬《やぶさめ》の式がある。還御後，騎児が5色の布引をなびかせて，12頭の馬が5往復馬場を駈け抜ける。前日の宵宮祭は試乗式で3往復する。

3・4　**亀崎潮干祭り《かめざきしおひ》**　➔半田市亀崎町・神前《かみさき》神社(ＪＲ武豊《たけとよ》線亀崎駅下車)
亀崎の潮干祭りは，潮が引いた砂浜へ山車を曳きいれるので，その名がある。起源は定かではないが，江戸時代後期には現在のような素木の彫刻で全体をかざる，2層の知多型とよばれる山車形態となった。亀崎には5輌の山車があり，前山(東組は3人遣いの三番叟)と上山でからくり人形があやつられる。とくに田中組の傀儡師《かいらいし》は，古い芸態がそのまま残されている。国指定無形民俗文化財，山車は県指定有形民俗文化財。

4　**酔笑人《えようど》神事**　➔名古屋市熱田区・熱田神宮(ＪＲ東海道本線熱田駅か名鉄名古屋本線神宮前駅または地下鉄名城線神宮西駅下車)
朱鳥元(686)年，一時，宮中にあった草薙剣が，熱田の宮へ帰られたのをよろこんではじまった神事と伝える。オホホ祭りともよばれる。午後7時，境内西の影向間《ようごうのま》社へ参進し，みてはならぬ仮面を面筥《めんばこ》から袖越しにうけとる。面役2人が軽く仮面をたたき，笛が吹かれると全員で大笑いする。そのまま本宮へ戻り，神楽殿前，八剣宮《はっけんぐう》，清雪門《せいせつもん》前をめぐって同様に行い筥へ面を帰す。その筥は来年の祭りまで封印される。

8～13　**花の撓《とう》**　➔名古屋市熱田区・熱田神宮(ＪＲ東海道本線熱田駅か名鉄名古屋本線神宮前駅または地下鉄名城線神宮西駅下車)
神楽殿前にある西楽所《がくしょ》へかざられた人形などの状況をみて，各自が銘々に天候や農作物の豊凶を判断する行事。「オタメシ」ともよばれ，古くは卯月8日の行事であり，たいへんにぎわった。場面は田所と畠所に分かれ，それぞれの農作業のようすがジオラマ化されている。8日は午前8時から神事があり，その後，一般に公開される。また，熱田神宮の花の撓を，地元へ帰って再現するところも少なくない。その絵図が期間中わけられる。

〔6月〕

第1土・日曜日　**西枇杷島《にしびわじま》祭り**　➔清須市西枇杷島町(名鉄名古屋本線二ツ杁《ふたついり》駅か西枇杷島駅またはＪＲ東海道本線枇杷島駅下車)
名古屋城下の青物市場として栄えた西枇杷島で行われる山車祭り。からくり人形ののった山車が5輌曳きだされる。山車祭りは享和2(1802)年からはじまり，現在の5輌が出揃ったのは明治4(1871)年である。その山車形態は，唐破風《からはふ》を細い四本柱でささえた2層外輪の名古屋型。旧美濃《みの》街道の町なみを曳かれるさまは，多くを太平洋戦争で焼失した名古屋城下における山車祭りの面影を残している。

〔7月〕

10日に近い土曜日　**祖父江《そぶえ》の虫送り**　➔稲沢市祖父江町島本新田《しまもとしんでん》（名鉄尾西《びさい》線丸《まる》渕《ぶち》駅から車利用）

田の害虫を駆除するための行事。日がくれてから半鐘《はんしょう》と太鼓ではやし，人形と松明をもって田をまわる。人形はシャネモリサンとよばれ，それは斎藤実盛《さねもり》のことで，馬の上にのった姿である。神社に到着すると残った松明を積みあげ，その火のなかへ人形をいれて燃やしてしまうと行事はおわる。人形は麦藁でつくられる。県指定無形民俗文化財。

第3金～日曜日　**豊橋の祇園《ぎおん》祭り**　➔豊橋市関屋《せきや》町・吉田神社（ＪＲ東海道本線豊橋駅または名鉄名古屋本線豊橋駅から市電札木《ふだぎ》下車）

三河地方は煙火の盛んなところである。その一つに豊橋の祇園祭りがある。吉田城の鎮守であった吉田天王社の祭礼で，近世には6月13日から15日に行われ，建物煙火や綱火《つなび》が町中で繰り広げられた。今でも打上げ煙火のほか，手筒や大筒の煙火が氏子町内から奉納される。日曜日には神輿《しんよ》渡御があり，太鼓踊りの一つである笹踊りや獅子頭のほか，頼朝や乳母など風流的な練物《ねりもの》も，その行列には加わっている。

第3金～日曜日　**豊川進雄神社《とよかわすさのお》夏祭り**　➔豊川市豊川西町・豊川進雄神社（ＪＲ飯田線豊川駅または名鉄豊川稲荷駅下車）

豊川稲荷の門前町《もんぜんちょう》でもある豊川の夏祭りである。土曜日に進雄神社境内で綱火が行われる。煙火がロケットのように綱の上をつぎつぎに走る。また手筒や大筒も奉納される。日曜日の夕方，神輿渡御が行われ，笹踊りなどが行列に加わる。道中に組み立ててある山車前を神輿が通過するときに稚児の舞がある。綱火は県指定無形民俗文化財。

第4土・日曜日　**尾張津島《つしま》天王祭**　➔津島市神明町・津島神社（名鉄津島線津島駅下車）

津島神社は，京の祇園とともに，夏の疫病退散を祈る代表的な神社。かつて旧暦6月14日が試楽《しがく》，15日は朝祭であった。現在は，土曜の試楽に提灯で半球状にかざった5艘の巻藁舟《まきわらぶね》が津島からでる。日曜の朝祭には模様替えされ，市江《いちえ》を加えた6輛の能人形をかざる車楽舟がだされる。車楽は中世からの伝統がある山車形態。朝祭りがおわった深夜，ひそかに御葭《みよし》流しの神事が執り行われ，それが流れついたところで75日間まつられる。車楽行事は国指定無形民俗文化財。車楽は県指定有形民俗文化財。

〔8月〕

第1土・日曜日　**須成《すなり》祭り**　➔海部《あま》郡蟹江《かにえ》町須成・冨吉建速《とみよしたけはや》神社（ＪＲ関西線蟹江駅下車）

津島天王祭の影響を大きくうけ，遠くにのぞむ多度《たど》大社とも関係があるなど，この地で独自に展開した祭礼。蟹江川には津島と同様な1艘の祭舟をだす。御葭神事も厳格に行われる。下流まで葭《よし》を刈りに舟ででかけ，朝祭の翌日に放流し，それを境内に75日間まつるのである。以前は着岸した地区で厳粛に

まつった。また「尻ツネリ祭り」ともよばれ，それは村内間における男女出会いの場であった。国指定無形民俗文化財。

第１日曜日　石上《いしあげ》祭り　➔犬山市富士山・大宮浅間《おおみやせんげん》神社(名鉄犬山駅からバス尾張富士下車)

尾張富士と本宮山が，山の背くらべをした故事に由来する祭り。負けた尾張富士へ献石するのである。朝から終日，棒に縛りつけた石を８人，または16人でかついで山頂まで運びあげる。日がくれると火祭りとなる。参道に大篝《かがり》火《び》が数多くたかれ，若者が松明に綱をつけてまわしながら降りてくる火振り神事が行われる。

10・15　綾渡《あやど》の夜念仏《よねんぶつ》　➔豊田市綾渡町・平勝寺《へいしょうじ》(名鉄三河線豊田市駅または名鉄名古屋本線東岡崎駅からバス足助バスセンター下車，車利用)

綾渡は，紅葉の名所である足助香嵐渓《こうらんけい》から，さらに山をのぼったところにある。夜念仏は，盆の10日と15日の両日，午後７時から平勝寺境内で行われる。以前は新仏の家をまわった。音頭取りの調子にあわせ，側《がわ》とよばれる念仏衆が手にした小さな鉦《かね》をたたきながら，ところどころで決められた辻回向《えこう》，門《もん》開き，観音様回向，神回向，仏回向をとなえる。太鼓踊りを伴わない，素朴な盆行事である。夜念仏がおわると，伝来の盆踊りが行われる。国指定無形民俗文化財。

14・15　大海《おおみ》の放下《ほうか》踊り　➔新城《しんしろ》市大海(ＪＲ飯田線大海駅下車)

放下踊りは，先祖の霊をなぐさめる太鼓踊りの一つで，大団扇《うちわ》を背負うところに特色がある。その編成は，チョーシとよばれる鉦，大団扇を背負った太鼓(３人)，ヤナギを背負ったササラの５人である。新盆の家をめぐりながら，道行きと庭入り，そして念仏を行いながら踊るのである。中世の放下僧が伝えた芸能から発達しており，古風な唄が残されている。県指定無形民俗文化財。その他，旧鳳来町にも同系の芸能が５カ所に伝わる。

14〜17　田峯の念仏踊り　➔北設楽郡設楽町田峯(ＪＲ飯田線本長篠駅からバス田峯下車徒歩20分)

田峯の念仏踊りは，大きめな締太鼓《しめたいこ》を右手にもち，左手の桴《ばち》でたたきながらはねる太鼓踊りである。ハネコミともよばれ，同系の太鼓踊りは設楽町周辺各地に分布する。新盆の家があれば14日と15日に行われる。108本のタイマツがたかれたなかを，切り子灯籠を先頭に，小中学生女子の手踊り，念仏踊り保存会のものが太鼓と笛，鉦ではやして庭入りし，太鼓踊りを行う。途中で念仏がとなえられ，ふたたび太鼓踊りののち，行列をととのえて退出する。17日は田峯観音で行われる。県指定無形民俗文化財。

15　信玄原《しんげんばら》の火《ひ》おんどり　➔新城市竹広《たけひろ》(ＪＲ飯田線東郷《とうごう》駅下車)

設楽原の戦いによる武田軍の戦死者を供養した大塚・小塚を信玄塚とよぶ。ある年，その塚から蜂の大群が発生して，人びとを困らせていた。それは武田方による亡霊の仕業《しわざ》と考えた里人は，供養の法要をいとなみ松明を焚いたのが火踊の始めという。祭りは日がくれてからである。長さ２ｍほどの葦《あし》

を太い束にして，それに神聖な種火を点火して，何人もの若者が踊るように振りまわす。県指定無形民俗文化財。

26・27　三河一色《いっしき》の大提灯祭り　➔西尾市一色《いっしき》町一色・諏訪神社(名鉄三河線三河一色下車)

諏訪神社境内に，所狭しと6組の提灯屋形が仕組まれ，それぞれ1対ずつの神話などが描かれた大提灯をつるす。長さは10m近い物もある。田畑を荒らす海魔を大篝火をたいて退散させたのが始まりで，のちに提灯となり大きさをきそった結果，現在の大提灯になったと伝える。それは江戸時代末期から明治時代初期である。26日の午前，競争で提灯をつりあげ，夜になると神火を特製の大蠟燭《ろうそく》へ移す。県指定有形民俗文化財。

〔旧暦8月〕

1　水法《みずのり》の芝馬《しばうま》祭り　➔一宮市浅野《あさの》字水法(ＪＲ東海道本線尾張一宮または名鉄名古屋本線新一宮駅からバス浅野小学校前下車)

芝馬祭りは，旧暦の八朔《はっさく》に行われる子供行事である。大人が午前中にチガヤで芝馬の本体をつくって行事の準備をする。午後になると，小学生の男児が芝馬の綱を引いて，ワッショイと掛け声をかけながら白山社を出発する。地区内をまわって最後に水法川へ流してしまう。それは神送りや厄送りと似ている。芝馬にはチガヤのほか，茄子《なす》，ホオズキ，唐辛子《とうがらし》，唐モロコシ，藤蔓《ふじづる》などが使われる。県指定無形民俗文化財。

〔10月〕

第1土・日曜日　津島秋祭り　➔津島市神明《しんめい》町・津島神社(名鉄津島線津島駅下車)

津島秋祭りは，旧津島町の七切《ななきり》・今市場・向島《むこうじま》，それぞれ3カ所で別々に行われていた祭礼を，大正15(1926)年，津島神社が国幣《こくへい》小社に昇格したのを記念して統合した。江戸時代から伝統のある，からくり人形をのせた山車が13輛曳きだされる。夏の天王祭とは異なる組織になっている。日曜日の午後，天王通を津島駅前から神社まで，山車は曳行される。日がくれてから神社で，提灯に灯りをいれて自町へ曳き帰る。

第2土・日曜日　猿投《さなげ》祭り　➔豊田《とよた》市猿投町・猿投神社(名鉄豊田新線豊田市駅からバス猿投神社前下車)

猿投神社は三河国の三宮である。ここの祭礼は，古く9月9日の重陽《ちょうよう》の節《せっ》供《く》に行われ，最盛期には，三河だけでなく尾張と美濃の186カ村から参加した。それを合属《がっしょく》とよび13グループに分かれ，それぞれの地区が，飾り馬と棒の手を奉納したのである。棒の手は真剣などを使う民俗芸能。現在は，本社，西宮，東宮の神輿がそろい，猿投地区から献馬がだされ，火縄銃と棒の手も行われている。棒の手は県指定無形民俗文化財。

第2日曜日　大脇《おおわき》の梯子獅子《はしごじし》　➔豊明《とよあけ》市栄《さかえ》・神明社(名鉄名古屋本線前後《ぜんご》駅からバス大脇下車)

大脇の梯子獅子は，高さが11m余の櫓上で行う2人立ちの獅子舞である。

今の名古屋市中村区大秋《おおあき》町から伝承されたという。獅子舞には，梯子獅子と下の舞台で行う神楽獅子があり，それぞれ使用する獅子頭も異なる。その他，軽業師が伝えたという１本竹と吊《つ》るし竹もあり，ここに伝わる曲芸の内容は豊富である。日曜日の昼ごろから氏神の神明社で奉納される。同様な梯子獅子舞はほかに，知多市朝倉《あさくら》でも10月第１土・日曜日に行われている。県指定無形民俗文化財。

第３土・日曜日　三谷《みや》祭り　➔蒲郡市三谷町・八劔《やつるぎ》神社（ＪＲ東海道本線三谷駅下車）

山車が海中を曳行する三谷祭りは，三谷町の氏神，八劒神社と若宮神社の祭礼である。元禄９(1696)年，八劒神社から若宮神社へ渡御する夢を，時の庄屋がみたことにはじまるという。古くは重陽の節供である９月９日に行われた。両神社境内では６区が自慢の芸能を宮入りのときに順次奉納する。日曜の昼前，海に４輛の山車を曳きいれる。一時とだえていたが，平成８(1996)年，36年ぶりに海中曳行を復活した。

第３土・日曜日　挙母《ころも》祭り　➔豊田市挙母町・挙母神社（名鉄豊田新線豊田市駅下車）

挙母祭りは，城下町挙母の氏神である挙母神社の祭礼である。江戸時代初期には飾り車が登場したと伝えられる。現在は，江戸時代後期に形成された，２層外輪の山車が８町内からだされる。屋根上では若者が踊り，猛烈にふりまかれる紙吹雪のなかを祭車が曳《ひ》かれる。土曜日は試楽で町内を山車が曳行し，その夜には各町から神社へ七度参りに繰りだす。日曜日が本楽で，神社へ山車が曳きこまれる。県指定有形民俗文化財。

〔11月〕

第２土曜日　参候《さんぞろう》祭り　➔北設楽郡設楽町三都橋《みつはし》・津島神社（ＪＲ飯田線本長篠駅からバス田口下車車利用）

参候祭りは，三都橋の津島神社で行われる，湯立を中心にした霜月神楽である。かつて11月17日が祭日で，田楽とよばれたとも伝えられるが，現在では変容している。七福神がつぎつぎにでて湯立を行うが，その登場するときに禰宜と「参候，某は……」と問答することから参候祭りとよばれる。土曜日の昼ごろ，栗島の公会堂から観音様を神社へ迎え，芸能は午後８時からはじまり，午後11時すぎにはおわる。翌日の朝，観音様を送る。県指定無形民俗文化財。

中旬土・日曜日～３月初旬　花祭り　➔北設楽郡東栄《とうえい》町・豊根《とよね》村・設楽町の各地（東栄町内にはＪＲ飯田線東栄駅からバス本郷乗換，各地へバスか車利用）

花祭りは霜月に行われた湯立神楽であるが，榊鬼《さかき》，山見《やまみ》鬼，茂吉《もきち》鬼など，鬼の登場する祭りとして知られている。奥三河の東栄町・豊根村・設楽町の17地区において，11月中旬から翌年の３月まで場所をかえて繰り広げられる。民家（現在は公民館）を臨時の祭場とし，神を招いて鬼だけではなく，素面による子どもの花の舞や青年の四つ舞などが，夜を徹して翌日の夕方まで延々

と繰り広げるところも多い。熊野，白山，伊勢，諏訪など修験系の信仰が色濃く反映された神事芸能である。国指定無形民俗文化財。

〔12月〕

15～１月15日頃　**大野谷《おおのだに》の虫供養**　➔知多市と常滑《とこなめ》市にある当番地区（名鉄常滑線の最寄り駅下車）

大野谷の虫供養は，農作業による虫だけでなく，佐治《さじ》氏にかかわる戦乱で犠牲となった武者の霊もあわせて供養されるという。大野谷のつぎの地区を１年ごとにめぐっていく。南粕谷《かすや》→小倉《おぐら》→宮山《みややま》・石瀬《いしぜ》→榎戸《えのきど》→権現《ごんげん》→大草《おおくさ》→羽根→北粕谷→矢田→大興寺《だいこうじ》→西之口→松原。おあみだおぼさんが世話人となり，臨時に新しく建てた道場に軸をかけ，期間中に念仏をとなえるのである。ほかに知多半島で虫供養は，阿久比《あぐい》と東浦《ひがしうら》などで彼岸に行われている。県指定無形民俗文化財。

■ 参考文献

【愛知県における地域史研究の現状と課題】

戦前においては，昭和10(1935)年から15年にかけて『愛知県史』が刊行され，これに先立って，『名古屋市史』(1915〜)12冊，『岡崎市史』(1926〜)12冊などの資料収集に力をいれた自治体史が刊行されており，地域史研究は進んでいたというべきであろう。

戦後の市町村史編纂が本格的にはじまるのは，昭和30年代からである。『豊橋市史』『一宮市史』などが，本文編とともに大部な資料編の編纂刊行に着手してその牽引役を果たし，これに『稲沢市史』『豊田市史』などが続いて，40年代後半から50年代にかけて市長村史編纂はピークを迎えた。

地域史研究団体としては，戦前の「名古屋史談会」の流れを汲む「郷土文化会」などが活動していたが，40年代半ばには，「名古屋歴史科学研究会」などの大学関係者・教師を中心とした歴史学研究団体の活動がはじまるとともに，市町村史の盛行を背景に，「古文書を読む会」なども含め，各地で地域史研究グループが生まれた。

戦後の自治体史編纂が，ほぼ県内の市町村を一巡し一時期を画するのが，昭和60年代から平成初年ごろである。昭和58年からはじまる『新編岡崎市史』の刊行は，地元の大学関係者・教員・郷土史家の力を結集することにより，西三河の地域史研究の深化とともに，研究の人的な広がりと周辺市町村への地域的な広がりをもたらし，第一期を締めくくるにふさわしい役割を果たした。

60年代以降，主要市町村における博物館・資料館などの開館があいつぎ，地域資料の保存と活用の拠点整備が進行した。公文書についても，61年に愛知県公文書館，平成元(1989)年に名古屋市市政資料館が開館し，61年に開館した一宮市立博物館などでは，公文書の保存・公開機関の役割も担っている。

60年代以降，第二期に入った自治体史の編纂は，『刈谷市史』『豊川市史』『安城市史』などで，戦後２回目の編纂がはじまり，残された課題は，あらたな『名古屋市史』と『愛知県史』の編纂であった。平成４年にはじまった『新修名古屋市史』の編纂では，資料編をもたない通史編のみの刊行計画が示され，市民・研究者のあいだに論議を巻きおこした。現在資料編の刊行も検討されているが，長い間待ち望まれていた『名古屋市史』に対する期待に応えうる内容にはなり得ないであろう。ただ一つ評価すべきは不完全ながら資料調査に手がつけられたことにより，尾張部とくに名古屋市域には，近世以前のまとまった資料はほとんどないという，伝説化した固定観念が破られる糸口となったことである。

平成６年にはじまった『愛知県史』の編纂は，通史編・資料編あわせて60巻，15年間におよぶ刊行計画で，すでに『愛知県史研究』も４号を数えている。資料編，資料調査に重点をおく方針を標榜し，とくに近世史部門においては，悉皆《しっかい》調査をめざしていて，予想以上の多くの資料の発掘によって，調査・整理が追いつかない情況でもある。また，県財政の悪化によって計画期間内の刊行は難しく，資料調査も

思うにまかせない状態ではあるが，むしろ息の長い事業として定着することのほうが，地域史研究の進展や地道な資料保存には有効であろう。『名古屋市史』『愛知県史』の編纂開始によって，愛知県の地域史研究は確実に進展し深化している。残された課題は，発掘した資料をいかに後世に伝え，活用するか，保存機関の整備であり，継続した調査研究体制の確立であろう。

【通史など】

愛知県編『愛知県史』2巻　愛知県　1914
愛知県編『愛知県史』4巻，別巻　愛知県　1935-40
愛知県編『愛知県昭和史』2巻　愛知県　1972・73
愛知県議会事務局編『愛知県議会史』1-11　愛知県議会　1953-86
愛知県教育委員会編『愛知県教育史』4巻，資料編7巻　第一法規出版　1982-97
愛知県教育会編『尾三文化史談』2巻　愛知県郷土資料刊行会　1970
愛知県郷土資料刊行会編『私たちの愛知県史』　愛知県郷土資料刊行会　1976
愛知県郷土資料刊行会編『写真集 尾張三河歴史資料』　愛知県郷土資料刊行会　1980
愛知県警察史編集委員会編『愛知県警察史』第1-3巻　愛知県警察本部　1971-75
愛知県高等学校郷土研究会編『新版　愛知県の歴史散歩』2巻　山川出版社　1992
愛知県史編纂委員会編『愛知県史』資料編2巻　愛知県　1999-2000
愛知県総務部地方課編『市町村沿革史—愛知の百年』　愛知県市町会　1968
愛知県文化会館図書部編『明治以降愛知県史略年表』4編　愛知県文化会館図書部　1976-83
愛知県歴史教育者協議会編『愛知県の歴史散歩』　山川出版社　1976
愛知の歴史ものがたり編集委員会編『愛知の歴史ものがたり』　日本標準　1982
「角川地名大辞典」編集委員会編『角川日本歴史地名大辞典 23 愛知県』　角川書店　1989
講談社出版研究所編『愛知〈歴史と文化〉〈史跡郷土史〉』　講談社　1982
塩沢君夫・斉藤勇・近藤哲生『愛知県の百年』　山川出版社　1993
滝川元雄『図説　東三河の歴史』2巻　郷土出版社　1996
中日新聞社編『写真集　愛知百年』　中日新聞社　1986
中日新聞社開発局編『愛知県百科事典』　中日新聞社　1976
中日新聞社編さん室編『中日新聞創業百年史』　中日新聞社　1987
塚本学・新井喜久夫『愛知県の歴史』　山川出版社　1970
名古屋市会事務局編『名古屋市会史』1-14，別巻1-5　名古屋市会事務局・名古屋市議会事務局　1939-84
中村栄孝編『愛知の歴史』　世界書院　1962
林健夫編『新日本風土記 23 愛知県』　ぎょうせい　1988
林英夫編『図説　愛知県の歴史』　河出書房新社　1987
林英夫監修『日本歴史地名大系 23 愛知県の地名』　平凡社　1981

風土社編『愛知県　20世紀の記録』明治・大正編　愛知県教科書特約供給所　1991
森原章・林董一編『郷土史事典　愛知県』昌平社　1980

【自治体史（戦後のみ）】

赤羽根町史編纂委員会編『赤羽根町史』赤羽根町　1968
阿久比町誌編さん委員会編『阿久比町誌』本文編，資料編8巻　阿久比町　1986-95
旭町誌編集研究会編『旭町誌』通史編，資料編2巻　旭町　1980-82
足助町誌編纂委員会編『足助町誌』足助町　1975
渥美町史編さん委員会編『渥美町史』本文編2巻，資料編2巻，資料目録編　渥美町　1983-91
安城市史編さん委員会編『安城市史』本編，資料編　安城市　1971-73
一宮市教育委員会編『一宮市史』西成編　一宮市教育委員会　1953
一宮市編『新編 一宮市史』本文2巻，資料20巻，年表1巻　一宮市　1963-88
一宮町誌編纂委員会編『一宮町誌』本文編3編，近世文書目録編，近世文書資料編　一宮町教育委員会　1969-76
一色町誌編纂委員会編『一色町誌』一色町役場　1970
稲沢市史編纂委員会編『稲沢市史』稲沢市　1968
新修稲沢市史編纂会事務局編『新修 稲沢市史』本文編2巻，研究編6巻，資料編17巻　新修稲沢市史編纂会事務局　1978-91
稲武町教育委員会編『稲武町史』本文編・資料編3巻　稲武町　1996-99
犬山市教育委員会・犬山市史編さん委員会編『犬山市史』通史編2巻，史料編6巻，資料編3巻，別巻，年表　犬山市　1979-98
岩倉市史編纂委員会編『岩倉市史』3巻，資料編　岩倉市　1985
岩倉町史編纂委員会編『岩倉町史』岩倉町役場　1955
大口町史編纂委員会編『大口町史』大口町　1982
大治町史編纂委員会編『大治町史』大治町　1979
大府市誌編さん委員会編『大府市誌』本文編，近世村絵図集，資料編6巻　大府市　1982-91
矢作史料編纂委員会編『岡崎市史』矢作史料編　岡崎市役所　1961
新編岡崎市史編集委員会編『新編 岡崎市史』本文編10巻，史料編9巻，総集編　新編岡崎市史編さん委員会　1972-93
音羽町誌編纂委員会編『音羽町誌』音羽町役場　1975
小原村誌編纂委員会編『小原村誌』小原村　1977
尾張旭市誌編纂委員会編『尾張旭市誌』本文，資料編，文化財編　尾張旭市　1971-80
楽田村史編纂委員会編『楽田村史』楽田村　1967
春日井市史編集委員会編『春日井市史』本文編，資料編7巻，地区誌編4巻　春日井市　1963-93

蟹江町史編さん委員会編『蟹江町史』本文，附図　蟹江町　1973
蒲郡市誌編さん委員会編『蒲郡市誌』本編，資料編　蒲郡市　1974-76
刈谷市誌編さん委員会編『刈谷市誌』本編，補遺編３巻　刈谷市　1960-67
刈谷市史編さん編集委員会編『刈谷市史』本文編４巻，資料編３巻，年表，別巻，索引　刈谷市　1989-98
木曽川町史編纂委員会編『木曽川町史』本編，資料編　木曽川町　1981・96
北設楽郡史編纂委員会編『北設楽郡史』1-3 巻　設楽町　1967-70
清洲町史編さん委員会編『清洲町史』 清洲町　1969
吉良町誌編集委員会編『吉良町誌』 吉良町　1965
吉良町史編纂委員会編『吉良町史』本論編，資料編５巻　吉良町　1988-96
幸田町史編纂委員会編『幸田町史』本文編，資料編３巻　幸田町　1974・94-96
江南市史編纂委員会編『江南市史』通史編，資料編７巻　江南市　1976-88
小坂井町誌編纂委員会編『小坂井町誌』 小坂井町　1976
小牧市史編纂委員会編『小牧市史』本文編，資料編４巻　小牧市　1977-82
佐織町史編さん委員会・佐織町史調査編集委員会編『佐織町史』通史編，資料編２巻　佐織町　1983-87
佐屋町史編纂委員会編『佐屋町史』通史編，資料編６巻　佐屋町役場　1976-96
師勝町史編さん委員会編『師勝町史』 師勝町　1961
師勝町総務部企画課編『師勝町史』増補版　師勝町総務部企画課　1981
設楽町編『設楽町史』自然編２巻，近世文書編３巻　設楽町　1996-99
七宝町郷土史研究会編『七宝町史』本編，追録　七宝町　1976
甚目寺町史編纂委員会編『甚目寺町史』 甚目寺町　1975
下山村史編纂委員会編『下山村史』通史編２巻，資料編４巻　下山村　1986-96
町制50周年記念町史編纂委員会編『新川町誌』 新川町役場　1955
十四山村編『十四山村誌』 十四山村　1967
十四山村史編集委員会編『十四山村史』民俗編　十四山村　1999
新城市誌編纂委員会編『新城市誌』 新城市　1963
新城町誌編纂委員会編『新城町誌』 新城町誌編纂委員会　1956
瀬戸市史編纂委員会編『瀬戸市史』陶磁史編６巻，本文２巻，資料編２巻，別編６巻　瀬戸市　1967-98
祖父江町史編さん委員会編『祖父江町史』本編，資料編　祖父江町　1979
高浜町誌編纂委員会編『高浜市(町)誌』２巻　高浜市(町)　1966-76
武豊町誌編さん委員会編『武豊町誌』本文編，資料編３巻　武豊町　1979-86
立田村教育委員会編『立田村史』 立田村　1965
立田村史編さん委員会編『新編 立田村史』通史編，資料編　立田村　1996-99
田原町史編さん委員会・田原町文化財保護審議会編『田原町史』３巻，資料編　田原町教育委員会　1974-78
知多市誌編纂委員会編『知多市誌』本文編，資料編４巻　知多市　1978-84
知立市史編纂委員会編『知立市史』３巻，資料編　知立市教育委員会　1976-79

津具村編『津具村誌』資料編　津具村　1998
作手村史編纂委員会編『作手村誌』 作手村教育委員会　1982
津島市史編さん委員会編『津島市史』通史編，資料編５巻　津島市教育委員会　1970-75
東海市史編さん委員会編『東海市史』通史編，資料編９巻　東海市　1971-92
東郷町誌編さん委員会編『東郷町誌』旧誌，新誌，別巻　東郷町　1957-91
常滑市誌編纂委員会編『常滑市誌』本文編，文化財編，近世村絵図集，絵図・地図編，別巻常滑窯業史　常滑市　1974-83
飛島村史編纂委員会編『飛島村史』 飛島村　1967
飛島村史編さん委員会・飛島村史調査編集委員会編『飛島村史』通史編，資料編　飛島村　1999・2000
豊明市史編纂委員会編『豊明市史』本文編，資料編６巻　豊明市　1975-2000
豊明町誌編集委員会編『豊明町誌』 豊明町　1959
豊川市史編集委員会編『豊川市史』本文編，資料編　豊川市役所　1973-75
新編豊川市史編集委員会編『新編 豊川市史』自然編　豊川市　1998
豊田市教育委員会・豊田市史編さん専門委員会編『豊田市史』本文編５巻，史料編９巻，総集編，別編５巻，資料編８巻　豊田市　1976-87
豊根村編『豊根村史』本文編，資料編２巻，別編　豊根村　1989-93
豊橋市史編集委員会・豊橋市史編纂事務局編『豊橋市史』通史・史料編８巻，金石文編，史料編７巻，資料目録５冊，史料叢書４巻　豊橋市役所　1960-97
豊山町史編集委員会編『豊山町史』 豊山町　1973
長久手村誌編纂委員会編『長久手村誌』 長久手村　1967
長久手町史編さん委員会編『長久手町史』資料編７巻　長久手町　1981-92
名古屋市編『大正昭和名古屋市史』１-10　名古屋市　1953-55
新修名古屋市史編集委員会編『新修 名古屋市史』11巻　名古屋市　1997-2014
西尾市史編纂委員会編『西尾市史』本文編６巻，資料編４巻　西尾市　1969-83
西春町史編纂委員会編『西春町史』通史編２巻，資料編２巻，資料編解説，民俗編２巻　西春町　1983-88
西枇杷島町史編纂委員会編『西枇杷島町史』 西枇杷島町　1964
西枇杷島町史編纂委員会編『西枇杷島町史続編』 町制100周年実行委員会　1990
日進町誌編纂委員会編『日進町誌』本文編２巻，資料編８巻　日進町　1983-90
鈴木正太郎『日進村誌』 日進町役場　1956
額田町史編集委員会編『額田町史』 額田町　1986
八開村史編さん委員会・八開村史調査編集委員会編『八開村史』資料編３，民俗編　八開村役場　1990-96
幡豆町誌編纂委員会編『愛知県幡豆町誌』 幡豆町　1958
春日村史編さん委員会編『春日村史』本文編２巻，資料編　春日村役場　1961-88
半田市誌編さん委員会編『半田市誌』本文編，新修本文編３巻，文化財編，祭礼民俗編，文芸編，村絵図集，宗教編，地区史編，資料編６巻，別巻　半田市　1968

-97
半田市誌編さん委員会編『新修 半田市誌』 半田市　1989
東浦町誌編纂委員会編『東浦町誌』 東浦町教育委員会　1968
東浦町誌編纂委員会編『新編 東浦町誌』本文編，資料編２巻　東浦町　1998-2000
尾西史編さん委員会編『尾西市史』通史編２巻，資料編６巻，写真編，村絵図編　尾西市役所　1982-99
藤岡村史編さん委員会編『藤岡村史』本編，村絵図集　藤岡村　1974
扶桑町編『扶桑町史』 扶桑町　1976
扶桑町教育委員会・扶桑町史編集委員会編『扶桑町史』本文編２巻，付図１巻　扶桑町　1998
平和町誌編纂委員会編『平和町誌』 平和町　1982
碧南市史編纂会編『碧南市史』４巻，年表・目次・索引　碧南市　1958-98
鳳来町教育委員会編『鳳来町誌』文化財編，民俗資料編２巻，金石文編，歴史編，田口鉄道史編，長篠の戦い編　鳳来町　1967-97
御津町史編さん委員会編『御津町史』本文編，資料編２巻　御津町　1982-90
南知多町誌編集委員会編『南知多町誌』 南知多町　1965
南知多町誌編さん委員会編『南知多町誌(新)』本文編，資料編６巻，補遺３冊　南知多町　1991-2000
美浜町誌編さん委員会編『美浜町誌』本文編，資料編２巻　美浜町　1980-85
三好町誌編纂委員会編『三好町誌』３巻　三好町　1962・78・98
美和町史編さん委員会編『美和町史』本文編，人物編　美和町　1982・95
弥富町誌編集委員会編『弥富町誌』通史編，資料編２巻，村絵図編　弥富町　1990-94

【原始・古代】
岩野見司・赤塚次郎『日本の古代遺跡 48 愛知』 保育社　1994
梅村喬編『古代王権と交流　伊勢湾と古代の東海』 名著出版　1996
小林達雄・原秀三郎編『新版[古代の日本]7 中部』 角川書店　1993

【中　世】
相田二郎『戦国大名の印章』 名著出版　1976
網野善彦『中世東寺と東寺領荘園』 東京大学出版会　1978
網野善彦『日本中世土地制度史の研究』 塙書房　1991
網野善彦『東と西の語る日本の歴史』 講談社学術文庫　1998
網野善彦・石井進・稲垣泰彦・永原慶二編『講座日本荘園史　5　東北・関東・東海地方の荘園』 吉川弘文館　1990
大隅和雄『中世思想史への構想』 名著刊行会　1984
大山喬平『日本中世農村史の研究』 岩波書店　1978
小川信『足利一門守護発展史の研究』 吉川弘文館　1980

小和田哲男編『徳川氏の研究』 吉川弘文館 1983
岐阜市編『岐阜市史 通史編 原始・古代・中世』 岐阜市 1980
黒田日出男『境界の中世 象徴の中世』 東京大学出版会 1986
佐藤進一『増訂 鎌倉幕府守護制度の研究』 東京大学出版会 1984
佐藤進一『室町幕府守護制度の研究』上・下 東京大学出版会 1988
佐藤進一『日本中世史論集』 岩波書店 1990
新行紀一『一向一揆の基礎構造』 吉川弘文館 1975
高橋昌明『清盛以前－伊勢平氏の興隆－』 平凡社 1984
高橋昌明『武士の成立 武士像の創出』 東京大学出版会 1999
永原慶二編『常滑焼と中世社会』 小学館 1995
中村孝也『家康の臣僚〈武将篇〉』 人物往来社 1968
福田豊彦『室町幕府と国人一揆』 吉川弘文館 1995
藤木久志『織田・豊臣政権』 小学館 1975
藤木久志編『織田政権の研究』 吉川弘文館 1985
本多隆成『近世初期社会の基礎構造』 吉川弘文館 1989
三鬼清一郎『鉄砲とその時代』 教育社 1981
三鬼清一郎編『豊臣政権の研究』 吉川弘文館 1984
綿貫友子『中世東国の太平洋海運』 東京大学出版会 1998

【近　世】
青木美智男『近世尾張の海村と海運』 校倉書房 1997
有薗正一郎「『農業日用集』における木綿耕作法の地域的性格」『愛知大学綜合郷土研究所紀要』26 1981
市橋鐸・服部徳次郎『中京俳人考説』 東海文学資料刊行会 1977
伊藤厚史「東三河の城下町(2)」『三河考古』3 1990
伊藤忠士「天保末年尾張藩の物価・金融政策」『名古屋大学教養部紀要』22 1978
伊藤忠士『「ええじゃないか」と近世社会』 校倉書房 1995
伊藤忠士『近世領主権力と農民』 吉川弘文館 1996
井上喜久男「尾張陶磁(2)」『愛知県陶磁器資料館研究紀要』10 1991
伊村吉秀「江戸時代における三州渥美郡吉田魚市の肴荷と馬稼ぎ」『愛知大学経済論集』128 1992
伊村吉秀「三州宝飯郡前芝村『魚出入記録』をめぐって」『愛知大学綜合郷土研究所紀要』39・40 1994・95
岩崎公弥「西三河地域における近世綿作の地域的特色」『地理学評論』58-6 1985
大磯義雄『青々卓池と三河俳壇』 名著出版 1989
太田勝也「近世前期における土豪の新田開発と経営」『徳川林政史研究所研究紀要』昭和47年度 1973
大林淳男・日下英之『図説 三河の街道と宿場』 郷土出版社 1997
岡本建国「刈谷町のお札降り」『地方史研究』125 1973

尾崎行也「奥殿藩の三河における領地の実態」『信濃』27-6　1975
小澤耕一・芳賀登監修『渡辺崋山集』4　日本図書センター　1999
筧敏生「一八六八年－尾張藩の勤王誘引活動－」『歴史の理論と教育』90　1994
籠谷直人「西三河地方における木綿仲買商の動向」『岡崎市史研究』11　1989
梶川勇作『近世尾張の歴史地理』　企画集団ＮＡＦ　1997
蒲郡市教育委員会編『竹谷松平氏』　蒲郡市教育委員会　1990
刈谷古文書研究会編『刈谷藩における寛政一揆資料集』　西村書房　1971
川合彦充「近世三州加茂郡の百姓一揆史料」『みなみ』40　1994
河合良之「砥石山経営に関する一考察」『愛大史学』2　1993
川浦康次『幕藩体制解体期の経済構造』　御茶の水書房　1965
河地清「明和・寛政期における在郷商人の経営」『東海近代史研究』2　1980
岸野俊彦『幕藩制社会における国学』　校倉書房　1998
岸野俊彦編『「膝栗毛」文芸と尾張藩社会』　清文堂出版　1999
岸雅裕『尾張の書林と出版』　清裳堂書店　1999
熊田雅彦「尾張藩天明改革の理念について」『愛知学院大学文学部紀要』20　1990
小島穂波「尾張西部地域におけるお札降りについて」『史苑』40-1　1980
児玉幸多・北島正元監修『新編物語藩史』第５巻　新人物往来社　1975
近藤恒次『三河文献綜覧』　豊橋文化協会　1954
斎藤卓志ほか『職人ひとつばなし』　岩田書院　1997
斎藤善之『内海船と幕藩制市場の解体』　柏書房　1994
塩沢君夫・川浦康次『寄生地主制論』　御茶の水書房　1953
庄司吉之助・林基・安丸良夫校注『日本思想大系 58 民衆運動の思想』　岩波書店　1970
瀬戸市史編さん委員会編『近世の瀬戸』　瀬戸市　1996
田崎哲郎『地方知識人の形成』　名著出版　1990
巽俊雄「三河に知行地を持った旗本家一覧(一)」『愛知大学綜合郷土研究所紀要』45　2000
田原町・田原町文化財保護審議会編『田原藩日記』１-10　田原町・田原町教育委員会　1987-97
田村貞雄『ええじゃないか始まる』　青木書店　1987
塚本学「尾張藩の徒党禁令について」『日本歴史』261　1970
遠山佳治「明治初年，伊那県の三河支配」『近世・近代の信濃社会』　龍鳳書房　1995
常滑市誌編さん委員会編『常滑窯業誌』　常滑市　1974
豊田史料叢書編纂会編『豊田史料叢書　挙母藩史・挙母藩譜』　豊田市教育委員会　1994
中西正編著『清須新田開発始末記』　豊川堂　1976
長野県編『長野県史』近世資料編第４巻（3）　社団法人長野県史刊行会　1983
並木克央「近世初期山論にみられる農民の行動基盤について」『駒沢大学史学論集』

16　1986
野原浩一「信濃・三河中馬訴訟について」『歴史研究』〈大阪教育大学〉33　1996
芳賀登編『豪農古橋家の研究』 出版教育センター　1979
長谷川伸三「天保七年三州加茂一揆と古橋暉兒」『茨城大学人文学部紀要・人文学科論集』26　1993
長谷川昇『博徒と自由民権』 中央公論社　1977
秦達之「尾張地方における『ええじゃないか』」『東海近代史研究』 7　1985
林董一『名古屋商人史』 中部経済新聞社　1966
林英夫『近世農村工業史の基礎過程』 青木書店　1960
林英夫監修『江戸時代人づくり風土記』23　社団法人農山漁村文化協会　1995
藩法研究会編『藩法集』12　創文社　1975
日下英之『熱田　歴史散歩』 風媒社　1999
日下英之「江戸初期における将軍の上洛」『豊田短期大学研究紀要』 6　1995
布川清司「古橋暉兒と伊那県騒動」『日本史研究』122　1971
藤田佳久「奥三河・金田家の近世における育林経営の展開とその機能」『愛知大学綜合郷土研究所紀要』31　1986
別所興一「渡辺崋山の政治思想」 愛知女子短期大学編『社会・文化・思潮』 風媒社　1997
堀江登志実「三河の秋葉山常夜燈について」『三河地域史研究』 9　1991
堀江登志実「三河の秋葉山常夜燈について(続)」『岡崎市史研究』14　1992
三河湾研究会編『とりもどそう豊かな海三河湾』 八千代出版　1997
武藤真「名古屋地域に於ける『ええじゃないか』」『法政史論』23　1996
矢沢靖・永田友市『西三河の俳人中島秋挙』 西村書房　1982
山下清「近世の鰯漁」『みなみ』48　1989
山本英二「幕藩初期三河国支配の地域的特質」『国史学』138　1989
木村陽二郎・遠藤正治編『吉川芳秋著作集　医学・洋学・本草学の研究』 八坂書房　1993
吉永昭「中部諸藩における藩政改革の展開」『信濃』29-5　1977
吉永昭「三河木綿と木綿仲買商の経営」『日本歴史』493　1989

【近代・現代】

伊勢湾研究会編『伊勢・三河湾　再生のシナリオ』 八千代出版　1995
市川房枝『市川房枝自伝』戦前編　新宿書房　1974
伊藤康子『闘う女性の20世紀』 吉川弘文館　1998
井上清・渡辺徹編『米騒動の研究』第1・5巻　有斐閣　1969・72
江口圭一『日本帝国主義史研究』 青木書店　1998
太田雅夫『桐生悠々』 紀伊国屋書店　1970
太田雅夫編『桐生悠々反軍論集』 新泉社　1980
近藤哲生『地租改正の研究』 未来社　1967

斉藤勇『名古屋地方労働運動史(明治・大正篇)』 風媒社 1969
佐藤明夫『戦争動員と抵抗』 同時代社 2000
塩沢君夫・近藤哲生編著『織物業の発展と寄生地主制』 御茶の水書房 1985
城山三郎『創意に生きる 中京財界史』 文春文庫 1994
田﨑哲郎『在村の蘭学』 名著出版 1985
名古屋女性史研究会編『母の時代－愛知の女性史－』 風媒社 1969
野田史料館資料刊行会編『碧海郡野田村の日露戦争』第1－5集,『続 野田村の日露戦争』 野田史料館資料刊行会 1988-91
長谷川昇『博徒と自由民権』 中公新書 1977
松浦さと子編『そして，干潟は残った』 リベルタ出版 1999
吉永昭『愛知県の教育史』 思文閣出版 1983
吉見周子『売娼の社会史』 雄山閣出版 1992

■ 図版所蔵・提供者一覧

カバー　名古屋市博物館
見返し表　徳川美術館
　裏上・中　安城市歴史博物館
　裏下　小坂井町教育委員会
口絵１上　春日井市教育委員会
　下　(財)愛知県教育サービスセンター　愛知県埋蔵文化財センター
　２上・下左　豊川市教育委員会
　下右　奈良国立文化財研究所
　３上　本居宣長記念館
　下　名古屋市見晴台考古資料館
　４　円覚寺・東京大学史料編纂所
　５上　大樹寺・岡崎市美術博物館
　下　徳川美術館
　６上　東京国立博物館
　６・７下　名古屋城管理事務所
　７上　田原町
　８上・中　中之院
　下　名古屋港管理組合
p.３　中日新聞社
p.６右　岡崎市経済部観光課
　左　(財)名古屋観光コンベンションビューロー・観光部
p.９　犬山市教育委員会
p.13上　渥美町郷土資料館
p.15上　東海市教育委員会
p.21　足助町教育委員会
p.23　豊田市郷土資料館
p.24　豊橋市美術博物館
p.25　名古屋市見晴台考古資料館
p.26　(財)愛知県教育サービスセンター　愛知県埋蔵文化財センター
p.31　(財)愛知県教育サービスセンター　愛知県埋蔵文化財センター
p.41　豊田市郷土資料館
p.43　小牧市教育委員会
p.53　岡崎市・名古屋市博物館
p.60　(財)愛知県教育サービスセンター　愛知県埋蔵文化財センター
p.62　豊川市教育委員会
p.66　奈良国立文化財研究所
p.70　神宮文庫
p.72上　愛知県陶磁資料館
　下　田原町教育委員会
p.77　醍醐寺・東京大学史料編纂所
p.84右　平泉町教育委員会
　中　東京国立博物館
　左　愛知県陶磁資料館
p.87　徳川美術館
p.90　清浄光寺・歓喜光寺
p.94　醍醐寺・東京大学史料編纂所
p.97　(財)前田育徳会尊経閣文庫
p.107　広島大学文学部日本史学講座・東京大学史料編纂所
p.109　長興寺・豊田市郷土資料館
p.111　實成寺・名古屋市博物館
p.117　随念寺・岡崎市美術博物館
p.124右　名古屋市秀吉清正記念館
　左　稲沢市教育委員会
p.129　徳川美術館
p.135　前田利信・東京大学史料編纂所
p.142　稲垣松栄・岡崎市美術博物館
p.147　妙興寺・一宮市博物館
p.153　徳川美術館
p.158　岡崎市美術博物館
p.164　浄久寺・豊田市郷土資料館
p.170　和田元孝・豊橋市美術博物館
p.175　春日神社・岡崎市美術博物館
p.176　名古屋鶴舞中央図書館
p.181　徳川林政史研究所
p.185　刈谷市中央図書館
p.187　名古屋市蓬左文庫
p.189　名古屋市蓬左文庫
p.191　名古屋市蓬左文庫
p.196　名古屋市蓬左文庫
p.198　名古屋市蓬左文庫
p.203　名古屋市蓬左文庫
p.208　東海市教育委員会
p.213　名古屋市鶴舞中央図書館
p.216　無窮会図書館
p.223　名古屋市博物館
p.225　名古屋市蓬左文庫
p.232　(財)水府明徳会 彰考館徳川博物館
p.235　徳川林政史研究所
p.239　名古屋市蓬左文庫
p.243　名古屋市蓬左文庫
p.247　豊橋市図書館
p.251　名古屋市蓬左文庫
p.257　豊橋市図書館・『目で見る東三河の100年』郷土出版社
p.259　愛知県公文書館
p.260　国立国会図書館
p.267　津田應助編『贈従五位林金兵衛』
p.271　内藤糸子・知立市歴史民俗資料館
p.274　『目で見る名古屋の100年』上巻　郷土出版社
p.278　中日新聞社
p.280　湯浅四郎
p.289　愛知県
p.292　朝日新聞社
p.295　中日新聞社
p.296　愛知県町村会
p.305　『名古屋鉄道社史』名古屋鉄道
p.307　信濃毎日新聞社
p.309　近田彰
p.313　名古屋市市長室広報課
p.318　愛知県
p.319　鈴木誠

敬称は略させていただきました。

紙面構成の都合で個々に記載せず，巻末に一括しました。所蔵者不明の図版は，転載書名を掲載しました。万一，記載洩れなどがありましたら，お手数でも編集部までお申し出ください。